LOCUS

LOCUS

LOCUS

LOCUS

from

vision

from 67 末日博士危機經濟學
Crisis Economics
作者：Nouriel Roubini & Stephen Mihm
譯者：陳儀
責任編輯：湯皓全
美術編輯：蔡怡欣
校對：呂佳真
法律顧問：全理法律事務所董安丹律師
出版者：大塊文化出版股份有限公司
台北市105南京東路四段25號11樓
www.locuspublishing.com
讀者服務專線：0800-006689
TEL：(02) 87123898　FAX：(02) 87123897
郵撥帳號：18955675　戶名：大塊文化出版股份有限公司

總經銷：大和書報圖書股份有限公司
地址：台北縣五股工業區五工五路2號
TEL：(02) 8990-2588（代表號）　FAX：(02) 2290-1658
排版：天翼電腦排版印刷有限公司　製版：源耕印刷事業有限公司
初版一刷：2010年9月

定價：新台幣 380元
Printed in Taiwan

Crisis Economics

末日博士危機經濟學

Nouriel Roubini & Stephen Mihm 著
陳儀 譯

目次

導論：危機絕非例外，而是常態

二〇〇九年一月，就在布希政府執政的最後倒數幾天，副總統迪克・錢尼（Dick Cheney）接受美聯社（Associated Press）專訪。在被問到爲何布希政府未能事先覺察到這一場大蕭條（the Great Depression）以來最嚴重的金融危機時，錢尼的回答非常發人深省。他宣稱，「世界上沒有任何一個人預料到（會發生這場危機），沒有人那麼機警。」「我不認爲有任何人想到會發生這樣的事。」①

並非只有錢尼一人做此評斷。回顧金融圈和政治性機構眾多聰明人在危機爆發後所做的評論，幾乎人人都有志一同的使用以下這類感嘆設問句（只不過說法略有不同）來回應外界的質疑：誰知道會這樣？誠如錢尼在那一場訪問中所暗示的，人們認爲這場金融危機和九一一恐怖攻擊類似：事件的結果確實非常悲慘，但幾乎不可能預見它的到來。

但事實並非如此。舉危機爆發前一個最有名的預測②爲例：本書作者之一——努里爾・魯比尼——早在二〇〇六年天下一片歌舞昇平之際，就在一場主流意見家聚會中提出一個非常明確的警告。那時擔任紐約大學經濟學教授的魯比尼，在位於華盛頓特區的國際貨幣基金，對著一群抱持懷疑態度的聽眾發表演說。他以鏗鏘有力的語調對在場的觀眾提出警告，但很多觀眾卻對這一席警語嗤之以鼻。當時他預測美國經濟很快就會因人生難得一見的住宅市場崩盤走勢、激烈的石油衝擊、消費者信心重挫，以及無可避免的深度經濟衰退等問題而陷入苦難。

那些災難聽起來夠糟了吧？不過，魯比尼還提出另一個更驚悚的可能局面。當住宅所有權人開始拖欠不動產抵押貸款，價值高達數兆美元的不動產抵押擔保證券將開始瓦解，屆時全球金融體系也將整個陷入停擺。他當時的結論是：這個尚未成形的住宅市場崩壞期，有可能「引發……一個系統性的金融體系問題」，觸發一場可能導致避險基金、投資銀行以及政府支持的金融巨獸如房利美（Fannie Mae）、房地美（Freddie Mac）等公司，陷入癱瘓甚至垮台的危機。但當時在場觀眾對他的憂慮卻抱持高度懷疑的態度。

不過，接下來一年半，魯比尼的預測開始逐一實現，而他也順勢進一步詳細闡述他對未來的悲觀看法。③即使到了二〇〇八年年初，多數經濟學家還是斷定美國只不過是碰上流動性緊縮的問題而已，但儘管如此，魯比尼卻預測美國將發生一場衝擊家庭、企業以及金融業的嚴重信用危機，而且他認爲金融企業將最爲慘重。事實上，早在貝爾史登公司（Bear Stearns）崩潰以前，魯比尼就預言將會有兩家大型經紀自營商（也就是投資銀行）倒閉，剩下的大型公司也會失去獨立自主的地位。他警告，我們所知道的華爾街很快就會消失，進而引發一九三〇年代以來首見的大規模動亂。果然，短短幾個月後，貝爾史登公司成爲遙遠的記憶，雷曼兄弟也隨後崩解。不久之後，美國銀行接收了美林公司，摩根史坦利和高盛公司則轉型爲銀行控股公司，並因此不得不接受較嚴厲的法規管制。

魯比尼更是早在許多人之前就體認到，這將是一場全球性的災難。當很多市場觀察家還信心滿滿的認定，其他國家有能力擺脫美國境內危機的影響時，他卻精準警告，這場疾病很快將擴散到海外，原本專屬某個國家的經濟病症將轉變爲一場全球性的金融傳染病。他也預測，這個假設性的系統性危機將引發幾十年來最嚴重的全球經濟衰退，嚴重打擊一般認定不會受美國問題衝擊的中國、印度與其他國家。而當其他經濟學家還聚焦在通貨膨脹的危險之際，魯比尼早已精確預測，全球經濟體系即將陷入大蕭條以來最嚴重的通貨緊縮惡性循環。

魯比尼擁有獨到與卓越的先知能力，世界上沒有另一個經濟學家能像他那麼清晰且具體預見最近這場危機的發生。不過，他並非唯一發出警語的人。許多其他備受推崇的觀察家也分別預測到金融危機的各個不同元素，而他們的洞見讓魯比尼得以將一些支離破碎的片段連結起來，成爲一個蘊含眾人真知灼見的完整畫面。魯比尼在耶魯大學執教時期的前同事之一羅伯・席勒（Robert Shiller）早在科技股崩盤之前，就警告股票市場有流於泡沫的危險，他預見未來的能力也遠遠領先幾乎所有人。④另外，他也是最早針對最近這個房市泡沫提出警告的經濟學家之一。

影響魯比尼觀點的經濟學家和市場觀察家當然不止席勒一人。二〇〇五年時，芝加哥大學財務教授拉古拉姆・拉詹（Raghuram Rajan）在懷俄明州的傑克森洞（Jackson Hole），對一大群備受矚目的經濟學家和政策制訂者表示，銀行員工和交易員的薪酬制度將鼓勵他們去承擔更多風險，使用更高的槓桿，並導致全球金融體系難以抵擋嚴重危機的傷害。⑤其他還有幾個非常受外界敬重的人物也曾提出類似的警告，包括華爾街傳奇人物詹姆斯・葛蘭特（James Grant）在二〇〇五年警告，聯準會助長了金融史上「最龐大的信用泡沫」之一，⑥國際清算銀行（Bank for International Settlements）的首席經濟學家威廉・懷特（William White），也曾就資產與信用泡沫的系統性風險提出警告；⑦財務分析師納辛姆・尼可拉斯・塔雷伯（Nassim Nicholas Taleb）也警告，金融市場幾乎沒有能力因應「厚尾」事件的衝擊（這種事件落在風險的正常分布範圍之外）；經濟學家毛瑞斯・歐伯菲爾德（Maurice Obstfeld）和肯尼斯・羅格夫（Kenneth Rogoff）也警告美國，不可能長期維持經常帳逆差；⑧另外，摩根史坦利公司的史蒂芬・羅區（Stephen Roach）和美林公司的大衛・羅森堡（David Rosenberg）也早就針對美國消費者長年寅吃卯糧的情況，表達憂心。⑨

當然，提出警告的不只這些人。儘管這些經濟學家和評論家皆德高望重，但他們的意見卻還是遭到漠視，這個事實充分展現出過去幾十年間的經濟與金融形勢；多數經濟與金融界人士漠視這些警告的原因，在於過去幾十年來，人們堅守一個簡單但古怪的信念：他們相信市場是能自律的主體，市場是穩定、穩健且可靠的。他們認爲根據這個論述，配合各種新奇金融創新的加持，二十一世紀資本主義的整座雄偉建築將有能力自我管理，維持一種接近穩定且時時進行自我修正的均衡狀態。

以事後諸葛的觀點看來，那個信念似乎太過天真，但它卻是幾十年來約定俗成的定見，更被用來作爲眾多重大政策性決策和整體投資決策的基礎。在這個典範盛行的情況下，也就難怪「經濟危機」不受重視了。確切來說，[這個信念主張] 如果危機真的發生，危機本身也只是一些稀奇古怪的事件，這種事件極度不可能發生、極端不尋常、多半無法預測，而且後續影響短暫。即使某些正規的學術研究偶爾將「危機」列爲研究主題，通常也認定只有較低度開發且問題叢生的國家，才會因危機而受創，類似美國這種經濟強權並不會遭受危機的折磨。

本書讓危機重新成爲經濟研究的前線與核心：簡單說，這本書就是談論危機經濟學（crisis economics）。本書闡述危機絕非例外，而是常態，而且不只新興經濟體會爆發危機，先進工業化經濟體也會。危機——指缺乏堅實基礎的熱潮期結束後進入災難般的崩壞期——一直都和我們同在，而且只要有人類，危機隨時都會發生，雖然危機顯然是在資本主義興起前就已存在，但它和資本主義之間卻有一種非常特別的關係。確切來說，從很多重要層面觀察就可瞭解到，危機已被深植在資本主義的基因裡；賦予資本主義生命力的要素——資本主義的創新力量與對風險的容忍度——也可能埋下資產及信用泡沫的種子，到最後，泡沫終會像災難般崩潰，而泡沫崩潰所衍生的不良影響更將綿延多時。

危機不僅是司空見慣的常態，甚至有點墨守成規。危機有點像颶風，它的運作模式相對可預測，但卻可能改變方向，趨於沈寂，或甚至在幾乎毫無預警的情況下復活。本書提出了幾個可用來追蹤與監督這些經濟風暴的原則，而且我們有充分的理由相信，人類絕對有能力預測甚至避免這些風暴的發生。本書以最近這一場危機作爲現成的教材，利用它來說明爲何我們能預知事件的發生，還有，該如何預防這些事件，如何順利度過危機，危機過後又該如何重整家園等，這些議題都和「預見危機」一樣重要。最後，本書試圖說明要如何重建我們的金融堤防，以減輕未來風暴的影響，因爲我們剛剛經歷過的這場危機只是一個開端，未來危機勢必重現。

要瞭解危機爲何將再現，我們將討論和最近這場災難有關的許多尚未得到解答且纏繞不去的疑問。首先是最顯而易見的問題：引發幾十年來最嚴重金融崩潰的泡沫是怎麼形成的？金融機構因鬆散的管理與監督制度而承擔過高風險，是導致泡沫形成的原因之一嗎？或者說，泡沫是政府過度干預金融市場的必然後果？這些疑問全都切中要點，引導我們用非常不同甚至逆向思考的方式來瞭解金融危機。另外，這些問題也點出了極端不同的補救方法。

本書也將檢視為何最近這場危機會在那一個時間點爆發。危機純粹是導因於信心的崩潰嗎？它是因約翰·梅納德·凱因斯所謂的資本主義「動物本能」（animal spirits）消亡所造成的嗎？⑩或者它是經濟體系某些部門使用過高槓桿（顯然迄今依舊如此）且實質上已破產的事實所造成的必然後果？換言之，危機完全是因為流動性不足所引發，或者——更嚴重——是因償債能力不足所造成？若是後者，那對未來又有何影響？

這個問題又衍生許多不同的疑問。在危機發生時，世界各國央行成為龐大金融體系大量不同主體的「最後放款人」。它們的行動是否阻止了更糟情況的發生？抑或反而鼓勵更過分的風險承擔行為，導致我們可能得面臨更大且更具破壞力的「盛極而衰」循環？相同的，急就章恢復管制的作法又會產生什麼樣的結果？這個作法能創造一個更健全且復原力強大的金融體系，同時讓未來的經濟成長更加穩定嗎？或者它根本只產生表面影響，無法防範未來更致命的泡沫與危機？

這些疑問都不是假設性問題。二十世紀經濟學巨擘約翰·梅納德·凱因斯曾精準評論：「經濟學家與政治哲學家的概念姑且不論對與錯，往往比一般人所理解的更具影響力。確切來說，這個世界根本是由少數人所支配……當權的狂人自認獲得天啟，但他們的一時狂熱，不過是從短短幾年前的某些三腳貓學術界人士的概念濃縮而來。」⑪凱因斯大約是在七十多年前寫下這一段經常被引用的文字，不過，這些文字迄今看來依舊中肯。我們對這場近幾個世代以來最嚴重的金融危機的分析與瞭解，多半是引申自一系列的假設，雖然這些假設不盡然全部錯誤，但卻也讓我們難以完整瞭解危機的前因和後果。

不過，我們首先要釐清一個事實：我們並非任何特定經濟學家思想的狂熱信徒，幾乎每個經濟學派都有一些概念可用來解析最近這一場危機，而我們的分析正是以一系列思想家的想法為基礎。我們採用了凱因斯和其他很多人的見解。事實上，我們認為要瞭解與管理危機，必須使用比一般常用手法更全面且更強烈的手段。我們必須不受意識型態影響，以更理性的方式來看待各項事務。因為危機的型態五花八門，某個情勢下能發揮作用的方法不見得適用於另一個情勢。

在評估金融體系的未來時，我們也秉持本書一貫的精神，以實用主義為導向。本書討論了幾個問題：未來我們該擔心通貨膨脹還是通貨緊縮？很多國家實施的景氣振興方案等政策性方法，乃至聯準會與其他國家央行所採行的緊急措施，將會產生什麼樣的長期後果？盎格魯薩克遜民族豪放不羈的自由放任資本主義模型將會有什麼樣的未來？美元的未來將會如何？最近這場危機是否代表著美國帝國衰敗與中國及其他新興經濟體興起的開始？最後，我們該如何改革全球經濟治理模式，以緩解未來危機的損害？

這本書的目標是希望以發生在其他時代與世界各地的種種危機為背景，解答和最近這場危機有關的上述諸多難題。畢竟，過去幾年的模式和一個長達幾個世紀的模式相當類似。危機總是依循不變的軌道演進，也都產生了可預期的結果。一般約定俗成的定見認為危機的發生頻率不高，不容易理解，但事實不然。在接下來的篇幅中，我們將穿梭古今，說明在以前的那些危機過後，前人如何發現與解答前述諸多疑問。

我們也將在整個過程中，解釋經濟學領域裡幾個令人望之卻步且經常遭到誤解的概念，包括

道德風險（moral hazard）、**槓桿**（leverage）、**銀行擠兌**（bank run）、**法規套利**（regulatory arbitrage）、**經常帳逆差**（current account deficit，又稱經常帳赤字）、**證券化**（securitization）、**通貨緊縮**（deflation）、**信用衍生性金融商品**（credit derivative）、**信用緊縮**（credit crunch）與**流動性陷阱**（liquidity trap）等。我們希望我們的解釋不僅對華爾街與一般商業界的金融專業人員有幫助，也能對以下各種領域的人士產生助益：包括國內外企業高階主管、商業、經濟與財務科系大學生與研究生、許多國家的政策制訂者和政策執行者，以及爲數最爲眾多且散布世界各地的一般投資人。現在一般投資人終於知道，漠視國際金融秩序的錯綜複雜情勢，勢必會讓自己身陷險境。

本書的架構簡單明瞭，先是討論過往危機的歷史以及曾分析過這些危機的經濟學家。接下來討論的是最近這場危機的極深層根源，另外，我們也說明這場災難的發展符合一個非常容易預測的型態，而過去幾次重大危機的發展模式也都與這個型態相符。最後，本書展望未來，詳述金融體系應進行哪些必要改革，同時也討論未來幾年內發生其他危機的可能性。我們在第一章引領讀者悠遊過往，審視橫跨經濟史上的許多熱潮、泡沫與崩壞期。我們也特別聚焦在資本主義和危機的關係上，一開始是一六三〇年代發生在荷蘭的鬱金香球莖投機泡沫，接著延伸到一七二〇年的南海公司泡沫；一八二五年的第一次全球性金融危機；一九〇七年的恐慌；一九三〇年代的大蕭條，以及一九八〇年代以後讓很多新興市場和先進經濟體苦不堪言的諸多危機。我們主張，危機既不是現代經濟學所認定的那種反常事件，也不是其他評論家所謂的罕見「黑天鵝」事件。相對的，危機是一種司空見慣，而且相對容易預測與理解的事件，換言之，我們認爲危機是白天鵝。

多數先進經濟體在二十世紀的下半世紀都享受了一段相對平靜但卻不尋常的穩定期，這些經濟體在低通膨與高成長的美好環境下達到顛峰狀態。經濟學家將那段期間稱為「大穩定」。由於這種平穩安逸的日子過得太久，導致主流經濟學界不是完全忽略危機，就是將危機視為專屬低度開發國家的問題。因此，若要以更宏觀的態度看待與瞭解過去、現在與未來的危機，就必須回溯上一個世代的經濟學家的洞見。第二章介紹了幾個能幫助我們瞭解危機的經濟思想家。其中有些人如約翰・梅納德・凱因斯已相當出名，但其他人如海曼・明斯基則鮮為人知。

第三章解釋最近這場危機的深層結構性根源。打從一開始，人們就一窩蜂的將危機歸咎於近幾年內承作的次級房貸，他們認為這些次貸問題不知為何感染了原本健康的全球金融體系，結果引發這場危機。這一章對這個荒謬的觀點提出質疑，並說明問題的導因其實在於幾十年來的趨勢和政策製造了一個徹頭徹尾二流（次級）的全球金融體系。這些存在已久的趨勢，除了製造出一大堆愈來愈令人難以理解且不透明的金融工具，更促使「影子銀行體系」興起。影子銀行體系是一個由非銀行不動產抵押貸款放款機構、避險基金、經紀自營商、貨幣市場基金和其他機構組成的組合體，近幾年來，這個體系大肆擴張，它的外表看起來像銀行，行為像銀行，像銀行一般從事借貸業務；但儘管它以不同方式成為銀行，但卻從未像銀行一樣受到管制。

這一章也介紹了道德風險的問題，所謂道德風險是指市場參與者假設自己最後一定會獲得紓困、補償，同時不會因其莽撞行為所造成的後果而受傷，並因此大膽承擔不必要的風險。這一章也討論長久以來的公司治理（corporate governance）失敗，以及政府本身所扮演的角色；不過，我們並不認同「危機是導因於政府干預過多或干預過少」這些彼此矛盾的解釋。我們認為，事實更爲複雜且違反直覺：無論政府干預與否，都會造成重大影響，但我們的觀點和保守派或自由派人士都不盡相同。

後續幾個章節是聚焦在這一場危機。這場危機的許多病灶早就存在，不過，幾乎每個人都將這場危機描述爲二十一世紀金融界特有且前所未見的危機。我們在第四章比較這場危機和過往危機的異同，藉此來導正這個天眞且過於單純化的觀點。我們認爲，二〇〇八年的事件對一百年前甚至兩百年前的金融觀察家來說，一定不陌生，不僅因爲這些危機的爆發方式雷同，世界各國央行扮演最後放款人企圖解除危機的情節也非常類似。儘管這場危機的詳細特點和先前幾次危機確實有所不同，但整個情節的發展卻極其相似，這充分闡述了「歷史鮮少重演，但卻經常有規律可循」這句古諺的道理。

歷史一再向我們證明，危機非常類似流行病，危機剛爆發時都像一般的疾病，接著，它會向外擴散、蔓延。這場危機也不例外，不過，它是起源於世界的金融中心，而非位於邊緣地帶的新興市場，因此，這場危機的殺傷力也就特別大。第五章追溯這場危機如何與爲何會擴散到全球，最後對國情極端歧異的眾多經濟體，如冰島、杜拜、日本、拉脫維亞、愛爾蘭、德國、中國和新加坡等，同時造成傷害。我們的看法和約定俗成的觀點並不一致，一般人認爲世界上的其他國家是被美國的這場病給傳染，但事實不然，讓美國金融體系苦不堪言的各項弱點，其實早就普遍存在於世界其他各國，而且某些國家的情況甚至更加嚴重。所以，這場傳染病並非不分青紅皂白的對所有人都造成相同影響，唯有金融體系隱含相同弱點的國家才會成爲它的受害者。

儘管其他和這場金融危機有關的書籍幾乎都特別或完全聚焦在美國，但本書卻認定，這場危機是二十一世紀全球資本主義制度的廣泛危機。第五章藉由追溯這場危機廣大到令人咋舌的國際範圍，從中發現許多和全球金融、國際總體經濟有關的眞相，以及一國貨幣與財政政策的跨境寓意。危機有助於我們深入瞭解全球經濟體系在正常時期與非常時期的運作模式。

所有危機都會結束，這一場危機也不例外。遺憾的是，後續的不良影響將會纏繞多年，甚至幾十年。第六章將說明箇中原因，同時闡述爲何每一場危機過後，都會發生令人憂慮的通貨緊縮與經濟蕭條。在過去，中央銀行官員利用貨幣政策來對抗危機，現在他們也重新使用其中一些方法。在此同時，很多金融危機迫使中央銀行官員倉卒推動創新，最近這一場危機也不例外。遺憾的是，儘管這些緊急措施可能發揮效用，但也可能像一些未經測試的療法，最後反而毒害了病人。

財政政策也是一樣。我們在第七章檢視政策制訂者如何利用政府的力量課稅、擬定支出計畫等來阻止危機的擴散。其中某些戰術是凱因斯最早提出的，且多數戰術都代表著大規模且前所未見的經濟干預。這一章評估最激烈的方案對未來有何寓意，尤其是這些方案本身在過程中可能製造的風險。

穩定經濟體系的必要干預行動，已對傳統自由放任資本主義的永續生存形成挑戰；政府最後可能透過更嚴密的管制與監督，在後危機全球經濟體系中發揮更重要的直接與間接功能。第八與第九章詳細描繪了一個新金融結構藍圖，在這個架構下，金融機構的透明度與穩定度將達到前所未見的全新層級。穩定國際金融體系的長期必要改革包括：各國央行之間應加強合作；另外，不僅商業銀行必須接受管理與監督，投資銀行、保險公司和避險基金亦然；針對「大到不容倒閉」金融企業的高風險行爲制訂管控政策；金融機構必須建立更高的資本與流動性；制訂舒緩道德風險問題和降低緊急援助金融企業所需財政成本等政策。這些章節也討論了央行未來在控制與打擊資產泡沫時應扮演什麼角色等，令人頭痛的問題。

第十章是討論全球經濟嚴重失衡的現況，另外也談到要防範未來的危機，必須進行更根本的國際貨幣與金融秩序改革。爲何過去二十年間有那麼多新興市場經濟體接連遭受金融危機之苦？爲何美國會累積高額的逆差，但德國、日本、中國和許多新興市場經濟體卻坐擁龐大的順差？這些經常帳失衡的問題——它是最近這場金融危機的導因之一——會以井然有序的方式解決，還是在混亂下塵埃落定？美元會不會崩潰？如果美元崩潰，哪一個貨幣能取而代之，成爲全球準備貨幣？改革後的國際貨幣基金，將在減輕全球貨幣的扭曲與金融危機的傷害方面，扮演什麼角色？還有，國際貨幣基金該不該成爲眞正的國際最後放款人？

本書的這個章節體認到一個無法逃避的事實：美國——遑論七大工業國（G-7）——已不太有能力去支配這些改革所要求的條件。全球經濟治理事務（global economic governance）的這些變革，將在一個更龐大的利害關係團體的嚴密監督下進行，這個團體涵蓋巴西、印度、中國、俄羅斯和影響力漸增的二十國集團（G-20）裡的其他成員國。這些國家的實力日益強盛，它們將深度參與未來危機解決方案的設計；另外，全球金融體系的眾多新參與者和機構，如主權基金、境外金融中心和國際貨幣聯盟等，也都無法置身事外。

最後的「未來展望」一節旨在探究未來的道路，我們謹愼檢視世界經濟可能遭遇的許多種危險。導致我們陷入「大衰退時期」（Great Recession）的那場危機也許已經過去，但潛在的缺陷和風險卻更令人恐懼。哪些問題將決定世界經濟體系與金融體系未來的波動程度？全球經濟將恢復高成長，或者將陷入長期乏善可陳的疲弱成長？各國為因應這場危機而採行的寬鬆貨幣政策，是否已製造了一個新資產泡沫危機？這個泡沫會破滅嗎？美國政府和其他國家的政府將如何解決近期為了因應這場危機而舉借的大量負債？政府是否會訴諸高通貨膨脹的手段來稀釋公共與民間負債的實際價值？或者通貨緊縮才是我們更應留意的危險？全球與市場經濟的未來會是如何？未來經濟與金融事務的鐘擺會不會朝「政府加強干預」的方向移動？若會，這樣的轉變又會造成什麼樣的後果？雖然很多評論家假設未來是屬於中國的，因此美國注定走向長期沒落的命運，但儘管最後的結論相同，但眾人對演變過程卻有不同看法。無論如何，現有的成熟與新興經濟體分別都有可能順利通過考驗而倖存，也可能在經歷痛苦掙扎後不幸崩潰。

更廣泛來說，本書最後幾章深刻討論了幾個懸而未決的問題：全球化將對未來危機爆發的機率產生什麼影響？全球失衡是造成最近這場危機的原因之一，我們該如何解決這個問題？換言之，我們應該改革全球資本主義嗎？關於這個問題，過去的教誨可能有一點參考價值。畢竟我們已多次重蹈覆轍。約翰．梅納德．凱因斯在一九三三年就已斷言：「墮落的利己導向國際資本主義體制從［第一次世界］大戰後一直支配著我們，它並不成功。它不理性，它不美好，它不公平，它不道德——而且並未創造福祉。總之，我們厭惡它，而且我們將開始鄙視它，但當我們在思考要用什麼來取代它時，卻又是極端茫然。」⑫

當初那種茫然不知所措的感受最後還是消除了，但我們終究會有再次感到茫然的一天。本書也對此做了一番解析，我們說明如何改革這個曾經造成一系列危機（而非恆久且穩定的為人類創造福祉）的資本主義。確切而言，雖然市場導向的改革已讓許多新興市場經濟體脫離整體貧窮與低度開發的狀態，但無論是在新興市場或工業化經濟體，經濟與金融危機的發生頻率與殺傷力都在上升。我們針對這部分提出一份準則，當中不僅詳述這個世界是怎麼陷入這一團混亂，更說明該如何擺脫混亂，同時不再陷入亂局。

1 白天鵝

熱潮究竟是從什麼時候湧起的？也許是從該死的房地產市場突然陷入狂熱時開始。當時投機新手像進、出股票一樣買賣熟地（譯註：subdivision lot，指已經過詳細劃分，產權清晰，配套完善，可立即從事建築開發之土地），短短幾個星期甚至幾天內，就能輕鬆賺到兩倍甚至三倍的利潤。不過，也許情況是在更早之前就已失衡——也就是建立在新科技與新產業之上的「新經濟」，蠱惑一般人將畢生積蓄全都投入華爾街進行豪賭之時。

政治人物和政策制訂者非但沒有出面阻擋這個「快速致富」的大陰謀，反而爲這股歪風加油打氣。地位崇高如美國總統的當權者甚至還公開宣示，政府不應干擾企業，而聯準會也沒有積極出面壓抑這股投機風潮。人們大力推崇金融革新和實驗對經濟成長所形成的巨大貢獻，在此同時，全新型態的金融企業不斷興起，四處向缺乏經驗的投資者推銷鮮少人理解的證券，尤有甚者，它們更爲數百萬甚至數千萬名借款人提供龐大的信用額度。

到了某個時點，熱潮演變成泡沫。不管是高高在上的銀行或一般消費者，所有人全都大膽使用高額的槓桿，一味堅守著「價格只會漲不會跌」這個明顯可疑、但卻對世人有著古怪強大吸引力的信念。多數經濟學家也大力讚頌這個現況，他們主張市場永遠是對的，最好不要插手干預它。雖有許多「異議分子」挺身而出，警告崩盤之日即將到來，但他們的見解卻換來冷嘲熱諷，甚至完全不被理會。

接著，崩盤之日終於來臨，隨著它的回聲傳遍華爾街擁擠的街道，連歷史悠久的機構都在恐懼的債權人包圍下開始動搖。風暴當然自有暫時平息之日，在這些短暫的平靜期，某些人開始宣稱最糟的情況已經過去，但是，不久後事態卻旋即惡化。許多金融企業墜入深淵，雖然有少數投資銀行如最負盛名的高盛公司（Goldman Sachs），有幸得以逃脫大火的紋身，但其他歷史悠久的企業卻在一夜之間崩潰。龐大的信用額度在一夕之間蒸發，金融體系精巧的借貸機制也因此停止運轉，到最後，連信用優良的企業都得為解決（到期）負債續期展延的問題而疲於奔命。

當股票市場崩盤，查封案件隨即大幅增加，企業破產頻傳，消費者也停止消費。大量的龐氏騙局（Ponzi scheme）終於開始被攤在陽光下，金融產業處處充斥詐騙與互相勾結的證據也無所遁形。此刻，美國的病症已經傳染給世界的其他地方，外國股票市場、銀行和投資公司也紛紛倒地不起。失業率狂飆，工業生產大幅停擺，物價下跌更引發通貨緊縮的疑慮。這是一個世代的結束。

以上所描述的並不是幾年前的故事，而是八十多年前大蕭條（Great Depression）前夕所發生的事。①當時的情形和現在一樣，房地產和股票的泡沫、金融監管的鬆散以及大量的金融創新「合力促成」了一個泡沫，當這個泡沫破滅，華爾街的金融體系幾近瓦解，一般商業界則陷入嚴厲的經濟衰退，世界各地的經濟也跟著崩壞。比較最近這一場危機和那麼久以前發生的災難，竟能找出那麼多相似之處，著實令人毛骨悚然。但這並不是巧合：當年引發大蕭條的那幾個禍根，也在我們這個時代的「大衰退時期」(Great Recession) 發生前幾年開始產生作用。

更驚人的是，這兩個事件的許多相同特質——不理性的狂熱、節節升高的槓桿、金融創新、資產價格泡沫、恐慌、銀行與其他金融機構的擠兌等——也常見於其他許多金融災難。只要將這一段敍述內容的幾個特點稍加修改，就可以拼湊出著名的一七二〇年「南海泡沫」(South Sea Bubble)，一八二五年的全球金融危機，日本「失落的十年」(一九九一年到二〇〇〇年) 以前的熱潮與衰敗、美國存貸機構危機，甚至一九八〇年代與一九九〇年代期間重創不同新興市場的十幾個危機故事。

回顧現代資本主義的歷史，危機是常態，而非例外。但這並不是說所有危機都相同，絕非如此：不同災難的特質不盡相同，而且不同危機也分別導因於經濟體系裡不同部門的不同問題。有時候，危機的源頭是大量家庭過度使用槓桿；有時候則是金融企業或甚至政府所引發。此外，每一場危機所造成的間接損害也大不相同；這主要取決於政府干預的規模與適切度。當危機擴大到全球層級（很多最嚴重的危機都會演變成全球危機），危機的損害程度則多半取決於國際間是否採取合作或彼此衝突的回應。

瞭解這些周而復始的危機將讓我們獲得無與倫比的利益。若不謹慎處理危機，就會產生巨大的損失，整個產業有可能被徹底摧毀，財富被破壞，同時導致大量工作機會流失，並讓政府蒙受天文數字般的財政成本負擔。更糟糕的是，危機曾導致政府垮台，國家破產；危機也曾導致國家之間展開報復性的貿易戰爭；危機甚至會帶領人們走向戰爭的道路，例如大蕭條是導致第二次世界大戰爆發的根本原因。因此我們絕對不能漠視任何危機。

墨守成規的習性生物

二〇〇七年年初時，美國住宅市場與不動產次級抵押貸款（以下簡稱「次貸」）就開始浮現危機跡象，人們最初不是不相信那些跡象爲眞，就是拒絕承認事實。在那一年三月，聯準會主席班・柏南克（Ben Bernanke）還信心滿滿的告訴國會：「然而，値此重要關頭，次貸市場問題對較廣泛的經濟層面與金融市場的衝擊，似乎還是可能獲得控制。」②那一年夏天，財政部部長亨利・包爾森（Henry Paulson）也呼應了他的這個觀點，認爲次貸的瓦解不會構成威脅。「我不認爲它會對整體經濟情勢造成任何威脅。」③

即使是在危機爆發後，人們拒絕面對現實的態度還是沒有改變。二〇〇八年五月——也就是在貝爾史登（Bear Stearns）破產之後——包爾森部長還對未來幾個月的情勢，提出一番頗具特色的樂觀評估。他說：「展望未來，我預期金融市場受近期諸多亂象影響的程度將會降低，轉而較受廣泛經濟情勢所牽動，而且具體來說，它將因住宅部門的復甦而獲得提振。」④但那一年夏天，我們卻目睹了不動產抵押貸款巨擘房利美（Fannie Mae）與房地美公司（Freddie Mac）走向崩潰，但即使到了那個節骨眼，很多人卻依舊抱持樂觀的態度。

最著名的「啦啦隊口號」，當屬股票市場大師級人物兼金融評論家唐納・陸斯金（Donald Luskin）的那一席話。二〇〇八年九月十四日，他爲《華盛頓郵報》（*The Washington Post*）寫了一篇專欄，文中闡述了他的「快速復甦」論點。他承認，「當然，從政府接收不動產抵押貸款巨擘房利美與房地美公司，以及市場因華爾街企業雷曼兄弟（Lehman Brothers）的問題而緊張不安等現象，可以明顯看出經濟體系確實存在一些狀況點。另外，失業數字也略微上升。」但他也嚴詞主張，「這些問題全都不會導致經濟陷入蕭條，更無法與誇張的大蕭條比擬：任何宣稱我們已陷入衰退或即將陷入衰退——尤其是宣稱（經濟）已陷入大蕭條以來最嚴重衰退——的人，對『衰退』的定義只有他們自己才認同（譯註：指他們對衰退的定義不符合一般公認的定義）」。⑤但隔天雷曼兄弟隨即倒閉，恐慌情緒於是瞬間擴散，全球各地無一幸免，全球金融體系的心臟突然停止跳動，而且有整整兩季的時間，全球經濟像自由落體般重挫，情況之慘烈，一點都不亞於大蕭條。

等到「危機確實來襲」的徵兆已顯而易見，很多評論家才慢半拍的試著去理解災難的成因。很多人訴諸納西姆・尼可拉斯・塔雷伯（Nassim Nicholas Taleb）的「黑天鵝」概念⑥，用它來解釋所有現象。塔雷伯那本以「黑天鵝」爲名的書是在危機爆發前夕出版（編按：《黑天鵝效應》〔*The Black Swan*〕，中文版由大塊文化出版），他將「黑天鵝事件」定義爲一種顛覆性的劃時代事件——這種事件極端罕見，而且幾乎不可能預測得到。就那個定義來說，金融危機是一種反常事件，不過卻是極端重要，且具有改造能力的一種事件。不可能有人預見這種事件的到來。

人們墮落的以這個概念來尋求慰藉。如果金融危機是可以和飛機墜機相提並論的黑天鵝事件——雖然恐怖，但機率極端低且不可能事先預測到——那就沒有理由瞎操心，自尋煩惱金融危機會不會發生。不過，這樣想是錯誤的。最近這場危機絕非反常事件。它本來就很可能發生，甚至可以事先預測到它的到來，因爲金融危機通常都依照類似的劇本發展，周而復始的不斷出現。當相似的經濟與金融弱點不斷累積，最終達到轉捩點後，危機就會瞬間爆發。就危機所造成的各種混亂來說，它們可說是墨守成規的習性生物。

多數危機都是先從一個泡沫開始：特定資產的價格上漲到遠超出其根本基礎價值的水準。這種泡沫經常和負債存量過高的現象並存，因投資人借錢的行爲讓熱潮變得更加火上加油。另外，資產泡沫也經常和信用供給超額成長有著絕對的關係，而信用供給過高有可能是金融體系的監督與管理過於鬆散的後果，甚至和中央銀行的寬鬆貨幣政策有關。

在某些情況下，資產泡沫甚至可能在信用供給過度擴張以前就先形成了，因爲光靠世人的漲價預期心理，就足以促使資產價格自行實現人們預期中的上漲走勢。例如重大的技術革新——如鐵路的發明或網際網路的創造——可能引導人們預期所謂的全新高成長時代即將來臨，進而引發泡沫的生成。目前這場由房市所驅動的危機並不是由任何這類新技術所引發，不過，華爾街眾多金融實驗室所製造出來的各種複雜的證券，應該可以算是另類的新技術，只不過，這些「新技術」並未能創造實質的經濟價值。

然而，這其實也不是新鮮事。很多泡沫雖然是受具體的技術改良所驅動，但這些泡沫同時也因金融結構的改變，獲得更強大的力量。過去幾百年來，很多最具破壞力的興衰循環都和金融創新脫不了關係：形形色色的新奇工具與各種投資機構的創造和創立，構成了投機熱潮的核心。這些工具與機構有可能是新型態的信用或負債，或甚至新型態的銀行，無論如何，這一切讓投資人得到參與投機泡沫的全新機會。

不管熱潮是如何開始的，也不管投資人是循著哪些管道加入這場熱潮，總有某一項資產會成爲強烈投機興趣的焦點。人們夢寐以求的這項資產有可能是任何事物，只不過最常見的是股票、住宅與房地產罷了。當這項資產的價格大幅竄升，樂觀者就會瘋狂的試圖爲超漲的局面尋找合理辯解。就算此刻出現一些和過往崩潰趨勢雷同的證據，他們也會宣稱「這次不一樣」。這時許多智者會一再強調（並堅信），經濟已進入一個今非昔比的境界，過去的法則已不再適用。最近發生在美國的房市泡沫極精確的依循上述劇本發展：人們信誓旦旦的宣稱房地產是一種「安全的投資」，「絕對不會跌價」，因爲「房價從來都沒有下跌過」，而且人們對從不動產抵押貸款所衍生出來的成千上萬種複雜證券，也是抱持相同的看法。

就這樣，金融災難自此沿著一條可預測的途徑逐漸發展。隨著信用變得愈來愈便宜，愈來愈浮濫，人們也愈有能力購買他們夢寐以求的資產。此時需求上升並開頭超出供給，價格因此而上漲。不過，這只是開頭而已。因爲形成泡沫心臟的資產通常可以用來作爲擔保品，而且由於擔保品的價格持續上漲，投機者因此可借到的資金便會與日俱增。簡單一句話：借款人開始提高「槓桿」。

相似的模式從二〇〇〇年起再度於美國重現：隨著住宅價值大幅上升，薪資停滯，家計單位遂利用他們的住宅作爲擔保品，以便舉借更多資金。⑦當時人們通常是以房屋淨值借款或房屋淨值貸款（home equity loan）的方式借錢，⑧所以，實質上等於是把房子當作自動提款機來使用。當住宅價格上漲，借款人可以進一步利用他們買進來的東西——像是房屋改良物或甚至第二間房子——作爲額外的抵押品去借更多錢。二〇〇五年第四季，房屋淨值借款金額達到最高峰，或以年化計算，其金額已達一兆美元之譜，這讓很多家庭得以繼續維持寅吃卯糧的生活。在此同時，家庭儲蓄率重挫到零，甚至出現了大蕭條以來首度落入負儲蓄的窘境。但不管這個「以負債支持消費」的模式有多麼難以維繫，它終究還是對實體經濟產生影響——家庭和企業透過購買商品與服務，促進了經濟的成長。

然而，這個動態創造了一個惡性循環。當經濟成長，所得就會上升，企業的獲利也進一步提升。於是，人們對風險的憂慮降到歷史低點，借款成本因此下降，在愈來愈寬鬆的環境下，家庭和企業也得以借到更多錢，花更多錢。到這個時點，泡沫已不再只是一種心理狀態，它已成為促進經濟變化的一個動力，它促進成長，同時為全新且風險更高的冒險事業，如沙漠裡的大面積住宅熟地，提供資金奧援。

在這個典型的熱潮與衰敗興衰循環裡，人們一如往常的不斷強調「這次不一樣」⑨，同時更宣稱熱潮永遠不會有盡頭，完全不理會投機狂熱——「非理性繁榮」——的所有要素皆已活生生浮現在眼前，而且，此時投機甚至欺詐行為也愈來愈明目張膽。舉個例子，近幾年，美國房屋所有權人樂觀信奉「房價每年一定會上漲二〇%，而且此一傾向將永遠不變」的謊言，更基於這個信念而去借更多錢。影子銀行體系裡的避險基金、投資銀行、保險公司、貨幣市場基金以及其他因住宅價格大幅膨脹而獲得資產增值利益的企業，也都懷抱著相同的樂觀情緒。

但到某個時點後，泡沫停止成長，這通常是發生在泡沫化的資產供過於求時。結果，認定價格將持續上漲的信心開始萎縮，貸款的難度也日益上升。就像火焰需要氧氣才能興旺一樣，泡沫需要槓桿和寬鬆的貨幣環境，而當這些要素趨於乾涸，價格就會下跌，「去槓桿」的活動也就此展開。隨著美國的新屋供給超過需求，人們也開始「去槓桿化」流程。熱潮時期過量興建的房屋和萎縮的需求彼此衝突，而過高的房價和持續上升的不動產抵押貸款利率，更讓買方打消進一步介入市場的念頭。

熱潮轉爲崩壞後的所有結果也都是可預期的。當位於泡沫心臟的資產開始跌價，最終將觸發恐慌性的「融資追繳」（margin calls）——［放款單位］要求借款人提供更多現金或擔保品來補貼跌價的損失，而這可能進一步迫使借款人不得不以跳樓大拍賣的價格，求售他們手上的部分資產。於是，這項資產的供給很快就會遠遠超過其需求，價格因此進一步下跌，剩餘擔保品的價值則進一步重挫，這又會引發更進一步的融資追繳，同時也促使人們更迫切想甩掉手上的曝險部位。此刻，每個人都急於出場，轉向比較安全且流動性較好的資產，迴避位於泡沫中心的資產。恐慌一波波來襲，接著，就像泡沫期間資產價格會超出其根本價值一樣，在崩壞期，資產的價格將紛紛跌到遠低於其根本價值的水準。

這就是二〇〇七年和二〇〇八年間的情況。當房屋所有權人違約不償付他們的不動產抵押貸款，從這些貸款所衍生出來的證券的價值也跟著崩跌，崩壞期於焉展開。到最後，使用高槓桿的金融機構蒙受嚴重的虧損，這迫使它們不得不降低與限制它們的風險暴露程度。一如每一次的崩壞期，銀行業再度矯枉過正：它們開始放慢腳步，縮減放款，進而導致整個經濟體系陷入流動性與信用緊縮的窘境。個人與企業在負債到期後無法再順利續期展延貸款，更別說花錢去購買商品與勞務了，於是，經濟活動轉爲萎縮。原本單純的金融危機擴散到實體經濟，造成許多間接傷害。

以上就是最近這場危機的概述，不過，幾乎每一場金融危機的情節都和它大同小異。只不過這個事實與一般約定俗成的看法相反：我們認爲危機非黑天鵝事件，而是白天鵝，熱潮與崩壞的要素都是極端容易預測的。近代史上就曾發生過幾十場金融危機，而若進一步追溯過往，也就是大蕭條以前，歷史上還發生過很多更兇險的危機。其中某些危機只對單一國家造成打擊，其他則影響到不同國家與大陸，形成了全球性的浩劫。不過，這些危機很多早已被遺忘，更有人將它們貶抑爲民智未開時代的遺物。

黑暗時代

金融危機的型態與外觀很多元化。在資本主義興起以前，危機通常是導因於政府瀆職⑩。從十二世紀以來，各個國家與王國的政府——國情分歧如西班牙和英國——都曾選擇讓他們的貨幣貶值，減少硬幣的黃金或白銀含量，但又謊稱新硬幣和舊硬幣等值。隨著紙幣問世，這種利用貨幣貶值來逃避負債的赤裸意圖，就更容易得逞了。從此各國政府可以毫不保留的利用印鈔票來擺脫債務。中國是這方面的始祖，最早是從一〇七二年開始；⑪歐洲國家則是過了很久以後才使用這個方法，最早是在十八世紀。

對外國債權人舉債的政府可以採取比較誠實的途徑，直接違約不履行負債，一如愛德華三世（Edward III）在十四世紀中葉的作爲。他向佛羅倫斯的銀行家借錢，但卻拒絕還錢，這個決定在義大利各個商業中心埋下了混亂的種子。這件事只是一個先驅，接下來很多主權國家都依循這個路徑，當然，這些行爲也對它們的債權人造成一些可預期的後續影響。這些國家的國情甚爲分歧，包括奧地利、法國、普魯士、葡萄牙和西班牙，從十四世紀以降，上述國家分別在不同時期選擇不履行它們的債務。

儘管這些事件都舉足輕重且都曾造成動盪，但它們反映的只是人們對超額負債政府的信心危機，而不是對資本主義失去信心。不過，隨著荷蘭在十六與十七世紀逐漸興起，成爲全世界第一個資本主義霸主，新類型的危機——資產泡沫也開始出現。一六三〇年代，「鬱金香球莖狂熱」⑫席捲這個國家，在投機者的哄抬下，罕見的鬱金香球莖的價格上漲到天價水準。雖然歷史學家對這場投機熱潮所造成的後果仍有不同意見（有些經濟學家甚至不認爲它是一個泡沫，他們辯稱所有的「泡沫」其實都是由基本面因素所引起的），它依舊是後續更大且無疑更具殺傷力的眾多泡沫的始祖。在後來的泡沫中，最著名的是約翰・勞（John Law）的密西西比公司（Missisippi Company），⑬這是一個大肆擴張的投機性投資案，它在一七一〇年代末期支配著整個法國的經濟。約翰・勞的公司在一七一九年的高峰時期控制了其他幾家貿易公司、國家鑄幣廠、國家銀行，整個法國的國債，外加後來多數成爲美國領土的許多土地。

英國也「輸人不輸陣」，大約在相同時間陷入狂熱。那一個泡沫的中心正是我們所熟知的南海公司（South Sea Company），⑭在最高峰時期，它實質上也掌握了英國的多數國債。這家公司股票的投機氣氛帶動所有股票陷入狂熱，其中不乏許多以詐騙爲目的的股份有限公司。在南海公司的股價上漲十倍後，算總帳的日子終於到來：股票市場崩盤，經濟也開始搖擺，更因此導致接下來一整個世代的英國投資人把金融市場視爲洪水猛獸，對它戒慎恐懼。另一個更具毀滅性的危機在同一時間衝擊法國，隨著約翰・勞的詭計驚天動地的被拆穿，金融機構的發展也因此陷入遲滯，時間長達數十年之久。

就投機狂熱、恐慌和崩潰的歷史標準來說，上述幾個危機都非常重大，但這些危機都沒有觸發全球性的金融危機。相反的，一八二五年的恐慌則在世界各地造成回響。⑮那一場危機是從英國開始，它具備典型危機的所有特徵：寬鬆的貨幣（那是英國銀行〔Bank of England〕的善意所造成）、資產泡沫（和剛獨立不久的秘魯的「新興市場」股票與債券投資有關），甚至也包括範圍廣泛的欺詐行爲（一個名爲皮亞伊斯共和國〔Republic of Poyais〕的虛構國家，出售債券給輕易受騙的投資人）。

當泡沫破滅，英國有無數銀行和非金融企業倒閉。根據英國經濟學家白芝浩（Walter Bagehot）的回憶，「那是一個狂亂且幾乎令人無法想像的暴力時期，每個人都無法再信任其他人，信用幾近停擺，〔而且〕整個國家……好像隔天就會〔進入〕一種以物易物的狀態。」⑯白芝浩是最先主張，中央銀行應該在恐慌與銀行擠兌情事發生時，出面扮演「最後放款者」（lender of last resort）的作家之一。他痛惜「很多人向政府訴請協助，但……政府卻拒絕採取行動」。金融危機很快就擴散到歐洲其他地方，恐慌的投資人也因此不得不將資金自拉丁美洲抽回。結果，到一八二八年，拉丁美洲除巴西以外的每個國家都無力履行它們的公共債務。後來整整經過三十年的時間，投入這個地區的資金才又回升到先前的水準。

一八五七年全球恐慌的規模也不遑多讓。⑰熱潮是起始於美國，當時的投機標的是奴隸、鐵路、金融工具和土地。當泡沫破滅，紐約市的銀行陷入恐慌並開始緊縮信用，試圖穩住它們的地位，不過最後仍是徒勞無功：這些銀行的債券持有人出面要求贖回債券，導致各家銀行的黃金與白銀準備因此枯竭，這是典型的銀行擠兌案例。大約一個多月後，恐慌襲擊倫敦，英國銀行也眼睜睜看著它的準備金以類似的速度飛快縮減。接著，恐慌擴散到歐洲其他地方，並進一步擴散到印度、中國和加勒比海、南非與拉丁美洲。世界各國的經濟全都因此受創，而且這場危機也終結了現代史上最長的經濟擴張期之一。⑱

十九世紀最劇烈的全球性崩潰當屬一八七三年的危機。⑲當時英國和歐陸的投資人再度從事大規模的拉丁美洲投機性投資，這次的標的是美國和拉丁美洲的鐵路以及其他專案。更糟的是，法國因普法戰爭（譯註：法國與普魯士王國之戰，最後普魯士大獲全勝，建立德意志帝國，法國賠款五十億法郎並割地予德國）失利而支付給德國的賠款，在德國和奧地利房地產市場引爆了一波投機性的飆漲走勢。當這個投機狂熱崩潰，維也納、阿姆斯特丹和蘇黎世的股票市場也發生內爆，結果，歐洲投資人不得不將海外投資變現。這些事件導致美國承受沈重壓力，因為當時美國本身也處於一場鐵路證券的投機狂熱。當時著名的投資銀行家傑伊·庫克（Jay Cooke），因此無法順利找到外國買家，來認購為建造新北太平洋鐵路（Northern Pacific Railroad）而發行的證券，結果，他的銀行和這條鐵路雙雙崩潰，觸發了大規模的華爾街恐慌行為。這場災難又進一步在歐洲引爆了第二波恐慌，於是，世界上多數地方都隨之陷入慘重的經濟蕭條和揮之不去的通貨緊縮噩夢。在美國境內，有四分之一的鐵路破產，而失業率狂飆與企業減薪等問題更引發了血腥的暴動和罷工活動。全球經濟的崩潰對美國和歐洲以外地區所造成的惡性影響尤其嚴重：許多國情差異極大的國家如鄂圖曼帝國、希臘、突尼西亞、宏都拉斯和巴拉圭等全都嚴重受創。

但這只是在十九世紀諸多危機的典型之一，當時的危機多到不勝枚舉，包括一八一九年、一八三七年、一八六六年與一八九三年的恐慌等。所有危機都有其獨特之處，但很多危機卻也具備一系列共同的特質。通常危機是在一些開發程度較高的國家爆發——過度投機的放款與投資活動崩潰後，引發銀行危機；當全球經濟因此開始搖擺並趨緩後，原本仰賴原物料出口的邊陲型國家的經濟也跟著萎縮。結果，這些國家的政府收入大幅下降，某些國家更因此違約不履行其國內債務，甚至海外貸款。在其中某些案例，政府違約不償還債務的行爲導致「新興市場」投資人幾乎血本無歸，結果又在經濟核心另外引爆一次次崩潰。

二十世紀初期的情況也好不了多少，恐慌爆發的次數也不遑多讓。一九〇七年在美國爆發的危機，引發了世界性的崩潰，起因是美國股票與房地產投機熱潮瓦解。[20]所謂「信託公司」（trust companies）——因複雜的連鎖所有權而結合在一起的商業銀行，幾乎不受法規管制——的準備金因嚴重擠兌而大幅縮水，這股恐慌很快就擴散到全國各地，進而導致股票市場崩盤。而當危機持續惡化到失控後，美國最具影響力的銀行家摩根（J. P. Morgan）出面召集紐約市的銀行機構，展開一系列緊急會議，意圖遏止銀行擠兌的情況蔓延。在十一月的第一個週末，摩根在一個著名的邊緣政策（brinksmanship）行動中，邀請銀行家們到他的私人圖書館。由於他們未能針對彼此援助的計畫達成協議，所以摩根將他們鎖在一個房間裡，並將鑰匙收起來。最後，銀行家們終於達成協議，危機隨後也很快落幕。儘管摩根先生因防止了一場大災難而獲得讚揚，但一九〇七年的諸多事件卻也說服很多人相信，美國確實有必要成立一個中央銀行，在未來危機再度發生時，擔任最後放款人的角色。六年後，聯準會應運而生。

理論上來說，類似聯準會的中央銀行可以用來作爲對抗金融危機的堡壘，在銀行擠兌事件發生時，提供「最後放款人」的支持。不過，在一九二九年災難式崩盤期間，儘管危機已經失控，聯準會卻還是選擇袖手旁觀。當時它並未採取擴張性的貨幣政策，反而加以緊縮，導致情況變得雪上加霜。結果，一九二九年到一九三三年間，貨幣供給急速萎縮，[21]這引爆了嚴重的流動性與信用緊縮，讓單純的股票市場崩盤轉變爲一場銀行危機，最後更演變爲嚴重的經濟蕭條。

當時聯邦政府其他單位的表現也不怎麼樣。胡佛總統（Herbert Hoover）的財政部長安德魯・梅隆（Andrew Mellon）認爲有必要淨化整個社會。胡佛將梅隆形容成一個「順其自然的清算主義者」，[22]他一點都不同情那些被危機所傷的人。據說，梅隆曾提議「清算勞工，清算股票，清算農民，清算房地產」。梅隆相信金融恐慌能「淨化整個系統的腐敗與墮落。高生活成本與高生活水平將會下降。人們將會更努力工作，生活更講求倫理道德」。

也許正如他所期待吧，不過，從一九二九年到一九三三年，美國急速陷入建國以來最嚴重的經濟蕭條。[23]失業率從三・二%竄升到二四・九%；九千多個銀行暫停營業或倒閉；到富蘭克林・迪蘭諾・羅斯福總統接手執政之際，整個國家的大部分金融體系已實質崩潰，世界各地其他國家也大致和美國雷同。當時很多國家的失業率和經濟衰退情況都和美國不相上下。貨幣問題引發貿易戰。在美國，著名的斯姆特－霍利關稅法（Smoot-Hawley Tariff）引爆了一場貿易大戰，世界各國實施種種報復性關稅，當然也導致世界貿易量大幅降低。很多歐洲國家最後放任它們的貨幣貶值，[24]透過通貨膨脹來讓負債縮水，甚至公然違約不履行債務，德國也是其中一員。這場危機奠定了希特勒掌權的基礎，更是引發人類史上最嚴重戰爭的根本導因。

儘管第二次世界大戰造成許多可怕的後果，但卻也讓世界金融體系得以全面轉型。一九四四年，也就是決定戰爭勝負的最後一役將發生以前，同盟國的一群經濟學家與政策制訂者在新罕布夏州的布林敦森林（Bretton Woods）[25]召集了一場會議，目的是要制訂一套全新的世界經濟秩序。經過慎重的審議，他們決定成立國際貨幣基金以及世界銀行（World Bank）的前身，還有一套全新的外匯匯率系統，那就是眾所周知的布林敦森林制度，也稱爲美元換匯標準（dollar exchange standard)。

這個系統規定每個國家的貨幣將以固定匯率兌換美元。持有美元的外國可以選擇以每盎司三十五美元的標準，將它們的美元兌換爲黃金。所以，實質上來說，美元就此成爲這個世界的「準備貨幣」，國與國之間在進行交易時，只剩下美國可以沿用金本位制度。於是，一段引人注目的金融穩定時期，一個以美元和美國新興軍事與經濟勢力爲基礎的一國獨大國際和平期（*pax moneta*）就此展開，若以先前幾個世紀危機重重的情況來看，這個發展極端不尋常。這個穩定局面也有一大部分必須歸功於阻止銀行擠兌的廣泛性存款保險規定、金融體系的嚴謹規範，包括將美國的商業銀行業與投資銀行業予以切割；還有廣泛的資本管制促使貨幣波動性降低等。這些國內外限制讓金融游資與泡沫獲得良好控制，時間長達四分之一世紀。

不過，好景不常，戰後時期也不例外。[26]布林敦森林制度於一九七一年在美國終於放棄金本位的狀況下瓦解了。美國爲何放棄？因爲越戰導致美國陷入財政與經常帳雙赤字（我們將在第十章討論經常帳逆差），而這也使得美國的債權國——主要是西歐國家和日本——累積了龐大到無以爲繼的美元準備。事實上，美國的債權人也發現，美國根本沒有足夠的黃金來作爲流通在外美元的後盾。至此，布林敦協議瓦解，美元開始貶值，整個世界轉爲採用彈性匯率制度。

這個變化讓各國的貨幣主管機關得到解放，擺脫固定匯率機制的限制後，它們要印多少錢就能印多少錢。結果，通貨膨脹因此上升，原物料價格甚至在一九七三年贖罪日戰爭（Yom Kippur War，這場戰爭引發石油禁運危機，石油價格大漲三倍）以前就開始上漲。一九七三年和一九七九年兩次石油危機（第二次是因伊朗革命所觸發），加上有關單位以非常拙劣的貨幣政策回應這些衝擊，導致世界陷入了停滯性通貨膨脹窘境，這是高通貨膨脹與景氣衰退的致命組合。直到聯準會新任主席保羅・伏克爾（Paul Volcker）上任後，才展開一系列導正作爲。他將利率大幅提升到極高的水準，但卻也導致經濟在一九八〇年代初期陷入了嚴重的二度衰退。儘管這些震撼式「療法」非常嚴酷，但終於還是發揮效果，成功擊退通膨，同時引領經濟走向長達十年的成長期。

不過，每一個光明面都有其陰影：伏克爾的政策也是引發一九八〇年代拉丁美洲債務危機的因素之一。[27] 一九七〇年代時，很多拉丁美洲國家政府紛紛推動大規模的經濟發展專案，這些專案的資金來源都是採用外國資本，而它們因推動這些專案而衍生的財政和經常帳赤字，則是進一步利用美國與歐洲銀行所仲介安排的貸款來支應。這些外幣貸款的利率是和一個指標性短期利率連動，這項利率就是眾所周知的倫敦銀行同業拆款利率（London Interbank Offered Rate, LIBOR）。當伏克爾提高利率，LIBOR利率也大幅上升，這麼一來，拉丁美洲國家根本無力支付這些負債的利息。更糟的是，隨著這些國家的匯率開始貶值，負債的實質價值也跟著上升。

結果，許多國家的政府選擇違約不履行債務，一開始是一九八二年的墨西哥，它違約不償債的作法導致經濟崩潰，最後促使墨西哥民間銀行體系整個國有化，經濟也陷入毀滅性的衰退。後來，巴西、阿根廷和其他拉丁美洲國家很快就步上墨西哥的後塵。從很多方面來說，過去許多危機爆發時，也都會出現不履行債務的情節，因爲較低度開發國家被發生在世界主要經濟體的許多事件的反作用力所傷。

拉丁美洲債務危機產生了許多影響深遠的後果：這整個區域的經濟有十年沒有成長、政治不穩定，社會更陷入動盪。一直到一九八〇年代末期，這些貸款的面額被調降並轉換爲債券（也就是所謂的布雷迪債券（Brady bonds）後，這整個區域才邁向復甦，很多美國與歐洲銀行也因此開始復原。在這段期間，美國和以國際貨幣基金爲首的國家和機構爲阻止銀行業倒閉風潮，大幅放寬監管標準，並推動許多國際危機管理作業。

虛有其表的「大穩定」

到一九八〇代中期，伏克爾順利戰勝通貨膨脹，世界各地的中央銀行也一再重申它們維持低通膨的決心。在此同時，先進工業國家的一般商業循環波動性大幅降低，雖然經濟還是會周而復始的陷入衰退，但這些衰退產生的負面影響較少，經濟擴張期則持續較久的時間。以美國爲例，它還是不免發生一些災難和金融危機，如一九八七年的股票市場崩盤，不過，這些危機並未轉變爲更具破壞力的其他災難；一九八七年的股票市場崩盤並未導致經濟衰退，而一九九〇年到一九九一年間的經濟衰退則相對短暫且輕微，只持續八個月的時間。於是，「大穩定」（Great Moderation）的說法應運而生：低通貨膨脹、高成長且溫和衰退的時代。[28]

「大穩定」是怎麼形成的？答案莫衷一是。[29]有些經濟學家主張商業與金融去管制化（deregulation）氛圍和技術革新，創造了一個更有彈性與更有適應力的經濟體系，這個體系顯然較有能力解決商業循環起落的問題。另外有些人則暗示，全球化的進程與自由貿易——還有中國和其他新興經濟體的崛起，讓企業生產的商品愈來愈便宜——使得全球通貨膨脹得以在全球經濟持續成長的情況下，維持低檔。更有一些人強調，工會勞工勢力的沒落是讓薪資成長與生產力不再脫節的主因。

有些人將「大穩定」歸功於貨幣政策，班．柏南克也認同這個觀點，他在二〇〇四年的一場演說中，以極具說服力的方式提出上述論點。柏南克宣稱他自己「樂觀看待未來」，㉚同時也提到只有一個先進工業國家，沒有展現出結合「金融穩定與短暫、溫和衰退」那種令人讚嘆的模式，他說的是日本，根據他的觀察，日本因「一系列不同的問題」而受苦。

這樣的說法顯得過於輕描淡寫。一九八〇年代，日本經歷了一場前所未見的股票與房地產投機狂熱。㉛泡沫的起源就是一般常見的「嫌疑犯」：在日本央行的善意下，貨幣非常寬鬆，這讓利率得以維持低檔，而直到繁榮期接近結束時，它才開始提高利率。當時，日本也進行各種金融革新與去管制化措施，於是，銀行積極介入房地產放款業務，可惜這個領域並非它們原本所專精。而且，當時社會上也普遍存在一種非理性的樂觀心態，人們一心認定價格只會漲不會跌。日本國內的股票市場——日經指數（Nikkei）——從大約一萬點飆漲到接近四萬點，房地產價格也呈現類似的軌道：一九八〇年代末期，住宅型房地產價格上漲接近兩倍，而商業房地產更上漲了三倍。據估計，在熱潮期的頂點，東京帝國大廈的地皮和周遭共幾百英畝土地的市場價值，就約當於加州全部房地產。

但到一九八九年年底，市場漸漸盤低，當日本央行為終結投機行為而開始提高利率，泡沫隨即破滅。股票市場經歷初期崩盤走勢後，經濟活動也大幅下滑到極為遲緩的狀態；接著，股價又繼續下跌，土地價值亦然。人們形容一九九〇年代的日本是陷入「失落的十年」（*ushinawareta jūnen*—the Lost Decade）。當時日本經濟在衰退的狀態下跌跌撞撞的過了整整十年，從未恢復先前的四％過熱成長速率，平均經濟成長率僅一％。不過，雖然那十年間有很多企業和銀行實質上已破產，但主管機關卻蓄意睜一隻眼閉一隻眼，放任企業和銀行用一些「有創意」（譯註：意指粉飾太平的美化帳面手法）或欺詐性的會計手段，來隱藏它們的虧損。由於未能積極改造企業與銀行，原本早就該倒閉的銀行和企業變成長期苟延殘喘的殭屍。直到一九九〇年代末期，政府終於放手允許銀行倒閉，接著，一波波的銀行業重整和金融機構資本結構調整，才終於協助解決了上述部分問題，不過，土地和股票價格卻迄今未能恢復原先水準。

柏南克在他二〇〇四年的演說中主張日本是例外，不是常態。但眞是如此嗎？事實上，挪威也曾被一場金融危機所吞沒，㉜那場危機從一九八〇年代末期一直延續到一九九〇年代初期，當時連芬蘭和瑞典的多數銀行系統都崩潰，這一切都是柏林圍牆倒塌後，俄國人對北歐商品需求大幅降低所產生的間接影響。在一九八〇年代末期到一九九〇年代初期的美國，存貸互助會㉝——亦即所謂的互助儲蓄銀行——的許多放款，因房地產泡沫破滅而漸漸變成呆帳，最後有超過一千六百家銀行倒閉。儘管這場銀行危機並不像最近這場全球性的金融崩潰那麼嚴重，但卻也引發一波信用緊縮，導致經濟在一九九〇年到一九九一年間陷入令人痛苦的衰退，相關的代價也非常高昂，大約是兩千億美元（以二〇〇九年的美元計）。

儘管到了一九九〇年代，美國的波動性降低，但拉丁美洲和亞洲國家卻經歷了許多場嚴重的危機，㉞誘發這些危機的主要因素，都是經濟體系不同部門的投機熱潮和超額負債。在拉丁美洲一九八〇年代的債務危機解決後，投資人開始回到這個區域，無奈卻再度受傷。當時拉丁美洲各國恢復資本淨流入狀態，但相同的問題卻又浮上檯面。一九九四年時，墨西哥緩步走向危機，導因是它的經常帳赤字擴大到無以爲繼的狀態，而且它的幣值也過於高估。隨著外界對該國銀行體系體質的疑慮逐漸擴散，加上政府未能續期展延到期的高額短期外幣計價負債——亦即所謂的墨西哥美元公債（*tesobonos*），披索匯價遂大幅貶值。直到美國和國際貨幣基金介入，提出龐大的紓困配套計畫後，墨西哥的情勢才趨於穩定。不過，這次危機所造成的損害非常龐大：政府的本國銀行紓困方案最後還是由納稅人買單，總金額大約五百億美元。

這是新興市場經濟體眾多「資本帳危機」的首例。這些危機都有一個共同點：以高風險的方式來為國家無力維持的經常帳赤字籌集資金。過度仰賴短期負債和負債以外幣計價的結果，導致這些國家最終走向災難式崩潰。當外國投資人開始恐慌，拒絕續期展延短期負債，價值過於高估的本國貨幣就會崩潰。更糟的是，當本土貨幣的相對價值下降，美元與其他外幣計價負債的實質價值將大幅上升，當然也進一步提高賴帳的可能性。

一九九七年和一九九八年，世界各地的新興經濟體都成為這種危機的獵物。隨著較高度開發國家的投資人將大量資金投入類似泰國、印尼、南韓和馬來西亞等國家，這些國家全都出現了耀眼的投機熱潮。股票市場超漲，房地產市場泡沫也逐漸形成，銀行業從事愈來愈危險的放款活動，而隨著低報酬的超額民間投資金額大幅超過全國儲蓄金額，經常帳赤字也快速膨脹。後來，由於世人憂心泰國政府無力支撐它的貨幣（泰銖），導致這個國家一步步走向恐慌邊緣。接著，外國投資人將資金大量從泰國抽離，該國用來維持泰銖價值所需的外匯存底因此被快速消耗殆盡，銀行、股票市場和房地產價格更是全面崩盤。最後，這股恐慌氣氛蔓延到印尼、韓國和馬來西亞。這些國家全都和泰國一樣，只能眼睜睜看著本國貨幣貶值，負債暴增。到最後，解救經濟的成本全都被算到納稅人頭上，導致數百萬的納稅人在接踵而至的經濟緊縮期裡快速墜落為「新貧一族」。

一九九八年輪到俄羅斯。受亞洲金融危機和石油價格下跌的打擊，俄羅斯經濟陷入混亂。此時外界日益擔憂它維持盧布價值與正常履行債務的能力。一九九八年夏天，投資人大舉逃離這個國家，盧布幣值也因此崩跌。俄羅斯政府決定不履行它對國民的負債，接著也停止支付它積欠多數外國債權人的負債本息。

這些行動對世界各地造成餘波蕩漾的影響。美國有一檔避險基金——長期資本管理公司(Long-Term Capital Management, LTCM) 長期針對外國政府公債的價格，進行各種極其複雜的押注行爲，但這一檔基金並未考量到「爆發金融危機的可能性」。㉟隨著俄羅斯不履行債務的恐慌逐漸擴散，不同債券之間原本正常的價格關係突然間趨向混亂，結果，長期資本管理公司爲求生存，不得不清算它的資產。聯準會擔心該公司這股跳樓大拍賣的賣壓，將會迫使其他金融企業的資產價值下降，於是決定協調民間力量，對長期資本管理公司進行紓困，終於阻止恐慌的進一步蔓延。

接下來幾年，新興市場仍陸續發生各種危機，不過這些危機對全球金融體系都沒有造成威脅。㊱一九九九年，厄瓜多爾和巴基斯坦都陷入主權債務危機，巴西則經歷了一場貨幣危機。很快的，其他金融危機也接踵而至，包括烏克蘭（二〇〇〇年）、土耳其和阿根廷（二〇〇一年），烏拉圭和巴西（二〇〇二年）再次發生危機。這些災難和以往的很多新興市場危機一樣，都是以很多不同的面貌出現。舉個例子，阿根廷的危機導致經濟體系的每個部門都陷入癱瘓。家庭不再有能力償還個人負債，尤其是不動產抵押貸款和消費者信貸，而這些通常是以外幣計價；企業在商業借款方面也遭遇到類似問題。憤怒的存款人包圍國內銀行，絕望的試圖領出他們的畢生積蓄，另外，政府也違約不履行它的債務，眼睜睜看著本國貨幣幣值崩盤。

一如過去的多數危機，上述諸多危機的核心問題多半是投機熱潮和負債總額過高。這些國家的政府、企業、個別家庭（或以上不同部門的組合）過分舉債，而且這些負債多半又是以外幣計價。銀行和其他金融機構的問題則是超額承作放款，且貸款擔保品的價值又極不穩定。這樣的情況當然不可能支撐太久，到最後，隨著外界愈來愈不信任前述各種貸款人的還款能力，恐慌終於爆發。接下來所發生的危機，當然也重創了過度舉債的借款人和槓桿過高的放款機構。

到最後，新興市場危機的代價愈來愈高：貨幣一次性大幅貶值、許多政府垮台、還有數百萬人口陷入貧窮的泥淖。很多國家在發生經濟危機後，政治危機也接踵而至。以俄羅斯來說，危機終止了波瑞斯・葉爾辛（Boris Yeltsin）的總統之路，由夫拉迪莫・普丁（Vladimir Putin）的勢力主導下的一個獨裁主義（authoritarian）國家興起。在印尼，一九九八年的事件結束了長達三十年的蘇哈托獨裁政權。另外，在阿根廷，銀行擠兌潮和街頭暴力事件最終導致費南多・魯阿（Fernando de la Rúa）總統遭到推翻，整個國家的經濟與政治從此陷入一段混亂期。

不過，這些事件似乎並未在美國多數投資人和政策制訂者心中留下深刻或恆久的烙印，因爲所謂的「大穩定」經濟情勢並未因這一連串的危機而轉變，情況一直都很平順。但當時已有懷疑論者提出合理質疑，認爲多數先進工業國普遍展現出來的平靜根本只是假象。畢竟一九九〇年代末期主導著美國經濟的網路股和高科技公司狂熱，看起來根本就是個徹底的泡沫，金融危機的爆發只不過是遲早的問題。但當科技泡沫破滅，股票市場崩潰，後續產生的影響卻相對溫和：經濟衰退幅度有限，雖然後來的復甦顯得無力，但終究還是漸漸復甦。儘管有成千上萬的網路公司倒閉，但卻未引發銀行危機，主要原因在於這些網路公司的資金多數來自資本市場（透過出售股票給國內外投資者），而非銀行的貸款。

但在相對和緩的表象下，問題其實正逐漸醞釀。造成一九九〇年代新興市場崩潰的種種危機症狀，開始在美國市場浮現。更糟的是，聯準會爲因應科技泡沫破滅的餘波，積極將利率降到歷史低檔，結果導致房屋市場泡沫開始膨脹，這個現象先是發生在美國，接下來繼續擴散到世界上其他主要國家。確切來說，最早只有美國出現寬鬆貨幣、寬鬆信用與鬆散的監督與管理制度等問題，但後來包括英國、愛爾蘭、西班牙、冰島、愛沙尼亞、拉脫維亞、杜拜、澳洲、紐西蘭，甚至中國與新加坡等國情非常多元的國家，也都浮現相同的情況。

到二〇〇六年時，美國的信用簡直已到慘不忍睹的地步，高風險垃圾債券與低風險國庫券殖利率的利差縮小到歷史低檔，不到二・五%。許多經濟學家因此提出警告，但卻鮮少人聽得進去。就像過去每一個泡沫時期，一大堆「啦啦隊員」勇敢站出來大稱疾呼，宣稱基本面情勢證明價格大漲是合理的。全國房地產協會的首席經濟學家大衛・李瑞（David A. Lereah），堪稱是最具代表性的一員。李瑞在二〇〇五年對《華盛頓郵報》表示：「哪裡有什麼全國性房屋泡沫，關於房屋市場行將崩潰的所有說法，都是荒謬不足採信的。」[37]

危機再度來襲

亞達斯・赫胥黎（譯註：Aldous Huxley，《美麗新世界》作者）曾評論道：「歷史的魅力以及它如謎的教誨，在於世世代代沒有任何事物改變，但每一件事卻又全然不同。」[38]儘管最近這場危機和過去的危機有很多共通點，但這場危機的很多導因卻是獨一無二的，至少這些導因對二十一世紀的全球金融體系的影響，比它們在過往危機中所扮演的角色更顯著。

讓我們舉一個和危機有關的最顯著且最令人厭倦的解釋：貪婪。[39]當危機剛開始潰堤，無數的評論家宣稱是華爾街放縱貪求錢財的作法毀掉了金融體系。那些言論令人難以置信的認定，二〇〇七年的金融家比一個世代以前的高登・傑科斯（譯註：Gordon Gekkos，電影《華爾街》裡的企業大亨，宣稱「貪婪是美德」）之流更加貪婪。事實上，這些人的差異並不在於貪婪的程度，眞正將貪婪導向全新且危險方向的禍根，其實是各種新的獎勵與薪酬結構。過去二十年來，銀行員工和交易員因（爲其所屬機構創造）「短期利潤」，而獲得愈來愈多的紅利，於是，這給了他們一個顯著的誘因去承擔超額的風險，過度提高投資槓桿，甚至將整個銀行的前途押注在一些極端莽撞的投資策略上。

這正是最近這場危機所發生的情況：「金融魔法師」們以信用違約交換（credit default swaps，詳見第八章）的形式來設定保險。在時機大好時，這將會產生可觀的獲利與紅利，但當情況轉趨惡劣，卻足以讓類似美國國際集團（AIG）這樣的公司陷入災難般的崩潰。沒錯，交易員是很貪婪——而且傲慢又愚蠢——但光憑交易員的貪婪，並不足以引發約當於核子爆炸的金融崩潰，金融產業將紅利制度用來作爲決定薪酬水準的主要因子，是引爆危機的更重要導因。

理論上來說，這些公司的股東理當出面終止這類運作。就現實面來說，早在整個金融體系失敗以前，企業的公司治理就已存在嚴重疏失——負責監督企業運作的董事會充斥著利益衝突問題。當然，這並不是什麼新鮮事，不過，二十世紀後期興起的那個金融體系卻是特別的不透明與令人難以理解。在這個過程中，股東的權益和身爲股東代理人的銀行職員、交易員與經理人的利益，根本彼此分歧。

主管機關原本也理當介入終結這些亂象，不過，一如過去許多興衰循環，二十世紀末的世界依舊是受自由市場基本教義所主導。美國的主管單位和監督機關——不只是聯準會，還包括其他數十個聯邦與州主管機關——全都在打瞌睡，渾然不知或甚至刻意漠視，金融機構取巧規避資本準備規定與會計法規等一切行爲。事實上，很多主管機關還積極鼓勵諸如此類的金融「創新」，最後這些創新——只付利息的房屋抵押貸款、負攤銷貸款（negative amortization loan）、前期超低利率（teaser rates，又稱引誘利率，初期利率極低，但後續大幅調整的貸款）、選擇權指數型房屋抵押貸款（option adjustable-rate mortgages），以及許多衍生自這些「有毒資產」（toxic assets）且愈來愈光怪陸離的證券——終於成爲這一場危機的觸發因子。當時相同的情況在英國也非常盛行。

華盛頓、倫敦以及其他英語系國家，全都抱持「市場無所不知且絕對不會失靈」的約定俗成見解。葛林斯潘（Alan Greenspan）或許堪稱倡議「放任金融體系自我約束」的最主要代表人物，他宣稱市場將會解決一切問題，他早在一九九七年就曾經警告美國國會，關於金融創新，「我們在制訂法律或建立法規時，應該極端謹慎，避免無謂箝制市場的發展。」㊵葛林斯潘甚至還爲次貸放款的興起辯護，他在二〇〇五年時宣稱：「放款機構現在已能非常有效的判斷個別申請人所構成的風險，同時能適當評估那個風險。」㊶」

以事後諸葛的角度來看，這些言論似乎很可笑。事實上，金融創新是導致「放款機構是否該費心評估風險」這個問題變得無關緊要的主因，因爲銀行與其他金融機構不再只是承作放款後，就呆呆抱著這些放款；相對的，它們不管申請人的信用條件是否符合資格，都一律給予放款，接下來再將這些放款——包括房屋抵押貸款、汽車貸款、學生貸款甚至信用卡負債——一股腦兒全「倒給」華爾街，而華爾街則進一步將這些貸款轉化爲愈來愈複雜且無奇不有的證券，接著將它們賣到全世界，給一些容易上當但又無力評估這些原始貸款的固有風險的投資人。這場遊戲被美名爲「證券化」(Securitization)，銀行和其他華爾街企業不僅藉由證券化賺盡了高額的手續費，更將風險轉嫁給眾多不明就裡的投資人。

各家信用評等機構——惠譽（Fitch）、穆迪（Moody's）、標準普爾（Standard & Poor's）——原本理當也應該防範這個情況的發生。不過，它們畢竟一樣經由證券化賺到了非常可觀的手續費，所以非常樂意協助金融機構，將一些有毒的貸款轉化爲（表面上）能獲得零風險報酬的「鍍金」證券。而葛林斯潘和其他金融創新「啦啦隊員」非但沒有批評這種暗通款曲的互利關係，甚至還表達讚賞之意。

另外，葛林斯潘的另一項關鍵行動也產生重大影響，他實施寬鬆的貨幣政策，主導調降聯準會對廣泛金融體系的放款利率。[42]從二〇〇一年年初到二〇〇三年年中，葛林斯潘將利率調降約五・五%（以銀行界的術語而言，他調降利率五百五十個基本點）。接下來，聯準會繼續將利率長期維持在過低的水準。這項寬鬆貨幣政策助長了注定幻滅的信用與房市熱潮。不過，實際的情況其實更複雜。畢竟聯準會在二〇〇四到二〇〇六年間轉向連續提高利率，但長期利率和固定房貸利率卻幾乎文風不動；貨幣緊縮政策完全沒有產生收縮效果。到最後我們才發現，原來國外有很多寬鬆的貨幣來源。在過去十年間，中國、日本和德國等國家累積了龐大的儲蓄，這些儲蓄被回借給美國，用來支持美國的預算赤字和家庭與企業的超額舉債等資金需求。實質上來說，中國等於是借了一條繩子給美國人上吊。這再度反映了赫胥黎的說法：「沒有任何事物改變，但每一件事卻又全然不同。」

這場危機的開端一樣也讓人感到既熟悉又陌生。房價終於開始盤跌，而到了二〇〇六年年底和二〇〇七年年初，第一家專長於承作次貸的非銀行不動產抵押貸款放款機構，在借款人違約案件持續增加的情況下，宣告破產。接著，到二〇〇七年六月，貝爾史登公司旗下兩檔投資次級不動產抵押擔保證券的高槓桿避險基金接連崩潰，導致資金快速從次貸市場的所有證券大量竄出。隨著人們逐漸認知到全球金融體系其實普遍持有次級不動產抵押貸款的部位，恐慌更是大幅擴散。

這和過去很多恐慌一樣，人們的決策完全受不確定性所牽動。拜證券化之「賜」，信用危機從銀行這一端被轉移到投資銀行業，接著再轉移到其他金融機構與世界各地的投資人。不過，當這場危機來襲時，這個流程並沒有走完，因為銀行的資產負債表上還持有一部分有毒資產；它們向來將這些資產以另一種方式，隱藏在所謂的「結構性投資工具」（structured investment vehicles）和「短期證券發行平台」（conduit，也稱管道）中，所以，正式的資產負債表並不會列出這些有毒資產，直到危機爆發，銀行才被迫承認它們的損失。

歷史悠久的銀行業者只將一部分風險轉嫁給外部投資人——也就是說，它們的資產負債表上還持有其他爛部位——的新聞一遭披露，恐慌進一步擴大。人們到那時才終於體認到，原來全球金融體系裡的大小玩家，全都或多或少持有一些引爆這場全方位危機的有毒資產。沒有人知道誰持有這種有毒資產，更不知道對方持有多少這種資產。於是，一個利用不透明且複雜的產品而成長茁壯的金融體系，就此開始瓦解。

這場危機包含典型恐慌的所有要素，當然，也不缺銀行擠兌潮，只不過，這一次不像大蕭條時，只有商業銀行受苦受難。這一次的「銀行」也包括非銀行不動產抵押貸款放款機構、短期證券發行平台、結構性投資工具、單一險種保險公司（monoline insurers）、貨幣市場基金、避險基金、投資銀行和其他主體。這些機構組成了全新的影子銀行體系（我們將在第三章進一步詳述這一點），它們都有一個共同點：它們實質上向借錢給這些主體的「存款人」（例如購買商業本票的買方）借用短期資金。借到錢後，影子銀行將這些資金投入流動性不足、高風險的長期證券，包括不動產抵押貸款證券（MBS）、擔保債權憑證（CDO），以及其他有著各種怪異縮寫名稱的資產。當恐慌襲擊這個體系，原本短期借款給金融企業的「存款人」要求取回資金，或拒絕在借款到期時予以續期展延，這迫使影子銀行體系不得不以跳樓大拍賣的價格，出脫這些複雜又難以評價的證券，力求變現。

二〇〇八年起，這個流程開始加速進行。在超過三百家非銀行房貸放款機構崩潰後，因法規漏洞而生的影子銀行怪物也日益瓦解，因爲結構性投資工具、短期證券發行平台以及其他帳外（譯註：指未列在資產負債表上的）主體，全都持有「毒性極強」的不動產抵押貸款證券，與其他更加令人難以理解的結構性融資。接下來，華爾街大型投資銀行快速崩潰，因爲它們賴以維生的極短期貸款——亦即所謂的「隔夜附買回融資活動」（overnight repo financing）——完全乾涸。貝爾史登是第一炮，接著是那一年稍後的雷曼兄弟。如果美林公司（Merrill Lynch）沒有被賣給美國銀行（Bank of America），它應該也會倒閉。高盛公司和摩根史坦利公司則藉由將公司結構改爲銀行控股公司，巧妙躲過這場危機，同時更因此能取得聯準會的「最後放款人」支持，當然，這不是沒有條件的，它們從此必須接受更高規格的法規監管。

但影子銀行體系的「擠兌」潮完全沒有停止的跡象，不久後，規模高達四兆美元的貨幣市場基金也面臨贖回潮。有一檔原本理當非常安全的基金——準備首選基金（Reserve Primary Fund）因持有雷曼兄弟部位，結果竟淪落到「跌破一美元」的下場，這代表基金投資人已經虧本。這是典型恐慌時期注定會發生的階段：投資人極度恐慌，開始大規模贖回這些基金旗下高達數兆美元的資產。爲了避免金融體系就此崩解，政府被迫出面，爲所有現存的貨幣市場基金提供概括保證（blanket guarantee）——約當於存款保險。

不過，恐慌並未就此結束。由於州與地方政府爲籌集其支出所需資金而發行的各種更怪異的工具，如拍賣利率證券（ARSs）、投標選擇債券（TOBs）、變動利率需求債券（VRDOs）的市場進一步崩潰，所以影子銀行體系繼續向下崩塌。而這些市場崩潰的原因是：陷入危機的投資銀行開始退出這些工具，導致借款人——包括安全的州和地方政府——的利率大幅飆高。

接著就是避險基金贖回潮。平常爲避險基金提供隔夜資金的主要仲介商陷入財務困境，加上二〇〇八年的市場動盪讓很多避險基金虧損連連，結果引發避險基金界的「擠兌潮」（贖回潮）。這兩個因素迫使數以百計的避險基金不得不關閉，沒有關閉的，也只好降低槓桿成數與資產部位，而這些減碼行動當然導致各種怪異資產的價格進一步下跌。

這個過程在二〇〇八年夏末秋初之際達到全新且最兇險的程度，當時整個影子銀行體系承受了資產大量遭「擠兌變現」的壓力。雷曼兄弟崩潰了，AIG也陷入瓦解的邊緣，於是，聯準會終於動用大蕭條期間曾用過的手段，成為最後放款人，並為一群新世代的銀行提供存款保險。然而，雷曼兄弟崩潰的餘波以及二〇〇八年秋天因這個破產事件所引發的金融崩潰，依舊導致全球信用與貨幣市場全面凍結，連全球一般進出口業務都有崩潰之虞，因為企業根本無法取得將商品從某一國運送到另一國的必要融資。

到那一年年底，危機早已擴散到美國以外的地區，在中國、日本、愛爾蘭與冰島等各國間激起一陣陣漣漪。引爆危機的原因不只是信用的整體瓦解，其實全世界各地的經濟體原本也都存在一些根本的病灶。當時，很多讓美國頭痛不已的問題——房地產泡沫、銀行的槓桿倍數過高、過高的經常帳逆差以及貨幣價值高估等問題——也陸續在世界各國浮上檯面。舉個例子，歐州的銀行業在類似羅馬尼亞、匈牙利、烏克蘭和波羅的海諸國等從事高風險放款業務。但確切來說，這些所謂「新興歐洲」經濟體（以前受蘇維埃控制的二十幾個國家），很多基礎都非常脆弱，因為它們嚴重依賴幣值高估的貨幣和高經常帳赤字來維持經濟繁榮。

沒有任何一個國家能逃脫這場危機的侵襲。隨著美國經濟衰退情勢惡化，中國、日本和其他高度仰賴工業製品出口的國家，也面臨經濟大幅崩落的窘境。相同的，中東和其他地區的原物料出口國，也遭遇到需求崩潰的情形。在此同時，原本國情極為分歧的國家——從拉脫維亞到杜拜等——一律成為這場快速成形的金融傳染病的受害者。當美國的信用乾涸，海外的信用也跟著蒸發，同時，隨著各國經濟萎縮，連中國這樣的製造業大國以及類似俄羅斯這種原物料出口國也跟著染病。

這場傳染病在二〇〇八年年底轉趨惡化，人們急於尋找各種現象的相關解釋，於是，早被遺忘的陳年危機歷史愈來愈受重視。長年以來不受重視的經濟學家的著作也開始受到矚目。約翰・梅納德・凱因斯（John Maynard Keynes）再度蔚爲時尚，約瑟夫・熊彼得（Joseph Schumpeter）、海曼・明斯基（Hyman Minsky）、厄文・費雪（Irving Fisher）甚至卡爾・馬克思（Karl Marx）也成爲話題。他們的「復出江湖」意義重大，甚至令人隱約感到不祥：因爲他們都是以研究「資本主義可能因危機而崩潰」著稱。不過，關於什麼情況下會發生「資本主義崩潰」這個結局，演變的過程如何等，他們每個人的結論大不相同，更別說對解決方案的看法了。但可以確定的是，當人們以無聲的敬意道出他們的名號，似乎也意味著這個世界即將出現天翻地覆的變化。和這些比較不受認同（非主流）的思想家比較起來，向來極力推崇去管制化（deregulation）、市場效率以及金融創新優點的經濟學家，此刻似乎突然變得過時。但是，那些非主流的思想家是何許人也？他們能給我們什麼樣的啓示？

2 危機經濟學家

如果你問經濟學家爲何會發生熱潮與崩壞的興衰循環，你聽到的答案將會南轅北轍，莫衷一是。有些人會告訴你，危機是政府擅自干涉市場的必然後果；另外有些人則會主張，危機是因爲政府的干預不夠積極。還有一些人會宣稱，根本沒有所謂泡沫的問題，他們主張市場具備完美的效率，就算房屋價值在幾年之間上漲一倍或兩倍，接下來又跌回原點，那也純粹是市場回應「新資訊」使然。

如果你問經濟學家，一旦危機來襲該如何因應，那你一定也會得到一樣矛盾的答案。有些人會主張政府必須干預，成爲最後放款人，同時提出大規模的財政振興政策，以便抵銷民間需求大幅降低的衝擊。另外有些人則會認爲上述方法非常可笑，並主張政府絕對不能干預市場的運作機制；他們會堅稱，干預市場只會導致淸除危機遺毒的時間拉長，同時將使公共債務總額達到危險水準。還有某些經濟學家則會忍著笑告訴你，「危機」這個概念根本就是假象，「危機」是那些不相信市場具備「以驚人效率分配商品與資源的能力」的人所虛構出來的概念。

經濟圈以外的人應該都難以理解這一切矛盾的說法。畢竟經濟學向來致力成爲一門科學，它同時兼具許多等式、法則、數學模型和其他各種表象的客觀性。不過，在這個單一科學眞理的表象之下，卻容納了極端分歧且彼此衝突的意見，尤其是和具高度爭議性的金融危機有關的主題。十九世紀與二十世紀如此，今日亦然。

雖然多數人應該都很想把這些令人頭痛的差異貶抑爲無關緊要的學術辯論，不過，這麼做卻是絕大的錯誤。因爲這些辯論深刻形塑了我們對最近這場危機的回應，包括各國中央銀行政策和振興景氣支出計畫的實施等，都是以這些辯論爲指南。誠如凱因斯令人難忘的一番評論：「自認不受任何知識分子勢力左右的實務派人士，通常卻是某個已故經濟學家的奴隸。」①概念眞的很重要，若不瞭解當前這場危機所隱含的經濟概念，就不可能知道我們當初怎麼陷入這個亂局，還有更重要的，該如何從這場混亂中脫身。

這一章將探究這些被用來瞭解危機的不同方法，最終目的是希望匯集相關的材料，以便歸納出一個統一場論（譯註：unified field theory，愛因斯坦提出，主要是論述宇宙各種物質運動的普遍規律）。無可否認的，本章內容可說是一段經過精選的經濟理論發展史，不過，這段內容的目標非常明確：凸顯出眞正有用的方法。一如往常，我們還是秉持實用主義（pragmatism）的原則，來選擇要探究哪些理論。當中包括凱因斯和最熱中於解釋凱因斯思想的海曼・明斯基，不過，我們也納入了其他陣營的經濟學家：羅伯・席勒（Robert Shiller），他堪稱行爲經濟學界最具代表性的人物；約瑟夫・熊彼得，他是資本主義的重要理論家，他強調「創造性破壞」的重要；另外還有幾個經濟史學家，包括查爾斯・金德爾伯格（Charles Kindleberger）、卡門・萊因哈特（Carmen Reinhart）和肯尼斯・羅格夫。本書根據這些極端分歧的思想路線，歸納出一個瞭解危機的特殊方法。

當市場行爲失序時

危機經濟學是研究市場如何失敗與爲何失敗。相反的，很多主流經濟學卻執著於解釋市場如何運作與爲何運作——而且運作良好。這種先入爲主的觀點顯然可以追溯到經濟學這門專科的起源——也就是蘇格蘭思想家亞當·斯密（Adam Smith）。他在他的《國富論》（*Wealth of Nations*）一書中，提出了目前非常有名的隱喻——「看不見的手」，②用以形容一些自私且彼此利益衝突的個別經濟主體，基於某些原因而結合爲一個穩定且自我約制的經濟體系的一種看似奇蹟的流程。他認爲秩序就在無數個別選擇的混亂下自然形成。

但斯密並未體認到資本主義的很多弱點。這一點倒是可以理解：他和其他早期的經濟學家一樣，全都以解釋「資本家的市場是怎麼成功的」（而非「資本家市場爲何會失敗」）爲志業。然而，在接下來一整個世紀，很多經濟學家只是致力於琢磨與修飾史密斯的觀念而已。③事實上，如果說十九世紀的經濟學界有任何共識可言，那就是「市場基本上能自我約制（self-regulating），永遠朝某種神奇的均衡移動」。有許多經濟學家——大衛·李嘉圖（David Ricardo）、金—巴蒂斯特·賽伊（Jean-Baptiste Say）、李昂·瓦拉斯（Léon Walras）以及亞佛瑞德·馬歇爾（Alfred Marshall）——精修了史密斯的精闢見解，並著手建構一座宏偉的數學高樓來證明這個論點。

「市場具備基本穩定性」的堅定信念，引伸出一個重要推論：如果市場基本上能自我約制，而且市場的集體智慧永遠正確，那就代表市場上各項資產的買賣價格是精確且合理的。二十世紀早期的經濟學家試圖賦予這個理論一些數學有效性，他們部分仰賴法國數學家路易斯・巴夏里埃（Louis Bachelier）的研究成果，因爲他在一九〇〇年完成的《投機理論》（*Théorie de la spéculation*）裡主張，不同資產的價格會精確反映和那些資產有關的所有已知資訊。④根據他的觀點，世界上不存在所謂價值被低估或被高估的資產，因爲市場已完美反映既有的基本面因素。當然，資產的價格還是會變動，而且經常激烈波動，但這完全是因爲世人針對新出爐資訊所做出的一種理性且自動的反應。

雖然巴夏里埃的概念在法國並不太受重視，但在美國的接受度卻愈來愈高。就在引發經濟大蕭條的股市崩盤前夕，普林斯頓大學經濟學家約瑟夫・羅倫斯（Joseph Lawrence）還自信滿滿的宣稱：「那個令人讚嘆的市場——股票市場——是受到數百萬人的評價所影響，而這些人的一致判斷是：目前股票的價值並未高估。」⑤羅倫斯顯然認同群眾智慧，公開反嗆所有「否定明智群眾判斷」的人。

理論上來說，大蕭條理當會終結這種沒有意義的觀點，不過，在戰後時期，經濟和財務學系的學術派人士卻賦予這個過時的謬論一線新生機。⑥這主要歸功於（還是歸咎？）芝加哥大學經濟學系。一個名爲尤金・法瑪（Eugene Fama）的教授和其他幾個支持自由放任（laissez-faire）經濟政策的同好，建構了一些以證明「市場完全理性與效率」爲目的的精密數學模型。

當然，他們也相信任何特定資產在任何時間的價格永遠是完全正確的。換言之，一項資產的價值不可能被高估或低估；目前的價格就是正確的價格，不高也不低。這個理論假定所有公開資訊都會立即且精確的融合在一起，並體現在一項資產的價格上，而且未來的價格變動一定是取決於未知的事物。所以，這意味著我們幾乎不可能預測到價格的未來動向。這個洞見催生了所謂的「隨機漫步」(random walk) 理論，⑦這個理論主張在選股時，沒有理由試圖打敗市場。根據這個邏輯，只要隨機選擇幾檔股票，同時堅定的抱牢這些股票，不要理會價格波動，成果反而會好很多。

這一大群信奉這個論據的經濟學家在戰後做了一點小小的讓步，他們後來終於承認在特定變數影響下，市場有可能多多少少不是那麼有效率。不過，商學院和經濟學系依舊將這個論點的整體要旨——市場是有效率的，而且會融合所有已知資訊並體現在價格上——奉爲不辯自明的眞理。到一九七〇年代時，在芝加哥大學與其他地方的學術界「布道家」宣揚下，效率市場假說 (Efficient Market Hypothesis) 已成爲一個約定俗成的共同觀點。

然而，並不是每個人都認同這項假說。經濟學家圈子裡有一個廣爲流傳的笑話，這則笑話足以精準掌握效率市場理論的邏輯荒謬：一個經濟學家和他的朋友走在街上，突然看見地上有一張百元美元大鈔。這個朋友彎下身來撿起這張大鈔，但那個經濟學家卻阻止他，並說：「別費事了，如果它是眞的百元大鈔，其他人早就把它撿起來了。」⑧

任何一個懂得開這個玩笑的人應該都心知肚明：市場看起來很沒有效率：市場上其實有很多百元眞鈔，只要投資人夠敏銳，就能撿到這些鈔票。此外，很多經濟學家都攻擊過效率市場假說，而且他們是採用非常嚴謹的統計分析來攻擊，而不是用一些非正式的證據。在批判效率市場假說的人當中，最有力的評論家當屬耶魯大學經濟學家羅伯・席勒。⑨早在一九八〇年代初期，席勒就做過一份研究，結果充分說明股票價格的波動程度遠超過效率市場假說所能解釋。到一九八〇年代末期，席勒和其他評論家已經累積了非常多的證據，足以證明資產價格鮮少處於均衡狀態，而是經常大幅波動。投資人有可能在任何一天朝某個方向過度反應，將某項資產的價格瘋狂推升到令人目眩神迷的新高價；但隔一天，投資人卻有可能陷入恐慌，用跳樓大拍賣的價格拋售這項資產。這些波動全都不理性，波動本身代表著群眾的不理性衝動。或者誠如席勒的評論，「儘管市場並非完全瘋狂，但也包含極大量的雜音，這些雜音大到足以支配整體市場的走勢。」⑩

不過，質疑效率市場「神話」是一回事，要明確解釋市場爲何沒有效率卻是另一回事。這個工作成爲一個新領域的實踐家的責任：行爲經濟學和行爲財務學。席勒後來解釋，這些領域的研究人員尋求發展各種「與金融市場有關的人類心理模型」。⑪近幾年來，這兩個領域吸引了無數經濟學家加入。很多研究者還進行一些即時實驗，來判斷股票市場參與者的行爲模式是怎麼演變，以至於最後竟會引發諸如資產泡沫和金融恐慌等崩潰局面。

最近行爲財務學領域的一份研究，⑫確切揭露了投機泡沫從開始膨脹、變得自給自足，最後破滅，並對較大層面的經濟造成嚴重破壞的幾條路徑。舉個例子，回饋理論（Feedback theory）主張，當投資人看著價格上漲，最終一定會忍不住跳上車，對價格造成推波助瀾的效果。而這又會進一步吸引更多投資人介入，新投資人會將泡沫吹得更大。到最後，回饋機制將會引導整個局面走向「價格完全偏離任何理性基礎」的境地，持續飆漲到再也無力進一步推升的水準。接著，價格崩潰，並製造一個「負泡沫」。在負泡沫的發展過程中，價格將以陡峭的角度下挫。這樣的下跌走勢也可能一樣不理性，而且一如在上漲時可能超漲，在下跌時，價格也可能超跌到合理水準以下。

行爲經濟學家找出許多導致這種回饋機制加劇的因素。席勒稱這些因素是「人類行爲的根本特徵」。⑬其中一個因素是「自我歸因誤差」(biased self-attribution),⑭在這個因素影響下,參與投機泡沫的投資人,會將他們持續增加的獲利歸功於自身的天賦異稟,而且絕不承認自己和其他成千上萬受騙的蠢蛋正共同參與一個投機泡沫的事實。許多偏差、扭曲和其他不理性趨向都傾向於導致投機泡沫更加膨脹,但人們也不可避免的針對這些偏差、扭曲與不理性趨向提出一些奇怪的辯解,其中最著名的說法是:舊有的經商法則已不再適用,經濟已經進入「新世代」。

研究人員對經濟不理性行爲的種種關注已經產生了一個重要結果:人們對市場運作(或運作不良)的模式不再存有那麼高的幻想。席勒和其他人的研究成果顯示,資本主義並不是某種自我約制的系統,在運作過程中,它並非完全沒有瓦解的可能;相反的,它容易陷入「非理性繁榮」和毫無理由的悲觀情緒。換言之,它是一個極端不穩定的系統。

這是一個既新穎又老掉牙的洞見。早在行爲經濟學家戳破效率市場神話之前,就有很多十九世紀的思想家觀察到,儘管資本主義創造財富的能力一把罩,但卻容易發生大規模的興衰循環。雖然這些思想家鮮爲人知,但他們卻非常重要,因爲到目前爲止,世人對「危機及其後果」的理解依舊分歧,而這些思想家的概念正好凸顯出不同認知之間的斷層線。

危機經濟學的發源地

美國人向來以樂觀著稱,這可能是效率市場假說在美國最普遍爲人所接受的原因之一。相反的,一般認爲歐洲人比較陰鬱與悲觀。所以,最先開始以文字探討危機的經濟學家來自歐洲,也就不足爲奇了。

原本是政治理論家，後來成爲經濟學家的約翰．史都華．彌爾（John Stuart Mill），堪稱是第一個長期持續以文字探討危機的人。彌爾試圖在他廣爲傳誦的《政治經濟原理》（*Principles of Political Economy*，一八四八年出版）一書中，歸納出引發興衰循環的因素，畢竟在他那個時代，這種循環早已成爲常態。彌爾描述這些現象的語言，和當代行爲經濟學家如席勒的說法不謀而合。他認爲泡沫是因某些外部衝擊或「某種意外」（如新市場）而起，而這些衝擊或意外「讓投機開始發酵」。⑮隨著價格上漲，眼見其他人愈來愈有錢，「許多模仿者將會被喚醒，於是，投機風潮不僅將導致（前述資產的）價格漲幅遠遠超出原本可以合理解釋的預期漲價水準，還會導致很多沒有理由上漲的商品也走向投機，也就是說，一旦投機風潮展開，這些商品就會像其他資產一樣上漲。」而價格的上漲將誘發價格的進一步提升，於是，就這樣形成一個自吹自擂的泡沫。

但光憑泡沫並不足以製造出一場危機。彌爾體認到，「信用」與「負債」在這當中扮演著不可或缺的角色。彌爾主張，隨著泡沫形成，「授信大增的情況會發生。不僅所有被這場傳染病感染的人比以前更大膽動用他們的信用，他們可動的信用額度其實也增加了，因爲他們看似能輕易賺到異乎尋常的利潤，而且由於社會上普遍瀰漫著莽撞與冒險的感受，於是人們的信用施／受金額都變得比往常更大，甚至會授信給沒有資格取得信用的人。」等到許多企業意外倒閉，市場上瀰漫一股「普遍懷疑」的感受時，不確定性將擴散，而此時除非接受極端嚴厲的條件，否則幾乎不可能取得任何信用，於是熱潮就此終結。」一旦企業無力清償負債，就會崩潰，破產案件也將因此快速上升。隨著信用蒸發與價格下跌，市場將會被恐慌支配，接著是爆發「商業危機」，而在「極端的案例下，（此刻的）恐慌心態和先前的過度自信一樣不理智」。回饋機制發揮作用時，會將價格向上推升，相同的，它也會產生促使價格下跌的作用力。這時價格一定會超跌，彌爾曾評論：價格「相對於正常水準的跌幅，不會亞於前一段投機期相對於正常水準的漲幅」。彌爾也提到，崩潰的情形會從金融業蔓延到其他經濟領域，破壞商業活動，驅使失業率升高，同時造成一種「或多或少導致人們變貧窮的情勢」。

彌爾也提出一個精準的典型興衰循環模型，這個模型具備一些同時存在於彌爾時代以及當前情境的特質：一個促成熱潮的外部衝擊或催化劑；由心理而非由基本面因素所驅動的投機狂熱；一個促使價格飆漲到天價的回饋機制；幾乎人人唾手可得的寬鬆信用；以及金融體系不可避免的崩潰，接著是對工廠與工人等「實質經濟」的許多間接損害。如果彌爾迄今依然健在，他應該可以立即體察到最近這場危機的輪廓，只不過他可能會因現代那些更令人難以理解的金融工具，而感到有點迷惑。

在彌爾之後，又有幾個思想家試圖爲愈來愈多人口中的「商業循環」歸納出概要的泛論。其中最具影響力的人之一是威廉・史坦利・賈凡斯（William Stanley Jevons），⑯儘管從二十一世紀的制高點來說，他的理論也許有點可笑，但還是非常發人深省。他和彌爾一樣，都認爲某些外部崩潰會策動一些使危機達到高潮的事件。賈凡斯認爲那些週期性的崩潰是……太陽黑子所引發。太陽所引發的這些變數，將會導致地球的天氣紊亂，這又進一步引發農作物生產的變化，最後導致先進國家如英國的經濟失衡。可不是嗎？在這樣的混亂情境下，投機熱潮將更加旺盛，但同時也種下未來某些危機的種子。

不管現在看起來賈凡斯的根本論據——危機導因於徹徹底底的外部事件，與資本主義無關——有多麼荒謬，但這個論點在十九世紀卻非常受歡迎，到今天仍有很多人認同他。賈凡斯認爲問題並不是起源於體制之內，而是來自外部——以他的論點來說，問題是來自外太空。姑且不管太陽黑子的說法是否合理，這個「外部導因」概念迄今依舊深受所謂「古典經濟學派」的經濟學家所喜愛，這個學派主張市場基本上是能自我約制的，它會受到外部事件所干擾，但市場基本上是健全的，不可能崩潰。

另一個較具爭議性的思想家則提出更晦暗的觀點。卡爾・馬克思（Karl Marx）⑰不同於彌爾與賈凡斯（也和十九世紀多數經濟學家不同），他認爲危機是資本主義的重要基本環節，危機是資本主義必然崩潰且即將崩潰的訊號。確切來說，如果說亞當・斯密是以文字讚揚資本主義，馬克思就是以文字埋葬它。他認爲兩個敵對的社會團體自古以來的彼此對抗已成爲歷史特色，這兩者分別是資本主義階級，也就是擁有工廠和其他「生產工具」的資產階級，另一方則是不斷增加的無土地無產階級。馬克思的分析是以「商品的實質價值取決於被投注在生產這些商品的人類勞動力」的論述爲中心。當資本家爲降低成本而以機器取代工人，利潤反而會降低。這將會促使資本家進一步設法降低成本，最後導致經濟陷入一場因過度生產與就業不足而衍生的危機。到那個時點，殘酷的衰退將觸發破產與重整潮。馬克思相信，到最後，這場危機將帶領勞工階級展開革命。

馬克思在一八四八年（彌爾也剛好在這一年發表他的《政治經濟原理》一書）出版的《共產宣言》中，以生動的散文體裁，詳細描述了資本主義的上述不穩定性。馬克思評論：「現代資本家社會，就像一個以咒語召喚鬼使神差、但卻不再有能力控制這些鬼神的巫師。」馬克思舉「商業危機周而復始出現，且每次危機都更具威脅性，讓整個資本家社會的存在價值備受考驗」，來證明他的觀點。危機只可能惡化。他問，「資本家如何度過這些危機？一方面強行破壞大規模的生產力量；另一方面則是侵略新市場與更徹底剝削舊市場。」不過，那些解決方案其實是「在爲更廣泛且更具破壞力的危機鋪路，儘管它貶低預防危機發生的手段」，但報應之日只是延後到來而已。⑱

儘管馬克思的概念遠比上述大意更純熟精鍊，但卻還是頗具爭議性。不過，重點在於，馬克思是認定資本主義天生就不穩定且容易發生危機的先驅。根據馬克思的推估，資本主義是混亂的化身，這種制度不可避免將帶著經濟一起墮入深淵。所以，馬克思的立場，向來都和認定資本主義是一個可靠自律的制度的舊世代政治經濟學家格格不入。他警告，資本主義的氣數已盡。儘管到目前爲止，事實還無法證明馬克思的觀點是否正確，不過，他更宏觀的觀點——危機是資本主義本身的特有產物——卻是一個極端重要的洞見：因爲在馬克思之後的很多經濟學家也認爲，資本主義制度本身有可能包藏一個促使它走向死亡的種子。危機並非類似新市場開放或投資人心理轉變等那麼平庸的事件所引發，更非太陽黑子所引起。資本主義本身就是危機，它帶來了人類史上前所未見的不穩定與不確定。

不過，世人普遍並不認同馬克思的見解。十九世紀末和二十世紀初的多數主流經濟學家都提倡以下觀點：經濟是一個自我約制、自我修正的主體，如果放任它自行運轉，它通常會走向一個均衡狀態，穩定與充分就業是必然的結果。當然，危機難免來來去去，但不會永遠存在。

這個古怪但不當的信心終於在大蕭條時期被消磨殆盡。那個事件改造了經濟的紀律與政府的政策。基於這個原因，當世人在辯論要如何因應當前這一場危機時，大蕭條的一切自然就成爲重要的參考。最後，我們把這個大約在八十年前發生的事件，拿來作爲二〇〇七年和二〇〇八年間各項危機緊急回應對策的基礎，而且到目前爲止，各項經濟與金融政策仍是以這個事件作爲基本參考依據。

約翰・梅納德・凱因斯的深遠影響

大蕭條時期竄起的最重要經濟學家——當然，他也堪稱上一個世紀的最重要經濟學家——當屬約翰・梅納德・凱因斯。⑲他是英國一個備受敬重的經濟學家之子，在馬克思過世那一年出生。他在伊頓公學（Eton）和劍橋大學念書，在劍橋時期，他很快就發現自己對數學很有興趣，後來更開始鑽研經濟學。凱因斯最後成爲劍橋大學的經濟學講師，在那段時期，他寫過包括貨幣政策到機率的科學等主題的文章。

凱因斯和一般經濟學家不同。⑳他收集當代藝術，和一個俄羅斯芭蕾伶娜結婚，而且還是所謂「布魯斯柏里藝文圈」（Bloomsbury Group）的主要成員之一，那是二十世紀前半葉定居倫敦的放蕩不羈的文人作家、畫家和知識分子所組成的一個小圈子。凱因斯生性詼諧、彬彬有禮且活潑。他在學術界以外的生活過得非常愜意，另外，他還擔任過英國政府的幾個公職。

凱因斯最著名的著作是《就業、利率與貨幣通論》（*The General Theory of Employment, Interest, and Money*），這本書是在一九三六年出版。完成這本書時，他告訴蕭伯納（George Bernard Shaw），「我相信我自己將寫出一本能促進重大變革的經濟理論書籍……［它將］徹底改變這個世界對經濟問題的思考模式。」㉑儘管凱因斯選擇了一個平凡的書名，但他卻實現了他的承諾：二十世紀多數經濟研究工作都和凱因斯的概念有著直接與間接的關係。

《就業、利率與貨幣通論》是一本極端複雜的作品，沒有人有辦法輕鬆解讀這本書。也許要瞭解凱因斯，最簡單的方式，就是觀察他和經常被稱為「古典」與「新古典」學派經濟學家之間有何差異。在一九三〇年代，多數這類經濟學家都認定經濟體系有能力自我約制。此外，他們還假設充分就業是一種「自然」狀態，所以當薪資上升到過高水準，經濟必然會萎縮。當失業率上升，薪資就會開始下降。當時一般約定俗成的觀點是：當薪資開始下降，創業家就又會在利潤可望提高的誘惑下聘請工人，而這個循環將不斷周而復始。

但凱因斯是從一個完全不同的觀點來研究這個問題，他主張，決定就業水準的因素是有效或總體需求——也就是特定經濟體內對商品與服務的整體需求：如果薪資降低，工人被解雇，人們就會減少消費，需求將因此而衰退。這個論點和當時約定俗成的一般觀點實質上彼此矛盾。他認為當需求降低，創業家就會變得更不願意投資，而這只會導致薪資進一步降低或裁員的增加。相同的，一般消費者將因此而存更多錢並減少支出，這當然值得讚賞，不過，卻會導致需求進一步降低，於是產生所謂的「節儉的矛盾」(paradox of thrift)㉒難題。凱因斯建立一個理論，他推斷這種緊縮行為將會成為一個自我實現的循環，因為在這些行為影響下，經濟將進入一種「就業不足的均衡」，一種「蟄伏」的狀態，工人將維持失業狀態，而工廠則停業。接著，當需求降到低於整體商品供給，企業將被迫降價出清未能售出的商品存貨；而價格的通貨緊縮——大蕭條時，這種情況非常嚴重——將進一步導致企業的獲利與現金流量降低。

他瞭解到，這個流程既受情感驅動，也受理性驅動：在類似大蕭條那樣的崩潰期，所謂的資本主義「動物本能」（血氣）㉓——或者他所稱的「下意識採取行動（而非怠惰無爲）的衝動」——將失去活力，就算有利可圖，也激不起那股活力。凱因斯從中體認到，經濟決策的制訂並不完全是一種理性的數學算計；它是衝動的，而且取決於眼前的事件，它是不確定且難以逆料的。誠如他的評論，「如果動物本能消退，且下意識的樂觀態度開始畏縮，那麼除了數學上的期望值以外，我們別無依靠，企業將凋零並死去。」此時，根本的「基本面因素」是否能支持景氣恢復繁榮並不重要，若資本主義的動物本能不復存在，經濟將沈淪到一種永久的冬眠狀態。

對凱因斯來說，解決方案很簡單：政府介入暫時接手創造需求，以逆轉這種向下沈淪的惡性循環。這個洞見成爲戰後時期的主流學說，當時世界各地的政府爲了避免經濟衰退進一步惡化，紛紛採用凱因斯的藥方。最熱忱且最樂觀的凱因斯實踐者相信，世人可以利用凱因斯的概念來維持某種接近「完全就業」的狀態。以往被建議用來作爲緊急措施，以搶先阻止經濟陷入全面性蕭條的政策，自此成爲保持一國經濟平穩運行的手段。一九六五年，《時代》雜誌（*Time*）的一篇封面故事推崇凱因斯是一個有遠見卓識的人。這篇報導的標題是「我們現在全都成了凱因斯學派」㉔——這翔實反映出那個世代的氣氛。但有點諷刺的是，說出這一席話的人竟是保守派經濟學家米爾頓．傅利曼（Milton Friedman）。

傅利曼後來推翻了他的評論，而且理由非常充分：他是一般所謂的「貨幣主義」經濟學派之父，這個學派主張一個特定經濟體內的不穩定狀態導因於貨幣供給的波動。傅利曼和他的聯名作家安娜．蕭瓦茲（Anna Schwartz）針對大蕭條的成因，提出一個和凱因斯極端不同的解釋。㉕根據傅利曼和蕭瓦茲的說法，大蕭條並不是因凱因斯所宣稱的「需求崩潰」引起，而是銀行存款與銀行準備金下降的直接後果，因為當受驚的存款人爭相提走他們的存款後，銀行被迫關門大吉，因而導致存款與準備金數量大幅減少。根據貨幣學派的說法，貨幣供給的緊縮——亦即他們所謂的「大緊縮」（Great Contraction）——導致總體需求崩潰，這又進一步促使支出、所得、物價降低，最後，連就業也會減少。

儘管傅利曼和蕭瓦茲基本上都反對政府干預——尤其是凱因斯風格的政府支出——但他們也認定，如果聯準會能積極採取行動，降低它的銀行融通利率，那麼就有可能避免貨幣供給降低。更重要的是，貨幣主義學派怪罪當初聯準會未能扮演最後放款人的角色，為搖搖欲墜的銀行與金融機構提供信用額度。他們的論點是，如果聯準會在一九三〇年代初期有效防止銀行倒閉潮的發生，大蕭條就不會那麼嚴重，美國景氣只會陷入一般的衰退，隨後也會正常復甦。

貨幣主義學派對大蕭條的解讀自有其價值：一九三〇年代貨幣供給的崩潰，確實導致信用緊縮問題變得更嚴重，而且聯準會所採取的行動讓事情變得更糟。不過，其他經濟學家——尤其是彼得・譚明（Peter Temin）㉖——迄今都主張，總體需求的崩潰才是這場災難的主要催化劑。他們認為凱因斯的見解多半是正確的：即便後來的積極貨幣政策對經濟復甦有所貢獻，但提高公共支出才是維持整體需求的主要因素。

然而，在一九七〇年代到一九八〇年代期間，影響力逐漸上升的卻是傅利曼，而凱因斯則是漸漸沒落。這個問題部分是由於此時所謂凱因斯經濟學派所保留下來的凱因斯思想已經很有限，說它是原版凱因斯的粗糙贗品都不為過。凱因斯的多數重要著作——不止《通論》，還有更早的《貨幣論》（*A Treatise on Money*）——包含了大量其他重要見解，但戰後那個世代的經濟學家（尤其是古典學派的經濟學家），爲了把凱因斯思想融合到更早期的經濟思想學派裡，因此刻意漠視這些洞見。在這些人的「努力」下，最後發展出我們所知道的「新古典綜合學派」（neoclassical synthesis）——一個大雜燴（有一個評論家甚至稱它爲「雜種凱因斯主義」㉗）。結果，他們的確保留了這個偉大經濟學家「政府的力量能刺激需求」的信仰，但凱因斯寫下的其他多數內容則幾乎全部遭到漠視。

不過，並非所有人都不重視凱因斯著作裡所蘊藏的其他寓意。位於聖路易斯的華盛頓大學有一位經濟學教授名叫海曼・明斯基，他奉獻一生，依據凱因斯所建構的基礎，進一步打造一座雄偉的理論高樓。明斯基寫過一本凱因斯的智識傳記，另外還將他自己對凱因斯概念的特有解讀彙整成一本書，這本書的書名切中要點：《如何穩定動盪的經濟》（*Stabilizing an Unstable Economy*）。

明斯基在這些著作和其他無數文章裡主張，凱因斯長期以來都遭到誤解。他聚焦在《通論》幾個被忽略的章節（這些章節是討論銀行、信用、金融機構），並將這些內容融入到凱因斯更早期的著作《貨幣論》中所發表的洞見。明斯基的論點是，凱因斯早就發表過「資本主義的本質是不穩定的，且易有崩潰傾向」這個強而有力的論點，明斯基寫道，「不穩定，是資本主義與生俱來無可避免的缺陷。」㉘

根據明斯基的觀點，不穩定的源頭正好是促進資本主義蓬勃發展的那些金融機構。他寫道，「[凱因斯的]分析裡隱含『資本家經濟體基本上有缺陷』的觀點。這個缺陷之所以存在，是因爲維持資本家活力與氣勢所需的金融體系——它將創業家的動物本能轉化為有效的投資需求——在投資熱潮的力量推動下，隱含擴張失控的潛在風險。」㉙明斯基解釋，這種擴張失控的情況隨時有可能戛然而止，原因無他，只因「持續累積的金融變化使金融體系變得脆弱」。

明斯基反覆提及凱因斯的一個觀察心得：金融仲介機構——最主要的是銀行——在現代經濟體系中，扮演著促進成長的關鍵角色，它們以極端精巧且複雜的金融網絡，將債權人和債務人緊密的綁在一起。凱因斯曾寫道：「這一層貨幣帷幕的介入……是現代世界特別顯著的特質。」㉚根據明斯基的說法，凱因斯針對各種金融動力和許多經濟生產及消費變數之間的交互作用，以及另一方面和產出、就業與物價之間的交互作用，做了一份「深入的分析」。

明斯基的觀點和戰後時代的經濟專業同行的觀點徹底相反，後者認定，儘管銀行和金融機構的倒閉，有可能會對較廣泛的經濟體系造成浩劫，但在新古典綜合學派所採用的「經濟」等式與模型中，銀行和其他金融機構的地位並不重要，甚至未能佔有一席之地。但明斯基開始設法扭轉這個觀點，他說明，隨著銀行和其他金融機構變得愈來愈複雜，互相依賴的程度愈高，它們最後有可能成為促使整個經濟體系崩潰的導因。其中，明斯基特別將「負債」列為分析的重點：他分析負債如何累積、分配與評價。他追隨凱因斯的觀點，認為負債是一個強健的經濟體系長期蓬勃發展的必要元素。另外，他再次透過凱因斯而體認到，負債的力量會對各種經濟結果注入一種不確定性。在時機大好時，這股不確定性會因持續成長與獲利的展望而舒緩，但在時機不好時，這股不確定性卻會促使金融業者緊縮放款，降低風險與曝險部位，變成守財奴。

就其本質而言，這並不是全然創新的觀點。不過，明斯基的「金融不穩定假說」㉛還有另一個特色。他將一個特定經濟體系裡的借款人分成三種不同類別，分類標準取決於它們經營業務時所使用的融資的本質，包括對沖型（hedge）借款人、投機型（speculative）借款人與龐氏（譯註：Ponzi，引用自龐氏騙局）借款人。對沖型借款人是有能力透過目前的現金流量來支應其負債本金與利息的融資者。投機型借款人的收益足以應付利息支出，但不足以償還本金；這種借款人必須不斷續期展延他們的負債，也就是借新債還舊債。龐氏型借款人則是最不穩定的，這些借款人的收益非但無法應付本金，也不足以償還利息支出。這種借款人的唯一選擇就是借更多錢，拿他們虛無飄渺的財務前景來做抵押，也就是說，他們指望自己利用舉債買進的資產能增值，好讓他們有能力還款。

明斯基相信，在投機熱潮期，對沖型借款人會開始減少，取而代之的是愈來愈多的投機型與龐氏借款人。這是因爲此刻一般對沖型借款人因投資心態保守而變得滿手現金，於是，他們開始放款給投機或龐氏借款人。不管這個熱潮的中心資產——如房地產——是什麼，只要它的價格上漲，就會促使所有借款人舉更多債。當無力還款的債務人的負債金額大幅膨脹，整個體系就會變得愈來愈接近金融災難的爆發邊緣。根據明斯基的觀點，觸發因素本身幾乎無關緊要：它有可能是一個企業倒閉（就像二〇〇七年和二〇〇八年時，某些避險基金和大型銀行的倒閉爲那個泡沫畫下休止符），或巨大的騙局被揭發（就像二〇〇八年爆發的馬多夫騙局〔Bernard Madoff scheme〕）。

明斯基體認到，當大量負債開始崩潰，信用開始枯竭，連相對較健康的金融機構、企業和消費者都可能面臨現金短缺的窘境，此時若他們不以極低價格出售資產，就沒有能力籌到資金償還負債。隨著愈來愈多人爭相出售手中的資產，那些資產的價格就會一路向下盤低，製造出一個自我延續的跳樓大拍賣循環：價格下跌，接著又是更多的跳樓大拍賣。而當總體需求下降到低於商品供給量的水準後，更廣大的經濟體系將陷入價格緊縮的噩夢：隨著日子一天天過去，每一塊錢可以買到的東西都比前一天多一些。

這聽起來似乎很美好，但它對債務人來說卻是詛咒。大蕭條時期，一個經濟學家厄文・費雪㉜發明了「負債型通貨緊縮」（詳第六章）一詞，來描述這個流程，他觀察到，如果物價下跌速度超過負債減少速度，長期下來，民間負債的實際價值等於是上升的。舉個例子，想像一下某人在沒有付頭期款的情況下借一百萬元購買一間房子。這間房子價值一百萬元，而屋主也欠了整整一百萬元。接著，通貨緊縮降臨，經濟體系裡的各種物價包括房價與屋主的薪資等都全面下跌。這時所有事物的成本是降低了，但每個人的錢卻也都減少了。不幸的是，那一筆房屋抵押貸款的實際價值卻增加了，因爲原本的負債雖然還是價值一百萬元，但此刻的負擔卻比以前更加沈重（因爲所得減少）。

由於通貨緊縮會加重債務負擔，因此也會促使違約與破產的可能性上升。一旦發生這些情形，向下沈淪的惡性循環就會延續下去，讓經濟陷入蕭條的窘境。舉個例子，一九二九年十月到一九三三年三月，資產變現行爲讓民間負債的名目價值降低大約二〇%。不過，在通貨緊縮的影響下，這些負債的實際負擔卻增加了四〇%，著實令人咋舌。

爲了避免大蕭條重演，費雪（就相同目的而言，傅利曼和明斯基也曾如是建議）建議中央銀行——以美國而言，是指聯準會——應該介入扮演最後放款人的角色，爲銀行甚至企業與個人提供必要的資金融通。費雪主張，在非常極端的情況下，政府甚至應該試圖讓經濟體系充斥大量寬鬆貨幣，以便讓經濟「重新膨脹」起來。

其實目前各國政府正不遺餘力的做這件事。在二〇〇七年到二〇〇八年間，隨著危機持續深化，美國的政治制訂者回顧大蕭條時期的教訓，並據此採取行動。聯準會並沒有仿效胡佛總統在一九三〇年代初期的作法，放任成千上萬的銀行與企業倒閉，而是提供前所未見的龐大信用額度來救急。這些作爲讓投資銀行業者、保險公司、避險基金、貨幣市場基金和其他主體免於陷入無力償債的情境，最後也成功阻止了「跳樓大拍賣→價格下跌→更多跳樓大拍賣」的惡性循環。相同的，聯準會也爲克萊斯勒和通用汽車公司等大型企業提供信用額度，防止它們落入破產法第七章（譯註：破產清算）的命運，若根據這個破產法規，它們的資產將被清算。取而代之的，政府引導它們走向「破產法第十一章」（譯註：可申請破產保護令）的模式，讓這些企業得以重組，獲得新生。這一切作爲和胡佛政府的「不干預的清算主義」大不相同。

目前財政層面的政策回應也和大蕭條期間的情況完全相反。當一九三〇年代初期的危機惡化甚至失控時，「利用政府支出來取代疲弱需求」還只是凱因斯的個人想法。取而代之的，當時世界各國的政府還堅持要維持平衡預算，這個立場促使各國政府縮減支出，同時提高稅賦，換言之，當年各國政府在堪稱「史上最糟的時期」同步採行減支與加稅這兩項政策。相反的，二〇〇九年，歐巴馬政府通過美國史上最大的景氣振興法案，當中包含很多所得稅寬減措施。不管是貨幣政策（政府控制貨幣供給的各種不同手段）或財政政策（政府課稅和支出的各種工具），不管相關作爲有多不完美，但能做的都做了。

所以，無論各家學派的經濟學家理論傾向爲何，他們全都理當都對這次危機的處理方式感到欣慰，不是嗎？錯。有人用另一種方式來看待金融危機，這些人是用一種完全不同的方式，來瞭解一九三〇年代的大蕭條、日本一九九〇年代的幾近蕭條與失落的十年，或我們目前所面臨的「大衰退時期」。

奧地利學派

奧地利學派㉝起源於十九世紀末與二十世紀初，該學派經濟學家之間的關係鬆散，包括卡爾・孟格爾（Carl Menger），路德威・梵・米塞斯（Ludwig von Mises），尤金・梵・龐巴維克（Eugen von Böhm-Bawerk），以及弗里德里希・海耶克（Friedrich Hayek），這些人全都在奧地利念書。這些經濟學家和他們的很多學生——包括約瑟夫・熊彼得——是一群難搞的傢伙，而且幾乎無法加以分類。自認爲奧地利學派傳人的二十一世紀經濟學家也是如此。

不過，我們還是盡可能就這個學派歸納出幾個共通點。要成爲今日的奧地利學派經濟學家，一樣必須擁抱自由意志主義經濟信仰。更確切來說，奧地利學派的主軸之一，是對政府干預經濟——尤其是貨幣體系——抱持高度懷疑態度。舉個例子，多數奧地利學派人士強烈認定，「藉由民間儲蓄所提供的資金而發展出來的長期經濟擴張」，和「利用中央銀行提供的信用才得以維繫的經濟擴張（但最後注定走向厄運）」，是極端不同的。儘管他們可能同意凱因斯和明斯基關於「過分的資產與信用泡沫將招致危險危機」的觀點，但他們卻不認爲那是資本主義的問題。取而代之的，他們認爲問題出在政府政策，也就是寬鬆的貨幣政策，以及他們所謂「干擾自由市場正常運作」

的法規和干預措施。

奧地利學派研究方法的另一個特徵，和他們對政府干預的懷疑態度密切相關，這個特徵是，他們將個別創業家視為經濟分析單位，並聚焦在這個族群。雖然約瑟夫‧熊彼得稱不上是個自由意志主義者（libertarian），但他卻發展出一個影響力強大的創業家理論，這個理論經常被濃縮為幾個影響力強大的文字：**創造性破壞**。在熊彼得的世界觀裡，[34]資本主義的本質在於各繁榮時期的一波波創新和接踵而至的蕭條時期裡的激烈淘汰。這個淘汰過程無可逃避也不容輕視，它是一個痛苦但正面的調整，而倖存者將會創造出一套全新的經濟秩序。

奧地利學派觀點的信奉者認為，大蕭條是一個客觀的教誨，它讓我們瞭解到「面臨危機時『做得太多』（而非『做得太少』）會讓我們陷入險境」。根據某些奧地利學派經濟學家的說法，[35]羅斯福總統干預經濟導致大蕭條的時間延長。奧地利學派甚至批評赫伯特‧胡佛，說他藉由監督金融重建公司（Reconstruction Finance Corporation）——放款給坐困愁城的銀行與地方政府機關的作法，是試圖阻擋必要但卻痛苦的「創造性破壞」過程。

這些和過往危機有關的爭執，看起來也許像純粹的學術性爭議，但實則不然；奧地利學派經濟學家提出充分的歷史論據，解釋為何最近這場危機的諸多政策性回應，最後將會產生世界上最糟糕的結果。他們認為，世界各國的政府非但沒有放任贏弱、使用過高槓桿的銀行、企業甚至家庭，在創造性破壞爆發時被消滅，從而讓強者生存與茁壯，反而干涉市場，創造了一個像活死人的經濟體系，裡頭充斥一些仰賴中央銀行無止境的提供信用額度才得以生存的殭屍銀行；諸如通用汽車與克萊斯勒等仰賴政府將它們國有化才得以繼續生存的殭屍企業；以及美國各地的殭屍家庭，這些家庭都是靠著立法強力阻擋債權人，才得以保有他們原本就負擔不起的房子，但也只是苟延殘喘。

在這個過程中，民間的損失被社會化（socialized），這些損失成爲整個社會的負擔；就深層意義來說，這些虧損其實變成中央政府的負擔，因爲它們將導致預算赤字持續上升，公共債務將膨脹到無以復加的程度。出面承擔這些壓倒性負債的政府，遲早會面臨財政吃緊的窘境，這也會導致長期經濟成長率下降。一旦到了最極端的狀態，承擔這種負債有可能導致政府無力履行債務，或被迫採取另一個替代方案：大量印製貨幣來買回負債，這種花招有可能立刻觸發一波波危險的高通貨膨脹。奧地利學派主張，不管是哪一種情境，最佳行動方針應該是讓不可避免的清算流程盡快展開。如果安德魯・梅隆迄今仍健在，一定能在奧地利陣營裡找到一些志同道合的朋友。

認同奧地利學派信念的經濟學家，也對人們經常在危機過後，爲求亡羊補牢而急就章的採行管制措施的作法，表達高度懷疑。根據他們的觀點，危機一開始是導因於太多管制，所以，實施更多管制只會讓未來的危機更加惡化。這聽起來似乎有點違背常理：法規管制怎麼會引發危機？奧地利學派可能會回答：類似存款保險以及最後放款人等創新手段，雖然能爲所有擁有儲蓄帳戶的人提供保障，但也會導致銀行對風險的偏好上升。這就像繫安全帶的人有可能會把車開快一點一樣，銀行勢必會因這些創新而去承擔更高的風險——畢竟承擔高風險有可能獲得更高的利潤——因爲它們認定就算失敗了，聯邦政府也會妥善保證存款人的利益。

他們也把這個邏輯延伸到政府對經濟體系的其他許多干預行爲。在二〇〇〇年過後不久，華爾街的分析師經常談論一個所謂的「葛林斯潘賣權」（Greenspan put）㊱，人們相信聯準會終究會以寬鬆的貨幣、特別信用額度以及最後放款人等支持手段來拯救金融企業（賣權是一種選擇權，投資人可以在市場重挫時買進賣權，進行避險）。果然不出所料，每次危機到來，葛林斯潘賣權都發揮效果：聯準會總是介入塡補裂縫，爲失職的風險承擔行爲提供慷慨的貨幣獎勵，至少奧地利學派的人士是這麼解讀的。他們認爲這個過程將會培養出未來更大且更悲慘的興衰循環。

奧地利學派主張，很多金融災難的常見療法比疾病本身更糟糕。從某方面來說，如果政府爲了讓經濟免於崩落而維持財政赤字，公共負債水準將上升到難以支持的地步。到最後，政府將被迫提高利率，扼殺可能已開始復甦的經濟。奧地利學派對這個問題的輕鬆解決方案——印鈔票，將赤字貨幣化（monetize）——也抱持批判的態度。他們主張，這麼做一樣會引發通貨膨脹，導致經濟成長疲弱，就像一九七〇年代讓美國陷入癱瘓的「停滯性通貨膨脹」。奧地利學派認爲，無論採用哪種方式，政府只會讓已經不好的情勢變得更雪上加霜，同時埋下未來更大泡沫的種子，因爲每個人都認定一旦發生金融危機，〔政府〕一定會馬上祭出紓困方案（因此所有人都傾向於肆無忌憚的盲目承擔風險）。

奧地利學派的多數見解看起來很極端，至少聽起來很無情。這是反凱因斯思想的論點，就像約瑟夫・熊彼得之於凱因斯；熊彼得和凱因斯都在世時，兩人是最勢均力敵的對手，每當凱因斯提出資本主義偶爾有可能會失衡（但若政府干預，則會漸趨穩定）的見解，熊彼得總是會回應：不穩定正是讓資本主義存在的那種創新所帶來的必然後果。

若以奧地利學派的觀點來看，目前最讓人恐懼的問題是：美國正走向日本一九九〇年代曾經過的那一條道路，㊲當時日本回應它國內緩慢成形的金融危機的方式，是扶持殭屍銀行和企業，同時將利率降到零，讓整體經濟體系充斥多到不能再多的寬鬆貨幣。而政府為了籌措凱因斯所要求的那種振興支出的資金，財政赤字也大幅擴張。日本人沒有放任創造性破壞自然發生，反倒取而代之的，建造許多半完工的無用橋樑，導致中央政府被迫承擔沈重的債務。奧地利學派人士直言，正是這些干預作為導致日本陷入「失落的十年」。

奧地利學派的觀點有沒有任何價值？宣示對凱因斯效忠的經濟學家辯稱，㊳日本〔之所以陷入「失落的十年」，是因為〕並未能及時落實適當的財政振興政策和貨幣政策。他們指出，政府等到泡沫崩潰兩年後，才開始實施振興支出政策。更糟糕的是，日本央行整整花了八年，才把利率從八％降到零。接著，它又太快脫離零利率政策（zero-interest-rate policy，更著名的說法是「ZIRP」）。羅斯福在一九三七年反向緊縮財政與貨幣政策導致經濟嚴重衰退，日本也犯下同樣的錯誤，觸發另一波從一九九八年延續到二〇〇〇年的衰退。以相同的邏輯來推論，如果美國在景氣幾乎還不算開始復甦的此刻，就縮減刺激性支出或緊縮貨幣政策，也等於是冒著重蹈日本覆轍的風險。

總之，就短期政策來說，奧地利學派的方法是錯誤的。誠如凱因斯和明斯基所體認到的，若政府完全不干預，金融剩餘所引發的危機有可能把一場衰退轉變為徹底的蕭條，原本由危機引發的「合理拉回」有可能演變成一場崩潰。當資本主義的「動物本能」消失，奧地利學派人士所稱頌的「創造性破壞」，有可能急速轉變為一股自我實現的力量，讓民間整體需求因此崩潰。結果，痛苦但尚保有一絲能力償還貸款利息的企業、銀行和家庭，有可能因此再也無法取得維持生計的必要信用。讓真正無力償還利息的銀行、企業或個別家庭破產是一回事，但當一場經濟危機的無辜旁觀者也因信用枯竭而被迫走向破產一途——也就是說，當無辜者和有罪者同樣受到壓迫時——那又是完全不同的另一回事。

爲了防止這種間接損害的發生，短期內依循凱因斯所策劃的劇本走是正確的。即使潛在基本面情勢顯示，經濟體系的重要部門已不僅是周轉不靈，而是無力償債時，也應該依循凱因斯的建議。短期來說，最好是透過貨幣寬鬆政策和建立安全堡壘——例如最後放款人的支持，或對衰弱的銀行挹注資本——等方式，來防止整個金融體系陷入失序的崩潰。另外，最好也透過刺激性的支出和減稅來提振總體需求。這麼做可以防止金融危機轉變爲某種類似日本「失落的十年」或更糟的——大蕭條——窘境。

不過，若論中期和長期，奧地利學派的觀點確實有一些值得我們學習。連明斯基都指出，金融危機的中期與長期的解決方案是：家庭、企業到銀行業等所有主體都必須降低它們的負債水準，他的觀點非常正確。拖延永遠都是最嚴重的錯誤。如果未能降低民間的槓桿倍數，銀行、企業和家庭將被負債拖垮，再也沒有餘力從事放款、支出、消費和投資活動。相同的，妄想透過政府永無止境的紓困措施將虧損予以社會化，也是站不住腳的，試圖藉由膨脹貨幣的方式來擺脫這些負債的衝動念頭，也一樣行不通；說穿了，這些作爲只不過是把問題從經濟體系的某個領域轉移到另一個領域而已。長期來說，一定要讓無力履行負債義務的銀行、企業和家庭破產，進而獲得新生，無限期的維持它們的生命只是讓問題拖得更久，不是解決問題。

整體來說，凱因斯的追隨者和熊彼得的追隨者之間向來無法對話。這是很可惜的，因爲這兩方的思想家以及他們各自所代表的更廣泛經濟思想學派，對於各項因應方式都有著各自的獨到見解。我們可以將這兩個學派的洞見融合在一起，用來解決我們目前所面對的各種問題。確切來說，若要成功解決當前危機，需要使用一個能以這兩個陣營的精髓爲基礎的務實方法，同時也要承認，儘管短期內刺激性的支出、紓困方案、最後放款人支持與貨幣政策可能有幫助，但長期來說，也必須實施必要的懲罰，這樣才有回歸繁榮的一天。

我們建議採用某種受控制的「創造性破壞」。金融危機有點像核子能源：如果所有能量在一瞬間釋放，就會造成龐大的破壞，但如果加以適當疏導和控制，破壞力就會減輕很多。拜聯準會與各國政府的大規模干預之賜，目前這場金融危機已經獲得控制。不過，接下來要做的事情還很多：世界上有很多「放射性資產」需要被承認、控制與處分。各國政府必須制訂相關的法規，唯有如此，國際金融機構才有重生的機會。

如何善加處理這件工作，是此時迫切需要解決的問題。凱因斯曾評論：「經濟學家的自我要求過於寬鬆，［對人們］沒有太大幫助，這就像遇到暴風雨季節時，他們頂多只能告訴我們『當風暴過去，大海一定會回歸平靜』。」㊴儘管海水終將停止翻攪，但要花多久才能趨於平靜，取決於經濟學家如何因應這個問題，如何策劃解決方案與制訂棘手的決策。

面對這些挑戰，進一步從另一個角度來檢視危機經濟學應該是有幫助的。危機的研究不能僅限於經濟理論的研究。本書還將檢視最後一個觀點，這個觀點很難歸納成一派思想、一個模型或一個等式，那就是：對過去的研究。

歷史的用處

二〇〇九年六月，傳奇經濟學家保羅・薩繆森（Paul Samuelson）接受一個訪問者的採訪。當時的薩謬森雖已年逾九十歲高齡，但卻依舊和年輕時一樣有效率，難怪他向來被多數人視爲過去半個世紀最偉大的經濟學家。他是新古典學派的創始人和理論編纂人，在他的監督下，這個學派的專業人士用了許多令人難以理解的數學模型來描繪永恆的經濟現象。不過，當訪問者天眞的問他，「你會對一個剛開始修習經濟學研究所課程的學生說些什麼話？」薩繆森的回答卻令人感到意外。他說：「嗯，我現在的建議可能和我比較年輕時的建議不太一樣：健康看待經濟歷史的研究並給予適當尊重，因爲那是原料，你的所有預測與測試都將來自那些歷史。」㊵

薩繆森的看法是正確的：經濟歷史很重要，遠比效率市場和理性投資者理論灌輸給人們的東西更重要。但歷史之所以重要，並不是因爲它總是以某種過分單純化且循環性的方式重複發生，只不過，「過去」和「現在」的確存在很多類似的情境。確切來說，歷史之所以有用，在於它的原料有助於我們瞭解與深思經濟理論。另外，歷史也爲精緻的數理模型（像薩繆森及其同僚所設計的那些模型）注入某種程度的現實生活細節。這是好事，因爲人們對模型的那種幾近虔誠的信心，導致他們在一開始就先入爲主的爲「危機」設定了一些條件，而這使得交易員和市場參與者未能清楚看清已累積多年的實際風險。歷史讓我們更加謙卑，在評估危機時，謙卑遲早會有幫助，因爲危機經常是在人們傲慢的宣告「正常經濟法則已不再適用」後隨即到來。

不是只有我們利用歷史。只要有危機發生，人們就會試圖以歷史的背景來解析這些危機的來龍去脈。最開始這麼做的人，是類似蘇格蘭記者查爾斯・麥凱（Charles Mackay）那種門外漢，他的《光怪陸離的大眾妄想症與群眾瘋狂行為》（*Memoirs of Extraordinary Popular Delusions and the Madness of Crowds*）一書，最初在一八四一年出版。㊶雖然麥凱的那本書只有局部涉及經濟危機（而且錯誤百出），但他無疑是試圖透過經濟危機歷史來記取教訓的第一人。他的主要結論是：人類是一個不理性的群體，傾向於因經濟繁榮與快樂的氣氛而流於安逸，他的觀點可說是行為經濟學和許多以危機為題的著作的先驅。

後來雖然有幾個專業的歷史學家和經濟學家跟隨麥凱的腳步，但直到經濟學家查爾斯・金德爾伯格於一九七八年發表他著名的《狂熱、恐慌與崩潰》（*Manias,Panics, and Crashes*）一書以前，沒有人願意費心去建構某種完整的危機歷史理論。這本書後來成為眾人推崇的經典，儘管這本書的結論在最近這場危機發生前幾年顯然未受重視，但它追根究柢的精神激發了我們的許多想法。另外，這本書也激發了經濟學家卡門・萊因哈特與肯尼斯・羅格夫的那一本條理分明且嚴謹的著作：《今非昔比：八個世紀的金融蠢行》（二〇〇九年）（*This Time Is Different: Eight Centuries of Financial Folly*）。這兩位經濟學家彙編了大量的危機歷史資料，結果顯示，儘管幣值崩潰、銀行恐慌和無力履行負債等事件的細節也許有所改變，但無論是發生在什麼時期，危機的整體軌道卻沒有太大的差異。

這份著作和不同時期的眾多其他歷史學家與經濟學家的研究成果，幫助我們瞭解危機的深層根源以及危機纏繞不去的餘波。顯然瞭解危機的最好方法，就是將危機視為更整體的連續因果關係當中的一環，這個因果關係的範圍可以延伸到危機高峰期的很久以前和很久以後。我們接下來將根據這個精神，追蹤多年來醞釀出這場危機的某些更深層的結構性動力。

3 次貸危機的板塊構造

很多人在解釋最近這場危機的成因時，都會提到以下這個導因：美國的房地產泡沫在二〇〇五年或二〇〇六年的某個時間點失控。由於人們舉借的不動產抵押貸款金額超過其自身能力所能負擔，所以最後只好違約。而由於這些不動產抵押貸款被「證券化」，所以問題進一步感染了全球金融體系，並導致這個系統陷入風雨飄搖的情境。

這個論述把災難的責任歸咎給少數的「爛蘋果」——也就是那些次級房貸的貸款人。雖然這麼做會讓人感到安慰一些，但卻是錯誤的。儘管房地產泡沫有部分的確是導因於次級房貸，但問題本身卻是更普遍且更廣泛的。當然，這些問題也不是起源於近幾年，它們起源於經濟體系多年來逐漸形成的深層結構性變化。

換言之，不良貸款的證券化只是個開端；企業的公司治理與薪酬制度長年以來的變化也難辭其咎。另外，政府也必須負起一部分責任，尤其是艾倫・葛林斯潘所採行的貨幣政策。另外，數十年來長期偏袒房屋所有權的政府政策也是導因之一。

不過，最終來說，政府「無爲」所形成的衝擊遠遠超過政府干預所造成的影響。多年來，聯邦的主管機關無視於一個全新「影子銀行」體系的興起。它導致整個金融體系變得脆弱且傾向於崩潰，但在聯準會與許多新興經濟體如中國大量寬鬆貨幣與寬鬆信用的餵養之下，這些新金融機構卻變得日益壯大。

多數市場監督者可能都沒有察覺到這些變化，至少他們並未能完整體察這些變化的重要性。說穿了，次級房貸只是整個社會深度系統化墮落的最顯著訊號而已。這個事實凸顯出危機經濟學的一個根本原理：最大且最具破壞力的金融災難，並不是類似某些次級房貸或少數莽撞的風險承擔者那麼不重要的事物所造成，它也不只是導因於投機泡沫的樂觀情緒。

更確切的說，這就像地震，壓力是經過多年的累積，所以一旦衝擊來臨，它的規模有可能非常巨大。到最後，崩潰的不僅是次級房貸證券的價值，連整個世界金融體系的雄偉建築都開始動搖。世界金融體系的崩潰展現出一個令人恐懼但卻又似曾相識的事實：坐落於所謂斷層線上的，不是只有次級房貸貸款人的房子，還有無數層的槓桿和負債高塔被建立在這個地帶。

金融創新

過去的很多泡沫最早都是起始於一系列預告新經濟將屆臨的各種創新潮或科技進展。一八四〇年代，大英國協展開了一段由鐵路這項新技術所驅動的狂熱。①第一條成功商業化的鐵路，從一八三〇年起，開始載運往來曼徹斯特和利物浦之間的旅客，自此，投資人開始購買那些計畫建造更多具獲利能力的鐵路線的公司股份。在一八四五年和一八四六年的熱潮高峰期，鐵路股票大漲，企業建造了超過數千英里的鐵軌，但其中有很多是多餘且不必要的。儘管那股熱潮最終是以殘酷的崩潰收場，但不可否認的，就某種程度來說，這波熱潮的確可用基本面因素來解釋：新技術帶來新的商業機會。即使一八四〇年代的多數鐵路企業最後都破產了，但它們卻留下了一套新的運輸基礎建設，那是促進英國整個十九世紀期間經濟擴張的根本元素。

相同的論點也適用於一九九〇年代的網路熱潮。②雖然它很快就成為一個投機泡沫，但至少我們多多少少可以用新科技——網際網路及其眾多大有可為的應用——來為這個泡沫辯護。當這個泡沫崩潰，許多新企業倖存下來，同軸電纜線的新通訊基礎建設、行動電話基地台以及其他有形技術改良和創新，也都被保存了下來。

相反的，最近這場危機所留下的有形利益非常有限：位於拉斯維加斯的廢棄熟地幾乎完全沒有利用價值。更糟的是，這一波房地產市場熱潮的背後，並沒有任何技術革新可言：二〇〇六年建造的房子和十年前或二十年前蓋的房子沒有什麼不同，效率當然也沒有比較高。換言之，最近這波熱潮就是那一隻罕見的產物：在基本面沒有任何變化下所形成的熱潮，換言之，它是個徹徹底底的投機泡沫。

不過，如果驅動這波房市熱潮的不是技術創新，那是什麼因素在支撐它？其實泡沫背後的確有很多創新——這是好消息，但壞消息是，這些創新幾乎全都集中在經濟體系的某一個部門：金融服務產業。就其本身而言，這並不是一個問題。畢竟過去幾個世紀的大量金融創新——例如保險或原物料商品選擇權——反覆證明它們確實有價值，因為這些創新讓市場參與者有能力管理與控制風險。

最初，金融創新也是受到那一種精神所驅動。更確切來說，這些創新的目的是為了改良較老舊的承作貸款模型。幾十年前，承作房屋貸款的銀行是採用一般所謂的「放款而後持有」（originate and hold）模型。換言之，潛在的屋主申請房屋抵押貸款，銀行在放款給他們後，並不會採取任何行動，只是坐收貸款的本金還款以及相關的利息。也就是說，承作不動產抵押貸款的銀行繼續持有這些不動產抵押貸款，這是完全介於屋主和銀行之間的交易。

金融創新改變了那個模式。③一九七〇年代，政府全國抵押貸款協會（Government National Mortgage Association，較爲人所熟知的名稱是吉利美〔Ginnie Mae〕）發行了第一批以不動產抵押貸款作爲擔保品的證券（不動產抵押貸款證券）。④也就是說，吉利美將它所承作的不動產抵押貸款集合在一起，再以那個貸款組合爲基礎來發行債券。於是，吉利美不用苦等三十年，就可以收回不動產抵押貸款的本金——它可以先從債券的買方手上收回一大筆金額。接著，購買這些新債券的投資人，將能從成千上萬個償還不動產抵押貸款的屋主那邊，取得特定比例的收入源流。

這眞的是一個革命性的設計。這個作法很快就被冠上「證券化」的美名，而拜證券化之賜，很多流動性不足的資產如不動產抵押貸款就可以組合在一起，轉化爲可在公開市場上交易的流動資產。這些新工具有一個名稱：不動產抵押擔保證券，也就是MBS。後來，其他政府機關如房地美和房利美，也紛紛加入證券化的業務，投資銀行、券商甚至住宅建商也都來分一杯羹，共同將愈來愈多的房屋抵押貸款組合起來，並轉化爲更新且更具獲利能力的產品。世界各地的投資人則爭相搶購這些產品。畢竟一般約定俗成的觀點認定房價絕對不會下跌。

投資銀行向來是創造不動產抵押擔保證券組合的領導者。投資銀行和各種不動產抵押貸款組合的原始放款機構，包括銀行、非銀行放款機構、政府支持的主體等合作，協助設立一個「特殊目的機構」（special purpose vehicle，以下簡稱SPV）。接著，這些SPV會發行債券或不動產抵押擔保證券，並將這些證券賣給投資人。理論上來說，這個體系的每一個主體都能得到它們想要的：屋主取得貸款，不動產抵押貸款仲介和鑑價單位賺到手續費，不動產抵押貸款放款機構雖僅賺取微薄的利潤，但卻不用苦等三十年才收回資金；投資銀行更因爲從中提供協助而賺到了豐厚的手續費，還能把不動產抵押貸款的風險轉嫁給其他人；最後，但並非最不重要的，買進這些證券的投資人則是期待可以隨著屋主的逐步償還貸款，而收到穩定的收入源流。

雖然不動產抵押擔保證券的接受度從一九八〇年代以後就漸漸上升，但直到一九九〇年代，這些產品的市場才真正突飛猛進。有一個現象很諷刺，當時爆發的存貸機構危機反而讓證券化的根基變得更加穩固。在那場災難當中，有超過一千六百家互助儲蓄銀行，因帳面上握有太多住宅與商用不動產呆帳（這些放款是透過「放款與持有」型的交易進行）而破產。如果當初這些放款被證券化，就不會發生這樣的窘境，或者應該說，至少很多銀行業者從存貸機構的倒閉學到了這個教訓。新的思維非常簡單：趕緊把這些放款賣掉，先落袋爲安，儘管利潤微薄，但絕對比繼續持有放款再眼睜睜看著這些放款變成呆帳好。將這些放款分散到比較有能力承受風險的主體——退休基金、保險公司與其他機構投資人——應該可以舒緩系統化銀行危機的的風險。於是，「放款並證券化」（originate and distribute）的模式取代了「放款並持有」。

只要證券的買方有能力精確評估這些證券所隱含的固有風險，那麼，這個原則就應該是健全的。不過，如果你是透過證券化「管線」（pipeline）出售最近剛承作的不動產抵押貸款的銀行，你的主要目標，就是盡可能盡快「擺脫」這些不動產抵押貸款，而且賣掉愈多愈好，因爲每賣出一筆，你就可以取得更多資金來承作更多的貸款。遺憾的是，由於銀行不再需要親自面對呆帳的可能後果，所以，它在承作不動產抵押貸款時，就比較沒有誘因適當監控這些貸款的根本風險。當「放款並持有」的模式轉變爲「放款並證券化」，不良的抵押貸款就像燙手山芋一樣，順著管線被往下丟。⑤

隨著證券化業務在一九九〇年代和二〇〇〇年代變得愈來愈普及，⑥不動產抵押貸款仲介商、不動產抵押貸款鑑價單位、一般銀行、投資銀行甚至半公營機構如房利美和房地美等，早就不再謹慎詳查貸款申請人的情況。所謂的「騙子貸款」（liar loans）變得愈來愈普遍，貸款人虛構自己的所得水準，同時未能提供書面的薪資證明。這類貸款中，最著名的當屬「忍者貸款」（NINJA loans），這是指借款人沒有收入，沒有工作，且沒有資產（No Income, No Job, [and no] Assets），但卻能取得貸款。

證券化業務並不侷限於不動產抵押貸款領域。金融企業後來還將焦點轉向商業不動產抵押貸款和各種消費者貸款（信用卡貸款、學生貸款和汽車貸款）的證券化業務。企業的貸款也被證券化，像是槓桿貸款（leveraged loans，亦即非投資等級貸款）和工業與商業貸款。事後顯示，透過證券化所發行的債券（也就是資產擔保證券）非常受歡迎，於是，證券化的作法也很快就擴展到世界各地。誠如一本有關風險管理的書籍在二〇〇一年所做的結論，「有時候，好像所有事物都可以被證券化。」那樣說的確不誇張：危機爆發時，證券化已經被應用到飛機租賃、森林與礦坑收入、逾期稅款留置權（delinquent tax liens）、無線塔台收入、船舶貸款、州與地方政府收入，甚至搖滾樂團的版稅收入等領域。

屬於第一代產品的不動產抵押擔保證券有很多問題和誘惑，而很多這些更新奇的產品也都面臨相同的問題與誘惑：發行這些證券的銀行或公司，沒有太多誘因去進行必要的監督與實地審查作業，所以無法確認未來這些貸款是否會正常償還。催生這些證券組合的投資銀行也沒有履行這項義務，因爲他們一心只想盡快賣掉這些被綁在一起的貸款，讓這些資產從它們的資產負債表裡消失。

理論上來說，信用評等機構——穆迪、惠譽、標準普爾——理當要提出警告。不過，指望這些信用評等機構卻好比仰賴狐狸幫你看守雞舍，因爲它們有充足的誘因賦予上述證券極高的信用評等（詳見第八章）。畢竟這麼做可以讓它們從受評估主體那一端賺到優渥的手續費，同時更能爭取到未來的業務；相反的，如果給予務實的評價，代表的可能是目前與未來佣金的流失。所以，「對這些信評機構來說」給予銀行一個金融版的**優良家用品獎章與認可**，一切從最樂觀的方向評估，當然是比較理想的作法。在危機爆發前，這些信評公司有一半的獲利，是來自賦予這些奇特的結構性金融產品AAA級評等，但其實當中很多產品根本沒有資格得到那麼高的等級。

不過，內情也不是那麼單純，有問題的不只是貪腐的信評機構。事實上，當初這些信評機構也許眞的不太知道怎麼釐清這些被組合爲眾多證券的貸款的違約可能性，因爲新次級房貸及其違約率的可用歷史資料眞的非常稀少。尤其是一九八〇年代，最先由投資銀行業者精心製作出來的不動產抵押擔保與資產擔保證券，這些證券不僅新穎、奇特又非常複雜。[7]他們爲這些證券取了各種不同的名稱和不同的縮寫，包括擔保抵押權債券（collateralized mortgage obligations, CMO）、擔保債權憑證（collateralized debt obligation, CDO）或者擔保貸款憑證（collateralized loan obligations, CLO）等。

這些證券全都是根據相同的原理運作。任何人只要持有一檔陽春版不動產抵押擔保證券，就一定得承擔特定程度的風險；舉個例子，屋主可能會違約不履行債務，也可能單純提前還款，從而剝奪了放款機構原本理當取得的額外利息收入（如果屋主按照既定期程還款的話）。於是，華爾街的財務「工程師」想出了一個精緻的解決方案：ＣＤＯ。[8]ＣＤＯ可以切割爲好幾個部分——亦即分券。最簡單的ＣＤＯ只有三種等級的分券：權益（equity）、中級（mezzanine）和高級（senior）。權益等級的買方能獲得最高報酬，但承擔的風險也最大：如果標的組合資產的任何一個屋主違約不履行債務，權益等級的持有人將會比其他人更早產生損失。中級的ＣＤＯ風險較低，不過，如果標的組合資產的屋主當中，有較高比例的人違約，這種ＣＤＯ的買方也可能會蒙受損失。最頂級的是高級ＣＤＯ。儘管它的報酬率最低，但卻理當是零風險或幾近零風險。高級ＣＤＯ的持有人將最先取得付款，所以也最晚面臨虧損的命運。

這一座令人印象深刻的結構性金融宏偉建築，其實是建立在不穩固的基礎上，它所仰賴的不過是一個花招：大量狡猾且高風險的ＢＢＢ級次級不動產抵押貸款，被結合爲一檔ＢＢＢ級不動產抵押擔保證券，接下來，它又被切割成不同等級的分券，其中，高級的部分——大約佔總標的資產的八〇％——會被賦予ＡＡＡ級的評等。因此，儘管標的抵押貸款組合本身的風險和被組合起來以前一樣高，但這個流程卻神奇的將有毒的垃圾轉化爲鍍金的證券。

後來，證券化的複雜度演變到更光怪陸離的程度。舉個例子，人們開始流行把某些ＣＤＯ和其他ＣＤＯ結合在一起，接下來再將它們分割成不同等級的分券。不僅如此，華爾街上的「實驗室」還持續推出許多更巴洛克風（指新奇）的產品——CDO的CDO的CDO，較為人所知的名稱是「CDO三次方」——讓前述CDO中的CDO（有時候稱為「CDO平方」）又顯得相形失色；另外還有合成CDO（synthetic CDO），這種CDO是把許多信用違約交換結合為一個仿造標的CDO的產品。在這些更令人難以理解的產品中，某些產品還被切割成三種以上等級的分券，有些甚至高達五十或一百個等級的分券，每一種分券級都代表著特定的風險承受度。

事後看來，這種金融創新的危險其實非常容易理解。業界將信用風險切割成極小的單位，並將之轉移到世界各地，結果導致整個體系充斥著許多新奇、複雜、流動性不佳的金融工具。隨著這些新創工具的複雜度與獨特性與日俱增，到最後，人們根本難以用傳統的工具來評估它們的價值。於是，金融業公司訴諸數學模型——而非市場價格——來為這些工具評價。遺憾的是，這些模型全都以一些樂觀假設為基礎，將風險評估到最低。最後的結果當然演變成：一個徹底不透明、令人無法理解且遲早陷入恐慌的金融體系。

上述情況看起來也許是非常獨特且前所未見，事實也的確如此，不過，那是純就細節的部分而言。在過去與現在的很多危機中，都經常出現上述那種缺乏透明度、低估風險，以及不瞭解新金融產品在遭受顯著壓力下將有何表現等相同問題。

道德風險

儘管為這個世界發明「CDO三次方」怪物的財務工程師必須為此負起絕大責任，但金融體系原本就累積了很多其他沉疴，這些問題其實遠比證券化食物鏈中各項明顯缺陷更加嚴重。其中，金融業在公司治理事務方面的缺陷，也是引發最近這一波危機的根本因素之一。要瞭解這個情勢，必須先懂得「道德風險」的關鍵概念。簡單說，道德風險是指某人承擔某種他通常會規避的風險——尤其是超額風險——的意願；他願意承擔這些風險的原因很簡單，因為他知道自會有人出面承擔一切負面後果，甚至緊急援助莽撞承擔風險的人。舉個例子，投保汽車竊盜險的人可能會比沒有買這項保險的其他人，更願意把車子停在有可能被偷的地方，或者更容易忘記購買防盜裝置。因為這個車主知道保險公司將會負擔這項損失，也就是說，出了問題自然有人來扛。相同的，租用有簽訂維修合約的汽車的駕駛人比沒有受這種合約保障的人，更可能用容易讓車子受損的方式開車，那也是因為承租人知道，橫豎任何損壞都有某人會解決。

在最近這場經濟危機當中，道德風險扮演著非常重要的角色。⑨在證券化的食物鏈裡，蓄意引介騙子貸款給銀行的不動產抵押貸款仲介商，因他的努力而獲得報酬，但一旦這筆不動產抵押貸款發生問題，他卻不須為後果負責。相同的，大膽以大量資金押注CDO的交易員一旦成功，就可以獲得優渥的報酬，但如果失敗，卻鮮少因此受到懲罰。即使他被革職，還是能保有多年來取得的薪酬。總之，失誤的決策將成為某人的問題，而通常某人就是雇用他的公司。

這個觀察現象非常普遍，只不過，較鮮為人知的事實是，拜金融服務產業的薪酬獎勵制度之賜，道德風險在這個產業特別盛行。⑩這個產業並不是單純發給員工薪資而已，投資銀行、避險基金和其他金融服務業公司會透過一個年度紅利制度，根據交易員和銀行員工的個人表現給予獎勵⑪。雖然對這些公司來說，紅利獎勵制度早已行之有年，但近幾年來，紅利金額大幅增加，所有大型投資銀行如高盛、摩根史坦利、美林、雷曼兄弟和貝爾史登等，發放的總薪酬金額都節節升高。⑫光是二〇〇五年，前五大金融企業發放的紅利金額就高達二百五十億美元，二〇〇六年是三百六十億美元，一年後，又增加到三百八十億美元。

更重要的是，紅利金額相對底薪的比率大幅竄升。二〇〇六年，前五大投資銀行的平均紅利約佔總薪酬金額的六十%。某些案例的數字更高，在很多處於崩潰中心的企業裡，員工紅利約當十倍或甚至十二倍底薪的情況比比皆是。即使這些公司最後已經走到不得不使用「維生系統」的地步，卻還是繼續發放這種紅利。

這個紅利制度主要是著眼於一年期間內賺到的短期性獲利，因此，這個制度等於變相鼓勵人們大規模使用超額槓桿去承擔無謂風險。最貼切的例子就在ＡＩＧ，它擅長針對各種不可能在任何一個特定年度實現的事件——例如雷曼兄弟破產——出售保險。短期來看，人們投注大量資金來確保自身不受大難傷害的意願，讓交易員和銀行獲得了龐大的營收、獲利和紅利。但長期而言，不可避免的事情終究會發生，而當事件爆發，類似ＡＩＧ等公司隨即幾近崩潰。到最後，這些賭客的決策所引發的後果，卻得由其他人來承擔，最後倒楣的是美國納稅人。

理論上來說，我們理當可以防杜道德風險的爆發，但事情卻還是發生了。爲什麼？答案就在經濟學家所謂的「委託人—代理人問題」（principal-agent problem）上。在大型的資本家企業，委託人（指股東和董事會成員）必須聘請其他人如經理人（亦即代理人）來實現他們的期許，同時爲他們看管公司。遺憾的是，這些代理人全都比委託人更瞭解公司當下的狀況，因此得以借勢追求他們自己的利益，最後造成破壞性的影響。

讓我們來看一個例子：一個商店老闆聘請員工來看管收銀台。這是「委託人—代理人問題」

的最基本範例。顯然「員工行爲誠實且不中飽私囊」符合商店老闆的利益。不過，商店老闆並非無所不知，他不可能看見所有檯面下的動作。他受經濟學家所謂的不對稱資訊問題所困擾，所謂資訊不對稱，代表委託人（店老闆）懂得比代理人（收銀員）少。商店老闆必須設法讓員工堅守他的利益，但這卻不是件簡單的事。

現在，請想像這個問題擴大好幾倍，你有很多層的員工——即代理人——他們每個人都有辦法藉由犧牲負責監督他們的委託人的利益，轉而追求自己的利益。此外，很多員工既是委託人（負責監督位階低於他們的人），又是代理人（負責向上級報告）。更糟糕的是，現在的問題不只是員工是否會偷竊，而是員工利用公司資源來進行超大高風險豪賭以牟取最高紅利的問題——即使這場豪賭可能陷公司於險境。

典型金融企業大致上都是這樣的結構，而在最近這場金融危機的發展過程中，這種安排的危險變得愈來愈顯而易見。要瞭解道德風險、委託人—代理人問題與不對稱資訊等可能造成多大危險，可以參考AIG的例子，這家公司的崩潰也許堪稱當中最極端的案例：一小群倫敦分公司員工竟然能把整個公司和全球金融體系一起拖垮。

理論上，股東應該有能力防範這樣的災難發生，因爲他們是這個食物鏈的最後一環，也是金融企業的最終所有權人。不過，事實上，股東通常沒有太多誘因去控制莽撞的銀行員工、交易員和經理人。爲什麼？金融企業比一般股份有限公司更仰賴舉債來支應營運活動所需，股東投入公司日常營運的資金通常不多。所以，他們沒有太多誘因去要求交易員避免承擔高風險；事實正好相反，他們有很多誘因鼓勵他們承擔風險。如果這些高風險行爲成功了，股東將能賺大錢。如果不成功，股東最後也許會虧掉他們投入這家公司的資金，但那些資金畢竟是少數。當然，這樣的結果也不好，不過，相較於利用他人的錢進行豪賭而可能實現的潛在利潤，這樣的風險值得一試。所以，在這場賭局裡，由於股東的投入資金有限，所以他們其實是抱持放手一搏，輸光也無所謂的態度。

理論上，應該有一道最後的防火牆可以防堵道德風險，那就是借錢給銀行和其他金融企業的人。他們當然有強烈的誘因監督銀行的所作所為，畢竟他們可能因銀行的蠢行而血本無歸。遺憾的是，這是「始料未及後果定律」（the law of unintended consequences）的另一個例子。被借給多數一般銀行的資金是以存款的形式存在。不過，多數存款都受到存款保險的保障，而由於存款人知道存款保險將讓他們得以全身而退，所以即使一家銀行莽撞利用存款人的錢去豪賭，存款人依舊可以睡得安穩。在這種情況下，他們完全沒有誘因採取任何行動去懲罰做出爛決策的銀行。

原則上，銀行與其他金融機構的無擔保債權人可以要求這些機構遵行市場紀律；畢竟如果這些機構承擔過多風險，這種債權人的資金將會陷入險境。不過，在最近這場危機裡，連無擔保債權人也沒有要求金融機構遵守市場紀律。這有很多不同的原因：有可能是無擔保債權的要求權過小，所以無法構成影響力；也可能是因為無擔保債權人所得到的待遇，和擔保債權人（有存款保險的存款人）大致相同，因為當「金融機構」接受緊急紓困援助，無擔保債權人其實也沒有遭受到任何損失；總結來說，來自各國中央銀行的最後放款人的支持，反而導致市場紀律無法發揮正常效用。

並非所有金融機構都受到存款保險的保障，不過，歷來的金融危機卻讓所有人發現了一個靠山，那就是：當情況轉趨險峻，最後放款人必然會現身挽救一切。從大蕭條以來，各國央行向來都會介入填補這個缺口，扮演最後放款人的角色。一九九八年發生LTCM危機時就是如此，當時紐約聯準會便協調出一個民間紓困計畫，另外，在最近這場危機爆發期間，聯準會也介入對投資銀行與其他未受銀行保險庇護的機構，提供前所未見的大量流動資金。

由於金融機構深知有最後放款人做靠山，所以，持有大量流動資產來緩衝銀行擠兌壓力的誘因也就降低了。同樣的認知也讓實質上的存款人失去了切實監督金融機構績效的僅存誘因，因爲他們知道一旦發生危機，世界各地的央行一定會出面挽救整個局勢。而就這個觀點而言，事後證明所有金融體系參與者的算計都極端正確：美國和國外的央行全部跳進火坑，爲病入膏肓的企業提供救命仙丹。雖然，有關單位曾經強烈企圖解決道德風險的問題，所以放任雷曼兄弟倒閉，但接下來，「隨著情況一發不可收拾」它們卻又不得不花費更龐大的心力來緊急援助整個金融體系。

當然，也曾有人倡議要嚴密監管銀行和其他金融業公司。這個論點主張要強迫銀行持有足夠的流動資金，而且股東必須投入足夠的資金到這場賽局，這樣他們才會有誘因監控他們理當負責監督的企業。而要實現這些要求，政府就必須扮演一個重要但可能有點爭議性的角色。遺憾的是，在這場危機爆發前幾年，政府好像並不存在。事實上，政府還搧風點火，成爲危機的幫兇：它不僅是藉由它的缺席與無爲助長危機的形成，更透過一些不怎麼高明的干預手段，讓危機愈演愈烈。

政府的貢獻與缺失

聯準會無疑是政府控制經濟的最有力工具。但誠如艾倫・葛林斯潘終其生涯屢屢強調的，它的權力可能被使用到有利的方向，也可能被用於有害的方向。⑬其實葛林斯潘主持聯準會是很諷刺的一件事，畢竟他從年輕時就對自由市場的力量極爲神往。他甚至曾在一九五〇年代擔任艾茵・蘭德（Ayn Rand）的助理，他極力推崇蘭德的中堅自由意志主義信仰。不過，儘管葛林斯潘認爲政府不該干預經濟的信念日益堅定，但這個信念並未強到足以讓他放棄公職，因爲當機會來臨，他並未選擇放手。

葛林斯潘的第一份重要公職，是在一九七四年擔任傑瑞德・福特總統（Gerald Ford）的經濟顧問委員會（Council of Economic Advisors）主席。後來，他更在一九八七年接下聯準會主席一職，相形之下，先前那個官職立刻顯得失色。對於政府在管制自由市場時應扮演什麼角色，打從一開始他的立場就明顯是搖擺的。在葛林斯潘就任四個月後，股票市場崩盤，他隨即出手搭救。於是，他反政府干預的所有原則自此完全失去意義。誠如他一段雋永的說法，「在危機的環境下……除非短期的混亂已經解決，否則我們不應該一直聚焦在較長期的政策問題上。」⑭另外，就算葛林斯潘眞的有認知到央行必須爲緩和金融危機的影響盡一點心力，但他卻不願採取任何行動來防杜這種危機的發展。他好像對「這些勢力龐大的機構必須從源頭阻斷泡沫的形成」這個由來已久的央行運作哲學興趣缺缺。前聯準會主席威廉・麥克切斯尼・馬丁（William McChesney Martin）用簡單一句話巧妙的歸納了那個哲學，他曾說，中央銀行官員的工作是「在宴會酒酣耳熱之際，收走雞尾酒缸」。⑮

從葛林斯潘的表現即可見他根本不願收走雞尾酒缸。一九九六年時，股票市場持續攀升到令人眼花撩亂的水準（當時的泡沫中心是科技與網路股），他雖然因此提出「非理性繁榮」（irrational exuberance）⑯的警告，但卻沒有採取任何行動來阻止泡沫繼續膨脹，只象徵性的將聯邦資金利率提高二十五個基本點。當網路泡沫最終在二〇〇〇年破滅，葛林斯潘甚至還倒更多酒到這個所謂的雞尾酒缸。而爲因應九一一恐怖攻擊，他還持續調降資金利率，甚至在經濟開始浮現復甦跡象後，都沒有停止降息。二〇〇四年，他終於重啓升息步調，但調整的幅度微小、速度緩慢，而且每次升息都是可預期的，每隔六個星期——也就是聯邦公開市場操作委員會集會（Federal Open Market Committee）時——提高二十五個基本點（一個所謂「採節制步伐」〔measured pace〕的緊縮政策）。這個政策讓利率過久處於過低水準，太晚也太慢讓利率正常化。

結果，房地產與不動產抵押貸款泡沫就此形成。葛林斯潘注入大量寬鬆貨幣到經濟體系，並讓這些資金停留在經濟體系過久，雖然此舉緩和了某個「科技」泡沫崩潰所產生的影響，但卻也吹起了另一個全新的泡沫。他的央行運作原則的中心存在嚴重矛盾，而這個政策正是那個矛盾的必然結果：無可奈何的看著泡沫一路膨脹，接著再以瘋狂的行動來挽救泡沫後的重挫。遺憾的是，這樣的作法創造了「葛林斯潘賣權」。⑰到葛林斯潘最後一任聯準會主席的末期，「葛林斯潘賣權」已成爲交易員圈子裡的信條：交易市場相信聯準會一定會出面挽救因泡沫崩潰而受創的莽撞交易員。它創造了一個大規模的道德風險，而且將這個問題歸咎給葛林斯潘並不爲過。

另外，葛林斯潘也拒絕使用聯準會權力來管理市場，他的這個態度也讓他難辭其咎。舉個例子，一九九四年時，國會爲強力壓抑掠奪性的放款作爲，而通過「住宅產權權益保護法」（Home Ownership and Equity Protection Act）。根據法案的條款，葛林斯潘理當對次級放款行爲加以規範，不過，他卻拒絕這麼做。即使有聯邦準備理事會成員之一的愛德華・葛倫里奇（Edward Gramlich）對他提出懇求，他也無動無衷。葛林斯潘後來爲他拒絕監控次貸放款人行爲的作法提出辯護：「由我們介入查核他們如何處理不動產抵押貸款的申請，將會是一個浩大的工程，而且，我也不敢確定，我們是否能在不危害到人民取得充足次級信用的能力之情況下，查到任何值得注意的問題。」⑱

這一番說詞確實發人深省。葛林斯潘徹底將次級放款的問世當作是好事一件，他認爲次貸是放任市場自由運作的必然產物。直到最近，他還是繼續稱頌金融「創新」擁有讓愈來愈多美國人有能力取得信用的功能。在二〇〇五年的一場公開集會當中，他是這樣歌頌金融創新的：「引領次級不動產抵押貸款快速成長……促進能同時呼應市場需求與嘉惠消費者的建設性創新。」⑲

但持平來說，在執著追求「法規解禁」的道路上，葛林斯潘其實有很多志同道合的伙伴。過去三十年來，很多保守派人士向來將「解放金融市場免於受『繁重』法規箝制」當作信條。這個信念也被落實爲公共政策，於是，從一九八〇年代以來，大蕭條期間所制訂的金融體系嚴謹法規逐漸被淘汰或廢除。

最值得一提的「受害者」，是一九三三年頒布的格拉斯—史提格法案（Glass-Steagall Act），⑳這項里程碑型法案的部分條款，在商業銀行（收受存款與從事放款）和投資銀行（承銷、購買和賣出證券）之間建立了一道防火牆。但那些條文最後卻慘遭千刀萬剮，不復存在。從一九八〇年代末期開始，聯準會就允許商業銀行買賣某個範圍內的證券。最初，商業銀行來自證券操作業務的獲利不能超過總獲利的一〇%，不過，一九九六年時，聯準會把這個門檻提高到二五%。隔年，信孚銀行（Bankers Trust）成爲頭一家買進證券公司的商業銀行，接著，其他銀行也很快群起效尤。

促使格拉斯—史提格法案最後完全遭到廢除的導火線，是旅行者集團（Travelers）和花旗公司（Citicorp）的合併計畫。這項合併案把商業銀行業務、保險承作業務和證券承銷業務同時納入一個屋簷下，但這也凸顯出在當時的現有法律規範下，新金融巨獸的存在是不合法的。經過密集的遊說，一九九九年年底時，國會藉由金融現代化法案（Financial Services Modernization Act），廢除了格拉斯—史提格法案的殘存條款，爲投資銀行、商業銀行和保險公司的後續合併活動鋪設了一條康莊大道。

廢除格拉斯—史提格法案的主要推手之一是共和黨參議員菲爾·葛蘭姆（Phil Gramm），他原本也是經濟學家。葛蘭姆後來還是繼續領導反金融管制的運動，其中最著名的，是他在二〇〇〇年時將商品期貨現代化法（The Commodity Futures Modernization Act）綁在預算案裡。結果，這項從未經過參議院或眾議院辯論的法案就這麼生效了，形同宣告大量衍生性金融商品的市場從此不再受到法規管制。因此而擺脫法規約束的工具當中，有一項稱爲信用違約交換，這項工具讓買方得以針對「債券違約」——包括非常單純（如汽車公司發行的債券）和極端複雜的債券（以多樣化不動產抵押擔保證券組合爲擔保的擔保債券）——進行「投保」，以避免受到傷害。自此，信用違約交換產品像雨後春筍般大量推出，到二〇〇八年時，它的總名目價值就已超過六十兆美元，成爲「系統風險」（systemic risk）最重要的來源之一，所謂系統風險是一種會對整體金融體系造成威脅的危險（關於信用違約交換的詳細資訊，請見第八章）。

推動解除法規管制的也不只是國會。二〇〇四年時，五大投資銀行賣力遊說證券交易委員會

(Securities and Exchange Commission, SEC)，期望說服該會放寬銀行旗下證券商的舉債金額限制。限制解除後，這些公司可以在發生大額投資虧損時，動用資本準備金科目累積迄今的數十億甚至數百億美元。也就是說，它將允許這些公司降低長期以來所保留的緩衝金額，相對也誇大了這些公司的獲利潛力。後來證交會一致決議配合這些銀行的要求，不過，還是有人體認到這個行動的可能風險。該會的一個委員在一場鮮少有人參加的聽證會中提出評論：「我們說過，這些公司都是大型參與者，但那也代表一旦發生任何問題，情況就會嚴重到難以收拾。」[21]果不其然，投資銀行業者在這項法規解禁後，將槓桿比率（資產相對資本比率）大幅提高到二十、二十五倍或甚至更高，遠遠超過商業銀行（受到較多法規限制）的十二・五倍。

並不是每個人都認爲法規解禁是這場危機的唯一禍首。有些保守派評論家宣稱，危機是政府干預過多——而非干預過少——的結果。關於這些論調，最關鍵的主張是：一九七七年頒布的社區再投資法（Community Reinvestment Act），[22]它對泡沫構成推波助瀾的效果，因爲那項法案阻止銀行在放款時歧視低收入地區，這讓貧窮與弱勢族群更容易取得不動產抵押貸款。根據保守派人士的解讀，在房利美與房地美的東風相助下，該法案的原始與修正後版本都讓次貸市場持續膨脹，最終更走向崩潰。

這個論調很有意思，但卻不太恰當。促使次貸市場大幅成長的主要因素，並非房利美和房地美公司，而是一些民間不動產抵押貸款放款機構，像是全國金融公司（Countrywide）。此外，社區再投資法是在房地產市場泡沫興起之前很久就已頒布。當然，一九九〇年代通過的諸多法令，[23]也迫使房利美和房地美公司不得不購買大量包含次級貸款的不動產抵押貸款。舉個例子，一九九七年時，它們購入的貸款中，就有大約四十二%是來自個人所得低於地區平均所得的貸款人。其中某些貸款是次級貸款，不過，我們無法確定精準的數字是多少。但儘管如此，將房利美和房地美渲染為引發次貸危機的唯一因素，絕對是錯誤的。

眞相是：聯邦政府長期以來不斷支持與補貼房屋產權，讓這種「生意」的成本降低很多且更沒有負擔。政府的補貼包括允許屋主從聯邦所得稅的應稅所得中，扣除房地產稅和不動產抵押貸款利息支出。相似的，出售自用住宅的資本利得當中，有特定百分比不需課稅。最重要的是，有好幾家政府發起的企業——不僅是房利美、房地美和聯邦住宅管理局（ＦＨＡ），還有聯邦住宅貸款銀行等——都在支持與補貼住宅及不動產抵押貸款市場。也許這些補貼稱不上引發房地產泡沫的主因，不過，卻也創造了鼓勵與支持這個泡沫成長的條件。

影子銀行

如果說政府政策助長了這個泡沫，法規解禁讓金融企業的既有限制進一步解除，那麼，政府跟不上金融創新的腳步，應該也算是整場危機的導因之一。所謂政府未能跟上腳步，並非單純指政府疏於管理那些無奇不有的衍生性金融商品，也不光是指它不干涉金融服務產業所偏好的紅利制度，最核心的問題在於政府在過去三十幾年間，放任太平洋投資管理公司（Pacific Investment Management Company）的保羅·麥考利（Paul McCulley）所謂的「影子銀行體系」㉔戲劇化意外崛起。

影子銀行體系是由一些看似銀行、行為像銀行，且其借款、放款與投資活動都像銀行，但卻不受銀行業法令所規範（這才是重點）的金融機構所組成。想想看銀行的組成結構。以最簡單的條件來說，一家銀行借入短期資金——這通常是存款人以存款形式「借」給銀行的錢；銀行的負債多半是由這些存款所組成，無論何時，存款人都可以要求取回他們的資金，銀行也不得不歸還這些錢。

不過，銀行並不會死守著這些存款，它們會以不動產抵押貸款和其他長期投資如十年期企業貸款等形式，把這些存款貸放出去。換言之，它們借用存款來從事放款業務，從而透過它們收取的利息來賺錢。不過，這當中存在一個圈套：儘管銀行的負債能快速變現（以存款的形式存在），它的資產卻不容易快速變現（這些資金被綁在土地、工廠現場裡的新設備以及其他無法立即轉變爲現金的事物）。

在正常情況下，這並不是個問題，所有存款人選在同一時間湧向銀行要求取回存款的可能性很低。不過，有時這種事還是會發生，最貼切的例子就是大蕭條時期，恐慌的存款人大批湧向銀行。法蘭克・卡普拉（Frank Capra）的《風雲人物》（*It's a Wonderful Life*）一片，以戲劇化的方式生動表達出這種動態的危險，這部片子是概述一個小鎮銀行家喬治・貝利（George Bailey）一生的起落。

有一天，貝利被一大群心急如焚、意圖領回存款的存戶團團圍住，於是，他當場就銀行業務發表了一番即席演說。他告訴這些一心一意認定自己的錢只是擺在銀行金庫裡的存款人，「你們對此地的想法全都錯了。」他告誡存款人：「好像我只是把錢擺在保險箱似的。」「錢不在這裡。錢在喬的房子裡……在甘乃迪的房子裡，還有在麥克林太太和其他成千上百個人的房子裡。」㉕換言之，高變現性的存款被轉化為較不容易變現的投資。誠如貝利對存款人的解釋，「你們借錢給他們蓋房子，他們則是盡其所能的設法還錢給你們。」

貝利的尷尬處境正是大蕭條時期最黑暗階段的典型銀行寫照。他努力設法解決短期的「活期存款」負債和以長期持有為目的而無法在極短期內轉換為現金的資產之間的「到期日錯配」（maturity mismatch）問題。到最後，他幾乎無法在不付出龐大代價的情況下，用某人的錢來還清另一個人的錢。一家陷入擠兌窘境的銀行可能會出清它的資產，如不動產抵押貸款和它所承作的其他貸款。遺憾的是，如果整個銀行體系都遭到普遍性的恐慌所支配，每一家銀行都會試圖出清資產，到最後，這些資產的售價就會被壓抑到遠低於正常時期的價格。

所以，就實務面來說，因流動性擠兌而受害的銀行，可能從單純的流動性不足（只是不容易將資產變現）演變成無力償還債務。有時候，某些銀行的確是罪有應得，因為它們的資產（不管以任何價格出售）本來就不夠應付存款人的需求。不過，以很多案例來說，一家銀行本來是有能力償還負債的，只不過它的投資標的不易變現，但這卻會造成它的短期負債金額遠遠高於它的易變現資產。大蕭條期間有很多銀行倒閉，倒閉原因不外乎兩個：有些銀行是無論是否發生恐慌，都不可能有能力履行它們對存款人的義務，不過，其他銀行當時若能得到幫助，原本應該有能力償還負債。

那種幫助有兩種形式：最後放款人的支持和存款保險。在大蕭條時期，銀行原本可以取得最後放款人協助，不過，聯準會卻未能有效落實這項功能；第二種是一直到羅斯福推行新政（New Deal）後才存在，當時政府根據銀行業法案創設了聯邦存款保險公司（Federal Deposit Insurance

Corporation, FDIC）。[26]這兩種反制銀行擠兌的方法有一點小差異。最後放款人的支持是藉由爲銀行提供現成且充足的現金，來阻止銀行擠兌蔓延，有了這些現金，業者就有能力付款給存款人，不需急著用跳樓大拍賣的價格將資產變現。相反的，存款保險則是從源頭阻斷銀行擠兌的發生，它向存款人保證，一旦銀行的流動性不足或甚至無力清償貸款，存款人也一定可以取回資金。

在戰後時期，最後放款人的支持和存款保險都已成爲常態，不只是美國，多數資本主義國家都是如此。但爲獲得這些保護措施的保障，參與的銀行業者必須有所犧牲，它們必須放棄某些自主權，以規避道德風險的發生。在這種情況下，它們必須服從管制與監督——主要是控制銀行流動性、槓桿與資本，而這些控制手段當然也會對業者的獲利能力形成限制。結果，銀行業務變成一種相當單調乏味但卻穩賺不賠的業務。當時流行一個笑話，內容是說，銀行業務是根據三—六—三法則運作：[27]銀行家付三%的利息給存款人，再用六%的利率承作放款，而到下午三點鐘，則整隊到高爾夫球場打球。這個笑話也許有一點誇大其詞，不過也反映出相當程度的事實。

後來，國際間好像嫌銀行受到的管制還不夠，又進一步對銀行業務設限。一九七四年，十大工業國（G-10）的中央銀行官員成立了巴賽爾銀行監理委員會（Basel Committee of Banking Supervision），[28]它是根據國際清算銀行（Bank of International Settlements，全球金融體系的一個關鍵性組織）的所在地——一個瑞士城市——命名。一九八八年時，該委員會導入一套資本適足制度，這套制度明訂許多方法，來判斷世界各地銀行所持有的各種不同資產的相對風險。這套制度稱爲巴賽爾資本協定（Basel Capital Accord），它以明確的條款，詳細訂定銀行資本相對銀行風險資產的比例。這項協議的核心主張是：銀行最低必須維持八%的資本標準，也就是說，銀行持有的準備金必須等於或超過它們的「風險調整後資產」(risk-adjusted assets，代表風險較高的資產，這種資產有可能產生較高的資本損失)總值的八%。雖然這個委員會對會員國並不具備法律上的管轄權，但世界上多數國家都採納了它的建議。

這個委員會並未就此安於它的成就，接下來幾年間，它又提出額外的幾項建議。這些修正建議的利益顯而易見。誠如該委員會在一九九七年的一份報告上所強調，「一個國家——無論是開發中或已開發國家——羸弱的銀行體系有可能會威脅到該國國內與國際的金融穩定。」[29]那個精神預告了二〇〇六年的巴賽爾資本協定修正，也就是新巴賽爾協定。不過，和第一個協定不同的是，新巴賽爾協定的某些建議並未獲得各國採納與施行(詳細的巴賽爾協定請見第八章)。

爲什麼?原因很簡單，並非所有銀行業者都想追求穩定和安全。從一九八〇年代開始，愈來愈多加入金融服務產業的人瞭解到，只要願意冒險行走沒有安全網保護的銀行業務高空鋼索，就能獲取暴利。不受法規規範的銀行業務有很多種，不過，這類業務也不受一般銀行的保護傘所保障。於是，一場爲追求較高利潤而蓄意迴避法規管制的「法規套利」遊戲就此展開，也造就了影子銀行的興起。

影子銀行沒有銀行櫃台出納人員，也不會在全國各地的鄰里街角設立分行。它們有著非常有趣的縮寫名稱，誠如保羅·麥考利巧妙形容的：「用一大堆高槓桿非銀行投資證券發行平台、工具和結構煮成的字母湯」，[30]它們很多是潛藏在傳統銀行的資產負債表中。影子銀行的形式和規模可說無奇不有，首先非銀行不動產抵押貸款放款機構、結構性投資工具與短期證券發行平台，這些主體都是以一些複雜的短期貸款來籌措資金(亦即所謂的資產擔保商業本票)，其次是投資銀行和經紀自營商，它們是以隔夜的「附買回」協議籌措資金；再下來，貨幣市場基金是仰賴來自投資人的短期資金；另外還有避險基金和私募基金；甚至連州與地方政府支持的標售利率證券組合以及賣回選擇型債券（tender option bond），都必須透過每週的標售會不斷續期展延，而且這是採浮動利率。這些影子銀行多數有一個共同點：嚴重的「到期日錯配」。它們多數是在短期且高流動性的市場借錢，接著再將借來的資金投資到一些長期且流動性不足的資產。它們的外觀非常不同於貝利兄弟建築貸款公司（Bailey Bros. Building & Loan），不過，卻都具備可能陷入擠兌窘境的相同弱點。

如果影子銀行接受和一般銀行一樣的條件——以服從更多管制來交換最後放款人支持與約當於銀行存款的保障——那就不會有什麼問題。不過，它們並不接受那樣的條件。更糟糕的是，這些機構的規模最後成長到足以和傳統銀行體系匹敵的程度，貸放的金額也不相上下。無怪乎影子銀行體系會成為這個「史上最大銀行擠兌事件」的核心。

一個錢滿為患的世界

上述所有因素——金融創新、企業公司治理的失敗、寬鬆的貨幣政策、政府失靈，以及影子銀行體系——都是引發這場危機的要因。從很多觀點來看，美國和其他英語系國家是引發危機的禍首。不過，世界上的其他國家卻也是促成危機的幫兇，儘管它們並非蓄意。

艾倫．葛林斯潘是最早發現這個問題的人之一。他在二〇〇四年到二〇〇六年間，將聯邦資金利率從一％一路提高到五．二五％，但長期利率與固定利率不動產抵押貸款的利率幾乎文風不動，葛林斯潘這爲時已晚的貨幣緊縮政策完全沒有發揮效用。這個結果和教科書告訴我們的完全不同。理論上來說，長期利率和不動產抵押貸款利率應該要隨著利率的調升而同步緩慢走高。

葛林斯潘把這個現象稱作「債券市場謎題」，㉛不過，這個謎題後來有了解答。在已融爲一體的世界經濟體系中，美國的借款利率愈來愈取決於全球市場的情況。㉜而在全球市場上，日本、德國、中國和許多新興經濟體都充斥著多餘的儲蓄。那些儲蓄必須尋找投資出路，到最後，這些錢被用來購買美國所發行的債券。不過，聯邦政府短期和長期債券的報酬率都很低，所以投資人轉向報酬率較高的債券。他們購買房利美和房地美的債券和由這些機構所擔保的不動產抵押擔保證券。畢竟追根究柢來說，這些債券實質上也是由美國財政部所擔保。

不過，海外投資人並不因此而感到滿足，美國的民間債權人——尤其是歐州的投資人和金融機構——成爲證券化產品的主要購買人。雖然估計數字各自不同，但美國金融機構發行的證券中，大約有四到五成最後是流入外國投資人的投資組合。換言之，來自信用卡債務、房屋產權貸款、汽車貸款、學生貸款和不動產抵押貸款等的收益源流，最後透過證券化的流程，流入外國投資人的投資組合。外國債權人則因買進這些證券，而對驅動泡沫的舉債狂熱形成一股推波助瀾的力量。

這一波熱潮究竟有多大程度是由外國投資人所貢獻？這迄今依舊是一個有爭議的疑問，答案莫衷一是。有些評論家使用「全球儲蓄過剩」（global savings glut）假說，將這場危機歸咎給中國和美國的其他債權人。這種不得體的分析誤將美國的問題歸咎給其他國家。不過，無可爭辯的是，這一大筆尋找投資機會的儲蓄，最終流到了美國。在這個過程中，它在非蓄意的情況下，讓美國得以長期維持寅吃卯糧的日子。事實上，若美國是一個新興經濟體，而非世界獨大的強權國家，它的債權人早就抽走銀根了。

不過，這些債權人並未這麼做，取而代之的是，大量寬鬆貨幣被挹注到美國，而這股強大的全球趨勢讓熱潮得以維繫。寬鬆的外國資金配合鬆散的貨幣政策、莽撞的金融創新、道德風險與公司治理不彰等問題，再加上影子銀行體系的蓬勃發展等，終於醞釀出歷史上難得一見的大災難。但儘管如此，其中任何一項發展，都不足以引發一場危機。是另一個不可或缺的額外因素導致浩劫變得無可逃避，這個因素是槓桿，幾乎每個和金融體系有關的人全都愈來愈依賴負債或槓桿。

槓桿的誘惑

讓我們回顧一下明斯基對借款人的分類（請見第二章）。最保守的是對沖型借款人，他們的短期收入流量足以支應利息加本金的支出。風險稍微高一點的是投機型借款人，他們的收入只夠支應利息支出，每次本金借款期限到期，他們都必須續期展延這些借款。最危險的是龐氏借款人，他們不僅沒有能力償還本金，也無法償還利息，所以必須持續舉借更多新債，才能免於陷入困境。

明斯基掌握到一個根本的事實：如果一個經濟體裡的不同參與者，都訴諸負債來作為支持各項活動的資金來源，那麼，這個經濟體將變得脆弱且容易崩潰。他認為當一個金融體系依賴負債和槓桿的程度愈高，它就愈脆弱。

多年來，槓桿的程度節節上升。㉝從一九六〇年到一九七四年間，美國銀行業槓桿比率增加了大約五〇％，而從一九八〇年代以來，這個過程更是加速發展。舉個例子，讓我們看看組成民間部門的家庭、金融機構和其他企業的負債統計。一九八一年時，美國民間部門的負債等於國內生產毛額（GDP）的一二三%，到二〇〇八年年底，這個數字已經飆升到二九〇%。

民間部門各個單位的負債都大幅增加，其中，企業部門還算是最穩健的，它的總負債從GDP的五三%增加到七六%。家庭就比較不那麼節制了，一九八一年時，美國家庭負債佔GDP的四八%，但到二〇〇七年，這個比率上升到一〇〇%。家庭負債相對可支配所得的比率從一九八一年的六五%，上升到二〇〇八年的一三五%。這些負債有很多是以房地產部門的槓桿形式存在，那是因爲住宅買方所購買的房子愈來愈貴，但他們持有的產權比率卻愈來愈低。確切來說，在房地產熱潮達到最高峰時，就算沒有自備款也能買房子，這都要感謝像是二胎貸款（piggyback loan）和其他發明等「創新」。

不過，儘管這段期間家庭和企業的負債增加，但和金融部門仰賴負債的程度比起來，可就顯得小巫見大巫了。在一九八一年和二〇〇八年間，金融部門的負債從GDP的二二%增加到一一七%，增加了五倍以上。利用負債來補充投資資金的不足，就是所謂的槓桿。舉個例子。一家投資銀行購買價值二千萬美元的不動產抵押擔保證券，但它只投入一百萬美元的自有資本，剩下的一千九百萬美元則是使用借來的錢，這樣的槓桿比率是二十比一。

槓桿的種類五花八門。[34]上述情形屬於陽春型的槓桿，不過，嵌入型槓桿（embedded leverage）可能創造的潛在獲利（與虧損）高達標的資產價值的好幾倍。舉個例子，誠如我們先前討論的，擔保債權憑證（CDO）可以分爲很多等級，當資產價格下跌時，風險較高的等級就會產生嚴重虧損。這意味著實務上來說，特定等級CDO持有人的虧損將被放大到極驚人的水準；儘管標的投資組合有可能只是小幅虧損，但特定投資人卻會遭受特別嚴重的打擊。市場上多數人多半無法察覺這種槓桿的存在，因爲沒有任何方法可以衡量它，但只要它一瓦解，後果就可能極端嚴重。

接著，還有系統性或複合式槓桿（systemic or compound leverage），在這個結構下，最初的微量槓桿會成爲一個龐大的負債倒金字塔的頂點。舉例說明：假定一個有錢人向銀行借了三百萬美元，再加上他的自有資金一百萬美元，全都押注在一檔投資在其他避險基金的「基金中的基金」。此時，他的槓桿比率是四比一。接著，假定這一檔「基金中的基金」將那四百萬美元連同它向其他銀行借來的一千二百萬美元，一起投入另一檔避險基金，這時，它的槓桿依舊是四比一，但原始的四百萬「賭資」卻增加到一千六百萬。現在，想像這一檔避險基金再去借額外的四千八百萬美元（它的槓桿比率一樣是四比一），再將總額六千四百萬美元的資金投資到某一檔CDO的某些高風險等級產品。透過這個例子，可以清楚看見指數數學（exponential math）的力量——區區一百萬美元的原始資本，最後竟成爲高達六千四百萬美元的賭注。

如果那些證券的價值維持穩定或甚至上漲，那麼一切都會很美好。不過，如果資產價值下降，情況則截然不同。讓我們看看上述那一個簡單的槓桿例子，投資銀行的槓桿比率是二十比一。別忘了，這家投資銀行的權益總共只有一百萬美元。假定資產的價值從二千萬美元下跌到一千九百萬美元，這是下跌五％而已，但一旦發生這樣的情況，投資銀行的權益就會蕩然無存；這一筆投資的有效報酬絕對會讓你高興不起來，因爲那是**負**百分之百的報酬。不管槓桿的水準有多高，都能一體適用這個邏輯。如果槓桿比率是一百比一（每九十九元的負債只有一元的權益），那麼即使資產價值只小跌一％，最基本的權益就會全部虧光。

更糟糕的是，即使以貸款買進的資產已經跌價，但放款機構通常還是期望貸款人能維持固定的槓桿比率。舉個例子，一檔避險基金向一家投資銀行借了九千五百萬美元，再加上它的自有資金五百萬美元，用來買進價值一億美元的CDO。接著，這項資產的價值下跌到九千五百萬美元。此時它的淨值已經虧光，不過，這未必會是個問題，因爲在負債到期以前，資產價格還是有可能反彈到一億美元。但這時投資銀行卻可能會開始擔心，因此發出融資追繳令，要求貸款人設法修補原始的槓桿比率。這代表那一檔避險基金必須籌到四百七十五萬美元的新權益資金（四百七十五萬美元代表九千五百萬美元的二十分之一）。如果這一檔避險基金可以募集到這些錢，一切問題就能迎刃而解。但如果無法募集到資金，它就必須以九千五百萬美元把資產賣掉，眼睜睜看著原來的權益就此蒸發。

融資追繳導致投資人（或避險基金）血本無歸的案例聽起來夠悲慘了吧？但更大的問題是，這一檔避險基金可能並非唯一需要緊急募集資金的基金。如果同一時間有很多這類避險基金和其他金融機構突然間必須因應融資追繳的問題，那會怎麼樣？如果所有人利用槓桿去取得的資產正好是某個投資泡沫的主角，而且這項資產的價格也已上漲到無法維持的高檔，就可能發生這樣的情況。在最近這一場危機，那一項資產是房地產，這不只包括土地與建築物，還包括從定期不動產抵押貸款繳款衍生出來的各種無奇不有的證券。

當其中某項資產的價值達到高原期後下跌（假定一些次級貸款出狀況，CDO的收入源流漸漸枯竭），這個事件的影響就會蔓延到整個金融體系。突然之間，會有無數投資人眼睜睜看著他們原本價值一億美元的CDO跌價到九千五百萬美元。於是，所有投資人都因此接到融資追繳令，要求他們補繳更多的權益金。也許其中某些人有能力籌到這筆錢，不過，有更多人會被迫以市場願意接手的任何價格，賣掉他們的CDO。而如果太多人在同一時間這麼做，他們也許就無法用九千五百萬美元賣掉手上的CDO，它的價值有可能繼續縮水到九千萬美元或八千五百萬美元。

一旦發生這樣的情境，借款人就必須賣出更多資產，才夠補足新一波融資追繳的要求。這將會形成一種類似跳樓大拍賣的雪崩效果，因為市場上將會有太多賣方追逐非常少的買方。更糟的是，由於放款機構擔憂借款人的還款能力不足，所以甚至可能要求對方提供更高成數的自備款，降低槓桿的比率，作為借款人續期展延借款的條件。這些舉措如同火上加油，將導致賣壓更加沈重。當然，借款人有可能賣掉其他資產來因應融資追繳的壓力，像是國庫券或陽春型的股票。遺憾的是，如果每個人都在同一時間執行那個策略，其他資產的市場也會感受到CDO市場各項動態所構成的壓力；最後，市場上將充斥太多賣方，太少買方，一系列資產的價格都會下跌。

在這種情況下，原本侷限於住宅市場的問題有可能突然間擴散到其他市場。換言之，一開始問題可能只侷限在次貸市場，但接著卻可能在瞬間變成每個人的問題。這句話聽起來是不是很熟悉？

4 崩潰

華特．白芝浩是十九世紀英國金融界的重量級人物之一。除了長年擔任《經濟學人》雜誌的編輯以外，他還寫過很多深入探討金融危機的文章，其中最著名的是一八七三年發表的《倫巴德街》（*Lombard Street*）。這本著作和他那個時代的大型銀行有關，他抱怨那些銀行「那麼謹慎的隱匿他們的詳細公司治理資訊，同時徹底防堵那些詳細資訊被拿來公開討論的風險，這是很輕率的作法」①。他評論道，在繁榮時期，那一層神祕面紗的確是很有幫助，但在衰退期，它卻可能成為一個可怕的負擔。他寫道，假定「倫敦某個較大型的股份銀行倒閉」，結果「外界將立刻對整個體系產生懷疑。當外界察覺一個未知領域（terra incognita）有缺陷，其他每個未知領域都會被懷疑」。總之，他的結論是「任何一家大銀行崩潰，就會嚴重損傷所有銀行的信譽」。

如果白芝浩到二〇〇七年依然健在，他應該也會體察到一個熟悉但更令他不安的場面：花旗集團——一個信譽無懈可擊，但資產負債表卻深不可測的金融機構——因虛幻的特殊目的工具和短期證券發行平台等謎樣交易，以及各式各樣令人難以理解的結構性金融產品而岌岌可危；一個大型銀行陷入困境，而且外界無法釐清問題究竟嚴重到什麼程度，於是，其他金融機構也被懷疑，最後，不確定性和不安導致各個市場陷入動盪。

接下來的事態發展和白芝浩的先見之明完全吻合。二〇〇七年最初幾個倒閉案件埋下了信心崩潰的種子，人與人之間的信任完全蒸發，這個情況不只是發生在影子銀行體系，連傳統銀行界也一樣。全球金融活動的支柱——銀行同業拆款活動——在一夕之間完全崩潰。原因很簡單，因為整個金融體系成為一個超大型的未知領域。誠如已倒閉的雷曼兄弟公司的一個市場經濟學家在二〇〇七年夏末所評論的，「我們正處在一個地雷區。沒有人知道地雷埋在何處。」②最後的結果是：整個金融體系形同癱瘓。

金融體系陷入癱瘓的原因，在於人們無法得知哪些銀行只是單純流動性不足，哪些又是眞正無力履行債務（意指破產）。因市場受到打擊而難以順利續期展延某些負債是一回事，但破產又是完全不同的另一回事。在恐慌時期，我們很難分辨哪些機構是處於哪一個情況，而如果未能加以澄清，恐慌將有增無減。一旦發生這種情況，隨著資產價值在難以計算的抛售賣壓下重挫，某些原本只是單純流動性不足的金融機構，很有可能在突然間淪落到無力償還負債的狀態。

此時，最後放款人是唯一能阻止事態陷入恐慌與驚駭局面的可靠力量，白芝浩因提出這個概念而普遍得到讚譽。他認爲一個銀行中的銀行——像是英國央行或美國聯準會——必須挺身而出，放款給因信用緊縮而陷入危機的主體。他主張，持有他所謂的「現金準備」的人，「只要在安全性有保障的情況下，就必須慷慨的將它貸放給其他人（以負債形式）。他們必須把它借給商人、較弱勢的銀行業者、『路人甲與路人乙』」。③他評論道，畢竟「在狂風驟雨的警戒期，一個人破產會拖累很多人破產，要防止破產案件不斷衍生，最好的方法就是阻止那個引發眾多破產案的原始破產案件」。不過，白芝浩也反對不分青紅皂白的紓困：唯有尙有償付能力的機構才能取得貸款，同時應該採用懲罰性的利率，才不會引來一大堆沒有迫切需求但想趁機搭便車的人前來分取資源，這樣才能讓最需要協助的人得到奧援。通常他的哲學被濃縮爲以下精髓：「在採用高利率與要求優質擔保品的前提下慷慨放款。」

在二〇〇七年到二〇〇八年間，事態的發展和白芝浩敏銳的判斷幾乎完全吻合，各國政府確實也相繼利用他的處方來解決問題，可惜實際推行的方案卻帶有嚴重缺陷。當時市場突然遭到恐慌襲擊，不確定性擴散，流動性也幾乎蒸發，於是，世界各地的中央銀行（毫無選擇性的）對大大小小的銀行和各式各樣的金融機構拋出救命索。那一場救援行動規模之大，絕對遠超乎白芝浩的想像，因爲雖然這是一場非常典型的危機案例，但它卻比史上所有危機更大、更迅速惡化且更殘酷。總之，那是一場以二十一世紀速度演變的十九世紀恐慌。

明斯基時刻

其實在二〇〇六年春天時，異常仰賴槓桿且盲目相信資產價格只漲不跌的金融體系已顯露敗象，即將陷入一場歷史性大崩潰。當時的融資活動愈來愈仰賴明斯基所預言的投機型和龐氏融資（Ponzi borrowing）。源自房地產部門的樂觀情緒向上滲透到整個金融體系，讓風險承擔行爲變得更加瘋狂。儘管當時已有少數懷疑論者提出警告，但世人卻對此充耳不聞。誠如明斯基本人對這些樂觀時刻的描述，「在樂觀情緒高漲的環境下，『基本上沒有任何事物改變，導致我們走向深度蕭條的轉捩點遲早會出現』那種卡珊德拉式（譯註：Casandra，特洛伊的凶事預言家，每言必中）

警告自然會遭到漠視。」④

在這一波熱潮，情況也沒有改變。從二〇〇六年到二〇〇七年間，本書聯名作者之一——魯比尼——一直警告著熱潮將崩潰，其他很多具先見之明的評論家也提出警告。但整體來說，世人對這些警語充耳不聞，這和明斯基所預見的情況非常相像。明斯基評論道：在泡沫的高峰，那些「唱衰者」（譯註：指提出警告的人）「拿不出最時髦的書面資料，來證明他們的觀點是有效的」。而權勢集團當然也不可避免的「漠視取材自非約定俗成的理論、歷史和機構分析的論述」。⑤

確切來說，就在泡沫位於最高峰時，泡沫的參與者不僅嘲笑那些懷疑論者，更高調宣稱新一代的繁榮已來臨。當然，隨著時代的不同，各個危機的詳細發展都不一樣，但語言卻是相同的。一九二九年十月十五日當天，在其他領域成就斐然的經濟學家厄文・費雪宣布，由於股價已從極高檔大幅下跌，所以「股票價格已達到看似永久性的高原水準（譯註：指股價的底部已墊高，會在遠高於前低水準的價位止跌並回升）」。⑥相同的，在二〇〇五年十二月，成就比較不那麼卓著（而且比較主觀的）全國房地產商協會（National Association of Realtors）發言人大衛・李瑞，看著崩盤前的那一波類似的跌勢，說出了一番「睿智」的宣言：「房屋銷售狀況正從高峰下滑，不過，銷售狀況將在一個高原水準逐漸走平，這個高原的位置一定比房地產循環的前幾個高峰更高。」

事後來看，我們也許會覺得那樣的說法有點離譜，不過，通常在金融危機爆發以前，的確鮮少出現很劇烈或失序的走勢，行情都只是盤跌或橫盤，而且令人不安的訊號並不多見。二〇〇六年春天就是那樣的情況，其中，房屋開工率開始走平，房價——以實質價值來說，前十年漲幅高達一倍——停止上漲。原因非常簡單：新屋的供給開始超過需求，另外，利率的上升讓浮動利率型不動產抵押貸款的成本上升，於是，房價開始盤跌。

在此同時，一如每一場金融危機的情節，「煤礦坑裡的金絲雀」（譯註：因爲金絲雀對瓦斯非常敏感，故礦工會在礦坑裡放金絲雀，作爲預警措施）也透露出情況「不妙」的訊號：二〇〇五年和二〇〇六年間新承作的次級不動產抵押貸款開始出現不尋常的高滯納率。這些高滯納率的不動產抵押貸款，大都是一些利用低利率進行再融資的貸款，像是超低引誘利率、選擇權指數型房貸、負攤銷房貸等。不過，唯有在房價持續上漲的環境下，屋主才有機會進行這種再融資，尤其是零頭期款或無產權的房貸。而由於那時房價開始盤跌，滯納與違約案件遂大幅增加，問題終於逐漸檯面化。[7]

儘管如此，此時還是很難想像這會是一場驚人的銀行危機的先兆。但從二〇〇六年年底開始，整個影子銀行體系成了連喬治·貝利都能察覺到的一場「慢動作版銀行擠兌」的焦點。成百上千個不受管制且位處承作次級房貸最前線的非銀行不動產抵押貸款放款機構，向來非常依賴較大型銀行所提供的短期融資；但隨著次級房貸的違約率持續上升，大型銀行開始拒絕續期展延這些放款機構的信用額度。而且由於這些非銀行機構無法獲得最後放款人的資金奧援，所以開始接連倒閉，成爲二十一世紀銀行擠兌潮下的受害者。

第一個破產的放款機構的名稱非常滑稽，它叫功績金融公司（Merit Financial），據說這家金融公司只花十五分鐘訓練它的放款部門員工，訓練完，就放手讓他們去承作一些不太需要證明文件的放款，像是騙子貸款和無收入、無工作者的「忍者貸款」。不過，功績金融公司並非異類，其他非銀行放款機構也許表面上維持專業的門面，但它們的放款作業卻也一樣令人質疑。到二〇〇六年年底，已經有十家機構破產，透過證券化管道進行的不動產抵押貸款放款活動也已減緩。到二〇〇七年三月底，非銀行放款機構破產家數遽增到五十家以上。四月二日當天，全美第二大次貸放款機構——新世紀金融公司（New Century Financial）——因資金枯竭而宣告破產。在此同時，其他靠著承作不動產抵押貸款業務而成長茁壯的主體——成千上萬個三流不動產抵押貸款仲介商——也都走上停業的命運。

多數市場評論家宣稱，這個問題只侷限在金融體系裡的一個小部門。每當金融危機氣勢逐漸增強之際，多半都會出現這種情形：一般人都會認定問題是在「控制之中」，以這次的案例來說，人們認定莽撞的不動產抵押貸款放款機構和它們承作的放款等等問題，不會失控。二〇〇七年五月，聯準會主席班・柏南克在國會作證時，一樣也掉進了這個圈套。⑧儘管他坦承次貸市場存在很多問題，但卻也認爲這些問題像是一種非傳染型的疾病，它不是一場傳染病的開端。

接下來，一家設在倫敦的馬基特集團（Markit Group）公司導入一個稱爲ＡＢＸ的指數，這個指數是藉由衡量一籃子的信用違約交換（這種產品被用來轉移次級房貸衍生證券的違約風險）的價格，來評估次貸市場的壓力。該公司的一位發言人說，推出這個指數的目標是爲追求「能見度與透明度」。⑨投資人只要利用ＡＢＸ指數，就可以衡量各種不同等級——從爛透了的ＢＢＢ級到「理當」高等級的ＡＡＡ級——的不動產抵押擔保證券與擔保債權憑證（ＣＤＯ）的違約可能性購買保險的成本（以信用違約交換的形式進行）。在二〇〇七年一整年間，ＡＢＸ指數像自由落體般重挫，最低等級產品的價值折損超過八〇%以上。即使是最安全的ＡＡＡ等級，都在二〇〇七年七月下跌一〇%以上。

ABX指數的下跌顯示情況確實有點不對勁。更糟的是，ABX數字促使所有影子銀行開始檢視它們的資產，並重新計算它們所持有的證券的價值。結果，原本每一美元面額價值一百美分的擔保債權憑證產生嚴重虧損，這讓金融機構的資產價值開始低於未清償負債餘額。傳統與影子銀行因面臨準備金縮水的窘境，紛紛開始囤積現金，而且如果貸款的擔保品看起來比較有疑問，它們也會拒絕放款。

此時金融機構突然開始厭惡風險，⑩並企圖拆除它們一直以來所倚重的主要獲利來源——槓桿金字塔，於是，金融危機的關鍵轉捩點終於到來。在早期，這種時期被稱爲「信譽喪失期」或「劇變期」，最近則被稱爲「明斯基時刻」。到二〇〇七年春末，這個時刻已明確到來。

瓦解

避險基金看起來也許不像銀行，但它們的運作模式卻和銀行很像，它們透過散戶和法人機構以及銀行的短期附買回協議（repos）取得短期投資。避險基金和傳統的銀行一樣，將短期借款投資在長期的標的。舉個例子，貝爾史登公司管理的兩檔避險基金，將數十乃至數百億美元的短期借款，投入流動性極差的各種等級的次貸CDO分券。

那兩檔基金在二〇〇七年夏天崩潰，這不僅預告了其他數百檔避險基金的命運，也預告了整個影子銀行體系的未來。這兩檔基金和這個體系的許多參與者一樣，幾乎不受法規規範，它們使用極高的槓桿，其中風險最高者的負債比率高達二十倍。當ABX指數顯示，愈來愈多人認定次貸CDO可能大幅虧損或甚至血本無歸時，這兩檔避險基金也開始蒙受嚴重的損失。

直到那一刻，放款數十甚至數百億美元給這兩檔基金的銀行才終於發出融資追繳令，並威脅要賣出這兩檔基金當初爲取得融資而拿去抵押的擔保品，那是某些AAA等級的CDO分券。這個步驟產生了致命的衝擊，因爲直到此時，CDO和其他形式的結構性金融產品根本鮮少被拿到市場上交易。ABX指數其實只是取代價格的一個指數，它所反映的並非當前的眞實市場價格。避險基金的經理人深知，他們再也無法用原始價格賣掉這些證券，而若試圖在一個恐慌的市場賣掉這些產品，更會讓整個CDO產業變成《國王的新衣》裡的裸體國王。於是，貝爾史登公司不得不硬著頭皮，挹注資金到這兩檔基金。不過，這項努力卻徒勞無功；到二〇〇七年夏天，其中一檔基金已經虧掉了投資人投入的九成資本，而另一檔使用更高槓桿的基金淨值則是完全化爲烏有。這兩檔基金雙雙在七月底聲請破產。而且它們並不孤單，另一檔由瑞士聯合銀行（UBS）創設的避險基金也在相同的情境下消滅了。

最初的這幾個失敗案例，淸楚地說明了避險基金如何成爲這一場等同於銀行擠兌事件的受害者（它們的資產面臨被擠兌的命運）——機構型債權人有可能突然拒絕續期展延附買回貸款，在那種情況下，這些基金將陷入孤立無援的境地。此外，當初投資這些基金的有錢人和其他類似主體（也就是購買這些基金的投資人）也有可能要求收回資金，這和貝利兄弟這種老式銀行的存款人要求取回存款的情形一樣。不管是什麼情況，最後的結局都一樣：避險基金的短期性融資有可能隨時消失，迫使它們走上關門一途。

前三檔避險基金的倒閉和典型金融危機的故事不謀而合。多數危機在爆發之始，也都會發生幾件備受矚目的破產案件，接下來，則進入一段充滿不確定的動盪期，因爲此時人們會試圖釐清發生在那些曾經穩健的機構的問題是否只是冰山一角。但這多半意味著有一個更大的問題正在醞釀，最近這場危機也不例外：在貝爾史登和UBS的避險基金破產後的兩年間，有大約五百檔避險基金關閉，成爲這場「慢動作版銀行擠兌潮」的受害者。原因非常簡單，因爲避險基金的債權人無法釐清、也無從得知，個別避險基金對有毒資產的風險暴露程度究竟有多高。在面臨這麼高的不確定性之下，他們只好對所有避險基金全面緊縮信用。

當恐慌情緒在二〇〇七年春、夏之間擴散，調查各方持有有毒資產部位的行動也迅速展開。投資人拚命試圖釐清，還有哪些主體持有次貸爛帳的風險部位。投資銀行和券商交易員在一窩蜂推動證券化業務時所創造的帳外工具，隨即成爲被懷疑的對象。這種工具以兩種不同方式存在：短期證券發行平台與特殊目的工具（SIV），它們是證券化狂熱的兩大根本元素，短期證券發行平台是整個流程的開端，它就像一個家畜待宰欄，而特殊目的工具則像是最後的垃圾傾倒場。這兩者一共持有超過八千億美元的資產。

它們的運作模式如下：投資銀行將不動產抵押貸款和其他資產組合在一起後，需要一個地方來「暫時安置」這些資產。它們並沒有將這些資產列入資產負債表，因爲若要將這些資產列入資產負債表，銀行就必須維持較高的準備金（相對資產價值而言），所以，投資銀行將這些資產暫時安置在一種稱爲「管道」的短期證券發行平台，那是一種虛幻的法律主體，它的準備金比率大約只要一般銀行的十分之一。於是，這些資產就這樣暫時被安置在這個平台，直到被轉化爲不動產抵押擔保證券、擔保債權憑證以及其他證券。短期證券發行平台必須仰賴融資活動，才能維持整個流程的暢通，所以它們訴諸貨幣市場基金、退休基金和企業界的財務部門來取得融資，而這些單位則是利用資產基礎商業本票（ＡＢＣＰ），爲短期證券發行平台提供短期貸款。

關鍵在於，這些貸款是短期的，但它的資產——次級房貸與其他形式的負債——卻是流動性不足且長期的工具。更可怕的是，「證券化生產線」的另一端也呈現相同的動態：一旦投資銀行創造了這些證券後，它們不可避免就會遭遇到一個瓶頸：儘管投資人很容易受騙，但投資銀行也無法立刻把所有的新結構性產品全倒給投資人。不過，這些投資銀行並沒有把這些資產列記到資產負債表（這樣會產生資金成本），而是創造了特殊目的的工具來處理這些資產。使用這種帳外工具的目的，是要利用從資產基礎商業本票市場輸送過來的資金，把上述證券全部買下。這就好比一家汽車廠成立空殼公司來購買停放在交易商停車位上的待售汽車。

最先陷入困境的花旗集團擁有大約七個獨立的ＳＩＶ，共握有一千億美元的資產。當一檔避險基金發生問題，就會促使人們恐慌的詳細審查所有避險基金的情況；相同的，當一個ＳＩＶ出狀況，恐慌的投資人大致上也會爭先恐後的急著出場。結果，它很快就被擊垮，在短短四個星期內，投資人從資產基礎商業本票市場抽走了兩千億美元的資金，而ＳＩＶ和短期證券發行平台等主體，在這個市場的借款成本也大幅上升。更糟糕的是，這些ＳＩＶ和短期證券發行平台的某些債權人甚至不管代價多高，都拒絕放款給它們，結果導致它們難以維持表象的平靜。

隨著情況惡性循環到失控後，過去發起這些ＳＩＶ和短期證券發行平台的銀行才察覺，自身已落入一個極脆弱的情境。本來很多銀行爲了要引誘投資人，承諾會在遇到危機時動用它們自身的流動性來因應，甚至還爲這些工具的利息和價值做擔保。此時，那些承諾導致銀行無法擺脫任何虧損。於是，在心不甘情不願的狀態下，銀行被迫將它們的ＳＩＶ風險部位列記回資產負債表，這個過程當然也導致它們承受了極大的虧損。

不過，這還不是最糟糕的狀況。二〇〇七年八月起，金融市場因一場全面性的流動性與信用緊縮而遭到更嚴厲的打擊，這場衝擊在雷曼兄弟崩潰時達到最高峰，全球金融體系也因此被推向崩潰的邊緣。在那段期間，影子銀行體系裡的殘存者也一併崩潰，甚至連傳統的銀行體系都無法躲過襲擊。但是，危機才剛開始。

未知的恐懼

《風險，不確定性與利潤》（*Risk, Uncertainty, and Profit*）一書最初在一九二一年出版，書中細載反傳統思想的經濟學家法蘭克・奈特（Frank H. Knight）區隔**風險**與**不確定性**的概念，目前這個概念已為世人所熟知。⑪他主張金融市場可以為風險定價，因為風險取決於已知事件的分布狀況，投資人會指定這些事件的發生機率，從而據此為各種事物定價。相反的，不確定性卻無法定價，它和無法預測、衡量或以模型推估的事件、情勢及可能性有關。

要瞭解這個差異，你可以想像有兩個男人正在玩俄羅斯輪盤。他們選擇一個可以容得下六顆子彈的標準轉輪，在彈膛裡放進一顆子彈，接著旋轉轉輪。不管是誰先扣下扳機，都有六分之一的機率會轟掉自己的腦袋。這就是風險。雖然玩這個遊戲的人有可能是想自殺的白癡，但他們明確知道自己的機會是多少。現在，再想像某人遞給這兩個男人一把來路不明的槍。這把槍裡面可能有一顆子彈，可能有六顆子彈，也可能一顆也沒有，甚至有可能不是一把真槍，它也可能射出空包彈，而非眞正的子彈。但這些玩家對此一無所知。這就是不確定性：他們完全不知該如何評估風險，根本不可能量化自己中彈身亡的機率。

風險和不確定性的差異有助於解釋二〇〇七年夏末之後的金融市場情勢。一直到危機來襲以前，我們都得以用各種證券被賦予的評等來評估它們的風險，其中某些證券的風險比其他證券高一些，而且風險可以被量化——或者該說，它「看起來」可以被量化。然而，當房地產市場崩潰後，這些證券被不確定性所籠罩，金融體系不再像以前看起來那麼容易理解，也更加難以預測。這時，儘管壞事已經發生，但和接下來可能發生的情況相比，卻顯得小巫見大巫。誠如《金融時報》的一個記者在那一年八月接受廣播節目訪問時所言，「令人驚駭的不是表面上看得到的屍體，而是表面之下未知且可能意外迸出來的屍體。沒有人知道這些屍體埋在哪裡。」

到夏末時節，各式各樣的金融機構終於把那些讓人高興不起來的意外內容，正式列記到資產負債表上：各種多元化的避險基金、銀行、短期證券發行平台、SIV和其他主體被迫挖出「屍體」，將一系列令人迷惑的有毒資產攤在陽光下。其他資產有可能隱藏在哪裡？那裡面又有多少資產？答案沒有人知道；於是，不確定性支配了整個局面。此時，外界對次級房貸的估計金額莫衷一是：從五百億美元到五千億美元以上不等。

這個發展已無法用標準的風險期望值或風險衡量指標來估算。在那個夏天將結束時，高盛公司有兩檔避險基金損失了三分之一以上的資產價值，該公司為安撫投資人，宣稱這些損失是「二十五個標準差的事件」。⑫說穿了，這是一個簡略的統計表達方式，意思就是說，那些事件在一百萬年內只可能發生一次。但就現實面來說，這些用來評估風險的模型是有缺陷的，它們使用非常荒謬的假設，這個假設是：房價只會漲不會跌，而且模型所使用的資料只回溯短短幾年的時間。

對歷史有深入瞭解的市場觀察家應該更知道接下來將發生什麼事：不確定性擴散，疑慮升高，且長期以來維繫互信的力量逐漸減弱。白芝浩早在一八七三年就精準掌握到這種動態，他指出，「每一天隨著恐慌加劇，日益升高的疑慮會變得更加強烈並四處擴散；它襲擊更多人，而且攻擊力道比一開始時更具致命性。」⑬那樣的情境發生後，連銀行同業間拆借彼此多餘現金的領域——貨幣市場——也一併淪陷。在白芝浩的時代，全球貨幣市場的中心位於倫巴德街，當時英國多數最重要的銀行都在那裡成立總部辦公室。

但二〇〇七年時，淪陷的是更難以歸類的國際金融機構網，它們不僅位於倫敦，也在紐約、東京和其他金融中心。這是一個銀行同業的拆借市場，銀行和其他金融機構透過這個市場，彼此將多餘現金拆借給對方。這些活動都是透過網路進行，不過，其中最重要的資金拆借利率稱爲倫敦銀行同業拆款利率（LIBOR），這是倫敦在金融史上擁有不朽地位的明證。

在正常時期，隔夜的ＬＩＢＯＲ——一天期的貸款——只比隔夜的政策性利率高幾個基本點，而政策性利率是世界各國央行所設定。這兩種利率如此接近的原因很簡單，因爲基礎雄厚的銀行彼此之間的放款認知風險，只比央行的零風險放款高一點點。相似的，銀行同業長期貸款如三個月期ＬＩＢＯＲ合約的利率，也鮮少大幅偏離超級的安全標的，如三個月期國庫券的利率。

到二〇〇七年八月與九月時，動盪持續加劇。那時，隨著滯納與查封案件增加，次貸危機可說是全面爆發。此時由於信評機構調降不動產抵押貸款放款機構和一系列結構性產品的評等，導致證券化的管線阻塞。在此同時，ＡＢＸ指數顯示投資人對各種等級ＣＤＯ分券價值的信心明顯惡化，而商業本票市場亦持續快速崩潰。其他不祥的凶兆也陸續出現，股票市場波動程度極端劇烈，向來使用複雜數學策略來賺股票錢的避險基金則蒙受龐大損失。次級房貸的放款機構陸續傳出破產案例，包括巨擘型企業——美國住宅抵押貸款公司（American Home Mortgage）。此時連一般企業界的信用利差都大幅上升，某些由法國巴黎銀行（BNP Paribas）管理的貨幣市場基金遭到大量贖回，而這個事件只讓人益發覺得情況愈來愈糟，而且糟到可怕。「利差交易」（carry trade）的崩潰也造成一樣的影響；所謂利差交易是指投資人借入低利率的貨幣，並將資金投資到高利率的貨幣。至此，這一場危機不再是一個侷限於特定領域的問題，它已擴散到全新且危險的層級。

於是，銀行同業拆款市場從八月起開始緊縮，LIBOR和歐洲各國央行借款利率之間的利差，從十個基本點擴大到大約七十點。這個情況異常罕見，它意味著隔夜資金市場的流動性已經明顯枯竭，原本以信心作爲營運基礎的銀行懷疑起彼此的財務狀況，擔心交易對手有不計其數的「屍體」，潛藏在資產負債表上或其他隱祕的地方。歐洲和美國的每一家銀行都想借現金，但卻沒有一家銀行願意放款，除非對方願意付出異常高的利率。

一如預期，各國央行果然出面挽救頹勢，或者應該說它們嘗試這麼做。歐洲央行在八月九日當天放款九百四十八億歐元給大約五十家銀行，⑭隔天，它又借出了額外的六百一十億歐元。聯準會也加入救火隊行列，在兩天的時間內借出六百億美元。雖然這些資金挹注確實成功促使LIBOR利差在秋初之際縮小，但到十一月和十二月，隨著銀行的虧損持續增加，股票價格重挫與恐慌持續擴散，這個利差再度拉大。聯準會在那年秋天調降利率一百個基本點，但卻徒勞無功。聯準會也設法讓銀行更容易透過它的貼現窗口借錢，只不過，這麼做的銀行會留下污名。任何需要求助於聯準會的銀行，有可能會被外界認定爲羸弱且即將崩潰。

這些事件都是依照一個熟悉的模式進行著。各項實據顯示，當時的情況不止很糟，而且愈來愈嚴重，那已經不只是謠言或假設性問題。根據當時的ABX指數，CDO的價值持續下降，連AAA級的超優質產品都開始跌價。到了這般田地，信用評等機構才急急忙忙設法彌補他們在熱潮期的疏失，著手調降一系列證券的評等。至於證券化市場方面則已實質凍結。結構性金融產品中的要角——不動產抵押貸款和其他形式的負債，現在不斷堆積，沒有人動用，也沒有人要。

到二〇〇七年年底，處處都瀰漫著深刻的不確定性。哪些銀行的資產負債表外埋藏著屍體？有哪些避險基金從事愚蠢的賭博行爲？還有哪些人投資了次貸的CDO？遺憾的是，這些問題幾乎無解。整個金融體系異常不透明，因爲這個體系的很多活動——例如信用違約交換——是在正規交易所的範圍以外進行。就這樣，整個金融體系愈來愈像一個大型地雷區。雖然有少數地雷被挖出來，但多數卻仍埋藏在地表之下，等待著沒有戒心的人。

流動性不足與無力履行債務

在二〇〇七年夏末之際，英國央行開始對英國銀行業抛出救命索，當時英國央行總裁莫文・金恩（Mervyn King）對無力履行債務並向他乞求紓困的銀行說了重話。他淸高的公開宣稱：「我們當然不會保護那些做了愚蠢放款決策的人。」⑮

這一席話的弦外之音非常淸楚：就算中央銀行要扮演最後放款人的角色，它也只會幫助值得幫的人。白芝浩應該會很讚賞他的那一番言論。誠如白芝浩曾建議的：「對當前的爛銀行提供任何協助，都會導致未來的好銀行難以成長茁壯。」⑯

但一如過往，當前最大的困難，還是在於如何分辨哪些銀行只是單純遭遇流動性不足的問題（也就是好銀行），哪些又已無力履行負債（爛銀行）。換言之，這件工作的主要挑戰，在於釐清哪些銀行的資產多於負債，即使這些資產無法即刻變現；哪些銀行的負債又多於資產，實質上來說，這種銀行資本已經消耗殆盡，所以它們終將走向無力償債的境地。

要在恐慌發生之際理清這個差異是有困難的，癥結在於一個金融機構隨時有可能從其中一個狀態突然轉變爲另一個狀態，而這一切取決於它持有的資產的價值變動。這個資產評價問題在最近這場危機裡變得更加複雜。舉銀行與其他金融機構所持有的CDO爲例：在危機爆發後的那幾個月間，ABX指數暗示CDO的價值正在降低。不過，那畢竟不是實際的市場價值，它只是反映「針對未來違約的可能性」進行保險的成本。剛開始，銀行業辯稱這些損失都是理論性的虧損，不是實際虧損，這樣說也算合理，畢竟標的不動產抵押貸款的實際違約率尚未達到ABX指數所影射的水準。

當時一般認定市場是受到不理性的恐慌所擺布（所以ABX指數才會急遽上升）。銀行業將ABX指數所暗示的「理論」下跌，或甚至股票等資產價格的實際下跌所造成的虧損，都歸咎給市場心理。業界認爲，一旦投資人恢復理性，價格就會回到正常水準。市場的流動性將會好轉，無力償債的威脅將因此減輕，至少理論上來說是這樣的。

但這個想法太過天眞。實際上，光是流動性不足並不會引發危機，通常要同時出現大量無力償債的案例，才足以引爆危機。當人們始料未及的情況眞的發生——不動產抵押貸款滯納與違約率開始大幅上升，且來自這些資產的現金源流大幅減少——危機已顯而易見。此時「安全」的超優質AAA等級產品的「假設性」虧損變成實際虧損，標的資產的價值也下跌。結果，所有不動產抵押擔保證券、擔保貸款憑證、公司債和地方自治公債的價格全都下跌，無一幸免。

這時連銀行業的陽春型資產都出了問題，這種資產包括一般的住宅不動產抵押貸款、商用不動產抵押貸款、信用卡貸款組合、汽車貸款、學生貸款和其他形式的消費者信貸等。銀行平時也從事商業與工業貸款業務，或協助企業進行融資併購，而到最後，所有這類貸款的品質也都急速惡化，尤其是美國景氣在二〇〇七年底陷入衰退之後。

這些發展凸顯出一個事實：銀行的體質有可能在瞬間轉變，沒有永遠的好或壞。若標的資產的價格持續下跌，連體質強健的銀行都有可能急速淪落，最後被迫走向無力償債的危急邊緣。當然，如果它們不幸面臨負債擠兌（解約）潮，也會有崩潰的可能。就這個問題點來說，影子銀行體系顯然特別脆弱，因爲它們缺乏存款保險的保障。不過，一般人總認爲傳統銀行不至於淪落到這般田地。

然而，隨著影子銀行被擠兌的情況加劇，一般銀行也開始成爲一九三〇年代以來首見的擠兌潮的目標。當時第一批面臨擠兌壓力的銀行之一是全國銀行（Countrywide Bank），它是全國金融公司的存款業務單位，而全國金融公司是美國最大的不動產抵押貸款放款機構。這家陷入次貸危機風暴中心的公司的創辦人是安傑洛・莫奇洛（Angelo Mozilo）。當情勢惡化，外界對該公司的疑慮逐漸升高，最後，這股疑慮擴散到它的銀行業務部門。二〇〇七年八月，大量存款人湧向全國銀行的分行，吵著要領回他們的錢，這樣的情況已有幾十年未曾出現。一個在某銀行分行外排隊等著領錢的退休老人貼切的描繪出這場恐慌的精神，他告訴記者：「我這把年紀已承擔不起任何風險。只要確定風暴一過，我就會很樂意把錢存回來。」⑰

在白芝浩那個時代的恐慌時期聽到這樣的對話並不足爲奇，不過，在二十一世紀聽到這樣的說法，著實値得關切。更異常的是，這股銀行擠兌潮竟擴散到全世界。英國一家大型不動產抵押貸款放款公司——北岩銀行，也在隔月遭遇了和全國金融公司一樣的命運，它也設有一個銀行業務單位。一如全國金融公司，北岩銀行的多數資金來自一般存款以外的來源，不過，這還是無法阻止它的一般存款戶在九月中集體湧向它的分行外排隊，並因此成爲全球媒體關注的焦點。英國央行隨即插手干預，提供緊急流動性額度，但依舊未能阻止那股擠兌潮。一個存款戶解釋，「我並不認爲銀行將會倒閉——不過，我們就是不想擔心受怕。我把錢領出來只是爲了求得心靈上的平靜。」⑱

隨著擠兌潮持續發展，人們竟開始擔心其他受良好管制且擁有存款保險的銀行也可能陷入擠兌潮，進而從單純的流動性不足惡化爲無力償債。儘管這些銀行擠兌行爲看起來很不理性，但存款人的擔憂也並非毫無理由。像全國銀行、北岩銀行等機構的存款保險最高只達特定金額，以全國銀行來說，最高存款保險限額是十萬美元，北岩則是三萬英鎊。但很多存款戶的存款總額都遠超過這些數字，所以若銀行陷入無力償債的窘境，不管是否有最後放款人支持，他們的存款都會損失。事實上，到二〇〇七年時，美國還有大約四〇％的傳統存款沒有存款保險。換言之，銀行擠兌其實是相當合理的。

全國銀行與北岩銀行的案例凸顯出一個問題：只對「好」銀行紓困但不協助「爛」銀行是有

困難的。當時很多銀行正一步步走向無力償債的道路，甚至已經倒閉；就正常的標準來說，它們確實沒有資格得到流動性額度或額外的存款戶保險。不過，在危機時刻，理論上聽起來合情合理的作法卻很難付諸實行，因爲此時存款人會蜂擁到銀行，進而導致整個金融體系崩潰。英國央行的莫文．金恩所面對的，就是這麼尷尬的局面。就在發表將放任爛銀行倒閉的那一席市場演說後一個月，他隨即改弦易轍，承諾保障北岩銀行的所有存款，同時提供額外的流動性額度給這家受困的銀行。那個全面性存款保證很快就進一步延伸適用到英國境內的所有銀行機構。多數其他國家最後也紛紛跟進，就算沒有提供全額保險，至少也提高存款保險金額上限。

這些干預行動其實還只是開頭而已，不過，在二〇〇七年冬天和二〇〇八年間這段短暫的時間裡，卻有某些人開始宣稱危機已經過去，因爲市場看起來好像確實穩定了下來。但誠如所有謙卑研究危機經濟學的人都該知道的，這只是假象。危機在重新擴大以前，通常會先略微消退；也就是說，在爆發更糟糕的恐慌與更失序的情節以前，整個局面有可能會先沈靜一段時間，最後，危機將以全新的面貌重新出發。

颱風眼

一九三〇年五月，胡佛總統信心滿滿的公開宣布：「我們已經通過史上最大經濟風暴之一的考驗，那些風暴每隔一段時間就重現，把我們的人民折磨得苦不堪言……但我相信，我們現在已經度過最糟的一刻——而且只要繼續同心協力，我們一定能快速復原。到目前爲止，沒有大型銀行或工業型企業破產，那種危機也已離我們遠去。」⑲七十八年後，同樣在五月的某一天，財政部部長亨利・包爾森也信心滿滿的宣告，「我們可能已脫離最糟的情況。」一個星期後，他又補充說道：「現在不是市場動亂的開始，我們愈來愈接近風暴的尾聲。」⑳

胡佛總統和包爾森都犯了一般人在金融風暴期間常犯的典型錯誤——誤將颱風眼當成危機的結束。通常在市場崩潰期裡，都會有很多聰明人提出類似的看法，所以，他們並不「孤單」。每一場危機發展到某種程度後，總有一些樂觀的人會出面宣稱最糟的時刻已經過去。有趣的是，他們並不是企圖以自身權勢來壓迫市場接受他們的觀點，而是眞的對未來感到樂觀，這些說法只是單純反映他們眞心相信「風暴已過」的心態而已。

遺憾的是，金融危機的考驗通常總是高潮迭起，危機鮮少在發動一次攻擊後就此消退。金融危機很像颱風，它們的力量會不斷增強，有時稍微轉弱，但接下來卻又形成比先前更具破壞性的力量。而這也反映出一個事實：在重大危機發生前所累積的弱點，一定是普遍性且系統性的弱點，也因如此，才會引爆重大危機。這些弱點不可能因一家銀行的崩潰或得到紓困而獲得矯正，甚至不可能因整體金融產業內爆而解決。

很多危機都是依循著這樣的模式演變。㉑舉個例子，一八四七年發生在英國的危機是分成兩個不同的階段爆發，一次是在當年四月，一次是在十月；一八七三年的危機更加複雜，四月分時，危機在維也納爆發後漸漸消退，接著卻在那一年的九月又復仇般的在美國重現，到那一年十一月時，歐洲多數地區都已被擊垮。而大蕭條是最複雜的一次危機，它先是在華爾街爆發，接著是穿插著零星銀行擠兌事件的幾段平靜期，但世界各地的金融中心卻又分別在隨後三年內的不同時間點陷入恐慌。

令人訝異的是，在二〇〇七年冬天到二〇〇八年間，各地的市場也全都呈現出一種平靜的假象。秋末冬初時，金融機構紛紛提列資產減損，這導致它們的資本降到危險的新低水準。於是，很多銀行選擇與外界隔離，減少放款、緊縮放款的標準，並限制對風險資產的曝險部位。然而，在這段時間，資產價值卻繼續下挫，而它們的負債則持續上升。到最後，美國和歐州的主管機關紛紛建議銀行募集更多資本，以支持它們的資產負債表（譯注：資本增加，使負債比率降低）。

由於此時整個金融體系全都面臨相同的困境，所以銀行業者幾乎找不到任何可求援的對象。最後，它們的解決方案是：向中東與亞洲等外國政府所掌握的投資工具——主權基金——求助。不過，從政治的角度來說，「美國與歐洲銀行被沙烏地阿拉伯和中國投資者控制」是無法接受的，所以，最後這些問題銀行是以發行優先股的方式，來重新調整它們的資本結構。這意味著實質上來說，那些主權基金只取得少數股權，沒有爭取到董事會席次，也沒有選舉權。

花旗集團從阿布達比的一個基金募到了七十五億美元；UBS從新加坡的基金和一個中東民間投資人集團募到了一百一十億美元。新加坡的基金還投入五十億美元到美林公司，而中國也投入五十億美元到摩根史坦利。另外，美國私募基金公司貢獻的金額較少，它們投入三十億美元到華盛頓互惠銀行（Washington Mutual）與接近七十億美元到瓦丘維亞（Wachovia）。

這一連串大量注資的活動，讓人們產生「一切可能會趨於穩定」的錯覺。聯準會的行動也產生相同的效果：十二月時，聯準會協同其他國家央行，開始對銀行提供長期放款。聯準會協同歐洲央行和英國央行，創造了「定期競標融通機制」（Term Auction Facility, TAF，亦稱短期資金標售工具），這項工具的設計，是要藉由爲銀行業提供長期放款來暢通銀行同業間的拆借管道。在創造這項工具之初，一個月、三個月與六個月期的銀行同業放款已經完全枯竭，而且LIBOR和中央銀行各項利率之間的利差也上升到前所未見的高檔。

最初，TAF確實成功降低了銀行同業拆借市場的壓力。一個衡量壓力的指標——LIBOR—隔夜指數交換利率（LIBOR-OIS）㉒的利差，從一百一十個基本點降到五十個基本點以下。這個對策似乎讓經濟體系得到了一點喘息空間，人們燃起希望，誤以為最糟的情況已經遠去。小布希總統在二〇〇八年一月八日對媒體表示：「我對經濟抱持樂觀態度，現在的經濟基本面情勢讓我感覺很受用，它看起來很強勁。」儘管他也承認前方的確還有一些烏雲，不過他還是非常樂觀：「我們將安然度過這段期間……創業精神很強韌。」㉓

但事實上，在他發言的前一個月，美國經濟才剛正式進入衰退期，整座雄偉的金融大廈也瀕臨崩潰邊緣，所以說，這場危機此時才正要進入最兇險且最引人注目的階段。胡佛總統在一九三〇年春天公開表示，沒有「大型」倒閉案件發生讓他感到慰藉，相同的，小布希總統也自信滿滿的認定情況已經穩定下來。但其實堤防才正要潰決。

報應之日

一八二五年的恐慌和目前這場危機都是投資泡沫嚴重扭曲下的後果。一八二五年秋天，一家銀行的倒閉終於引爆一場大規模的銀行業擠兌事件。最初英國央行選擇坐視不管，拒絕插手干預。但當危機惡性循環到失控後，「政府必須有所作為——任何作為」的壓力日益升高。一八二五年十二月，英國央行的政策大逆轉，開始以全新且非傳統的方式放款。這時英國央行成為金融體系幾乎每一個參與者的最後放款人。根據白芝浩的回憶，這些行動產生非常顯著的成果，「在採用這個處理方式後一或兩天內，整個恐慌氣氛旋即獲得舒緩，『城裡』非常平靜。」

中央銀行被迫採取極端且前所未見的對策來壓制恐慌的情事，在後續幾十年內重演了許多次，二〇〇八年的情節也不例外。然而，在最近這場危機當中，聯準會和其他中央銀行無法（或者該說沒有設法）立即控制整個危機。其中一個原因是，這次崩潰的規模和範圍太大，導致很多常用的工具失去效用，換言之，各國央行所面臨的是一個前所未見的情境。更糟的是，很多被困在最深泥淖裡的機構——投資銀行和影子銀行體系的其他成員——無法立即取得曾在過去幾場危機中為各國央行立下輝煌戰績的救命索。於是，這些被危機所困的央行官員不得不效法接近兩個世紀以前的先人，採取一些即興的對策。

二〇〇八年春天，「政府應有所作為」的壓力快速上升。那時，整個證券化的管道已全部阻塞，不僅一般不動產抵押貸款的證券化業務停擺，信用卡、汽車貸款和其他消費者信貸亦然。將企業貸款和槓桿貸款轉化為擔保貸款憑證的證券化活動也完全凍結，至此，連企業界都成為需求巨幅萎縮與風險迴避態度增強的受害者。隨著整個信用市場停擺，銀行和投資銀行這才赫然發現，它們有滿手甩不掉的放款，這些放款非但無法轉化為證券，更不可能將它們轉手賣出。㉔禍不單行的是，這些機構當時還持有價值高達三千億美元的臨時性借貸（bridge loans），這是一種為計畫進行槓桿融資收購的私募基金提供的暫時性融資。試圖擺脫這些臨時性借貸的銀行和仲介商交易員很快就發現，雖然這些資產在短短幾個月前還保有約當面值的價格，但此刻若要立即出售這些資產，只有在流動性極端不足的市場以極大折價才能脫手。

隨著一系列資產類別的價格連番大跌，這樣的情況也層出不窮。股票市場持續重挫，而隨著各種結構性金融商品的信用評等遭到調降（價值隨之重挫），銀行也只好繼續宣布提列資產減損和虧損。當時，連AAA等級CDO分券的評等都被調降，這些分券被降評後，價格也往往下跌超過一〇％以上。儘管銀行和仲介商交易員可以利用會計花招，來隱藏部分愈滾愈大的虧損，但類似CDO這種結構性金融商品，卻必須以當前公認的市場價格來評價（所以，很多虧損是無所遁形的）。

各種資產——無論新穎或傳統資產——價格的下跌，迫使銀行必須針對它們的資產組合提列資產減損。二〇〇八年三月，世界各地銀行業宣布的資產減損金額超過二千六百億美元。其中光是花旗集團就提列了四百億美元的資產減損，而其他大型銀行提列的虧損數字也「不遑多讓」。很多在當時公開宣布虧損數字的機構，也許還沒有到達無力償債的地步，但卻也只是苟延殘喘而已。接下來幾個月，多數媒體版面幾乎都被其中兩個機構的問題給盤據，它們是AIG和瓦丘維亞銀行，分別提列了三百億美元和四百七十億美元的資產減損。

不過，儘管一般的商業銀行的處境艱難，但最先受到衝擊的還是投資銀行。其中某些附屬於商業銀行的機構，如花旗集團、摩根大通和美國銀行等的附屬單位，有幸得以仰賴其母公司支持。但獨立的企業如雷曼兄弟、美林、摩根史坦利、高盛和貝爾史登等，卻只能自食其力。它們平常雖和一般銀行一樣「借短放長」，但卻沒有資格取得最後放款人的支持，而且一旦出狀況，它們的債權人並不受存款保險的保障。更糟的是，由於這類機構受管制的程度較低，所以都傾向於使用較高的槓桿倍數。還有，它們也高度依賴附買回市場的短期性融資。

沒有一家獨立的經紀自營商能撐過那一年年底。最先瓦解的是貝爾史登，時間是在二〇〇八年三月。它和其他同業一樣都是CDO「組裝」產品線業務方面的「大咖」，而且它的會計帳冊上迄今還保留很多已含有劇毒的證券。二〇〇七年秋天和冬天，隨著CDO價值——尤其是AAA等級的分券——持續下跌，貝爾史登的虧損也持續增加。漸漸的，市場終於清楚意識到這家公司出狀況了。於是，向貝爾史登借錢的避險基金和其他借錢給這個生病的投資銀行的公司開始抽走資金，這種行徑和從全國銀行、北岩銀行和其他銀行領走存款的存款人是一樣的。三月十三日，這個坐困愁城的投資銀行對外報導，由於債權人不願續期展延短期融資，所以它的流動資產已減少了八八%。此時，貝爾史登已處於垂死狀態，經過一個紛擾的週末，這家傳奇的企業被迅速賣斷給摩根大通公司。整個銷售案是在聯準會強力介入下促成，聯準會還同意承擔原貝爾史登公司的有毒資產未來可能衍生的多數虧損。

聯準會的行動並非完整的緊急紓困，因爲貝爾史登的股東實質上已血本無歸，完全無法回收任何一毛錢，只有它的債權人和交易對手獲得全額的緊急援助。聯準會採取的是一種典型的央行行動，它似乎聽從白芝浩的勸戒，只拯救眾多原本尚有能力償債、但卻可能因一家銀行的倒閉而受到威脅的銀行。以貝爾史登的案例來說，聯準會認爲這種干預是必要的，因爲這家公司是銷售信用違約交換（而這些產品是衍生自其他銀行和投資人所持有的各種風險性產品）的大型業者。它的崩潰將導致那些保險合約失效，進而可能在全球金融體系觸發連環性的倒閉事件。

不過，聯準會並未就此停止干預。一八二五年時，英國央行曾利用交換（swap）這項工具來解決問題，這一次，聯準會也使用了類似的方法，它開放以高流動性且安全的短期國庫券，和投資銀行交換那些對它們的資產負債表造成沈重壓力的低流動性資產。這項放款工具（我們將在第六章討論它）有效協助銀行業控制住恐慌所造成的流動性不足陷阱。聯準會後來創造的另一個放款工具也形成一樣的效果，這個工具讓類似高盛和摩根史坦利等投資銀行終於能順理成章取得最後放款人的支援。

相較於過去幾次前例，這是一大突破，幾十年來，政府首度選擇對影子銀行體系的大型成員提供這樣的支持。這兩項新放款工具的推出，讓經紀自營商蒙受擠兌的風險降低，不過，這個風險並無法完全消除。原因是，首先經紀自營商無法獲得存款保險的保障，而那項保障顯然是阻止銀行擠兌事件發生的最強力屏障。再者，要獲得聯準會最後放款人支持，必須接受某些條件與限制。而如果一個經紀自營商已經走到無力償債的實質地步，聯準會當然也會拒絕出面救援，或者應該說，任何審慎穩健的央行都不會貿然出手救助那樣的機構。在這種情況下，幾乎確定還會有某些更受矚目的破產事件發生。

但在此同時，貝爾史登的紓困行動似乎暗示聯準會並不願意袖手旁觀，眼睜睜看著一家金融機構的倒閉引發一場全球性的恐慌。貝爾史登不過是獨立經紀自營商行業裡最小的一個業者；於是，人們因此推斷，如果聯準會的介入可以阻止危機進一步擴散，那麼，它應該會介入挽救更大型的業者。畢竟放任那樣的倒閉事件發生，將導致全球金融體系陷入崩潰的風險。

這兩個觀點各有其依據。遺憾的是，事後證明這兩者都是正確的。接下來幾個月的發展傳達出許多彼此矛盾的訊息，讓人無法判斷聯準會是否會堅守道德風險的界線。

分崩離析

如果一個金融危機故事的主角是個受人矚目的破產案件，人們就忍不住會用放大鏡來檢視那個事件，好像危機之前和之後的所有事件都可以被貶抑爲較不重要的特定轉捩點。在最近這場危機，雷曼兄弟的倒閉就是那個被放大的事件，很多市場觀察家堅信，該公司是將這場美國境內危機轉化爲世界大災難的主要兇手。

這些人會有這樣的解讀絕對是可以理解的，因爲只要把危機簡化爲一個轟動一時的破產案件，就能將一組極端複雜的連鎖事件予以單純化。遺憾的是，這麼做會讓人誤入歧途。雷曼兄弟公司的倒閉比較屬於反映危機嚴重性的一個症狀，而非危機的主要導因。畢竟雷曼公司在二〇〇八年九月十五日宣布將聲請破產時，美國經濟早已陷入嚴重衰退達十個月之久，其他工業化經濟體也都瀕臨嚴重衰退的邊緣。那時，房地產市場已經歷了一整年的崩壞走勢，高油價也對全球經濟帶來一波波的衝擊。在那之前，有大約兩百家非銀行不動產抵押貸款的放款機構破產，而隨著證券化完全停擺，SIV和短期證券發行平台也隨之瓦解。連傳統銀行也未能幸免，二〇〇八年一整年，它們的資產負債表持續惡化，於是不可避免的又繼續提列一連串新的資產減損。銀行同業拆款活動原本在〔二〇〇七年〕冬天時出現一點改善跡象，但進入〔二〇〇八年〕春天和夏天後，又再度面臨停頓的窘境。

負責在背後支持這整個體系的機構——較小型的保險公司，如以保證債券付款爲主業的安貝克（Ambac）和ACA（也就是一般所謂的專業保證保險公司〔monoline insurer〕，或稱單一險種保險公司），以及業務範圍廣大的保險公司如ＡＩＧ等，也早在雷曼兄弟破產以前就深陷困境。它們利用信用違約交換這項產品，來爲價值數兆美元的各種等級ＣＤＯ提供保險，這麼做，實質上等於是將它們自身的ＡＡＡ評等移轉給那一系列結構性金融產品。隨著虧損的浪潮逐漸上升，這些保險業者被迫理賠的可能性也愈來愈高。遺憾的是，由於它們平時瘋狂超額使用槓桿，所以實質上並沒有足夠的資本能塡補理賠所需的資金。信評機構當然深知這一點，於是，它們從二〇〇七年秋天起，就開始調降專業保證保險公司的信用評等。

信用評等遭調降與接下來還可能繼續被降評的陰影，導致安貝克公司和ＡＩＧ等公司無法再授與一系列證券ＡＡＡ評等。以較小型的公司如安貝克的情況來說，所謂的一系列證券不僅包括ＣＤＯ分券，還包括它過去主要的獲利來源——地方自治公債。二〇〇八年春天，專業保證保險公司情況日益惡化，導致原本向來非常沈悶（但堪稱穩定）的地方自治公債市場陷入一片混亂。很多原本在這些市場扮演樞紐角色的投資銀行爲迴避潛在損失，紛紛放棄這個領域。結果，地方自治公債市場的拍賣開始流標，恐慌氣氛迅速在這個市場擴散。這些地方自治單位使用的很多更複雜的短期融資工具，包括拍賣利率證券和賣回選擇型債券，也相繼崩潰。在短短幾個月間，連原本償債能力正常的州與地方政府的借款成本都隨之大幅竄高。

一開始，這個領域的危機是以流動性不足的面貌出現，不過，無力償債的幽靈隨後也逐漸逼近，由於滯納與查封案件持續增加，很多在熱潮期因房地產價值上升而獲利的地方自治單位，這時開始面臨稅收急速下降的問題。從加州的問題愈演愈烈（這在二〇〇八年夏天已經非常明顯）的情況，就可大致推估其他州和地方自治單位的可能命運。這是實實在在的問題，絕非投資人心理的過度反應。

至此，連房利美和房地美公司也開始動搖。這兩家企業是聯邦政府所支持，它們發行的債券實質上等於是由美國財政部掛保證，它們藉由這些債券的發行，將槓桿比率拉高到四十比一的水準。其中一部分負債（理當零風險）是用來購買高風險的不動產抵押擔保證券與資產擔保證券。到二〇〇八年時，這兩家機構的龐大虧損導致它們的資本快速受到侵蝕，這些虧損主要來自兩個源頭：首先，它們在發行不動產抵押擔保證券時，也同時為這些證券的標的不動產抵押貸款提供保證，並從中賺取一點手續費，但手續費收入根本不夠彌補因此而產生的損失，因為當大蕭條以來最嚴重的這場房地產危機爆發後，連最安全的「優質」借款人都開始違約，總違約率遠超過房利美和房地美公司先前的預估。結果，保險的保費收入根本不夠彌補損失，而這些虧損也開始在這兩個機構的資產負債表上浮現。

但更嚴重的是，它們的投資組合中充斥了次級房貸和次貸證券。到那一年夏天，這些投資所衍生的虧損已大到無法收拾，這兩個機構的資本也持續縮水到令投資人不得不恐慌的地步。外界愈來愈擔憂這對「哥倆好」可能不再有能力應付它們所擔保的證券。更糟糕的是，當初購買這兩個巨擘級機構所發行的債券的投資人，現在甚至已公開議論它們是不是有可能會違約不償債。畢竟，沒有人曾測試過「美國政府為這兩個機構撐腰」的假設是否成立。

此時，道德風險的問題再度成為焦點。如果政府不出面接手，房利美和房地美公司的倒閉顯然會讓金融市場和不動產抵押貸款市場陷入前所未見的恐慌，更別提購買它們的債券的眾多外國債權人會有何反應了。現在，危急的不只是一系列次級房貸的市場，連美國的信譽都可能賠上。

所以，藉由放任這兩家機構倒閉來「對市場表態」（譯注：表明政府不會棄守道德風險），絕對是不可行的。

最後的結果又是另一次的政府接管，這件工作在九月正式完成。政府接管的條件確實保護了購買房利美和房地美公司債券的投資者，但普通股和優先股股東的投資卻就此化爲烏有。遺憾的是，很多地區性銀行是這兩家公司的優先股股東，它們無助的看著原本「零風險」的投資在一夜之間化爲烏有，而這些銀行的虧損又進一步對原已搖搖欲墜的金融體系造成了瀰漫性的衝擊波。

到了雷曼兄弟破產前夕，很多損害其實早已造成。雷曼兄弟和其他投資銀行——尤其是美林證券——早已陷入困獸之鬥，每個機構都因持有一系列有毒資產曝險部位而虧損累累，外界也強烈懷疑它們維持流動性甚至償債的能力。整個金融體系正處於一個危急關頭，隨時可能因小小的推擠而陷入全面恐慌的狀態。

整個世界陷入無政府的脫序狀態

一九〇七年的恐慌在金融災難史上佔有一席特殊地位。其中最值得一提的是，這場危機裡有一個英雄——銀行家摩根。㉕他是當時最大且最有力量的銀行家，在金融界佔有非常特殊的地位。事實上，在聯準會成立以前的美國，摩根可說是最接近美國的最後放款人的角色。那一場危機是由一系列不太受規範且過分使用超額槓桿的金融機構所引起，這些機構可說是今日影子銀行體系的前身；摩根主要從事「投資信託」業務，那很像二十一世紀的投資銀行，這種業務的透明度非常低。

那場恐慌導致某些三流的業者倒閉，接下來，連勢力龐大的燈籠褲信託公司（Knickerbocker Trust Company）都遭到襲擊。打這時開始，恐慌快速擴散，深陷在金融業紊亂網絡裡的其他銀行和信託公司，也紛紛感受到可能被消滅的威脅。摩根最初未能挽救燈籠褲公司，不過，他決心設法讓整場危機在另一家羸弱的機構——美國信託公司（Trust Company of America）出問題以前結束。這場危機經過幾天的反覆擺盪後，終於在摩根豪華的大型私人圖書館裡達到最高潮，星期六那天，他將城裡所有金融巨頭全都召集到那裡。

摩根要求他們集合各自的資源，出面聲援美國信託公司。這些銀行家一開始拒絕，於是，整個協商一直拖到星期六深夜。到了清晨的某個時間點，這些銀行家才發現摩根將他們鎖在圖書館裡，並帶走鑰匙。㉖接著，他發出最後通牒，要他們支持這家羸弱的信託公司，否則就必須坦然面對在這場持續加劇的恐慌中被完全殲滅的可能性。摩根向來幾乎都無往不利，這次也順利達到目的，在銀行家們簽了一份共同援助協議後，那場會議在那個清晨的四點四十五分解散。結果，恐慌很快就消退了。

一百零一年之後，美國財政部長亨利．包爾森試圖在一個非常相似的週末，發動一個同樣大膽蠻橫的邊緣政策。就在雷曼兄弟和美林公司以「勢如破竹」的速度走向破產邊緣之際，包爾森在二〇〇八年九月十三日星期六當天，召集城裡的金融業菁英到聯準會位於下曼哈頓（Lower Manhattan）的辦公室開會。他效法摩根的精神，強勢的向聚集在現場的銀行家表示，這場恐慌需要他們所有人的支持才得以解決。據報導，他告訴那些銀行家們：「誰都無法置身事外。」㉗他原本指望這一席話能敦促業者提出某種解決方案來收購雷曼兄弟，或安排該公司進行有秩序的清算作業。

這些銀行家在隔天早上回來，但那天稍晚又離開，離開時並未達成協議；雷曼兄弟將會被棄守，它將破產。包爾森並未能像摩根一般目的。這時，美林公司因擔心它重蹈雷曼兄弟那幾成定局的命運，因此急忙奔向美國銀行的懷抱。一個與會者宣稱：「我們重建了道德風險（圍牆），這是好事或壞事？答案即將揭曉。」

就算沒有發生雷曼兄弟那戲劇化倒閉的事件，接下來幾天和幾個星期內的事態發展，可能也是很難避免的。不過，雷曼兄弟破產對金融市場所造成的震撼，直接影響了各項事態的發展速度，以及伴隨而來的各種情節。

那些震波最先衝擊到AIG。九月十五日當天，雷曼兄弟宣告破產，所有信評機構也紛紛降低AIG的信用評等。其實AIG早已經累積了好幾個月的虧損，不過，降評這件事卻像是最後一根稻草，它實質上促使外界開始懷疑，這個保險巨擘對價值約五千億美元的AAA等級CDO分券所做的擔保是否依然有效。在該公司被降評當天，美國政府對這家公司拋出八百五十億美元的救生索；接下來幾個月也持續挹注額外的資金。而AIG方面則以接受國家監管作爲交換條件，目前該公司多數普通股已屬於政府所有。

與其說這個紓困行動是對AIG的援助，不如說這是對向AIG買「保險」的所有銀行的紓困。在接管AIG後，美國政府和那些銀行接洽，買回AIG所承保的各種CDO分券。政府原本大可以要求這些銀行吸收一部分因這些產品而發生的虧損，以懲罰它們的愚蠢（愚蠢到信任AIG可以保護它們的安全）。但政府並未這麼做。取而代之的，儘管這些分券的市場價值已遠低於面額，但政府卻以全額向銀行業買回這些產品。至此，已沒有人相信政府會堅守道德風險的界線了。

此時，原本還得以逃脫危機傷害的某些金融體系部門也開始墜入深淵。其中，貨幣市場基金是最快垮台的部門之一。這些基金理當以可靠的方式來經營，它們理當在收受投資人的資金後，將資金投入安全且高流動性的證券。然而，雖然很多貨幣市場基金從前一年夏天開始就有點不對勁，但雷曼兄弟倒閉等一連串事件發生後，情況才完全失控。其中最顯赫的基金之一——準備首選基金（Reserve Primary Fund）——竟「跌破面額」，這意味著投資一美元到這檔基金後，那一美元已不再是一美元。這個情況幾乎前所未見，當然也引爆了該基金的贖回潮。

這波瘋狂贖回潮有任何理性可言嗎？的確有。因爲到最後人們才發現，原來準備首選基金偷偷將投資人的部分資金投入像是雷曼兄弟債券等有毒證券。一旦事實被揭發，外界對總規模高達四兆美元的整個貨幣市場基金產業也開始懷疑，這個產業瞬間成爲一個龐大的「未知領域」，法蘭克・奈特率先提出的那種「危險的不確定」開始擴散到整個領域。於是，聯邦政府隨即被迫出面爲現存的所有貨幣市場基金提供概括保證——約當於存款保險。

貨幣市場基金的恐慌迅速席捲其他領域，一開始受到影響的是商業本票市場，那是企業充實營運資金的主要舉債來源。貨幣市場基金向來是這類負債的主要買方，而當這些基金的財富急遽縮水，商業本票市場也因此凍結。此時連原本償債能力極強的企業都因借款利率急升到破表水準，而失去融通的窗口。在這場流動性危機爆發後的幾個星期內，企業借款活動可說是實質崩潰，連績優企業都面臨現金短缺的窘境。

緊急時刻需要採取緊急行動。當處理貸款金額高達一・二兆美元的商業本票市場崩盤後，連向來體質強健的企業都可能因短期負債資金遭到抽回，而陷入無力償債的困境。爲了避免發生進一步資金擠兌的情事，聯準會選擇將最後放款人的支持繼續延伸，一體適用到非金融業的企業。十月七日當天，它設置了另一個可供有發行商業本票的企業進行融通的放款工具，不過，只有具備A級以上信用評等的企業才能向聯準會借錢。但爲了堅守道德風險防線，這個政策表態實在來得有點太晚。

不過，聯邦政府方面則未堅持這道防線。那年夏天，在印迪美公司（譯註：IndyMac，原爲美國第二大抵押貸款機構）崩潰後，銀行進一步擠兌的威脅升高。華盛頓互惠銀行和瓦丘維亞銀行等美國最大型銀行業者的存款開始大幅流失。這兩者實質上都已到達無力償還負債的境地，但政府官員急於阻止它們破產。美國儲貸管理局（The Office of Thrift Supervision）先是接管了華盛頓互惠銀行，接著扮演仲介商的角色，將它出售給摩根大通公司。在華盛頓互惠銀行出問題且被賣出後四天，聯邦存款保險公司也行使緊急權力，促成瓦丘維亞銀行的出售，最初是找上花旗集團，但最後是由富國銀行（Wells Fargo）接手。

最後的兩家獨立投資銀行——高盛和摩根史坦利則是選擇不被動等待政府的救生索。在雷曼兄弟破產後，這兩家公司的地位也快速崩塌，到九月底時，這兩家公司雙雙申請改制爲銀行控股公司。這麼做將讓它們得以合法取得最後放款人的支持，也讓它們能夠使用較傳統的業務經營手段（其重要性不亞於最後放款人的支持），亦即傳統的銀行存款。不過，此舉的代價非常高，從此它們的活動將受到更嚴厲的管制。這兩家機構的改制在美國金融史上寫下一個樞紐時刻，在短短七個月間，華爾街已經徹底轉型，五大獨立投資銀行不是被毀滅、被吸收，就是暫時受管制。

不過，銀行業務的轉型尚未完成。儘管聯準會提高存款保險的上限，銀行業依舊面臨了擠兌的威脅，只是這時的擠兌壓力是來自另一個新的領域。很多銀行在存款以外還有其他負債，其中最主要的是它們過去所發行的債券（並用這些資金來取得資產）。這些債券的到期日不同，優先償還順序也各有差異。在金融危機最後的那幾個月，銀行根本無法繼續用原來的利率續期展延到期的債券。這不僅導致銀行借款成本飆升到異常高的水準，更使它們面臨再次遭遇負債被瘋狂收回的威脅。

最後的解決方案，是由政府對所有這類負債的本金和利息提供保證。十月十四日當天，聯邦存款保險公司宣布，將爲它轄下的金融機構——包括一般銀行和銀行控股公司——的所有新優先負債（指清償順序排列在較不優質的「次順位負債」之前的負債）提供保險。對銀行體系來說，這項保證是前所未見的干預，它意味著此時銀行在發行債券時，得以享受類似美國財政部發行政府公債的那種條件，也就是以某種「零風險」的低利率發行銀行債券。在接下來六個月間，符合條件的銀行和其他金融機構順利用極低的利率，續期展延了價值高達三千六百億美元的負債。不久後，歐洲各地也開始實施相似的保證，因爲那一年秋初時節，許多大型歐洲銀行已搖搖欲墜，包括德國抵押不動產控股公司（Hypo Real Estate）、迪夏（Dexia）、富通（Fortis）與布雷德佛德賓利（Bradford & Bingley），全都處於崩潰邊緣。愛爾蘭是最先爲該國銀行的負債進行擔保的歐洲國家，接著是英國，它宣布一個名爲「信用保證計畫」（Credit Guarantee Scheme）的方案。到十月時，其他歐洲國家和加拿大也都紛紛跟進，宣布願意爲其本國銀行的負債保證。這一連串概括保證的作法終於發揮了理想中的效果：銀行擠兌的風險逐漸降低。

到了秋末，危機最兇險的階段已接近尾聲，情況逐漸緩和，不過，各式各樣的其他紓困與干預行動還是持續出爐，政府給予各行各業——包括通用汽車等汽車公司到像是奇異資本（GE Capital）等金融公司——信用額度。這些紓困行動多數都太過草率，沒有仔細思考究竟接受援助的企業是否還有能力償債，也未考慮它們值不值得挽救，當時唯一的目標就只是要阻止恐慌蔓延。

這種慷慨放款的態度確實成功阻止恐慌蔓延，只不過，事後的餘波卻還是延續了幾個月之久。無論如何，得來不易的平靜是用極高的代價換來的。華特．白芝浩和很多中央銀行業務的理論家們，曾對這種在恐慌期不分青紅皀白一律提供放款的作法提出警告；他們主張放款機構應該明辨哪些人只是流動性不足，哪些又已是無力償債，而且只能以白芝浩所謂的那種「懲罰」利率提供放款。但這一次，各國央行不分業別，挽救了許多銀行與非銀行的企業，而且是以完全稱不上懲罰的利率爲它們提供信用額度。更確切來說，這場史上最大的「類銀行擠兌」，橫掃了非銀行業裡的不動產抵押貸款放款機構、ＳＩＶ與短期證券發行平台、避險基金、銀行同業拆款市場、經紀自營商、貨幣市場基金、金融公司，甚至傳統的銀行與非金融業的企業，而因爲銀行不再對彼此拆款，也不對非銀行金融公司或甚至非金融業的企業放款，迫使中央銀行不得不成爲第一線、最後以及唯一的放款人。這場風暴並未顯著引發約瑟夫．熊彼得所稱頌的那種「創造性破壞」，取而代之的，無論是強健或羸弱的企業，全都（在政府的支持下）維持一種「假死」狀態，等待最後的審判。

5 全球傳染病

金融圈有一句老話形容得很貼切：「當美國打噴嚏，世界各地就會感冒。」不管這個評論有多老套，卻非常貼近事實：美國是世界上最強大的經濟體，當它生病時，向來仰賴它永不滿足的需求（從原物料到最終的商品）而生存的國家，一樣也會遇上麻煩。

每次一發生金融危機，這樣的連動就會產生危險的力量。每次只要世界上的經濟強權爆發某種金融疾病，就可能快速演變成一場壓倒性的全球傳染病。只要全球的金融中心發生股票市場崩盤、大型銀行倒閉或某種其他意料外的崩潰，就可能引發一個國家的全國性恐慌，並進而演變爲一場世界性的災難。這種情節曾經在十九世紀的英國，以及十九世紀以後的美國發生過很多次。

然而，當美國在二〇〇六年年底和二〇〇七年被次級房貸問題壓垮時，一般約定俗成的定見卻還是認爲，世界上的其他國家將能和這個金融體質羸弱的強權「脫鉤」。一開始倡議這個觀點的是高盛公司的分析師，接下來，它變成一個共識，人們主張巴西、俄羅斯、印度和中國等高成長經濟體，將在本國國內需求的支持下，順利度過這場危機，完全不會受次貸市場瓦解所傷；他們認爲，世界上的幾個經濟「暴發戶」將順利逃脫這個歷史魔咒的影響。

另外，很多人也堅持類似的信念，認定歐洲能獨善其身。這些人認爲，只有美國才盛行「野蠻的資本主義」（譯註：le capitalisme sauvage，這是法國貶抑美國的說法），所以，只有美國才需要承受這些後果的折磨。二〇〇八年九月，德國財政部長皮爾・史坦布洛克（Peer Steinbrück）宣稱，「最重要的是，金融危機是美國人的問題。」他還補充，「七大工業國中的其他歐陸國家財長也都認同這個觀點。」①不料，不出幾天，整個歐洲銀行體系也幾乎實質崩潰。德國被迫對德國抵押不動產公司進行紓困，史坦布洛克也坦承歐洲「開始墜入深淵」。歐洲大型銀行的紓困計畫一件接一件推出，愛爾蘭並對該國六大放款銀行提供概括存款擔保。其他歐洲國家也紛紛跟進，包括英國，它實質上將該國的大半銀行體系國有化。到二〇〇八年十月，很多歐洲國家以及加拿大不僅爲存款提供保證，甚至還爲銀行的債務做擔保。

這場危機也不僅侷限於歐洲和加拿大，它還重創了每一大洲的許多國家，包括巴西、俄羅斯、印度和中國。以某種程度來說，各國受到共同折磨的主要原因在於全球的互相依賴關係，這個關係讓危機得以透過各式各樣的管道擴散，傳染給他國經濟體系中原本較健全的部門。不過，儘管人們經常訴諸「傳染病」的譬喻，來作爲引發這場危機的主因，但它卻非唯一導因。這並非只是「一個生病的超級強權將疾病傳染給原本健全的國家」那麼單純的問題。在危機來襲時，同樣長期推行促進「國產泡沫」政策的其他國家，本來也就較容易因危機而受創；更確切來說，其實很多國家早就得到這個原本看似專屬美國人的疾病，只不過所有人都不太願意承認這個事實罷了。

這一切演變讓多數評論家感到意外。由於很多樂觀的金融大師一開始未能精準掌握美國所發生的危機，所以後來也就硬著頭皮繼續堅持他們的「脫鉤」論調，直到事態發展到無可辯駁的地步，才終於改口。到二〇〇八年年底時，世界上多數先進經濟體都已陷入衰退，亞洲、東歐和拉丁美洲的許多新興市場經濟體也被壓垮。這些經濟體全都因從美國帶頭發生的股票市場崩盤、銀行危機和其他激烈的苦難而備受折磨。於是，原本專屬一個國家的危機就此演變成一場全球性危機。一如往常，這不是新聞，也並非不尋常的情況。這場危機還是一樣依循著幾個世紀以來眾多歷史前例所留下的軌跡前進。從很多方面來說，它是來自過往的超時空衝擊。

引發傳染病的融資結構

危機鮮少擴散到極端健康的經濟體，通常一個國家的根本弱點與缺失會先構成一個可能引發崩潰的基礎。然而，要讓美國以外的經濟體染上這眾人所謂的感冒，②當然還需要一些管道。最顯而易見的的管道，就是構成全球金融體系的眾多機構。

貨幣市場是其中一種機構，它們是銀行與其他金融企業從事短期貸款與放款活動的場所。在恐慌時期，這些借貸網絡通常都很脆弱，而且會把問題從全球經濟體系中的某一端散播到另一端。原因很容易理解：這個鎖鍊極端精緻，當它某個環節斷裂，也就是說某些人違約不償付某些負債，就可能導致其放款人陷入資金短缺的危險，並因此無法為其他公司的信用提供擔保。就這樣，一個公司倒閉的後果有可能擴散到整個貨幣市場。

基於這個原因，長久以來，每一次的金融危機都少不了貨幣市場動盪的情節。在一八三七年的那次恐慌，英國央行拒絕對三大英國金融公司續期展延貸款，結果，這三家公司因此倒閉。這個決定產生了災難性的影響：這三家公司的業務是對世界各地的商人從事短期放款，它們的倒閉導致價值數千萬英鎊的商業本票因此作廢。結果，利物浦、格拉斯哥、紐約、紐奧良、蒙特婁、漢堡、安特衛普、巴黎、布宜諾斯艾利斯、墨西哥市、加爾各答以及其他各地的金融家全都陷入信用短缺的窘境。倫敦的《泰晤士報》悲嘆：「要釐清這些公司破產的整體影響，需要很長的一段時間，也許要很多年，因爲它們的破產或多或少都會影響到整個世界。」③

在十九世紀到二十世紀初之間，每一場曾導致國際貨幣市場陷入癱瘓的危機過後，都會有人提出這樣的說法。在最嚴重的危機爆發後，通常都會有某些在全球貨幣市場上佔有顯赫地位的崇高企業意外倒閉。④舉個例子，在一八七三年的那場恐慌，傑伊·庫克的超大型投資公司倒閉，這個事件觸發了一場世界性危機。在大蕭條期間，奧地利最大的銀行安斯塔特信用公司（Credit-Anstalt）突然倒閉，也成爲引發全球危機的催化劑。由於當時世界上很多最有實力且最重要的銀行都對這家公司放款，所以，它的倒閉當然也導致全球各地的其他銀行接連崩潰。

在這幾十年間，金融市場的整合度變得更高，而且彼此間的依存度也上升。確切來說，在最近這場危機當中，幾乎沒有人有能力充分瞭解，那個將國際金融體系綁在一起的複雜借貸網絡，所以一旦它發生問題，更沒有人有能力解決。事實上，多數人根本無法理解，爲何某個國家的附買回與商業本票市場的壓力有可能會快速傳遞到其他國家。儘管過去曾發生過一些跨國界的危機，但那些危機都無法和大蕭條相提並論；也因可供參考的往例有限，所以人們對全球金融體系爲何會瓦解，瓦解的過程如何等，其實所知有限。

雷曼兄弟公司於二〇〇八年九月十五日崩潰後的種種發展，終於讓人們不再那麼無知。當這家公司破產，它過去所發行的數千億美元短期債務——多數是商業本票和其他債劵型負債——隨即變得一文不值，這導致持有這些債務的眾多投資者和基金陷入恐慌。這股恐慌導致平常專爲商業本票市場提供放款的貨幣市場基金面臨瘋狂贖回潮，同時使全球銀行體系瀰漫在更肅殺的恐慌氣氛中。對外國銀行承作短期放款的銀行業，將它們的利率大幅提高超過四百個基本點，這樣的調升幅度實在非常大。海外投資人所謂的「雷曼衝擊」⑤在全球貨幣市場裡散播恐懼，這股氣氛導致機構緊縮放款，最後連全球貿易都陷入癱瘓狀態。

雖然雷曼兄弟的倒閉導致危機加速轉移到整個世界金融體系，但它絕對不是唯一的催化劑。危機擴散的典型機制是：多國的投資人，同時持有相同的資產；只不過一般人鮮少注意到這個事實。舉個例子，十九世紀的幾次危機爆發時，世界各地投資人正好都持有相同類型的鐵路證券，這在當時是非常普遍的國際性投資標的。不過，當這些證券背後的泡沫破滅，美國、英國、法國和其他地方的投資人，同時眼睜睜看著他們的投資組合化爲烏有。於是，所有人全都開始緊縮信用，囤積現金，最終引爆恐慌氣氛。

最近這場危機也頗爲雷同，次貸市場崩潰從美國擴散到歐洲、澳洲和世界上的其他國家，原因很簡單，華爾街製造的「證券化香腸」（譯註：諷刺這些產品被切割成極小單元後又被組成其他種不同的產品，和製作香腸的過程非常類似）——它們的價值是擷取自擔保債權憑證（CDO）和不動產抵押擔保證券——有一半左右是賣給外國投資人。在房地產市場處於熱潮期時，外國的銀行、退休基金和非常多其他機構陸續買進這些證券。但隨著拉斯維加斯或克利夫蘭的次貸貸款人違約不償付不動產抵押貸款，證券化的食物鏈開始遭受一波波的衝擊，從挪威的退休人士到紐西蘭的投資銀行全都受創，無一幸免。

算起來，這些證券最多應該是流入歐洲銀行和它們的子公司的投資組合。某些銀行甚至將它們持有的各種等級的ＣＤＯ分券和其他工具視爲一般資產，所以也因此直接暴露在次貸危機當中。另外，有些則是間接受衝擊，其中最值得一提的是法國巴黎銀行和瑞士聯合銀行，它們旗下的避險基金就像是疾病帶原者一樣，因爲這些基金押注在一系列高風險的次貸證券，那些投資標的的市況轉趨惡劣後所造成的損失，最終也間接對這兩家銀行的基本損益造成衝擊。

這些銀行所承受的損失，則進一步對歐洲的企業部門造成嚴重的間接傷害。歐洲企業並不像美國企業那麼依賴資本市場作爲融資來源，它們非常依賴銀行的融資管道。當次貸危機對歐洲信譽良好的銀行造成傷害後，銀行業便開始緊縮放款，而這導致企業部門的生產、雇用與投資能力受到限制，進而埋下了景氣衰退的種子，它讓整個歐洲地區在危機最後那幾個月間漸漸走向衰退。

不過，損害並未就此告一段落。上述很多歐洲銀行在其他國家都設有分行，尤其是在歐洲新興國家，也就是在冷戰結束後脫離蘇聯控制的那些國家。這些銀行子公司爲烏克蘭、匈牙利、拉脫維亞和其他國家提供龐大的信用額度。而由於銀行的母公司本身在蒙受大額損失後，開始選擇迴避風險，並全面回收信用，它們在外國的子公司也因此陷入缺血的窘境。結果，歐洲新興國家的信用遭到緊縮，經濟也進一步快速走向衰退。

就這樣，美國的次貸問題透過金融業的各種聯繫向外擴散。最先受影響的是和美國有大規模銀行業務往來的國家，接下來，問題又從這些國家散播到全球經濟體系裡的邊陲國家的金融體系。這是典型的傳染病案例，在這當中，銀行體系就是美國次貸疾病的傳染管道。

但是，在整個金融體系中，銀行絕對不是將危機散播到全世界的唯一媒介。股市也扮演著非常重要的角色。在最近這場危機的幾個戲劇化轉折點上，美國股市重挫，接著倫敦、巴黎、法蘭克福、上海和東京與其他小型金融中心的交易所，也相繼出現同等急促的下跌走勢。跌勢擴散如此之快，部分是導因於國際股市之間的依存度相當高。在當今這個世界，交易員可以即時追蹤到全球各地市場的最新動態，不同交易所的投資人情緒也很容易互相感染。

然而，國際股市走勢愈來愈同步化的情況，不全然是典型的羊群行爲案例——這是指某國交易所的受驚投資人會把別處的投資人拖下水。當災難來臨的跡象持續增強，股市成爲投資人展現其增強風險迴避態度的一個媒介，人們大量拋售股票，轉入風險較低的資產。

這場股市傳染病的散播速度與廣度，或許比先前的所有災難更嚴重且更同步，但其實這樣的動態早已存在一百多年，只不過，這次的「傳染病」是以更新且更精密的姿態出現罷了。換言之，金融全球化並不是新鮮事，一八七五年時，銀行家巴倫・卡爾・梅爾・梵・羅斯柴爾德（Baron Karl Mayer von Rothschild）在對全球股市同步重挫的情況發表評論時，就提出了一個簡單但放諸古今皆準的評論：「整個世界已經成爲一座城市。」⑥

羅斯柴爾德那個時代的全球整合，還不止在股市這個領域，當時全球貿易的依存度也異常高，所以對金融危機非常敏感。令人感慨的是，長久以來，情況並沒有太大的改變。二〇〇八年，在恐慌導致金融體系陷入停擺後，國際貿易再度扮演協助傳遞恐慌的角色，讓危機擴散到世界各地。

疾病的傳染媒介

十九世紀，大英帝國是最強盛的經濟強權，每當它陷入金融危機的惡性循環，它的貿易伙伴一定也難逃間接損害，因爲大英帝國對原物料和成品的需求會因危機的爆發而大幅減少。進入二十世紀後，美國繼承了英國的衣缽，在這場危機爆發之前，它的國內生產毛額約佔世界總額的四分之一。而由於美國的經常帳赤字高達七千億美元，所以它在世界經濟體系所佔的比重其實更高。當它陷入嚴重的衰退，相關的影響也立即在世界各地包括墨西哥、加拿大、中國、日本、南韓、新加坡、馬來西亞、泰國與菲律賓等國掀起波瀾。其中又以中國的情況特別危急，因爲中國近幾年的成長主要來自對美國的出口。成千上萬的中國工廠因美國發生問題而開始搖搖欲墜，員工只好從都市回到鄉村地區；雖然崩潰的是遠在地球另一端的美國，但他們一樣成爲受害者。

美國景氣走下坡，不僅對和它有貿易關係的中國產生影響，很多亞洲國家製造電腦用晶片並將晶片出口到中國，接著在當地組裝電腦、消費性電子產品和其他產品，準備運往美國出售。所以，當危機襲擊美國，受創的不僅是中國，還包括中國供應鏈中所牽連到的所有國家。在這種情況下，「脫鉤」幾乎是不可能的，因爲亞洲各地的經濟體，向來都高度依賴與美國之間的一系列直接與間接的廣泛貿易關係。

雷曼兄弟破產後，「脫鉤」就更難了；向來枯燥乏味的貿易性融資成爲首波受害者之一。通常銀行會發行「信用狀」，保證出貨商在商品運到最終目的地（例如從中國運到美國）時，能順利收到貨款。但雷曼兄弟倒閉後，信用市場隨即凍結，銀行也因此停止提供這項最根本的必要融資。結果，全球貿易幾乎陷入停擺，先前的一些非正式標竿，如波羅的海乾散貨指數（Baltic Dry Index）——衡量運送原物料商品成本的指標——重挫接近九〇%。誠如一個全球運輸專家在雷曼兄弟崩潰後不久所言，「現在各式各樣的商品全都堆積在碼頭，無法運送，因爲人們拿不到信用狀。」⑦

全球貿易從美國景氣陷入衰退後開始大幅萎縮，而雷曼兄弟的倒閉讓情況更爲雪上加霜，情況達到前所未見的悲慘，只有大蕭條時期足以相提並論。⑧在二〇〇九年年初危機達高峰期時，中國與德國的外銷年減率高達三〇%，新加坡和日本更降低了三七%，甚至四五%。除了中國以外，這些國家全都陷入嚴重的衰退，連中國的年度經濟成長率都從一三%降到大約七%，低於中國官方認定的可接受門檻。

這一切進展之快速與同步，讓多數市場觀察家感到震驚。經濟合作暨發展組織（Organisation for Economic Co-operation and Development）的兩位經濟學家，爲國際貿易崩潰的情況冠上「大同步」（The Great Synchronization）⑨的名稱，這顯然是全球信用緊縮所造成，不過，信用緊縮並非唯一原因。隨著危機惡化，很多國家不顧他們先前的信誓，開始針對國際貿易實施關稅、配額，同時設下其他障礙，例如利用立法手段對政府的合約商施壓，要求他們只能向國內製造商採購。大蕭條谷底時期的經驗證明，這種一報還一報的貿易戰對全球貿易與經濟成長是有害的；而最近這場貿易戰雖然比較不那麼激烈，但它的重現對全球貿易的復甦絕對有害無益。

最後，危機不僅透過商品的途徑散播，而且還透過人類。當美國經濟急速陷入衰退，移民勞工開始停止匯錢回他們的祖國，包括墨西哥、尼加拉瓜、瓜地馬拉、哥倫比亞、巴基斯坦、埃及和菲律賓等，不勝枚舉。在房地產市場熱潮期，這些移民勞工在美國，還有西班牙、杜拜等找到穩定的工作，而當熱潮轉爲崩壞，他們匯回祖國的資金也大幅減少。匯款大幅萎縮的影響實在很難用筆墨形容。某些中美洲國家甚至有超過一〇%的國家收入，來自在海外就業的國民。⑩就這樣，危機也對從未參與過莽撞金融遊戲的國家造成了傷害。

儘管貿易與勞工的聯繫經常促使危機跨越國家邊境，但原物料商品與貨幣的影響甚至更大。原因極其簡單：原物料商品和貨幣的價格是由世界的市場所定。當原油、銅或美元價格在某地上升，它們在其他地方的價格也會上漲；當它們的價格下跌，各地的價格也都會下跌。也因如此，原物料商品與貨幣價格的突發性波動有可能引發全球性的不穩定。

原物料商品價格的全球整合可以追溯到兩個世紀以前。一八三六年，紐奧良的棉花價格飆漲到類似泡沫的高點，接著，它又隨著一八三七年的恐慌而崩盤，當時不僅美國國內感受到這股痛楚，世界各地的棉花出口國也全都受傷。相同的，在一九二九年美股崩盤後，一系列原物料商品的價格下跌高達五〇％，⑪所有出口導向國家皆因此嚴重受創。而隨著咖啡、棉花、橡膠到絲綢等商品的價格下跌，巴西、哥倫比亞、荷屬東印度群島、阿根廷和澳洲也都陷入窘境。當時連日本都受害，因爲原絲需求的崩潰導致它的經濟嚴重受創。接著，這些國家的金融情勢全陷入險境，貨幣也因原物料價格下跌而大幅貶值。

在最近這場危機，原物料商品價格也產生了一些影響，不過，影響方式和一般「熱潮到崩壞」的發展形式不同。二〇〇七年到二〇〇八年間，原油、食品和其他原物料商品的價格大幅飆漲。二〇〇八年夏天，原油價格甚至從前一年的每桶八十美元飆漲到每桶一百四十五美元的高峰。這波漲勢很難用經濟基本面來合理解釋，確切來說，它其實是避險基金、捐贈基金、經紀自營商，和眾多將一部分投資組合投資在原物料商品的原物料基金等驅動下的投資或投機熱潮所造成。儘管油價的飆漲可能讓原油出口國受惠，但卻重創了所有的原油進口國，包括美國、歐元區各國、日本、中國、印度和其他各國等。其中有幾個國家原本就因金融危機的影響而顯得步履蹣跚，油價的衝擊更將它們推向全面性的衰退。

「非分之財」怎麼來就怎麼去。原本在二〇〇七年到二〇〇八年間，完全自外於金融危機的原油和其他原物料商品出口國，也隨著美國與中國的需求崩落而陷入痛苦的掙扎。在二〇〇八年下半年，世界對原油、能源、食品和礦產品的需求進一步降低，其影響不亞於大蕭條時的情況——非洲、亞洲和拉丁美洲原物料出口國的經濟景氣因此大幅滑落。⑫其中，原油生產國受創猶深，原油價格從最高峰一路下跌到二〇〇九年第一季的三十美元低點。不過，損害也擴及了一系列的原物料。舉個例子，銅需求的大幅萎縮重創了向來由出口驅動的智利經濟，並導致該國經濟陷入衰退。在這些分崩離析的發展中，原本導致全球各地原物料進口國陷入衰退的那一波原物料行情熱潮，反過來重創了原物料出口國，原因是進口國經濟衰退使得原物料行情快速崩落。

貨幣的波動也呈現出類似的動態，而且事後證明這個動態的破壞力一樣強大。二〇〇七年當危機剛展開第一回合攻擊時，美國經濟趨緩，接著降息行動讓美元價值受到侵蝕。美元的這波貶值走勢，對仰賴對美出口的國家如大英聯合王國、日本以及很多歐元區國家造成衝擊。因爲當這些國家各自的貨幣相對美元轉趨強勢，對美國消費者而言，這些商品的成本等於是上升的。這導致這些國家的出口競爭優勢降低，也迫使它們走向經濟衰退的道路。

然而，隨著危機惡化，這整個流程卻突然逆轉。二〇〇八年一整年，金融市場整個受畏懼和恐慌所支配，恐懼心理促使國際投資人努力尋找避險天堂。⑬其中一個避險天堂看起來有點矛盾：它是美元。儘管美國當時正處於危機的中心，但它看起來似乎又比任何一個新興經濟體都還要安全。當投資人大量投入美元和其他已開發國家的貨幣，他們另一方面也同步大量拋售各個新興市場的股票和債券，這進一步拉大了新興國家貨幣和已開發國家「較安全」貨幣之間的落差。

後續的影響簡直像災難一場。在危機發生前，新興歐洲國家的家庭和企業，多半是向較先進國家的銀行申請不動產抵押貸款和企業貸款。他們找上這些銀行的原因，在於歐元、瑞士法郎甚至日圓的利率比他們在本國可取得的利率更低。俄羅斯、韓國和墨西哥等國的企業也都採用相同的貸款策略。不過，當危機來襲，投資人從新興市場貨幣逃向諸如美元、歐元和日圓等避險天堂，結果導致這些「外幣」負債的償還成本大幅竄升，對新興市場經濟體造成莫大的壓力。

這一切發展全都和過往危機所建立的一個模式吻合。⑭國際金融體系、全球貿易關係、原物料商品和貨幣等扮演路徑，讓一國的金融危機擴散爲全球性的經濟危機。

但儘管如此，這個傳染模型終究有其不足之處，無法完整解釋爲何這場危機會擴散到全球各地。癥結在於這個傳染模型的根本概念是，一個生病的國家——美國——讓世界上其他國家全都得到重感冒。儘管那是一種令人欣慰的想法，不過卻有一點誤謬。相對的，眞相是：很多其他國家原本也培育了和美國無關的國產泡沫，而且，它們施行的政策也不比美國更穩健或明智，這些國家對「次貸病」的免疫力極弱的原因在於，它們的所作所爲讓它們自己也變得極端容易受這個疾病所傷。

共有的剩餘

一八三七年，馬丁・范布倫（Martin Van Buren）剛剛坐上美國總統的大位，他試圖解釋爲何「兩個」——美國和大英國協——「世界上最商業化的國家，不久之前還享受著最高程度的亮眼繁榮……但卻突然……快速沈淪至令人困窘且憂慮的深淵。」⑮他指的是一八三七年那場可怕的恐慌，當時那場恐慌仍在蔓延，儘管很多評論家不是把引發這場災難的責任歸咎給美國，就是認爲英國必須負責，但范布倫卻體認到，眞相其實更加複雜。他寫道：「在這兩個國家，我們目睹兩國同時有大量紙幣與其他信用工具流通、相同的投機精神、相同的局部成就、相同的困難和挫折，以及最後的一項，幾乎相同的壓倒性災變。」

范布倫對情勢的評估可說是「雖不中，亦不遠矣」。儘管美國無疑是引發那場災難的最大禍首——一八三〇年代期間，美國人毫無節制的狂熱從事高風險銀行業務與房地產投機活動——但英國本身其實也捲起另一場狂發銀行執照的熱潮，結果製造了一個和美國不相上下的泡沫，另外，「莽撞授信與狂熱投機」⑯的情節也在英國上演，只不過，在英國，投機的目標是紡織和鐵路業。當美國經濟開始動搖、崩落，英國經濟也難逃相同的命運。這不僅是因爲英國無法擺脫和美國經濟之間的糾纏，更因它本身也在熱潮期累積許多相同的弊病，這兩個因素折磨得英國苦不堪言。所以，這並不是一場從病弱國家擴散到健康國家的危機，眞相是，危機幾乎在同一時間襲擊這兩個國家。

我們也可以從其他危機隱約察覺出這個相同的模式。當一個國家的熱潮轉趨崩壞，同樣也累積同一類剩餘的其他國家通常也傾向於崩潰。舉個例子，一七二〇年時，英國南海公司泡沫和約翰・勞的密西西比公司投機泡沫大約都是在同一時間破滅。一個半世紀後，一八七三年的危機是在德國、中歐和美國等地的同步熱潮期之後爆發。這些熱潮最後都轉變爲激烈的崩壞，先是從奧匈帝國開始，接著是美國，再來則蔓延到多數歐洲國家。大約又過一個世紀，受外國投資刺激而形成的亞洲新興經濟體投機狂熱，也是相繼在極快的速度下熄火，先後對南韓、泰國、印尼和馬來西亞造成重創。這是另一場因共同弱點與單純傳染病同時產生作用下所造成的危機。

所以，不足為奇的，在最近這場危機裡崩潰的很多經濟體，也都有著和美國類似的弱點。舉個例子，並不是只有美國發生房地產泡沫的問題。近幾年來，杜拜、澳洲、愛爾蘭、紐西蘭、西班牙、冰島、越南、愛沙尼亞、立陶宛、泰國、中國、拉脫維亞、南非和新加坡的房地產價值都累積了驚人的漲幅。二〇〇五年時，《經濟學人》雜誌計算全世界已開發經濟體住宅型房地產的總價值，結果發現它從二〇〇〇年到二〇〇五年間已上漲了一倍。這個漲幅是四十兆美元，約當這些國家的國內生產毛額總值，數字極為驚人。這份雜誌的評論是：「這看起來像是史上最大的泡沫。」⑰

其中某些國家的房地產漲幅更是令人吃驚。儘管《經濟學人》雜誌提到美國房價在一九九七年到二〇〇五年間上漲了七三％，但澳洲的房價上漲了一一四％，西班牙的房價則上漲了一四五％。另外，根據房地產顧問公司高力國際公司（Colliers International）的說法，在發生龐大房地產泡沫的杜拜，光是從二〇〇三年到二〇〇七年間，別墅型住宅的價格漲勢更達到驚人的二二六％。亞洲和東歐房價漲幅的數字比較不可靠，不過，非正式的證據顯示，這些地區一樣都享受著不相上下的榮景。美國的確很糟糕，而即便它所衍生的問題貸款金額比其他國家都來得高，但它絕對稱不上是罪大惡極的頭號罪犯。

不管漲幅多大，引發這些熱潮的原因都大致相同：這些國家多數都採行寬鬆的貨幣政策，這讓借款成本降到歷史低檔，另外，全球儲蓄過剩的問題讓這股趨勢如虎添翼。二〇〇六年時，每個已開發和開發中經濟體的不動產抵押貸款利率都降到個位數，這是史上首見，而且多數國家和美國一樣，都未能積極以法規來規範它們的不動產抵押貸款與金融市場。結果當然也一樣，隨著房價走高，這些國家的家庭全都感覺自己變得更富有了；於是，他們花錢更大方，同時減少儲蓄。這些因素所促成的住宅投資熱潮，則進一步促使其中很多國家的GDP大幅成長。

不過，這掩蓋了一個更深層的問題，而這個問題也和美國很類似。低儲蓄率和高投資率意味著經常帳餘額——一國總儲蓄與總投資之間的差額——將漸漸轉爲負數。經常帳呈現逆差的國家和擁有經常帳順差的國家不同，前者需要其他國家的儲蓄來支持它們的投資需求。美國和其他發生房地產泡沫的國家都處於這樣的情境，它們愈來愈依賴外國資本來維持本國經常帳的平衡。而這個情形導致貨幣價值遭到高估，且進一步促使這些國家的經常帳餘額更形惡化。

當房屋市場崩盤對美國造成打擊的同時，存在房市泡沫的其他經濟體，也都經歷了一波不相上下甚至更嚴重的跌勢。美國的次貸危機並非導致這些國家房市陷入崩壞趨勢的直接導因，我們的這個觀點和一般約定俗成的定見相反。美國的崩盤確實是催化劑，不過卻不是導因，因爲多數甚至所有存在房市過熱問題的國家，原本隨時就會崩潰。只要有人在背後推一把，這些國家的房市就會倒塌，而那最後一根稻草就是：二〇〇八年全球經濟陷入危機並走向大規模衰退。

如果美國在培育巨大房市泡沫這方面可以找到任何伙伴，那麼它在其他領域也絕對不孤單。舉槓桿與風險承擔的問題爲例：儘管美國金融機構行事莽撞，世界各地金融同業的表現也好不了多少。例如，到二〇〇八年六月時，歐洲銀行業的槓桿比率達到新高水準。⑱歷史悠久且地位崇高的瑞士信貸的槓桿比率上升到三十三比一，安泰人壽的槓桿比率達到四十九比一。德意志銀行的負債更達到令人瞠目結舌的五十三比一，而巴克萊銀行的槓桿比率是最高的，爲六十一比一。相較之下，注定走向厄運的雷曼兄弟的槓桿比率還相對溫和，只有三十一比一，美國銀行甚至更低，爲十一比一。

當時有很多歐洲銀行貪婪的加入不動產抵押貸款與其他種類貸款的融資和證券化熱潮，並因此持有許多有毒的不動產抵押擔保證券和CDO；當房市危機衝擊美國後，這些產品的價值大幅縮水。隨著這類證券的市場整個枯竭，很多歐洲銀行的潛在損失也上升到極驚人的水準。在二〇〇九年年底時，歐洲央行將資產減損估計金額提高到五千五百億歐元，比原先所估計的數字還要高。⑲

這些資產並非全都來自美國。很多歐洲銀行也經營它們自己的證券化機構，將歐洲各國屋主的不動產抵押放款切割成非常小的單元，其中，這些貸款多數由英國、西班牙和荷蘭提供。光是二〇〇七年那一年，就有價值四千九百六十七億歐元的貸款被轉化爲資產擔保證券、不動產抵押擔保證券和CDO等標的。⑳雖然和美國比較起來，歐洲證券化市場的剩餘比較不那麼嚴重，但歐洲方面的標準也是很鬆散。更糟的是，銀行透過證券化管線所握有的很多貸款和證券，都暫時被安置在短期證券發行平台和SIV裡。當危機來襲，歐洲銀行只好被迫依照美國同業的方式，將這些貸款和證券列回它們的資產負債表。

最後，很多歐洲銀行在新興歐洲國家——尤其是拉脫維亞、匈牙利、烏克蘭和保加利亞等國，承作高風險的貸款。當危機來襲，很多這些新興經濟體的貨幣大幅貶值，而這反過來又成爲導致這些國家無力正常償還債務的導因之一。於是，歐洲銀行業突然間不得不針對它們的貸款組合提列龐大的虧損，尤其是奧地利、義大利、比利時、瑞典和德國的銀行。誠如一個丹麥分析師在二〇〇九年年初所評論，「市場認定那個［新興］地區是歐洲的次貸區域，現在每個人都急著出場。」㉑那場風暴和襲擊美國的次貸危機當然不同，不過，卻都是導因於一個相同的根本問題：高風險貸款的金額過高。

由此可見，美國絕不是唯一注定會在這場危機裡崩潰的已開發國家。確切來說，很多歐洲機構在美國同業發生問題以前就先出事了。法國的法國巴黎銀行是最先出問題的企業之一，它在二〇〇七年夏天就暫時終止數檔避險基金的業務。德國的工業銀行（IKB）也在同一時間爆發問題，因為它的SIV遭到瘋狂贖回。另一家德國銀行薩克森巴赫（Sachsen LB）則在那一年夏末接受紓困。而這些都只是開始而已，最後，冰島的整個金融體系，大英聯合王國的多數銀行最後則走上被國有化的地步。相似的問題最後也在愛爾蘭、西班牙和很多其他歐洲國家浮上檯面。杜拜房地產泡沫的幻滅，最終也導致該國介入這些高風險房地產開發業務最深的國有企業——杜拜世界公司（Dubai World），被迫在二〇〇九年十二月向阿布達比尋求紓困。

自始至終，這一場危機都依循著一條類似的途徑。很多經濟體根本無從逃避這場危機，因為這些國家都因很多相同的弱點如房市泡沫、過度依賴寬鬆貨幣與槓桿，以及熱情擁抱高風險資產和金融創新等而受害，其中，西歐國家的情況特別嚴重。

這個事實凸顯出一個和危機經濟學有關的更宏觀事實：相似的危機之所以會在不同地方以看似同步的時間點發生，原因在於這些地方都有著共同的弱點。㉒市場觀察家老是喜歡把金融危機說成是「流行病」，或將它比喻為某些其他疾病，但卻不願承認一個重要的根本事實：疾病最容易在虛弱且缺乏免疫力的人之間傳播，而且這種情況下的傳播速度也最快。在最近這場危機，很多歐洲經濟體原本就已累積了和美國經濟一樣的弱點，這也就難怪當美國一打噴嚏，它們就跟著感冒，更精確來說，它們染上的是流感。

不過，並非每個人都生病，這一點非常發人深省。舉個例子，讓我們看看印度的經驗。雖然印度一樣受到這場崩潰的打擊，但事後證明它的經濟復原力非常強。在危機發生前幾年，由於該國的中央銀行官員較爲保守，所以採行和世界上多數國家不同的政策。印度的政策制訂者向來非常抗拒解除金融體系管制的呼聲，銀行也被迫必須維持非常大量的準備金。當其他國家熱情擁抱自由市場的箴言之際，印度卻仍緊密監管它的金融體系。㉓結果，它相對也較有免疫力抵抗從美國傳過來的「疾病」。

悲哀的是，世界上的其他新興經濟體和印度並不同，有很多經濟體全都走過一場「由熱潮轉爲崩壞」的相似軌道，尤其是中歐和東歐經濟體。儘管如此，它們的命運並不全然是那些共同弱點所造成；更確切來說，已開發和開發中經濟體有可能互相拖累，彼此發展出一種奇特的互相傷害關係，而這個關係更進而影響到它們的命運。

新興市場的現有問題

新興經濟體平時非常仰賴較高度開發國家所挹注的資金。雖然在時機大好時，這樣的依賴關係對雙方都有利，但情況一旦惡化，這層關係最後卻可能像一種自殺協定。在一八二五年的那場危機發生前，英國投資人大批湧向剛獨立不久的墨西哥和其他幾個剛脫離西班牙控制的拉丁美洲國家。㉔光是在獨立的第一年，就有大約價值一億五千萬英鎊的資金流入這個區域，這股狂熱主要是聚焦在黃金與白銀的開採上。當投資人大量湧向這些國家，這些新興國家也變得欣欣向榮。倫敦的投機者當然也很開心，因爲這些新興國家的礦業股票和債券的價值，在投資人持續追價之下，變得水漲船高。遺憾的是，事後證明，其中很多冒險性投資最後都失敗了，甚至成了一些公然詐欺案件，於是，市場崩盤。接著，投資人急著拋售股票，好將他們的資金從秘魯、哥倫比亞和智利抽回。到最後，拉丁美洲國家無力償還它們的債務，到一八二六年時，秘魯違約不償債，在倫敦市引發了某人所謂的「嚴重恐慌」。㉕不久後，其他國家也加入違約的行列。

十九世紀，最具危機傾向的新興市場非美國莫屬。歐洲投資人投入龐大資金到這個國家，尤其是英國人。他們大量收購州政府債券、運河與鐵路證券以及許多其他資產。資金的大量注入爲美國的熱潮以及歐州當地的投機泡沫提供了最好的支持。但到最後，這些資產的價格多數都崩盤，於是又促使外國投資人猝然抽回他們押注在「高風險」美國資產的資金。

每個案例的結果都是可預測的，這次也不例外：大西洋兩岸的熱潮雙雙轉爲崩壞。很多原本受惠於過量外國資金的美國銀行和企業因此紛紛關門；它們的很多歐洲同業也不好過。在一八三七年的恐慌爆發後，外國投資人全體逃出。㉖美國有成百上千家銀行倒閉，有大約四分之一的州違約不償還它們自己發行的某些債券。這波恐慌也同時侵襲倫敦市。另外，一八五七年時也發生了類似的資金外逃情況，㉗在那之後，某個評論家有點誇大的宣稱：「幾乎所有外國人都對美國的未來產生懷疑，這個疑慮非常大，以至於有一大部分……原本掌握在外國手中的美國證券被拿回美國，以不計任何犧牲的價格叫賣」。另外，相同的情節又在一八七三年鐵路熱潮崩潰後上演，這個事件導致歐洲投資人再度大量抽回資金。

其他新興市場也都曾遭受相同的命運所折磨。一九九〇年代，世界各地的「新生代」新興市場也受到一系列危機的衝擊：㉘一九九四年的墨西哥；一九九七年的南韓、泰國、印尼和馬來西亞；一九九八年和一九九九年的俄羅斯、巴西、厄瓜多爾、巴基斯坦和烏克蘭；二〇〇一年的土耳其和阿根廷。外國人大量將資金匯入這些國家，後來因故受到驚嚇並蜂擁而出，留給這些國家一系列的貨幣危機、一波波的銀行與企業倒閉潮，其中某些國家甚至違約不償還政府公債。最後都是在IMF和世界各國中央銀行的及時干預下，才阻止這些危機轉變爲世界性經濟災難。

在最近這場危機，某些新興市場也都爆發不同的危機，不過，就其模式而言，那些危機比較無聲且複雜。其中，新興歐洲經濟體危機的模式和過去類似，大致上這些經濟體和以前的新興國家都有一個共同點：龐大的經常帳逆差。有時候，逆差是導因於房市熱潮和消費支出的巨幅增加，外加民間儲蓄的減少；有時候則是導因於政府赤字或甚至企業的借款。不管造成逆差的原因爲何，這些國家都廣泛向開發程度較高國家的投資人和銀行借錢。它們的借款金額極爲龐大，在二〇〇二年到二〇〇六年間，來自外國的借款金額以每年六〇%的速度成長。更糟的是，其中很多負債是以外幣計價，所以一旦債務國的貨幣在危機爆發後開始貶值，這個策略馬上就會出狀況。

雖然這場危機侵襲了國情非常多元化的國家，如羅馬尼亞、保加利亞、克羅埃西亞和俄羅斯，但受創最嚴重的是波羅的海三小國——拉脫維亞、愛沙尼亞和立陶宛——以及匈牙利和烏克蘭。這些國家都面臨資金流向突然逆轉的窘境，因爲受到驚嚇的投資人全都急於逃出這些「高風險」市場（亦即新興經濟體），轉向較安全的投資地區。儘管結果非常殘忍，但卻不意外。匈牙利、冰島、白俄羅斯、烏克蘭和拉脫維亞最後不得不向ＩＭＦ討救兵，請求紓困。波羅的海三小國的失業率全都大幅上升，銀行業也紛紛發生危機。這些波羅的海國家受到的負面後續影響最爲嚴重，到二〇〇九年春天，失業率全都達到二位數。其中拉脫維亞堪稱受創最深的一國，它發生了大暴動、政府垮台、債信評等重挫等嚴重後果。

這些國家的情況符合「因外國資本大量流入而繁榮，而一旦投資人選擇出場，則趨向崩潰」這個典型的新興經濟體發展模式。不過，另外一組新興經濟體雖然同樣因這場崩潰而受到衝擊，但它們的情況卻與前述發展模式不一致，相反的，它們享有經常帳順差。中國是這個族群裡最顯赫的一員，另外，巴西和中東、亞洲及拉丁美洲的許多較小國家也屬於這一掛。

多數坐擁經常帳順差的國家通常都得面臨本國貨幣升值的壓力。不過，在危機爆發前幾年，這些國家的政府積極干預外匯市場，意圖將他們的貨幣維持在低估的水平。這麼做的目的是因爲這些國家多數仰賴出口，本國貨幣的匯價愈低估，它們在世界市場上的競爭力就愈強。匯率干預政策對出口形成助力，但這也意味著它們在國內累積了大量美元和其他貨幣，從而促使〔國內的〕貨幣供給大幅成長。

大量寬鬆貨幣和低利率導致通貨膨脹上升，同時也吹出了資產泡沫，尤其是本國股票交易所的泡沫。中國和印度股票在二〇〇七年年底高峰價位的本益比達到四十甚至五十倍，這都是非常肯定的泡沫。所以，很多這些經濟體早在美國金融體系瓦解前，就存在過熱的情形，因此它們的情況也異常脆弱，當然容易受突發性衝擊的影響。就某種程度來說，這些國家的弱點的形成和存在於美國的剩餘無關。它們最後的崩潰其實也和美國那場危機沒有太直接的關係，崩潰其實是泡沫破滅前幾年施行的政策所造成的後果。最終看來，這些國家的確因這一場危機而受傷，不過，就很高的程度而言，它們其實是其自身厄運的始作俑者。

「脫鉤」之死

隨著危機在二〇〇八年年初持續惡化，儘管歷史與當下的證據全都顯示，一場全球流行病正一觸即發，但美國以外的多數政策制訂者卻還是躊躇不定。他們仍舊沈迷於所謂的「脫鉤」概念，很多人甚至還在憂心本國經濟可能過熱並引發通貨膨脹。接著，許多新興經濟體的中央銀行官員甚至還提高利率，企圖緊縮貨幣政策。部分較先進經濟體的央行官員也隨即跟進，到二〇〇八年年中，歐洲央行更執行了一項引來厄運的錯誤政策——提高政策性利率。

更糟的是，歐洲政策制訂者拒絕採行積極的景氣振興政策。當時最有能力立即推動景氣振興計畫的歐洲經濟體（尤其是德國），最初並沒有太大作爲，而最需要這種景氣振興計畫的經濟體（西班牙、葡萄牙、義大利和希臘），則是缺乏執行這種計畫的資金。這些「地中海俱樂部」國家原本就受龐大預算赤字的沈痾所苦，由於它們的公共負債餘額相對經濟規模的比例非常高，所以，這些國家調控經濟的空間本就非常有限。

這種種錯誤的決策導致先進與新興經濟體在危機來臨時個個措手不及，完全無法應付步步進逼的危機所帶來的影響。這場危機的發展出乎它們的意料，再加上它們對局勢的分析錯誤百出，結果使得全球經濟陷入一九三〇年代以來最嚴重的衰退。在二〇〇八年第四季和二〇〇九年第一季，全球經濟萎縮的比率——包括規模與深度——都不亞於一九二九年到一九三一年間開啓大蕭

條之門的那一波經濟崩潰。㉙

說到「脫鉤」，二〇〇八年冬天，世界上其他國家受創的程度其實比美國更嚴重。雖然美國經濟在那兩季的萎縮幅度達到年率的六%，但其他國家的衰退幅度更激烈。原本理當能脫鉤的經濟體並未能擺脫美國的影響；相反的，這些經濟體都出乎意料的和美國「再度合體」。㉚原本一般認爲日本會對這場危機免疫，但它在二〇〇八年第四季的經濟衰退幅度高達年率一二・七%；南韓的衰退幅度更大，達一三・二%。中國幸運的逃過徹底衰退的命運，不過，它的經濟成長也跌落到它可承受的水準以下，而世界上多數其他國家都沒中國那麼幸運。在接下來的口水指責戰中，很多市場觀察家把矛頭指向雷曼兄弟的破產，他們認爲那場災難是導致整個世界生病的主因。即使到現在，還是有某些人認爲這個事件是引爆整場危機的催化劑。

儘管這樣的解讀會讓人感到好過一點，但那卻是錯誤的。在雷曼兄弟於二〇〇八年九月宣告破產之際，美國經濟早已陷入衰退期達十個月之久，而且世界上多數國家的情況全都和美國一樣，全球信用陷入全面性緊縮的情況也已持續了一年以上，另外，全球股市也幾乎下跌了約一年。在雷曼兄弟破產前一年半左右，美國就已爆發危機，而且還透過大量的管道——金融體系、貿易關係、原物料商品和外匯等——將危機散布到世界其他地方。

美國的危機會傳染給其他國家絕非偶然，因爲多年來，很多這些國家也放縱它們自己的房市與股市泡沫、信用泡沫和超額的槓桿、風險承擔與過度消費等行爲。它們的這些弱點也累積了許多年，即使是依循較穩健路線的國家，如中國和亞洲多數其他國家，仍舊過度仰賴出口來維持它們的生存。這些國家本身也很脆弱，只不過是不同種類的脆弱，它們仰賴世界各地的泡沫來維持自身的繁榮，偏偏那些泡沫早在雷曼兄弟破產前就已破滅。

不過，這個知名企業的破產就像一記當頭棒喝，政治制訂者終於清醒，認眞聚焦在「另一場大蕭條正逐漸逼近」的現實風險上。二〇〇八年年底，他們正視這個深淵，並開始採取行動。他們採用了所有現成可用的武器，其中有些戰術如降息等是最基本的措施。不過，其他很多戰術卻好像來自另一個世界，有些甚至像是來自另一世代。對缺乏相關知識與經驗的人來說，這些戰術的名稱如「量化寬鬆」、「資本挹注」、「中央銀行互換貨幣信用額度」等，簡直可說是文言文。不過，這些工具和其他很多非正統武器仍舊被大量推出，投入作戰行列。其中有些工具以前曾試用過，有些則沒有；某些工具確實發揮了作用，但也有些徒勞無功。

然而，整體而言，這些武器確實有效阻止「大衰退時期」變成另一場「大蕭條」。這些治療最後是否會引發比疾病本身更嚴重的問題，是另一個層級的議題，而這正是我們接下來要探討的疑問——利用非傳統政策方法來解決金融危機，將會產生什麼風險和報酬。

6 最後放款人

就在幾個世代以來最嚴重的金融危機於二〇〇七年襲擊美國之際，班・柏南克剛銜命接任聯準會主席一年左右。這真的是個驚人的巧合，因為柏南克可不是普通的中央銀行官員，他恰巧是世界上最頂尖的大蕭條研究權威之一。柏南克比起多數在世的經濟學家，更能敏銳理解這個分水嶺事件背後的複雜動力。他在學術生涯期間寫過很多文章，來釐清美國史上最嚴重的那場經濟蕭條的導因及其影響，文章內容向來極具影響力。

柏南克在他的自我意識帶領下，以貨幣主義者米爾頓・傅利曼和安娜・賈柯伯森・蕭瓦茲的先驅著作作為他的研究基礎。他最早是在攻讀研究所的時期，接觸到他們的作品。誠如我們在第二章所討論的，這兩位學者的見解和世人先前對大蕭條的解讀完全歧異，他們主張貨幣政策（那原本是聯準會的一片善意）必須為那場災難負責。根據這個解讀，當年聯準會的無為和無能不僅未防止災難的發生，甚至讓問題變得更加嚴重。柏南克詳細闡述那個論點，①說明當時貨幣政策失當所引爆的金融體系崩潰，對更廣泛的經濟體系造成了什麼樣的干擾，最後更導致全國陷入嚴重的蕭條。

從柏南克在二〇〇二年參加這位年高德劭的經濟學家九十歲大壽宴會時的表現，就可以清楚看出他對那些歷史包袱的敏銳評價與他個人對傅利曼的推崇。當時柏南克還只是聯準會裡的理事，他起身發表演說，並轉身向這位老人家說，關於大蕭條「您是正確的，那是我們（譯註：指聯準會）造成的。我們很抱歉。不過，感謝有您，我們將不會重蹈覆轍」。②那一席話迄今仍爲人所津津樂道。

他就是這場危機來襲時掌握貨幣政策大權的那個人。所以，他藉由近八十年前的情況來透視當前的各種事件，並據此採取因應行動，一點也不令人意外。他打破舊有的規則，並大膽嘗試新工具，大蕭條將不會重演。誠如他在二〇〇九年夏天對一個記者說過的話：「我不會成爲第二次大蕭條期間的聯準會主席。」③

柏南克爲了實踐他的諾言，戮力革新貨幣政策，主導一系列令人咋舌的金融體系干預行動，即使到今天，還是沒有幾個人眞正瞭解這些干預行動的內涵。其中某些干預行動是柏南克以前（在研究大蕭條時）就曾設想過的，但有一些則是隨著實際的通貨緊縮與甚至蕭條威脅的上升，而逐漸發展出來的對策。這些對策非常多元化，從傳統貨幣政策範疇內的作法——例如將利率降到零——到一些前所未見的方法，而這也預告了一個重要的發展：聯準會對經濟體系的掌控權力已大幅擴張。

這些干預行動或許確實有助於阻止二十一世紀大蕭條的發生，但在研究危機經濟學的學者看來，這些干預卻也引發了許多令人不安的議題。首先，柏南克的政策推行後，要逐步收回成命有其困難；其次，事後證明其中很多政策有大規模助長道德風險的情形。聯準會急就章介入支持金融體系的作法，同時挽救了單純流動性不足和已無力償債的兩種金融機構。那樣的先例一開，將來可能無法廢除，長期下來，可能導致市場秩序瓦解，而這又可能進一步成為更大泡沫甚至更具破壞力的危機的禍端。

另外，柏南克的許多貨幣政策也侵害到民選政府的傳統財政權力——也就是花錢的權力，這個問題也不容小覷。在最近這場危機爆發期間，聯準會將它的法定權力使用到極限，僭取各式各樣的權力，暗中或公然拿安全的政府公債去交換有毒資產，更極端的是，它還買進有毒資產，並將這些資產列在它的資產負債表上。即便事後證明這樣的對策確實發揮了必要的效用，但也使聯準會難以擺脫迂迴侵犯立法程序之嫌。

柏南克對危機的回應（這些回應全是由他自己和其他中央銀行官員精心安排），讓我們約略領會到可以使用（或者該說濫用？）什麼樣的非正統貨幣政策方法，來防止危機蔓延到失控的地步。

通貨緊縮的貢獻與缺失

從第二次世界大戰結束以後，美國商業循環向來都依照一個相當可預測的途徑運轉。經濟總是從一陣衰退中慢慢甦醒、成長，最後達到熱潮期；接著聯準會將開始藉由提高利率來穩定通貨膨脹，以達到防止經濟過熱的更宏觀目標，而聯準會的行動將會終結整個循環，經濟不可避免的將因此萎縮，於是，衰退接踵而至。

有幾次的經濟衰退一部分是導因於經濟學家所謂的「外在因素形成的負面供給面衝擊」（exogenous negative supply-side shock），尤其是一九七三年、一九七九年和一九九〇年那幾次衰退。那三次衰退正好都是中東地緣政治危機所引發，中東問題導致原油價格突然竄升，並使通貨膨脹走高；一如往常，聯準會爲了控制持續上漲的物價而採取升息行動，升息之後，經濟便開始萎縮。

無論導因爲何，這幾次不同的經濟萎縮照例都讓通貨膨脹緩和了下來，不過，卻未能完全將之消除。產出（亦即國內生產毛額）的降低——通常是一或二個百分點——導致失業增加，當然，經濟衰退時期常見的艱苦情境也都會出現。不過，儘管這些情況令人不開心，但還算可以忍受。

有幾次，經濟是憑藉著自身的力量恢復成長，有時候則是在政策制訂者訴諸一個向來都非常有效的工具後復甦，這項工具是降息，它讓家庭與企業的借款成本降低。降息讓人們願意花比較多的錢，於是，房屋、工廠設備等各種事物的需求也因此而被推升。降息通常會連帶產生美元貶值的附加影響，這讓出口變得吸引人，進口變得較昂貴，因而促使人們對國內商品的需求上升，最終協助經濟走向復甦。有時候，政府也會以財政振興措施來重振經濟。

美國在戰後發生的前十次經濟衰退多半都是照著這個劇本演出。多數經濟衰退的時間持續不到一年，不過，有少數例外：首先是一九七三年石油危機（因贖罪日戰爭〔Yom Kippur War〕引發）後的那場嚴重的經濟衰退；其次是一九七九年因伊朗伊斯蘭革命所引發的二次石油危機過後，聯準會利用高利率來打擊通貨膨脹，結果造成更痛苦的衰退。儘管那次升息運動非常殘酷，但最後證明政策非常成功，同時爲著名的「大穩健時期」奠定了良好的基礎。因爲這個良好的基礎，一九九一年和二〇〇一年的經濟衰退都各只維持八個月，而且儘管這些經濟低潮期帶來很多痛苦，但最後都重新帶來成長與希望，這有一部分必須歸功於各種不同「劑量」的貨幣寬鬆政策、財政振興措施與減稅政策。

最近這場危機爆發之後的經濟衰退，是戰後的第十二次衰退，這次情況非常不同。物價不僅非常溫和，以某些案例來說，甚至出現五十到六十年來首度下降。這是通貨緊縮，一個會讓所有意識型態的政策制訂者都坐立不安的現象。二〇〇八年秋天，《紐約時報》報導，通貨緊縮的重現「讓經濟學家打冷顫」。④隔年春天，柏南克解釋，「我們目前非常積極，因為我們正試圖防杜……通貨緊縮。」

對不了解通貨緊縮的人來說，這麼小題大作似乎有點令人困惑。畢竟，物價下跌難道不好嗎？消費商品的成本將因此降低，每個人手上的每一塊錢可以買更多東西，這有什麼不好？事實上，過去有幾次經濟快速成長期間，也伴隨著小規模且穩定的通貨緊縮，⑤那是因為技術的進展促使商品價格下跌。舉個例子，在一八六九年到一八九六年間，鐵路和新製造技術的擴展促使物價每年下跌二．九％。在那段時間，儘管危機不斷反覆發生，但經濟的年度平均成長率仍達四．六％。

很多經濟史學家依舊難以理解為何會出現那樣的情節，因為「通貨緊縮」和「經濟成長」通常不會並存。為什麼？因為在多數情況下的通貨緊縮不是技術革新所造成，而是因總需求相對商品供給與經濟體系的生產性能大幅降低所致。

這種較常見的通貨緊縮，有可能對經濟體系的日常運作產生各式各樣的奇特影響。它有可能嚇阻消費者購買高單價的商品，舉個例子，此時買汽車或房子會有點像徒手去接一把向下掉落的刀子。相似的，計畫進行資本投資的工廠也可能偏好暫時觀望一段時間，等物價停止下跌後再採取行動。遺憾的是，暫停支出絕對無法提振經濟成長，只會產生反效果。

因金融危機所引發的通貨緊縮又是完全不同的一回事，而且可能更危險，更具破壞力。這種通貨緊縮相對常見於十九世紀的漫長危機過後，二十世紀後反而比較少見這種通貨緊縮。雖然一九三〇年代全球蕭條期間也發生通貨緊縮，但在那個分水嶺事件過後，它幾乎消失無蹤。一直到一九九〇年代，通貨緊縮才再度現身，先是發生在日本資產泡沫崩潰之後，接著是在一九九八年到二〇〇一年重創阿根廷的嚴重經濟衰退過後。在最近這場危機爆發期間，很多經濟學家預見這種通貨緊縮可能來臨，並因此感到憂心忡忡。他們深知這種通貨緊縮的負面影響，有可能滲透到經濟體系的每個環節。通貨緊縮若不是導致經濟最後走向蕭條，就是讓經濟持續多年都難以成長，造成一種只能以「停滯性通貨緊縮」來形容的情境，在這種情境下，經濟陷入停滯，即使在衰退時期，都會伴隨著通貨緊縮的現象。此時，一般常用的貨幣政策工具都會失去多數功效。

厄文・費雪是第一個試圖瞭解通貨緊縮動態的經濟學家之一。儘管費雪因在一九二九年市場崩盤前不久宣稱，股票價格將停留在「永久性的高原水準」而顏面盡失，但他後來闡述了一個令人矚目的理論，終於爲他自己挽回了一點面子，這個理論是闡述金融危機、通貨緊縮和蕭條之間的關係，這就是他所謂的「大蕭條時期的負債型通貨緊縮理論」(debt-deflation theory of great depressions)。⑥

簡單說，費雪相信一般的經濟蕭條之所以會演變成大蕭條，主要導因於兩個要素：危機爆發前的負債過多，以及危機期間發生嚴重的通貨緊縮。費雪首先評論，美國歷史上最嚴重的幾次危機，包括一八三七年、一八五七年、一八九三年和一九二九年的危機，都是在經濟體系累積大量超額負債後發生。當衝擊事件來臨——例如一九二九年的股市崩盤——融資追繳壓力導致人們急於打消負債。費雪相信，人們急於清算負債並囤積大量流動準備的行爲雖然理性，但卻會危及較廣大的經濟體系。誠如他在一九三三年所做的解釋，「個人減輕負債包袱的努力反而導致負擔加重，眾人一面倒的清算行爲所造成的大規模影響，導致……債務人還愈多錢，就欠愈多錢。」⑦費雪提出一個非常著名的佐證，他說，從一九二九年十月到一九三三年三月間，儘管債務人瘋狂還款，使負債的名目價值降低二〇%，但通貨緊縮其實反而讓他們剩餘的負債負擔增加四〇%。

爲什麼會這樣？費雪主張，隨著人們急於用跳樓大拍賣的價格將資產變現，證券、原物料商品等所有事物的價格都將因此而下跌。這時供給遠超出需求，價格一定會下跌。在此同時，人們會領走原本存在銀行的錢來清償負債，或者單純爲預防銀行倒閉而提走存款。這些提領行爲將導致經濟學家所說的「存款貨幣」減少，進一步延伸，則會導致整體貨幣供給萎縮。貨幣供給萎縮又會使物價更爲下跌。而隨著物價繼續下跌，各種資產的價值將被連帶拖下水，結果導致持有這些資產的銀行和企業的淨值等比例降低。於是，這又造成更多的跳樓大拍賣和更嚴重的通貨緊縮，市場上的流動性將日益減少，人們更加鬱悶與悲觀，便更積極的囤積現金，並從事更多跳樓大拍賣的行爲。

這些情況所造成的通貨緊縮將會產生一些違背常理的結果。隨著貸款人開始償還負債（此時因經濟陷入嚴重衰退，故人們對商品的總需求開始降低），商品與勞務價格的降低將反常的導致貨幣的購買力上升，延伸來說，這將導致剩餘負債的實際負擔加重。換言之，通貨緊縮將導致名目負債的實際價值上升。於是，人們在負債方面不進反退，費雪稱之爲「大矛盾」⑧——人們還愈多錢，負債的負擔卻反而更加沈重。

這就是負債型通貨緊縮。為了進一步瞭解這個問題，讓我們來看看它的反面——也就是可能被稱為「負債型通貨膨脹」的現象。現在請想像一下你是一家公司或一個家庭，你以五％的利率借了一筆十年期的十萬美元貸款。在你借錢時，通貨膨脹大約在三％的水準上下波動。如果通貨膨脹一直停留在這個水準，你每年其實只支付二％的利息，因為通貨膨脹讓名目利率——也就是原始利率——降低了。而如果通貨膨脹上升到每年五％的水準，這項利率實質上就等於完全降到零，在那種情況下，你等於是借到了一筆零息貸款。但如果通貨膨脹失控，達到一〇％，這代表你不僅取得一筆零息貸款，本金也會降低。這些例子是要向你說明如何計算「實質利率」，也就是名目利率和通貨膨脹率之間的差額。

很困惑嗎？讓我們看看一個更極端的例子。請想像你剛去借了一筆同樣為十萬美元的貸款——接著，通貨膨脹完全失控。物價和薪資大幅飆漲到驚人的水準。原本買一條麵包只要一美元，但現在卻要花一千美元。在此同時，原本最低薪資工作的年薪低得可憐，現在卻達到一年數百萬美元；而「好」工作的年薪更高達數億美元。現在，回到你借的那十萬美元。它還是以那些較舊、較有價值的貨幣計價的十萬美元，借款的本金並未隨著通貨膨脹而改變。現在，要還這筆錢簡直可說是易如反掌。嘿，算起來這不過是一個月的雜支罷了。

這當中的關鍵是，你後來用來償債的錢比你一開始借來的錢更沒有價值。基於這個單純的原因，通貨膨脹是舉債者的好朋友，因為它實質上會侵蝕原始負債的價值。

相反的，通貨緊縮顯然不是舉債者的朋友。讓我們回到原來那一筆十年期、利率五％的貸款。假定事態的發展和一般預期的相反，經濟體系經歷二％的通貨緊縮。這代表你實質上支付的年利率是七％。如果通貨緊縮率達到五％，你的實質借款成本就會增加一倍，到達一年一〇％。換言之，你用來償還這筆借款的錢的價值超過你當初借錢時的價值。遺憾的是，即便每一塊錢的價值上升，你現在手上的錢卻變少了，因爲你的薪資縮水了。

負債型通縮的結果就是：債務人——包括家庭、公司、銀行和其他單位——的借款成本上升到超乎預期的水準。在重大金融危機期間，由於失業率上升，恐慌加劇，加上放款意願降低，所有欠錢的人都會愈來愈難正常償還他的負債，更不可能以較輕鬆的條件去辦理再融資。此時投資人會迴避風險性資產，同時到處搜尋高流動性與安全的資產，如現金和政府公債。世人囤積現金，拒絕把錢借出去，而這樣的行爲只會導致流動性緊縮變得更嚴重。信用枯竭與愈來愈多人違約倒帳等事態的發展，將對原本的通貨緊縮和負債型通貨緊縮循環產生惡性影響，結果，又會進一步發生更多的違約倒帳情事。

這個情勢發展到最後就是經濟蕭條，經濟情勢快速崩潰，一國的經濟可能萎縮達一〇％以上。⑨對厄文・費雪的心理造成創傷但也同時讓他獲得啓發的大蕭條期間，崩潰的慘況可說前所未見。股票市場從高峰到谷底共下跌了九〇％，經濟萎縮接近三〇％，全國更有四〇％的銀行倒閉。失業率大幅竄升到二五％。通貨緊縮程度呢？物價像自由落體似的，原本一打雞蛋在一九二九年要賣五十三美分，到一九三三年時只賣二十九美分，下跌大約四五％。另外，人員薪資到瓦斯價格等的跌幅全都和蛋價相當。

難怪費雪的看法會那麼悲觀。從他在一九三三年危機處於最深淵那段期間所寫下的一段文字即可見一斑：「除非某些反作用導因出現，阻止物價水準持續滑落，否則這樣的蕭條……傾向於持續下去，它將跌落到更深淵，並陷入一個惡性循環長達許多年。而且這艘船持續傾斜的趨勢將不會停止，直到它翻覆爲止。」⑩雖然費雪也承認到最後情況終將穩定下來——「直到幾乎全面性破產的景況出現」，但他認爲這是「沒有必要且殘酷的」。取而代之的，他建議政策制訂者將物價「重新膨脹」到崩潰以前的水準。誠如他所言：「如果這個『大蕭條時期的負債型通貨緊縮理論』實質上是正確的，那麼控制物價水準將變成全新的重要議題，當權者——聯準會和財政部部長——未來將必須負起一個新的責任。」

班・柏南克、亨利・包爾森和提莫西・蓋特納（Timothy Geithner）可能是中了這些話的毒，所以他們奮力對抗這一場看似大蕭條重演的發展。遺憾的是，和處理金融危機的其他多數事務一樣，要將物價重新膨脹起來——用更白話的方式來說，就是指「製造通貨膨脹」——並不像表面上看起來那麼容易。因爲一旦通貨緊縮的惡性循環蓄積了足夠的力量，傳統的貨幣政策就傾向於失靈。這些政策也無法對抗伴隨金融危機而來的其他病徵。因此，在這場大戰裡，一定要開發與使用其他武器。

流動性陷阱

經濟學家通常以「流動性陷阱」，來形容一般貨幣政策流於徒勞無功的現象。政策制訂者向來非常懼怕這種情況，爲了瞭解箇中原因，我們必須先檢視中央銀行如何控制貨幣供給、利率與通貨膨脹。

以美國的情況來說，聯準會主要是透過「公開市場操作」⑪來控制貨幣供給，也就是說，它可以介入次級市場，買進或賣出短期政府債券。當聯準會出手時，實質上就等於爲美國的銀行體系挹注資金或從中抽走資金。它透過這個方式來調整所謂的「聯邦資金利率」，也就是銀行業爲取得同業存放在聯準會的資金所使用的隔夜拆款利率。在平常時期，聯邦資金利率幾乎代表經濟體系中各個層級的借款成本，而調控這項利率可說是聯準會權限範圍內最有效的可用工具之一。

相關的運作模式如下：假定聯準會目前擔憂通貨膨脹失控，希望經濟不要陷入過熱情境。於是，聯準會賣出價值一百億美元的短期政府債券。藉由這個作法，它實質上等於從銀行體系裡抽走資金。爲什麼？因爲債券的買方必須從他們各自的銀行帳戶開出支票來付款，而聯準會則會將這些支票兌現，並將兌現後的現金保留下來。就這樣，現在整個銀行體系和經濟體系少了一百億美元。此外，由於銀行的放款金額遠超過它們所收受的存款金額，所以，聯準會這個收走資金的措施，實質上將對銀行體系——延伸而言，指貨幣供給——產生接近二百五十億到三百億美元的緊縮效果。

聯準會透過這個方式就能緊縮貨幣供給，同時讓信用的取得變得更困難一些，也就是說，它實質上等於是提高了借款成本。貨幣和其他商品一樣都適用供需法則，而現在由於供給減少，借款的成本當然上升。換言之，利率因放款機構現在得以要求更高利率而上升。所以，每次媒體報導聯準會「提高」利率時，聯準會並非眞的提高利率，而是透過這些公開市場操作，將利率——聯邦資金利率目標——鎖定在較高的水準。

現在，讓我們想像聯準會不再擔心通貨膨脹的問題，而是反過來憂心經濟正走向衰退（而非過熱）的事實。所以，聯準會設定了較低的聯邦資金利率目標，並挹注大量資金到經濟體系——

買進短期政府債券。這時，它的錢打哪來？答案是：它憑空變出這些錢。聯準會實質上等於憑空開了一張一百億美元的支票，並將支票交付給政府債券的賣方。這些賣方把他們從聯準會手上收到的錢存到不同的銀行。於是，現在這些銀行可以利用這些存款來承作比這筆錢多好幾倍的放款。突然間，可用資金變多了，信用當然也就更容易取得。更具體來說，資金變得更便宜：對經濟體系挹注資金的實質效果，就是促使聯邦資金利率降低，如此一來，其他各項利率大致上也會同步下降。

這是平常的情況。相對的，流動性陷阱則不是常態。當聯準會用盡所有公開市場操作的力量，卻無法收到成效時，就會發生流動性陷阱。當聯準會將聯邦資金利率引導到零時，這個令人畏懼的時刻就會來臨。在平時，將利率引導到零等於是挹注極大量的寬鬆貨幣與流動性到經濟體系，這將會刺激經濟顯著成長。不過，在金融危機發生後，將利率降到零可能還不足以重建信心，難以迫使銀行對彼此放款。因為這時的銀行業非常擔心自身的流動性需求，而且彼此間互不信任，所以，它們寧可盡力囤積所有流動現金，而不將錢借出去。在這種恐懼氛圍下，儘管政策性利率可能已降到零，但銀行業所要求的實際市場放款利率卻可能還是遠高於零，借款成本當然也就居高不下。而由於政策利率幾乎不可能被引導到零以下——如果銀行因放款而受到懲罰（譯註：當利率低於零，代表銀行放款後還得貼錢給借款人），它們怎麼會願意放款？——所以，這時的政策制訂者就會陷入一個嚴重的窘境，那就是令人聞之色變的流動性陷阱。

在最近這場危機期間，世界各地的中央銀行就發現它們全都陷入這個處境。隨著危機惡化，它們積極調降利率，到二〇〇八年底和二〇〇九年時，聯準會、英國央行、日本央行、瑞士國家銀行、以色列央行、加拿大央行甚至歐洲央行，都將利率擠壓到接近零的水準。相較於前幾次金融危機的作法，這次各國央行都是以極爲明快的速度實施這項貨幣政策，且就某種程度而言，它們的行動都是經過協調的。不過，這波集體降息並未對提振放款產生太大助益，更別說是消費和投資（即資本支出）了，因爲銀行業、家庭和企業同時感到極端恐懼與不確定，因此市場利率依舊居高不下。這些降息的措施當然也未能阻止經濟走向通貨緊縮。此時，傳統的貨幣政策便無法支配市場，最適合用來形容這種情況的隱喻是：這就像是「推一條軟繩子」（pushin on a string，譯註：最初是凱因斯所使用的隱喻，形容在需求不足的情況下，聯準會難以透過貨幣政策，促使銀行放款或引導消費者花錢，那跟企圖推一條軟繩子前進一樣困難），所有努力全都徒勞無功。

原因很簡單，因爲聯邦資金利率（或其他國家的約當利率）調降的效果，無法滲透到較廣泛的金融體系。銀行有錢但卻不願意放款，這是危機所衍生的不確定性所造成，當然，這也因爲銀行擔憂現有的放款和投資最後終將難以回收，所以選擇迴避風險。用「師傅引進門，修行在個人」這句古老的格言，正好能貼切形容這種傳統貨幣政策失靈的情況。聯準會可以挹注大量活水——亦即流動性——到銀行業，但卻無法促使它們放款。就算這些銀行願意動用它們的剩餘準備金，頂多也只是將資金投入最接近現金的東西：零風險的政府債券。

只要比較超級安全標的（也就是穩健的投資標的）和較高風險投資標的個別支付的利率之間的落差——亦即利差，便可隱約揣摩到流動性陷阱是否發生。衡量這個利差的方法有很多種，舉個例子，「譯註：泰德（TED，源自 T-bill 與 Eurodollar）利差」是指美國短期政府債券利率和三個月期LIBOR（請詳第一章，指銀行同業間彼此拆借三個月期資金的利率）的差異。在平時，泰德利差大約是在三十個基本點上下波動，這顯示市場認定銀行同業拆款的風險只比政府貸款高一點點。

但在這次危機達到最高峰時，泰德利差飆高到四百六十五個基本點，因爲銀行之間的信任度顯著降低，所以除非放款利率非常高，否則它們不願承作同業間的三個月期貸款。在此同時，想要規避風險的投資者則紛紛逃向最安全的資產：美國政府公債。這兩股動力的共同作用，導致銀行業的借款成本上升，美國政府的借款成本下降。利差的擴大充分反映出這個動態，而利差愈高，市場的壓力就愈大。所以，儘管聯準會願意以低利率放款，但銀行同業間的實際市場放款利率——LIBOR利率——卻依舊非常高。更糟的是，由於很多其他種類的短期貸款和浮動利率不動產抵押貸款的利率，是局部釘住LIBOR的，所以民間企業和家庭的借款利率也一直維持在極高的水準。

諸如泰德利差這種衡量指標其實有點類似血壓數值，這些數字所反映的是經濟體系循環系統的根本體質。它們衡量經濟體系內的資金流動難易度，也就是指市場在特定時刻的「流動」程度。在正常情勢下，市場的流動情況相對良好，且一般法則受到信賴，人們安心的彼此放款，借款成本也維持在正常水準。但在危機時期，病人（指金融體系）的情況非常嚴重，儘管採用一般的保健對策——亦即從事公開市場操作來達到降低利率的目的——還是無法讓整個系統的活血（資金）流動，此時，通貨緊縮將成爲事實。

碰上這種問題該如何處理？讓我們回顧二〇〇二年，當時柏南克在演說中談到通貨緊縮的危險，並暗示許多種可能的干預行動。誠如他當時所認知到的，這些實驗性質的對策隱含顯著的風險，那是因爲「我們對這種政策相對缺乏經驗」，[12]他對這些政策的特質的看法極爲正確。日本人在一九九〇年代試驗過其中幾種政策，不過，這些政策迄今依舊頗具爭議性。後來，當危機來襲後，柏南克也制訂了一系列這類對策，目的是要縮減由市場決定的短期、長期利率和政策制訂者設定的短期利率之間的利差。爲實現這個意義重大的目的，聯準會創造了一系列的新「流動性」工具，[13]讓所有需要低成本貸款的人都可以取得資金。實質上來說，政府這一次等於是直接介入市場，它的所作所爲已遠遠超過正常的挹注流動性機制（指調降隔夜聯邦資金利率），它等於直接對一些病弱的金融機構放款。於是，政府成爲典型的最後放款人，爲整個金融體系的各個部門提供放款與流動性，救助範圍之廣，可謂前所未見。

最初，聯準會的這些策略行動，是以原本就有某些權利直接向聯準會「貼現窗口」（這個用語沿用自較早時期，當時現金短缺的銀行會向聯準會的出納窗口求援）拆借隔夜資金的機構法人爲目標，這些法人包括存款型機構或銀行。動用這項權利的銀行並不多，原因很簡單，因爲在平時，聯準會會對向貼現窗口尋求奧援的任何一個機構施以懲罰性利率；這個窗口的設計是爲了提供小額緊急貸款，不是爲危機而設計。然而，當情勢惡化，聯準會不僅降低這種借款的罰金，更讓銀行可以取得較長期的貸款。到二〇〇八年三月，銀行最多可以向貼現窗口拆借九十天期的貸款，且幾乎不需繳納罰金。

不過，危機還是繼續惡化，於是聯準會隨後又導入新的流動性工具。定期競標融通機制（TAF）是鎖定存款型機構，爲它們提供另一個可即時取得較長期現金貸款（而非僅隔夜貸款）的工具。不過，這項工具還是未能有效阻止費雪預料中的流動性緊縮或跳樓大拍賣、強迫清算與資產價格下跌的惡性循環發生。聯準會最後不得不採取其他工具，這些工具是以協助金融體系中尙無法直接取得聯準會資源的部門爲目標。

基於這個目的，聯準會設置了主要交易商融通機制（Primary Dealer Credit Facility, PDCF），這個機制是爲「主要交易商」——也就是聯準會在進行公開市場操作時的交易對手銀行與經紀自營商——提供貸款。另外，它還設置另一項工具「定期借券機制」(Term Securities Lending Facility, TSLF)，這是對上述族群提供中期的貸款，而這類機構必須用它們手上的低流動性證券來換取這項貸款。就這樣，聯準會自大蕭條以來首度動用它的緊急權力，對非存款型機構放款。從那時候開始，各種不同工具不斷問世，它們的縮寫名稱非常複雜，不亞於新政期間所發明的眾多新名稱，包括商業本票融資機制（Commercial Paper Funding Facility, CPFF）、貨幣市場投資人融通機制（Money Market Investor Funding Facility, MMIFF），其中一個縮寫字幾乎無法用英文發音，那是「資產擔保商業本票貨幣市場共同基金流動性基金」（Asset-Backed Commercial Paper Money Market Mutual Fund Liquidity Fund, ABCPMMMFLF），這個機制較常用的名稱是AMLF。

這一大堆字母湯似的放款機制是以各種不同方式運作，而且個別機制鎖定的目標或標的也不同。其中某些機制讓金融機構得以直接向聯準會借款，某些工具則讓金融機構可以用流動性不足的資產如優質的資產擔保證券、公司債、商業本票等，「和聯準會」交換超級安全且容易變現的政府公債；另外，某些工具則可以直接或間接作爲購買低流動性短期債券的融資來源。不管是哪一種機制，它們的目標都一樣：挹注流動性到顯露出有問題與壓力跡象的特定市場。這一波前所未見的干預行動，並不像表面上看起來那樣不分青紅皂白的胡亂干預一通，也並非雜亂無章。聯準會並不接受垃圾債券或其他低等級負債作爲擔保品，它只接受理論上的優質債券。

最後，這些努力終於獲得一些成果，在二〇〇八年年底，也就是雷曼兄弟公司破產後，聯準會和其他國家的央行爲金融市場挹注了數千億美元的流動性，終於促使短期市場利率和安全的政府資產利率之間的利差開始下降。儘管這些對策非常繁雜且激進，但的確成功爲短期信用市場挹注了極大量的流動性。然而，這絕對是一場得不償失的勝利。聯準會和其他採行類似計畫的各國央行，因這些行動而從最後放款人成爲第一線放款人，而且是唯一放款人。在這個過程中，它們不止一次做出破釜沈舟的打算。

在平時，最後放款人只協助個別銀行解決流動性問題，但在這場危機中，各國央行最後卻爲幾乎每一家銀行提供支援。而且，它們不像平常只提供隔夜貸款形式的協助；由於這次的信用緊縮情況非常嚴重，所以聯準會的放款期間竟拉長到幾個星期甚至幾個月。此外，它放款給過去從未得到這類援助的機構：主要交易商（包括很多定義上不屬於「銀行」的企業）與貨幣基金。聯準會甚至還透過CPFF，遂行其對企業界放款之實。它還提供「流動性支援」——一種低成本的特殊信用額度——給很多被認爲「大到不容倒閉」的機構，如AIG、房地美、房利美和花旗集團。歐洲的央行官員也採取類似的對策。

就歷來的中央銀行業務來說，這些干預行動幾乎可說是前所未見。干預行動本身代表政府對金融體系的支持大規模擴張。但是，這一切都還只是開頭而已。

最後放款人的身分

當一場典型的危機愈演愈烈，就會發生全國性的銀行業及其他金融機構的擠兌風潮。墨西哥的存款人想要收回他們的披索，日本的投資人則想收回他們貸放出去的日圓。不過儘管這個情況令人難受，但這些國家的中央銀行終究會有辦法收拾殘局，因爲它們可以印鈔票來滿足存款人的需求。人們急需本國貨幣，而爲了平息恐慌，中央銀行當然可以提供這些貨幣。

不過，當金融機構、企業、家庭或甚至政府的負債是以外國貨幣計價，情況就有可能變得難以收拾。新興市場經濟體的多數融資，最終可能是來自其他國家的銀行與其他金融機構。通常所謂的外國貨幣是美元，不過，也有可能是歐元或其他不同國家的貨幣。

如果一個新興市場經濟體的債權人基於某種原因，決定不在負債到期後讓債務人續期展延原有負債，那麼不管欠這些美元的是誰，他都必須清償這筆負債。那會導致債務人陷入一個尷尬的情境，因爲他們可能沒有美元。此時，他們可以向中央銀行求援，不過，中央銀行也不可能隨時囤積大量的外幣準備金，所以不可能提供協助。這個國家的央行也不能印製美元，因爲這樣等於是製造假鈔。此時，這些債務人將會變得異常脆弱。這就是近年來幾次新興市場危機的核心問題，⑭包括一九九四年的墨西哥，一九九七年與一九九八年的東亞，一九九八年的俄羅斯和巴西，以及二〇〇一年的土耳其和阿根廷等國的危機，均是如此。

現在讓我們談談國際貨幣基金（IMF）。IMF是在第二次世界大戰結束後誕生，它的主要責任之一，是擔任類似一九九〇年代那些陷入危機的各國政府與央行的國際最後放款人。在那十年間，IMF非常忙碌，不過，進入二〇〇〇年代後，這個急診室醫生變得有點無所事事，直到這場危機來襲後，情況才改觀。這場危機爆發後，IMF再度成為世界上許多新興市場國家的最後放款人。

這次它是以兩種形式提供協助。⑮首先，它為十四個國家提供較傳統的救命索——備用融資機制（Stand-By Arrangement, SBA），匈牙利、烏克蘭和巴基斯坦是其中較大的受援國。IMF提供支援是有條件的，這次也不例外，受援國家必須採納理論上可幫助它們未來更趨穩定的經濟改革，IMF才會提供這些外幣貸款，一九九〇年代接受IMF援助的新興市場也接受過相同的條件。而其他較穩定、過去曾實行金融改革且改革記錄較優良的國家，如墨西哥、波蘭和哥倫比亞，才有權取得無條件的流動性額度，也就是所謂的彈性信用額度（Flexible Credit Lines, FCLs）。彈性信用額度和備用融資機制不同，前者是用來當作預警或預防性的信用額度，換言之，IMF實質上保證會提供協助，但不會立刻撥款。

這一次，所有這類放款的規模都非常龐大。二〇〇九年夏天，IMF核准了超過五百億美元的備用融資機制和七百八十億美元的彈性信用額度。其中很多單一救命計畫的規模，甚至超過十年前所有拯救計畫的總額。舉個例子，一九九七年，南韓收到的貸款還不到一百億美元，這筆錢是用來協助該國順利度過當時橫掃亞洲的那場危機。相對的，二〇〇八年，一個經濟規模遠低於南韓的國家——烏克蘭——卻收到驚人的一百六十四億美元援助。

然而，扮演最後放款人角色的不僅是IMF。聯準會除了在美國國內進行無數的干預行動以外，也藉由提供「交換額度」，⑯承擔起這個重要的國際責任。根據相關的協議，聯準會以美元「交換」其他中央銀行的貨幣，從而讓這些央行有能力對它們國內需要美元的人承作美元的放款。舉個例子，在二〇〇九年四月，墨西哥向聯準會開啓了三百億美元的交換額度。這些資金挹注為市場投入美元流動性，協助所有美元債務人得以還款或辦理借款續期展延。

光是這些新興市場救援行動就已非常引人注目，不過，最近這場危機還具備許多奇怪且前所未見的特色，其中的特色之一是，連最穩定的先進經濟體都面臨和新興市場不相上下的流動性危機。先前有很多歐洲金融機構借了大量美元短期貸款，來從事各種不同的投機活動。而當危機達到最高峰時，銀行同業拆款市場整個凍結，這些機構因此無法續期展延它們的美元計價負債。由於每個人都需要美元，所以，美元的價值大幅竄升，而這卻是個極端可怕的反諷，畢竟金融危機是在美國爆發，但二〇〇八年時，這個國家的貨幣卻大幅升值。

柏南克的解決方案堪稱另一個「最後放款人把戲」。聯準會不能直接對美國以外的金融機構放款，但卻可以放款給外國的中央銀行，而這些中央銀行則可以進一步將資金借給迫切需要美元的金融機構。聯準會透過這些放款行動，從收受美元的各國中央銀行庫房取得約當相同總額的外幣。透過這個方式，大量的美元從聯準會被轉移到歐洲央行、瑞士國家銀行、英國央行以及瑞典、丹麥與挪威央行的手中。相對的，聯準會則取得約當金額的歐元、英鎊、法郎和其他貨幣的保管權。到二〇〇八年年底，這些交換額度總額達到五千億美元，直到二〇〇九年春天以後，相關的金額才開始下降。

這些不尋常的流動性挹注與穩定市場的努力，終於使得這場危機漸漸趨緩。不過，誠如政策制訂者所發現的，遏止較緊急且激烈的短期借款危機是一回事，但敦促銀行業協助阻止更嚴重的通貨緊縮與蕭條情境發生，卻是相當不同的另一回事。

核選擇（意指無論如何選擇，現有的一切都會煙消雲散）

在聯準會和其他國家央行用來因應這場危機的工具當中，最值得一提的武器之一是「量化寬鬆」，⑰不過，班・柏南克提倡將它稱為「信用寬鬆」（credit easing），經濟學家保羅・克魯曼則主張應該將它稱為「質化寬鬆」（qualitative easing）。無論名稱為何，日本早在一九九〇年代就嘗試過這個政策，只不過規模比較小。這項工具的基礎概念是：讓中央銀行像干預短期債券市場一樣，介入長期債券市場，

為何會淪落到走上信用寬鬆的道路？因為到當時為止，相關單位所採用的對策並未能發揮神奇的功效。拜隔夜聯邦資金利率調降之賜，銀行有能力取得大量現金，而由於大量新流動性機制的推出，各類金融機構也都能取得現金，最後終於讓以LIBOR衡量的短期借款成本降低。不過儘管官方慷慨解囊，但銀行業卻仍拒絕對很多需要信用來維持生計的企業和事業承作長期放款。換言之，銀行業雖能從聯準會那一端取得零息貸款，但其他所有經濟部門的市場利率卻依舊很高，原因是，金融機構預見到未來的可能虧損而繼續囤積現金（不願放款），要不就是把資金大量投入最安全的投資標的：政府公債或「政府機關債券」，如房利美與房地美公司的債券。

銀行業將資金暫時投資到政府或政府機關債券——尤其是長期債券——的傾向，是可以理解的。它們以接近零的政策性利率向聯準會借錢，接著將資金投入利率達三%或四%的十年期或三十年期公債，這樣就可以穩賺一筆可靠的利潤，同時避開所有吵著要貸款的高風險貸款人。所以，

儘管這個策略完全無助於紓解信用緊縮，但從自保的觀點而言，卻非常有道理。

於是，聯準會利用量化寬鬆的手段，從多方面來解決這個問題。它直接介入金融體系，開始買進長期政府債券，包括十年與三十年期的公債。此舉立刻挹注大量流動性到市場上，因為聯準會購買這些債券的資金是它憑空印製出來的。當聯準會購買價值數千億美元的債券時，現金就會流向把債券賣給它的銀行。現在，銀行擁有的現金更多了，所以，它們想必會開始有興趣把這些資金拿來承作放款。

聯準會這些措施的設計，旨在降低長期債券的投資吸引力的同時，也得到其他額外的正面結果。為什麼要這麼做？因為債券價格和債券殖利率是反向波動的。如果價格上漲，殖利率就會下降。當政府藉由買進這些公債的方式來製造需求後，債券的價格會因此上漲，殖利率則跟著下降。此時對想暫時消化現金部位的銀行來說，這些債券的吸引力就降低了。理論上來說，銀行將因此尋找其他可投入資金的標的，並開始考慮對急需信用的主體放款。

這個政策是在二〇〇九年三月宣布，同時，政府也配合大量買入其他資產。就在聯準會宣布要購買上限達三千億美元的長期政府公債的那一天，它也宣布將要買進價值一兆美元的不動產抵押擔保證券和價值五百五十億美元的政府機關債券。一如先前購買政府債券的計畫，聯準會早在前一年秋天就已經短暫突襲過這些市場。但無論如何，這些干預行動的規模與範圍——尤其是不動產抵押擔保證券市場那部分——真的非常驚人。另外，聯準會還宣布將投入一兆美元到定期資產擔保證券貸款機制（Term Asset-Backed Securities Loan Facility, TALF），以聯準會的貸款來支持民間對信用卡負債與汽車貸款的證券化，這項宣示也是非常驚人。

聯準會希望藉由擴大它持有的資產種類，來提振各種長期債券的市場。它透過TALF計畫所進行的干預，還算相對溫和，這些干預旨在重振證券化的市場。不過，聯準會插手房市則是爲了實現更遠大的目標。聯準會購買不動產抵押擔保證券，實質上等於是給予房利美和房地美公司更大喘息空間，讓它們可以爲更多不動產抵押貸款或包裹式不動產抵押貸款作保。那個策略是和聯準會壓低十年與三十年期政府公債殖利率的種種活動同時進行。因爲不同的長期利率傾向於連動，所以，這項干預行動理當會促使不動產抵押貸款利率降低，從而幫助不動產抵押貸款市場再次活絡起來，另外，這也能促使企業的借款成本降低。

使用量化寬鬆政策的不僅是聯準會，那時英國的央行也面臨流動性陷阱問題。它將標竿利率降到接近零，這是該行從一六九四年成立迄今首見，同時，它也創造了一些類似美國所設計的那種流動性機制。不過，這些行動都未能阻止負債型通貨緊縮預期心理的產生，於是，英國央行從二〇〇九年三月起，開始推行它本身的量化寬鬆對策，宣示將買進大約價值一千五百億英鎊的政府債券與公司債。兩個月之後，歐洲央行也跟進，對外保證將買進六百億歐元的擔保債券（covered bonds），那也是一種不動產抵押債券。

這些干預行動使得各國中央銀行的角色丕變。在過去的危機裡，中央銀行最多只是擔任最後放款人。但這一次，世界各國央行透過一系列逐步增強的步驟，接受了一個新角色：最後投資人。它們一開始先創造一些讓金融機構得以將其有毒資產拿來交換超級安全的政府債券的流動性機制，這麼做等於是爲那些沒有人要的資產創造一個人爲市場。同時，各國央行在直接承作放款時，也接受非常廣泛的擔保品，包括公司債、商用不動產貸款，到商業本票等，這些作爲也讓一系列資產的價值獲得提升。

聯準會和其他中央銀行的量化寬鬆政策將這個流程帶向最高潮：直接在公開市場中購買長期債券。結果，各國中央銀行的資產負債表出現非常顯著的轉變。舉個例子，在二〇〇七年時，聯準會大約持有價值九千億美元的資產，當中幾乎所有家當都是美國政府的債券。但到二〇〇九年夏天，聯準會的資產負債表膨脹到接近二．三兆或二．四兆美元，其中絕大多數是在這場危機裡逐步累積的資產。這些資產中有某些（如房利美與房地美的債券）還算安全，但其他則不然，尤其是從房屋不動產抵押貸款、信用卡負債和汽車貸款所衍生出來的證券。

最有疑問的，是在紓困貝爾史登和ＡＩＧ時取得的擔保債權憑證和其他可能有毒的資產。根據聯準會職員在二〇〇九年二月所提出的報告，這些資產「是聯準會資產負債表中最令人難以理解的部分之一」。⑱這樣的陳述實在過於含糊。聯準會是透過它對三家有限責任公司——一般熟知的處女巷一號、二號和三號（Maiden Lane I, II, and III）——的控制權來「擁有」這些資產，相較於它在這份報告裡所列示的其他多數資產，這個持有方式顯得與眾不同，而且，這三家公司全都是由民間的貝萊德財務管理公司（BlackRock Financial Management）負責管理。這個極端不尋常的作法引來非常多非議——和懷疑。而且就聯準會歷史來說，這個情況也是前所未見。

綜上所述，這些措施組成一系列巨大且前所未見的金融體系干預行動，更使用了傳統與非傳統的貨幣政策。在這場危機的整個發展過程中，柏南克（還有其他國家的中央銀行官員，只不過程度上較輕微）試圖以三個種類的工具對抗金融危機所帶來的影響。最傳統的就是對大量金融機構包括銀行、經紀自營商甚至外國央行等提供流動性（也就是最後放款人的支持）。較不傳統的手段是創造一些用來購買特定種類短期債券如商業本票（或提供購買這些債券的融資機會）的特殊機制。接著，聯準會又開始扮演最後投資者的角色，這是所有計畫中最激進的一個：它決心干預長期債券（各種不同的資產擔保證券和長期政府公債）的市場。

儘管這些對策多少有點欠缺深思熟慮，但至少不像原本計畫要在這場危機期間實施的其他某些選擇那麼瘋狂。舉個例子，聯準會大可直接干預股市，買進一些沒有人要的股票。在一九九八年亞洲金融危機期間，這個戰術曾被使用過，⑲當時香港的貨幣主管機關買進了五％在當地股市交易的股票。那時這個對策廣受批判，不過，它終究讓某些大型避險基金策動「雙殺」——同時在外匯市場和股票市場放空——的如意算盤無法得逞，成功阻止了一場外匯市場危機。事實上，香港政府還因此發了一筆橫財。相同的，日本央行也在二〇〇二年採用了一個類似的政策，不過，它的干預規模和香港比起來遜色許多，而且主要的目的是要推升特定銀行股票的價格，期許銀行業能恢復活力。二〇〇九年時，它又基於非常類似的原因再度採行這些措施。

聯準會並未選擇走這條路，而且它有充分的理由：如果這麼做，將引來政府操縱世界上最大經濟體的股票市場的合理疑慮，並因此危及它已經搖搖欲墜的信譽。基於相同的疑慮，聯準會在從事其他干預行動時，也設定了某種限制。它在承作放款時，只接受投資等級資產做擔保品，同時當它插手商業本票市場時，也拒絕購買低等級的商業本票。所以，儘管聯準會想盡辦法阻止危機，但在作法上還是有分寸的。

另外，聯準會也絕不採用其他幾種極具爭議性的武器。在過程中，它也許採取非常大規模的量化寬鬆政策，操縱外匯市場讓美元貶值，或甚至採用米爾頓．傅利曼在半開玩笑的狀態下所提出的一個策略：由政府印鈔票，並用直升機把錢撒給大眾。⑳當然，傅利曼的意思絕對不是要政策制訂者像天降甘霖一樣對民眾撒錢，而是建議政府做可以產生類似功能的事，例如完全利用印鈔票來填補因對人民減稅而短少的財源。儘管柏南克早在二〇〇二年就接納了這個概念，但在這場危機中，他並未真的落實這個建議。㉑

然而，柏南克和其他國家的央行官員終究是使用了某些極不傳統的對策，意圖以他們的力量來阻止這場危機。遺憾的是，危機期間所使用的激烈療法注定會產生意料外的後果。首先，聯準會對金融市場釋出清晰的訊息，表明它將採取所有行動來防止金融危機失控。這當然是非常美好的保證，但卻也製造了一場大規模的道德危機。在這種情況下，就算銀行和其他金融企業在下一次危機來襲時，認定聯準會一定會再度出面拯救它們，也是情有可原。事實上，主其事者已經開了一個「設置特殊流動性機制以及將最後放款人的支持擴大到適用全球金融體系」的先例（惡例），所以，相關企業自然會期待它們最後能在不發生嚴重問題的情況下全身而退。

但這是嚴重的問題，誠如東方航空公司總裁法蘭克．波爾曼（Frank Borman）在一九八〇年代初期所言，「沒有發生破產案件的資本主義，就像是沒有地獄的基督教。」㉒遺憾的是，聯準會的干預行動同時挽救了單純流動性不足的企業和真正無力償債的企業，真正破產的大型銀行和金融業企業少之又少。原本就算用盡所有流動性或法規寬貸都拯救不了的金融機構，目前還是繼續在營業。但這些企業和日本「失落的十年」的象徵——殭屍銀行——一樣，都必須破產，而它們愈快破產，對未來的發展愈有利。

不過，那主要取決於另一個問題：如何收回與解除聯準會在危機期間所建立的各種特殊機制。柏南克早在二〇〇九年一月就信心滿滿的談到聯準會的「退場策略」，[23]而且他顯然相信，當信用情勢改善，金融體系對寬鬆資金的依賴將會逐漸降低。也許他的見解是對的，不過，過去一段時間，他和其他國家央行官員的挽救行動之大，可謂自古以來首見，過去從未有人嘗試過這麼大規模的干預。而由於金融體系含括了異常大量的運作單位，所以很難得知一旦官方斷絕對金融產業某個部門的寬鬆貨幣奧援，將會對整個體系的其他單位產生什麼樣的影響。柏南克雖向焦慮的立法人員保證他已成竹在胸，但我們其實是航行在一個未知的水域，過去從未有過這種程度的干預前例（因此退場的後果如何，仍難以推斷）。

柏南克所開創的貨幣政策還有個鮮少受到注意的另一面：嚴格來說，很多這些政策不再是單純的貨幣供給管理政策。取而代之的，聯準會已跨入金融體系，爲這個體系的運作提供實質上的補貼，而這樣的作法有可能產生虧損，且這些虧損最後可能得由納稅人買單。用另一種方式來說，聯準會正致力於一些可能染指傳統的財政政策勢力範圍的貨幣政策，那就是政府課稅與支出的權力，儘管目前它插手的程度還非常輕微。這些範圍屬於立法機關的特權，但在這次危機中，柏南克的政策已經讓那條界線變模糊，將聯準會貸放資金的權力轉變爲一種把錢花在金融體系的手段。聯準會在金融體系有需要的時候給予許多補貼，而且購買了可能隱含高風險的資產擔保證券，連購買長期政府債券的計畫，最後都可能要付出代價——等到不得不賣出時，聯準會可能得在虧損的狀態下出清這些債券。

然而，這些侵犯財政政策領域的行動有可能是不得不爲的。畢竟當時建議分配一部分稅收來挽救金融體系的計畫，的確遭遇到極大的政治阻力，打從一開始，問題資產救助計畫（Troubled

Assets Relief Program）就無法順利取得必要的資金，接著，二〇〇九年春天提出的景氣振興方案也遇到非常大的阻力。

危機爆發後，政府就一直試圖利用財政政策來對抗危機，但卻都遭遇某些阻力。那很令人遺憾，因爲雖然政府的課稅與支出權力不見得每次都能立即發揮效用，但它畢竟是危機經濟學彈藥庫裡最強大的武器之一。當然，這項工具的使用也可能帶來很多嚴重的風險，尤其在最近這場危機，立法人員不僅把納稅人的錢花在一些傳統的赤字支出項目上，還用來紓困、擔保和支持銀行、汽車廠以及最先引爆這場危機的那些房屋所有權人。

7 多花錢，少課稅行得通嗎？

胡佛總統在一九三〇年發表年度國情咨文演說，隔年美國便陷入一場巨大的經濟災難。不過，他在那一天斷然宣稱，「立法行動或行政部門的決定都無法治療經濟蕭條，經濟的傷口必須仰賴經濟主體的細胞採取行動——亦即生產者和消費者自身的力量——才能癒合。」①胡佛總統還建議「每個人都應該保持信心和勇氣」，同時「每個人都該自力更生」。

這一席話讓胡佛成爲政府無情與無爲的典型代表人物，這個印象迄今仍未改變。不過，眞相其實更加複雜，而且更有意思。在那場演說當中，胡佛其實還提到，往常在經濟走下坡之際，公共建設專案的支出向來是大幅降低的。因此他驕傲的對美國人報告，這一次中央、州和地方政府蓄意花錢進行基礎建設改良，來制衡大蕭條的衝擊。事實上，他還自吹自擂的說：「聯邦政府爲協助改善情況，積極投入最大的水道、港口、防洪、公共建築、高速公路與航空改良等計畫，介入程度之高爲史上首見。」在這個「無爲」總統的領導下，聯邦政府花費在這類專案的支出，實質上增加了一倍。

雖然胡佛支持這類支出，但他也認定應該適當設限。他宣稱：「我必須不厭其煩的強調，任何其他擴大政府支出的計畫絕對有延後的必要性」。事實上，「經濟情勢嚴峻」是聯邦維持平衡預算的最大障礙。這一席話傳達出一個非常清楚的訊息：在他的監督下，不會有赤字支出的情事發生。

可憐的胡佛其實是活在危機經濟史上的一個轉捩點。他的演說充分顯現他被夾在兩個極端不同的危機處理典範的兩難之間。其中一個是效法前人，要求保持耐心並維持平衡預算；另一個典範成爲未來的潮流，要求採行赤字支出，並推動大規模的公共建設專案。胡佛雖能預見未來，但卻無法掙脫過去對他的束縛。他希望能調和以下幾個彼此矛盾的目標：培養自力更生的精神，在危機時刻提供政府協助，同時又要維護財政紀律。但偏偏這是不可能的任務。

在胡佛對國會發表那一席演說的六年後，約翰・梅納德・凱因斯提出一個清晰而有力的論述，後來這個主張成爲新的正統作法：未來一旦危機爆發，政府將仰賴財政政策來緩和經濟所受的衝擊，政府將增加對商品與勞務的需求，同時讓資本主義再起的必要元素——「動物本能」得以恢復元氣。換言之，政府將積極花錢與減稅（不過減稅比花錢的程度較輕微一些），並以赤字支出作爲推行這些對策所需的資金來源。放任經濟自行恢復健康的舊政策，自此變成類似放任病人痛苦的爛政策。所以，在接下來幾十年間，財政政策每每成爲因應經濟衰退的最佳武器，無論經濟衰退是否因危機而起。

如果說，當年的胡佛是站在財政政策史上的分水嶺，那麼，我們必然是生活在另一個分水嶺之上。凱因斯的工具箱裡原本只有區區幾項可靠的工具，但現在卻從那個工具箱衍生出一大堆令人困惑的政府干預經濟的手段。在美國和其他許多國家，中央政府不僅在公共建設上撒錢，也爲了其他目的（如替銀行貸款、負債和存款等進行擔保）而花費許多錢。各國政府甚至利用納稅人的錢來換取工業巨獸和大型銀行的大量股權。到現在，不僅貨幣政策的種種演變複雜到令人困惑，財政政策也逐漸變成一個超大型但所費不貲的錦囊。

當代的政策制訂者發現他們自己也陷入一個和胡佛類似的困境。他們也許願意降稅，並提高支出來振興勞動市場，同時也願意增加需求和生產，但很多政府在發生危機前，本就存在龐大的預算赤字，公共負債也早已達到無以爲繼的水準。它們當然想強迫胡佛口中的「生產者和消費者」自救，不過，到最後卻又不得不花更多費用來緊急援助這些人。另外，儘管很多政府希望堅守道德風險的底線，但另一方面卻又繼續爲家庭、金融機構和企業提供新的行爲誘因，而那正是當初引發這場危機的禍首。

總之，二十一世紀財政政策的核心充滿了許多矛盾。儘管我們目前的困境也許不像胡佛時代那麼嚴峻，但舊的做事方法已無法解決逐漸逼近的新現實。

傳統的財政政策

約翰．梅納德．凱因斯是第一個提出政府應動用其課稅與支出的力量來改善經濟困境的主要經濟學家。他的分析簡單明瞭：在經濟走下坡時，商品與勞務的總需求將下降到遠低於供給的水準，這將促使失業增加，生產活動降溫。在大蕭條的陰影下，凱因斯的著作歸納出以下結論：如果允許這個循環繼續發展而不加以抑制，有可能會自食惡果。如果危機日益嚴重，經濟的「動物本能（血氣）」將會消滅，恐懼的創業家和消費者將極力撙節支出，支出縮減程度將遠超過收入減少與經濟災難兩者所造成的合理影響。儘管社會上有大量絕望的勞工和閒置的工廠，但需求、就業情況、生產與物價持續降低的惡性循環，將讓經濟體系陷入一個持續惡化的通貨緊縮困境，最後陷入永久性的停滯狀態。

凱因斯相信，經濟不可能靠著自身的力量走出困境。唯有政府介入挽救，並直接或間接填補需求（相對於大量超額供給與閒置產能而言）的低迷，經濟才可能穩定下來，也唯有如此，才會有恢復繁榮的機會。所以，政府將需要採行赤字支出，不過，凱因斯斷言，最好是防患於未然，在災難尚未惡化以前就開始撒錢。平衡預算的事可以等到危機過後再來處理。事實上，凱因斯認爲太早回歸財政紀律，有可能扼殺才開始要復甦的經濟幼苗。

雖然凱因斯是在一九三六年首度公開發表他的概念，但政府在一九三〇年代初期所擬定的政策，就已預先反映了他的建議。最先只是胡佛的早期實驗，到羅斯福的新政時期，這個概念的應用達到最高潮，當時大大小小的公共建設案讓人民重新找到工作，同時也提振了商品與勞務的需求。即使以今日的標準來看，當年的建築活動規模都是非常龐大的。② 公共工程管理局（Public Works Administration）、工程進度管理局（Works Progress Administration）和公民保育團（Civilian Conservation Corps）等，一共建造了二萬四千英里的下水道，四百八十座機場，七萬八千座橋樑，七百八十間醫院，五十七萬兩千英里的高速公路，以及高達一萬五千所學校、法院與其他公共建築物。

儘管這些政策的成果稱不上奇蹟，但也非常戲劇化，從一九三三年到一九三七年間，失業率從接近二五％下降到略低於一五％。③ 但一九三七年時，政府許下平衡預算的新承諾，導致經濟再度陷入長達一年的嚴重衰退；自此之後，羅斯福政府恢復原本的策略，以赤字預算來支應新政所需資金。第二次世界大戰的爆發讓政府支出進一步擴大，但也協助美國擺脫揮之不去的大蕭條陰影，讓經濟恢復更穩定持久的成長。

凱因斯自此成為戰後世代最卓越的經濟學家，而他的處方不僅成為標準的危機因應對策，也被用來解決大大小小的經濟衰退。凱因斯最後在一九七〇年代失寵。不過，到一九九〇年代初期，也就是日本房地產泡沫崩潰導致經濟陷入困境後，日本政府再度採納他的概念，④在那接下來十年間，它擬定了十幾個不同的景氣振興方案，總金額超過一兆美元。這些努力導致日本的赤字上升到歷史新高，同時產生了一個好壞參半的遺產：雖然他們完成了大量受歡迎的基礎建設改良工程，但也在鄉村地區從事很多浪費且沒有意義的建設。經濟學家迄今依舊令人作嘔的爭辯著這些努力是否有實質意義。⑤很多人認為這個政策之所以失敗，原因並非公共建設支出的概念有問題，而是特定建設案的選擇不當，另外有些人則斷言是因為日本政府花的錢太少或太早收手。

不過，這種財政刺激政策只是政治制訂者的眾多法寶之一。除了直接花錢振興需求以外，財政政策也包括減稅與退稅，理論上來說，這些政策都能讓消費者得到更多收入，因此達到鼓勵花錢的目的。換言之，這些對策能提振支出，至少理論上是這樣的。在一九三〇年代，這個策略並未被列為戰術之一，胡佛甚至還加稅，羅斯福也是如此，⑥即便加稅的負擔主要是落在有錢人和中產階級的身上。不過，到戰後世代，減稅和稅額扣抵政策已成為經濟衰退或危機時期不可或缺的財政政策元素。舉個例子，日本便是以減稅作為危機因應對策的手段之一。

財政政策的第三種變形是一種「移轉性支出」，政府藉由這種支出，把錢轉移給缺乏現金的族群（窮人或失業者）或財政困頓的州與地方政府。從一九三〇年代以來，移轉性支出一直都被作爲財政政策的重要支柱之一，新政裡的很多計畫對這些族群拋出救命索。這種支出和減稅類似，都屬於政府解決經濟危機與一般經濟衰退的標準武器。移轉性支出的形式非常多樣，包括失業補貼、食物券和職業訓練基金等。

在最近這場危機，這三種傳統的財政政策都明顯受到政府倚重。二〇〇八年一月，立法人員核准了一個金額達一千五百二十億美元的所得稅寬減計畫，主要優惠目標是個人和企業，這是當時多項行動中最先推出的一項。不過，和二〇〇九年的美國復甦與再投資法案（American Recovery and Reinvestment Act）相較，二〇〇八年的這個經濟振興法案（The Economic Stimulus Act）就顯得相形失色了；[7]二〇〇九年那個方案的總成本高達七千八百七十億美元，它鎖定財政政策的每一個標的。政府的商品與勞務支出大幅增加，基礎建設與能源建設項目的直接支出金額超過一千四百億美元。其他雜項支出項目的總和更高——這包括從漁業到防洪系統等林林總總的項目。

這項法案也分配很多資金作爲稅額扣抵與移轉性支出之用。更確切來說，扣抵稅額佔該方案總額的多數，光是個人得到的寬減額就價值大約二千三百七十億美元，其中有些扣抵適用於各個層級的人口，另外有些則是鎖定經濟體系裡的特定區隔，例如只適用首次購屋屋主的扣抵稅額和購買節能新車車主的優惠（舊車換現金）。最後，這項法案引導了數十乃至數百億美元的資金給失業、年老以及其他脆弱的人口族群。另外，它也分配更多資金給州及地方政府。

在此同時，世界各國也都採取類似的財政刺激方案，只不過，某些國家比較不那麼積極。歐州經濟復甦計畫（European Economic Recovery Plan）是在二〇〇八年秋天開始實施，主要特色是它規劃以大約二千億歐元來推動各式各樣的專案，個別國家則紛紛跟進，在境內推動較小規模的計畫。日本最初計畫推出一個大型的經濟振興方案，但後來因政治角力而作罷，政府最後擬定的減稅與支出綜合對策，比原方案大幅縮水。中國的計畫就大手筆多了，總金額達五千八百六十億美元，其中大部分支出是流向公共建設，包括鐵路線、道路、灌溉系統以及機場；另外有些資金被分配給受地震傷害的四川地區。較小的國家——從南韓到澳洲等國情極爲多元的國家，也紛紛採行景氣振興對策。

這些財政干預手段當然有效阻止經濟走向蕭條，不過，我們必須適當提出一些警語。首先，財政政策不是免費的午餐，如果一個政府增加支出同時減稅，而且又是在稅收減少的經濟衰退期間實施這些政策，那麼它的預算赤字將會大幅升高。這時政府將被迫發行更多債券，但這些債券遲早要還。如果政府不償還這些負債，而它的赤字又逐年升高，那麼，它就必須提高利率，以吸引投資人買進更多債券。較高的公債報酬將對其他投資標的——不動產抵押貸款、消費者信用、公司債與汽車貸款——的利率構成競爭效果，進而導致每個人的借款成本上升，於是，企業將必須降低經由負債來支應的資本支出，家庭也會因此減少消費性支出。

公共負債大幅增加後，政府就像被綁住手腳一般。由於社會上開始擔憂違約案件可能增加，所以利率會大幅上升。到那個時點，政府的選擇已非常有限。當然，只要公共負債是以本國貨幣發行，它就可以選擇「作弊」，大量印製鈔票來支應這些赤字，這就是所謂的赤字「貨幣化」（monetizing）戰術。這個機制和量化寬鬆相同，只不過政府買進債券的動機完全和對抗通貨緊縮無關，它唯一目的就是讓負債消失。當大量貨幣追逐商品並導致商品價格上漲，必然會產生通貨膨脹的結果。這代表各種利率將進一步推升，而且會有更多民間支出被轉移到支撐公共部門的用途。

已有一些證據顯示，納稅人可能也對這些風險有所警覺。在某些實施景氣振興方案的國家，消費者已體認到，不管這些對策的短期利益爲何，政府最後都必須加稅。由於消費者深知自己必須爲「加稅」這個最終結果存錢，所以，財政振興方案推出後，消費者反而開始縮減自身的支出。實質上來說，納稅人已預見這些短期支出將產生什麼樣的長期成本，於是，在這個過程中，政府支出的利益將因此被抵銷。

財政政策的另一個主要工具——減稅——也可能遇到障礙。家庭可能把因退稅或稅率永久性調降而取得的利益存起來，或用來償還自身的負債，而不會把它直接用來消費。二〇〇八年和二〇〇九年就發生這樣的情形，兩波降稅的資金並未被花掉，以一元的退稅金額來說，消費者只花了其中的二十五或三十分錢，⑧剩下的錢都被用在改善家庭的資產負債表（如償還負債）上。儘管這個發展也是良善的，但這種保守的態度完全無助於提振需求，只是把負債從經濟體系的某個部門移轉給另一個部門罷了，換言之，民間的負債雖降低了，但公共負債卻增加。這比較像耍花招，而非振興經濟。

更糟的是，某些特定種類的財政措施雖能提振當前的需求，但卻會犧牲未來的需求。很多以提高特定形式支出爲目標的標靶式減稅或補貼，如汽車、房屋與企業部門的資本改良支出等，雖然讓需求上升到高於正常水準，但一旦補貼方案到期，需求反而會降到正常水準以下。換言之，這些措施只不過是把未來的需求「偷」到現在罷了。很多國家實施的各式「舊車換現金」措施就是如此，政策推出後，汽車銷售量飆高到破表水準，但接著又重重跌落，導致未來的需求大幅減少。

但「零缺點的財政政策」根本是一種妄想，至少在多數民主國家的確是如此。財政措施和貨幣政策不同，央行不需承受選民的壓力，所以可以立即施行特定的貨幣政策，但財政政策卻需要醞釀一段時間才能開始實施（譯注：需經辯論與立法流程），而且最後經常會變成一堆沒有用的政治分贓專案，半完工的橋樑，以及其他缺乏效率的資源分配。完美的景氣振興方案能實現物超所值的成果，重建一個國家的老舊基礎建設，從而對未來的經濟成長做出貢獻。不過，誠如日本的經驗和由「美國復甦與再投資法案」出資但卻更令人質疑的專案顯示，這件事是說易行難。實施獨裁主義的中國在最近這場危機後所推動的景氣振興方案，堪稱歷來最有效率的方案之一，這一點也許很值得我們深思。中國政府大致上無須顧慮狹隘的政治考量，只需專心致志的加速推動原本已經很成功的基礎建設現代化活動。不過，儘管如此，其中某些支出還是有可能流於浪費或沒有效率，甚至可能培育出未來的泡沫。

以傳統的財政政策來說，政府是利用它的課稅與支出權力來協助經濟走出危機。不過，減稅與公共建設都只是開始，政府還可以用很多其他方式，以它的財政力量來對抗金融危機，但那些方式更難以拿捏，而且代價可能更高。

紓困行動的開始

政府可以花錢救經濟，不過，也可以爲其他人的錢**作保**。因爲政府的擔保行爲到最後通常會花用到納稅人的錢，所以它應該也算是某一種財政政策。各國爲平息最近這場危機，從事很多新穎與舊式的擔保行爲，這些擔保行爲產生非常重大的影響，只不過也引來了道德風險的問題。

最典型的政府擔保行爲是保護人民存在銀行的錢，防止擠兌導致存款戶血本無歸。雖然這個概念可以回溯到十九世紀，但美國直到一九三三年以後才有存款保險的機制，不過，那並不是因爲沒有人嘗試推動這個制度，事實上，從一八六六年到一九三三年間，國會一共研議過大約一百五十個存款保險建議案。⑨ 其中某些建議案要求銀行購買擔保書（surety bond），那是一種第三方保險；另外一些建議案則要求聯邦政府直接爲這些存款進行擔保。還有某些建議案要求成立一個共同的保險基金，由這筆基金來支應存款人的求償。

但美國直到大蕭條期間，才終於施行一項結合兩種特質的存款保險，這兩個特質包括：一筆保險基金，以及聯邦擔保制。新政剛實施的幾週後，美國的存款保險機構——也就是後來的聯邦存款保險公司（FDIC）——終於策劃完成並誕生，這家公司並未動用到納稅人的錢，而是以會員銀行的評鑑費用來維持營運。這些評鑑費被存入一筆基金，每當有銀行倒閉，便用它來賠償存款人。聯邦存款保險公司的職員是由政府指派，政府也負有管理該公司的責任，而該公司則必須監督會員銀行的健康狀況，結束無力償債機構的營運，或設法安排由資本結構較好的銀行收購這些問題機構。另外一個類似的機構——聯邦儲蓄與貸款保險公司（Federal Savings and Loan

Insurance Corporation, FSLIC）是在一九三四年成立，目的是為了保護存在互助存貸銀行的存款。

直到一九八○年代為止，這兩個機構的營運都沒有遭遇過大災難，不過，一九八○年代有超過一千家互助存貸銀行倒閉，聯邦儲蓄與貸款保險公司承受排山倒海的壓力，⑩最後因無力償還相關款項，而被聯邦存款保險公司接管，同時以高達一千五百三十億美元的納稅人血汗錢重新調整其資本結構。這個事件充分展現一個事實：一旦發生銀行體系的系統性危機，原本為應付偶發性倒閉案件而保留的資金，很輕易就會被消耗殆盡。聯邦政府原本理當袖手旁觀，放任存款人的錢化為烏有，但它卻選擇不這麼做，畢竟它曾非正式擔保這些基金的健全度，何況一場銀行擠兌事件也有可能不分青紅皂白的導致有能力償債與無力償債的銀行全都遭殃。

不過，這個場景招來了道德風險的幽靈。政府緊急援助這些銀行的作法，等於宣示一旦未來有需要，它有可能再度出面拯救一切。於是，銀行經理人不需要害怕面對氣憤的存款人，而存款人則不須擔心會失去他們的錢，因為只要銀行本身有受到聯邦存款保險公司的保障，他們的錢就是安全的。聯邦存款保險公司甚至還實質宣布，在它保護下的存款「受美國政府的完全誠信所保障」。⑪在二○○八年到二○○九年間，這項擔保再度成為一個重要議題。在危機發生前，FDIC的最高存款保障金額為十萬美元。其他國家也有類似的保障，只是各國的保障金額上限不同。遺憾的是，這些計畫並無法保障所有存款，很多人的帳戶金額都超過最高保障額度。光是在美國，就有超過四○%的存款沒有受到保障，因此容易受傷害，⑫從全國金融公司、印迪美和華盛頓互惠銀行的擠兌事件，便可看出問題所在。

後來，更多擠兌事件的威脅促使各國政府展開一波新的擔保行動。⑬二○○八年九月，愛爾蘭提高存款保險上限到十萬歐元，接著又全額擔保該國前六大銀行的所有存款。在美國，事實也證明，要堅守道德風險的界線極爲困難。就在愛爾蘭保證提供全額保障之後不久，FDIC也將銀行存款保障上限提高到二十五萬美元。兩天後，德國宣布要保證所有民間銀行帳戶的存款；隔天，瑞典則將所有存款保險的上限提高到總額五十萬克郎，約當七萬五千美元左右；再隔天，英國也提高它的上限到五萬英鎊。一個星期後，義大利宣布它不會放任該國任何一家銀行倒閉，所以，不會有任何存款人會因虧損而受創。次月，瑞士也提高該國存款保險的上限。其他國家也都群起效尤，進行類似的擔保。

這個動態發展很類似軍備競賽：愛爾蘭宣布全額保障的作法，迫使其他國家採取相同的行動或至少提高保險的上限。原因很簡單，存款人隨時都有可能將資金從保障較少的國家轉移到較安全（保障較高）的國家。於是，各國政府根本無法堅守道德風險的底線，這是一場「比誰最爛」的競賽。

後來其他種類的存款也陸續被納入政府保險計畫的保護傘下。在美國，約當於信用合作社的FDIC的全國信用合作社管理局（National Credit Union Administration, NCUA），⑭接管了兩家陷入困境的成員——美國中央與西部公司合作社——接著又承諾提供八百億美元來保障全國所有信用合作社的全部存款損失。

保障存款人只是相關擔保政策的開始而已。美國和歐洲的很多銀行平時藉由發行無擔保債券的方式借了很多錢。但在金融危機達到最高峰時，當其中一部分債券到期，卻幾乎無法順利續期展延，尤其是在雷曼兄弟倒閉之後。不過，若無法續期展延這些債務，銀行業就得關門大吉，後續的破壞效應將和存款擠兌不相上下，所以，歐盟遂從二〇〇八年十月開始，為該地區的銀行的債券型負債進行擔保。⑮就在同一個月，FDIC也為銀行和銀行控股公司發行的總額一・五兆美元債券本金和利息提供擔保。

這些擔保行動全都得付出代價。二〇〇九年第三季，FDIC過去逐步提撥的款項已快速降到負數。一如互助儲蓄銀行危機過後的情況，納稅人幾乎無法避免被迫以紓困方式承擔這一切的宿命。儘管那樣的支持有很多前例可循，但為因應最近這場危機所發展出來的其他許多對策，卻也耗用了史上最多的納稅人血汗錢。

最初的特大規模紓困案是對房利美和房地美兩家公司的紓困。當這兩家不動產抵押貸款巨擘淪落到被政府接手監管（conservatorship）的地步後，財政部承諾以四千億美元來支應這項接管行動，不過，實際資金需求可能不止如此。聯邦政府藉由那決定性的一步，清楚表明這兩家公司的負債實質上已受到它的「完全誠信」所保障。

不出幾年，我們就會知道拯救房利美和房地美公司一共得花多少財政成本。接手監管它們後，政府等於必須承擔這兩個機構所擔保的五兆美元負債，另外還有這兩家公司發行的一・五兆美元債券。當然，政府實際上將背負的風險不可能接近這個總額。不過，如果房價持續下跌，將有更多不動產抵押貸款走上查封一途，政府最後得承擔的虧損就會非常可觀。

政府振興房市的努力也得付出龐大的代價。二〇〇八年七月通過的住宅與經濟復甦法（Housing and Economic Recovery Act），承諾投入三千兩百億美元，協助有困難的屋主轉貸由聯邦住宅管理局所承保的不動產抵押貸款。雖然和這項資金分配有關的最初計畫並未通過，但巴瑞克・歐巴馬總統在宣布他自己的七百五十億美元防止查封潮計畫時，已動用了其中某些資金。不說也知道，目前沒有人能斷定這些計畫將會產生什麼樣的成果，不過，有一件事十分確定：這些計畫全都得花上數十甚至數百億美元的納稅人血汗錢。

最大的一件紓困案，其實是由許多獨立的緊急援助和擔保案件組合而成，資金是由問題資產救助計畫（TARP）提供。⑯國會原本的法案是要分配七千億美元來購買有毒資產。然而，這些錢後來被用於支持許多尋求救濟的主體，包括汽車製造商通用汽車和克萊斯勒以及它們的金融轉投資事業GMAC和克萊斯勒金融公司。政府對汽車產業的紓困金額總計達八百億美元。其中某些資金被撥爲貸款之用，剩下的錢被政府用來購買這些公司的股權。

遺憾的是，拯救汽車公司只是噩夢的開始。有極大部分的問題資產救助計畫資金——大約三千四百億美元——被轉用於救助接近七百家不同的金融機構，包括一些大型機構如花旗集團、美國銀行和AIG，另外還有許許多多小型銀行。其中，多數資金被耗用在一些辦理神秘的「資本挹注計畫」的問題機構上——政府透過這個管道購買銀行的優先股。這些股票代表潛在的股票所有權，也能提供穩定的當期股利。這看起來也許有點像政府的直接支出，不過，它卻嚴重偏離財政政策，同時導致財政政策可能走向分崩離析的新方向。

資本的概念？

銀行業是一種神祕的事業，很少人眞正瞭解銀行和其他金融機構如何運作，這多半是因爲人們不懂得一個銀行的資產負債表如何表列。所以，儘管某些支持銀行體系的作法——像是保障存款或讓銀行可以取得最後放款人的支持——是可以理解的，但其他方案（如「資本挹注」）則迄今依舊令人困惑。要瞭解這些問題，必須先瞭解銀行的運作模式。

讓我們先從一個假想銀行的資產負債表說起。表的右邊是負債，左邊是資產。銀行的負債是什麼？以極端粗略的方式來說，一個銀行爲經營業務而收受資金，就會產生負債。它主要從兩種管道取得這些資金，第一個管道是發行股票，投資人買進這些股票，並因此成爲這家銀行的股東。不過，銀行並未因此而「欠」這些股東那筆錢，而是欠股東一部分獲利（如果有獲利的話）。股份被視爲負債的原因是，股東對銀行的權益擁有要求權。

銀行累積負債的第二種管道是借錢，最主要的是向大眾、其他銀行和其他金融機構借錢。舉個例子，當你存錢到一個銀行，你就等於是貸款給它。你的存款是銀行的負債，如果你要收回這些錢，銀行就得把錢還給你。其他銀行對這家銀行的貸款也是一樣，這些貸款就是那家銀行的負債，說穿了，這家銀行只是借用那筆錢。銀行也有其他借錢方式，例如發行債券，這些也都是負債，也可以說是外界對這家銀行的放款。銀行在取得多數這些貸款時都必須付出代價，例如，它必須支付存款利息和債券利息。

那麼，銀行要如何利用這些從股東那裡募集而來，以及從放款人那裡借來的資金？於是，它創造了資產負債表的另一邊：資產。舉個例子，它將資金貸放給其他銀行、企業和屋主。這些放款被視爲資產，因爲長期下來，這些放款將爲銀行創造利潤，而這個創造利潤的特質讓這些資產變得有價值。這家銀行所累積的其他資產也一樣。它可能把資金投資到政府公債或其他證券，這些證券全都有其價值。銀行的其他資產亦然，這包括它放置在金庫的現金、銀行所在位置的建築物，以及其他有形的資產。不過這些零零星星的資產只是銀行總資產當中的一小部分，這種資產也很遲鈍，無法爲銀行賺很多錢。

以上就是銀行業務的扼要描述。它們藉由發行股票和借錢的方式，向各式各樣的放款人募集資金。在累積這些負債後，銀行開始承作放款，將資金借出去，資產也同步累積。在轉移這些資金的同時，銀行就能從中賺錢，因爲它的借款利率比它的放款利率低。這聽起來很簡單又容易理解，因爲不管銀行業人員希望你怎麼想，這本來就不是什麼了不起的先進科學。

現在，重要的問題來了。這家銀行價值多少錢？這很簡單，就是資產價值和債務型負債價值的差額。換言之，它是銀行資產超過其債務型負債的金額。以銀行業的說法而言，這個差額稱爲銀行的「淨值」，也被稱爲資本或權益。這項資本屬於某些人，那就是銀行的所有權人，亦即股東，他們擁有對銀行資產的剩餘權益。這非常合理，畢竟銀行之所以存在，有很大一部分必須歸功於這些股東，因爲他們在銀行成立之初就投入資金，或在銀行發行額外股份時購買這家銀行的股權。當銀行賺錢，他們就享有某些部分的利益，這是以股利的形式發放，而且當銀行的股價上漲，他們也會受益。

現在，讓我們看看銀行是怎麼在金融危機裡陷入困境的。到目前爲止，我們一直聚焦在資產負債表的負債端可能發生什麼問題——當一家銀行無法再借到錢，或者只能以極高利率借到錢。如果存款人陷入恐慌並抽走資金，或是其他銀行拒絕續期展延這些貸款，或沒有人願意買進這家銀行的債券，都會發生上述情況。在最近這場危機爆發期間，聯準會找出很多巧妙的方法，可以讓銀行借到錢，同時向所有借錢給銀行的人保證不會讓他們虧本。政府介入保障銀行資產負債表負債端的多數組成要素：它利用挹注資本的方式來填補權益，同時更廣泛爲存款型負債進行擔保，並爲銀行的無擔保債券提供全額保證。

不過，資產負債表另一端——資產——又是什麼情形呢？聯準會可以在它的權力範圍內，設法讓銀行比較容易借到錢，但如果銀行的資產價值一天天下降，那麼銀行的資本或淨值也會降低。等到一家銀行的負債超過它的資產，銀行的淨值就會降到零，在這種情況下，它就已經無力償債，也就是破產。當最近這場金融危機惡化，銀行業資產負債表上的很多資產也開始跌價。其中某些資產是已經變成呆帳的放款，另外有些則是從不動產抵押貸款和其他貸款所衍生出來的證券。當屋主違約不償還不動產抵押貸款，相關的虧損將向外擴散到整個金融食物鏈，屆時銀行所有資產的價值都會下降，包括對地區性房地產開發商的放款，到銀行自己持有的擔保債權憑證等，無一幸免。而當這些資產的價值下降，剩餘資本也會逐漸縮水。

也因如此，美國和歐洲銀行業需要籌募更多資金，也就是資本。首先，它們向隸屬各國政府的主權基金求援，這些主權基金買了銀行新發行的「優先股」。但儘管這些股票名爲優先股，「發行公司」卻沒有賦予投資人任何投票權，只是讓它們有權獲得銀行某特定比例的當期與未來盈餘。發行股票後，資金流入這些銀行的金庫，暫時讓它們的體質恢復到某種程度。不過，由於資產價值還是繼續下降，所以銀行業不得不向民間的私募基金籌募更多資金，當然，也是利用發行股票的方式。但這樣還不夠，到二〇〇八年秋天，銀行資產的價值依舊跌跌不休，而且已經沒有人有興趣再將資金投入銀行業了。

至此，政策制訂者有幾個選擇。他們原本可以放任銀行（以及其他非銀行金融機構如銀行控股公司和經紀自營商）倒閉，之後再透過法院或FDIC破產管理人程序，重整這些銀行業。一般來說，一旦進入那樣的程序，一家銀行的某些未獲擔保的債權人——如債券持有人——將同意把銀行欠他們的錢轉換成股票，也就是改握有銀行的股權。對銀行的債權人來說，這種「以債換股的交易」不見得划算，不過，總比什麼都拿不到還好一點，一旦銀行恢復營運，原本的債權人至少還握有銀行的一部分股權。而且，因爲債權人放棄一部分債權，讓銀行負債的降幅相較資產降幅更大，所以銀行一定有能力重新恢復營運。是吧？現在銀行又有一些資本可以重新用來放款了！

這個方法實質上是放任市場解決問題，不好的銀行會倒閉，接受重整後又重生。不過，另一個方法也可以產生相當的結果：由聯邦政府出面，單方面宣布某些銀行無力償還負債，並介入接管這些銀行，將它們交給政府指定的信託管理人保管，而信託管理人將賣出好資產，處分不好的資產，再重新開辦銀行業務。這就是瑞典在該國一九九〇年代初期銀行業危機期間所採用的「國有化」選項，另外，美國當年接管伊利諾大陸銀行（Continental Illinois）的作法，實質上也屬於這個類別，該銀行是在互助儲蓄銀行危機爆發前倒閉的。

不過，在最近這場危機，這些方法都沒有得到重視，在雷曼兄弟倒閉後，讓債券持有人承擔損失的概念完全失去吸引力。取而代之的，財政部選擇從問題資產救助計畫法案所提撥的七千億美元中，挪用一部分資金來買進銀行的股權，從而行挹注資金之實。最大的受惠者包括美國銀行、花旗集團、摩根大通、高盛與AIG等巨獸級企業，它們全都得到數百億美元的支助。另外還有成百上千家小型銀行也排隊等待政府的援手。在這個過程中，政府——延伸來說，應該是指美國納稅人——成為金融體系各種不同領域的實質所有權人。

結果整個金融體系漸漸變成局部國有化。就像其他所有紓困經驗一樣，這個作法的長期成本幾乎無法計算。在我們撰文之際，多數最大型的銀行已償還問題資產救助計畫的資金，政府也把投資在這些機構的資金收回。但其他機構——包括很多較小的地區性銀行，卻仍舊非常仰賴問題資產救助計畫的鼻息，未來的納稅人將因此承受高額的財政成本。

目前尚未還款的銀行依舊得面對一樣的核心問題：它們持有的問題資產的價值繼續降低，這讓它們將來的財務蒙上一層陰影。政府當然可以持續增加它對銀行業的股權，但如果銀行的資產基礎未能出現根本的變化，那到最後，政府可能難免「賠了夫人又折兵」。

有毒廢棄物

打從危機爆發以來，銀行不良資產該怎麼處理，一直是個揮之不去的陰影。因為只要貸款品質持續惡化，還有，只要從這些貸款衍生出來的證券持續跌價，那麼銀行就沒有能力或不願意放款。政策制訂者並沒有眼睜睜放任銀行繼續為這些有毒資產掙扎，而是提出各式各樣的建議案，這些建議全都是以設法取得並處分這些有毒資產為目標，而在這個過程中，銀行自然有餘力重啟它們的放款業務。

最大有可為的建議案要求銀行必須進行一次徹底的外科手術。這牽涉到將一個問題銀行切割為兩家銀行：一個取得「原始銀行」所有優質資產的「好」銀行，以及持有剩下其他資產的「壞」銀行。切割後，好銀行將繼續承作貸款，吸引資金和資本，並重新展開業務。不過，這家銀行的股東和無擔保債權人必須吸收一筆相當於被撥入壞銀行的資產的虧損，作爲擺脫這些有毒廢棄物的交換條件。接著，壞銀行將交由期許能透過漸次清算相關資產而從中獲利的民間投資人來經營。

其實，一九八八年就有人實施過類似的方案，⑰當時歷史悠久的梅隆銀行，因大量房地產和工業貸款品質轉趨惡化而陷入困境。梅隆利用一家投資銀行所提供的資金，將它的問題資產切割出來，並將之寄存在所謂的大街國家銀行（Grant Street National Bank）。樂於承擔風險的民間投資人爲這個新機構出資，於是，它的員工開始努力回收剩餘的呆帳、清算資產，設法將這些劣質投資的報酬率拉到最高水準。另一方面，新生的梅隆銀行在擺脫不良資產的包袱後，很快就站穩腳步，它成功吸引資金挹注，並再度開始承作放款。後來，大街國家銀行也順利在一九九五年功成身退，結束營運。

這堪稱此一問題的最有效解決方法。另一個比較不那麼受青睞的選擇是：由政府購買銀行業的有毒資產，原始的問題資產救助計畫就是這麼規劃的。政府將利用一種「反向拍賣」（reverse auction）來決定它必須支付多少價格，在這當中，賣方提出一個能讓它們擺脫特定資產但又能接受的最低可能價格。這有點像政府承包商對完成特定專案的出價，理論上來說，出價者之間的競爭動力將有助於迫使價格下降。

這是個有趣的概念，不過，這個系統能否爲各項資產公平定價，則尚有可議之處。參與拍賣的銀行當然有充分理由設法抗拒價格跌得過深。它們甚至有可能彼此合作或串謀，防止價格超跌。此外，很多這些資產——尤其是結構性金融商品——都非常獨特，只有少數銀行持有。那樣的情況將嚴重傷害反向拍賣的議價能力。基於這些原因，政府最後有可能以極不合理的高價買到這些爛資產，並因這項投資而產生鉅額虧損。所以，這個作法最後有可能產生約當於銀行紓困案的作用，亦即用納稅人的錢來補貼銀行業的不良決策。

另外還有一個選項，那就是由政府聯合生病的銀行，共組一種保險合夥組織。假定一家銀行持有原本價值大約五百億美元的有毒資產。實質上來說，這家銀行同意支付一筆自負額——舉個例子，它願意吸收（因處分資產而產生的）前三十億美元虧損——政府則負擔剩餘四百七十億美元資產可能產生的多數額外虧損。而為了向政府換取「只需吸收前三十億美元虧損」的保證，這家銀行必須付一筆保費給政府；另一方面，政府則取得這家銀行的股權，而這些股權的價值將約當於那前三十億美元以外的所有額外虧損。

這類方法在英國受到廣泛採用，美國政府也為美國銀行及花旗集團所持有的數千億美元受損資產提供這種擔保。這方法的實務運作模式如下：以美國銀行的例子來說，⑱問題資產組合總額為一千一百八十億美元，自負額為一百億美元。在吸收這前一百億美元的虧損後，美國銀行就此擺脫煩惱，只不過，它必須支付「共同保費」，金額必須足以支應所有額外損失的一〇％；而政府則要負擔剩下的九〇％。另外，政府提供這些援助的交換條件，是取得美國銀行的顯著股權。

雖然這個方法比反向拍賣更受青睞，但政府依舊必須承擔「補貼民間銀行虧損」的風險。以美國銀行的例子來說，政府是假設扣除美國銀行將支付的金額後，它需要擔保的金額不會很多。但如果為這些虧損進行擔保的成本，超過政府介入這項交易而獲得的任何收入，最後的結果還是如同政府以過高價格買進某些無用資產一樣：政府將會因這筆交易虧錢，實質上等於為民間銀行的不良決策進行補貼，如此一來，最後買單的還是納稅人。

目前相關單位似乎是用另一個方法來解決不良資產的問題。最基本的概念，是要求政府補貼願意購買這些有毒資產的民間投資者，從而將這些資產從問題銀行裡移除。這個概念催生了「官民合作投資計畫」（Public-Private Investment Program, PPIP），⑲這個方法從二〇〇九年開始運作。但這方案堪稱所有概念中最差的一個。這個額度高達上兆美元的計畫，為願意在銀行處分有毒資產的拍賣會上出價的民間投資者提供低利貸款，政府甚至還開出優渥的條件：挹注資金到參與這個流程的機構，好讓整個交易變得更令人垂涎。

遺憾的是，這些低利政府貸款是一種無追索權貸款（nonrecourse loans），意思就是，一旦出問題，投資者可以在不受懲罰的情況下退出。實務上來說，投資者有非常充分的誘因，開出不合理的高價來購買這些資產，畢竟購入資產的機構可以獲得政府的補貼。而如果最後這項資產完全沒有價值，被套牢的也是政府。實質上來說，一旦情況好轉，所有榮耀和利益都將歸民間部門，而一旦情況轉趨惡劣，政府——精確來說是納稅人——就必須承受相關的財政包袱。

到目前為止，官民合作投資計畫並未吸引很多投資者參與，主要原因在於政府實質上已經用另一種方式在補貼銀行：支持廢除強迫銀行必須以接近現實市場價值來為其有毒資產評價的種種法規。拜這項干預行動之賜，銀行得以假裝它們手上的爛資產的價值，高於所有穩健鑑價報告的評估結果，這簡直就像幫豬畫上口紅，不過，由於銀行可以基於會計目的而高估資產價值，它們處分這些資產的興趣自然也就不會太高。

上述所有方法全都不完美，不過，其中某些方法相對比較有建設性，尤其是將不良資產切割成「爛」銀行的那個概念。這個方法把問題留給民間，因此，政府的成本可以降到最低。另外，這個方法也得以守住道德風險的底線，並讓重生的銀行獲得再度承作放款的充分誘因。只是若採用這個方法，投資人就得承擔損失，而且是現在就要先狠狠痛一次，而不是以後才嘗到這個苦果。在當前這個時間點，政策制訂者和政治人物方面一直不太情願身先士卒的帶頭解決問題，這一點很令人遺憾，因爲現在所使用的緩兵之計，反而可能導致銀行業緩慢沈淪到金融昏迷的境地，到最後成爲仰賴公共信用存活的殭屍。

事後推算，銀行業依賴公共資源的程度已經達到驚人的水準。在整場危機的發展過程中，各國政府不斷拋出救命索，不僅挹注資本到銀行業及其他金融業公司，同時擴大存款保險的範圍。各國政府甚至爲銀行業的債券做擔保，以防範各項市場動力對銀行業的債權人造成大浩劫。在實施這些對策的同時，各國央行也提議以現金購買銀行業全部的低流動性資產，或以安全的政府公債和銀行業交換這些資產。美國政府甚至還出面擔保某些金融機構的有毒資產，最後更乾脆直接或間接購買那些資產。這些林林總總的作爲結合在一起，成爲一波巨大且前所未見的金融體系干預行動。遺憾的是，面臨重重難關的政策制訂者最後可能會發現，或許他們有能力挽救金融體系，但要促進經濟良性復甦，恐怕是更加困難。

危機過後

在一九三〇年代初期，一場金融危機釀成了一段無情又漫長的通貨緊縮與經濟蕭條循環。美國國內有數千家銀行倒閉，四分之三的家庭違約不償還不動產抵押貸款，失業人口也大幅增加。羅斯福的新政來得太晚，經濟也因此陷入停滯。很多其他國家也發生類似的悲劇，整個一九三〇年代都處於遲緩狀態，直到戰爭帶領某些國家漸漸復甦，不過，某些國家則遭受進一步的破壞。

這一次美國政府並未放任情況陷入惡性循環，取而代之的，它展開一場動人心魄的運動來對抗這場危機。這場運動的指揮官們研究過大蕭條的歷史，前人的失敗促使他們採取積極的回應。他們用盡所有可能手段來解決問題，以過去的歷史作爲借鏡，同時採用許多前所未見的戰術。

他們一開始是採用傳統的貨幣與財政政策，所有常見的武器全都被用來作戰，包括減稅到降息等。當情況證明這些手段無法發揮效用、且經濟極可能陷入通貨緊縮與蕭條局面後，聯準會立刻承擔起最後放款人的重責大任，大量拋出救命的流動性給各式各樣的金融機構，和需要續期展延商業本票負債的一般企業。其他國家的中央銀行也隨即跟進，將它們的法定權力延伸到甚至堪稱激進的程度。

整個拯救行動的規模可謂史無前例，而隨著IMF介入與聯準會對其他國家的中央銀行放款，將美元輸送給世界各地嗷嗷待哺的問題銀行和企業，整場拯救行動再也沒有國界之分。這可說是現代最大的金融拯救行動，甚至是史上最大規模的救贖。

但這都還只是開始而已。政府陸續成爲許多企業的股東，它買進企業的股票，挹注資本到企業界，換來許多股權。政府也爲存款、貨幣市場基金，甚至銀行債券持有人進行擔保。尤有甚者，在幾個備受矚目的案例中，政府還爲投資人吸收未來的可能損失，同時針對個別銀行、屋主和其他主體提供毫無保留的緊急援助。它甚至以提供補貼的方式，作爲鼓勵外界購買有毒資產的誘因，期待可以藉此重建信心。

但即使這麼積極的作爲卻還是不夠。放款、擔保與吸收損失是一回事，而重建市場信心卻是另一回事。於是，聯準會和其他國家的央行到頭來成爲最後投資者，直接介入政府公債市場，透過量化寬鬆手段，挹注更多的流動性到整個經濟體系。其中，各國央行最激進的干預手段，是企圖爲已經完全沒有需求的領域製造需求：它們購買不動產抵押擔保證券，和其他以汽車貸款和學生貸款等作爲擔保品的結構化金融商品。

美國和其他國家的立法人員也不落人後，他們釋出資金來支持這些行動，爲痛苦的屋主提供協助，最重要的是，他們核准了價值數兆美元的赤字支出計畫，作爲一個傳統標靶型財政振興策略（目標是改良基礎建設和協助每一個因這場危機而陷入痛苦掙扎的主體——包括地方政府和失業人口）的資金來源。

這些貨幣與財政政策在短短兩年內陸續到位，只不過，這些對策不對稱、不完美，而且還引來嚴重的爭議和懷疑。政府對這場金融危機的回應像戰場撤軍行動一樣，對所有人施惠，到最後，這些作法似乎眞的奏效，資本主義沒有崩潰，儘管冰島受創極深，但整個世界並沒有步上它的後塵。各國中央銀行、政府與立法機關所採納的種種對策終於有效壓制住危機，危機似乎也接近尾聲。到二〇〇九年年底，金融市場恢復了某種平靜的假象，很多國家的經濟儘管受創，但也得以勉強維持優於預期的表現。在這一年之前，世界好像已走到末日，但此時看來，這個世界似乎已經僥倖逃過一劫。

這是好消息。不過也有壞消息——目前的穩定是用極端龐大的代價換來的。拜眾多紓困、擔保行動、景氣振興計畫和其他處理這場危機的成本之「賜」，美國的公共債務將達到美國國內生產毛額的一倍，未來十年的赤字預期將達到九兆美元以上。支持凱因斯學派的經濟學家傾向於認爲這些風險不足為懼，他們指出，美國在新政時期和第二次世界大戰期間的財政赤字都非常龐大，但事後都順利清償。公共負債總值在一九四六年達到歷史最高檔，⑳當時的負債總金額約當美國GDP的一二二%。相對的，目前一般人對這個數字的估計是，負債將在近期內達到GDP的九〇%，不過，這個數字當然還會上升。

這樣的比較當然多少令人感到欣慰，不過它卻具有高度誤導性。一九四六年時，美國的實力正值最顛峰狀態，它的製造基礎也絲毫未受戰爭損傷，製造業總規模傲視全世界，而且它未來的競爭者——日本和德國——則已成為廢墟。當時美國是世界上最大的債權國和淨放款人，擁有經常帳盈餘，美元也才剛成為全球準備貨幣。所以，當年美國得以輕鬆還清它的負債是不足為奇的。但相同的情況是否將在今日發生，則是另一回事。美國目前的多數製造業基礎都非常疲弱，而現在的美國更已成為世界上最大的債務國和淨借款人，而且還得負擔高額的經常帳逆差，這有一大部分要歸因於美國在二十一世紀的主要對手——中國——對美國的放款。今日的美國已非一九四六年的美國，如果相信它單憑赤字支出就能擺脫這場危機，那就太過天真了。

這些政策性回應所造成的財政負擔只是眾多問題的開端。在這場危機的很多關鍵時刻，各國政府選擇隱忍並提供緊急援助，而不是更積極果斷的去解決問題。美國並未將問題銀行予以國有化，反而為這些銀行提供寬鬆的貨幣，吸收銀行業的虧損，勉強維持它們的生命。但很多這些無力償債的銀行到現在還是沒有能力償債，政府的拯救行動並未能達到去蕪存菁的目的。但這也難怪，因為在當時，穩定金融體系才是當務之急。

所有緊急援助屋主、汽車廠和其他接受政府慷慨解囊的受益人的紓困行動也一樣。到目前為止，近期這場危機並未能製造很多熊彼得所謂的創造性破壞，根據熊彼得的想法，創造性破壞是資本主義社會長期健康發展的要素。透過減稅、舊車換現金，以及專爲提振房地產市場而設計的計畫等，來阻止這個必要的調整，只不過是拖延最後審判日的到來而已，該來的總是要來。當然，這並不是說金融危機爆發期間是發動這種淘汰賽的最佳時機，那反而會導致危機加劇。不過，淘汰賽遲早得進行。債權人必須認賠，銀行必須破產，汽車製造商必須關閉工廠，屋主必須搬離他們已不再有能力負擔的房子。

某種程度來說，世人對最近這場危機的回應，和赫伯特・胡佛的作法只有些微差異。當然，我們透過積極的財政振興方案防止這場危機變得失控，最後的成果確實是比胡佛時代有效率得多，不過，我們卻和他一樣，試圖調和一些彼此衝突的目標。魚與熊掌不可兼得，我們不可能一方面要拯救每個在危機前做出爛決策的人，但一方面又要讓我們的資本主義經濟恢復以前的活力。儘管這些話不中聽，但卻是實話，不過，到目前爲止，各國政府只忙著挽救所有人免於受危機衝擊，而不願意面對這個事實。

這種有「救」無類的方法無法解決愈來愈嚴重的道德風險問題。過去幾十年，各國央行官員總是積極設法控制潛在危機；就這部分而言，艾倫・葛林斯潘堪稱帶頭大哥，他在一九八七年股市崩盤、互助儲蓄銀行危機和九一一事件發生後，都介入干預市場。當然，最近這場危機的某些事件，確實對世人的「葛林斯潘（或柏南克）賣權」信念形成考驗——特別是放任雷曼兄弟倒閉的那個決策，但大致上來說，世人依舊深信中央銀行官員和政府是萬能的。至少一般人好像認定，政府絕對會採取所有可用對策來挽救金融體系。

儘管如此，黑暗中還是有一線曙光。舉個例子，在這場危機爆發時，很多原本資產負債結構不佳的國家，已將它們的負債降到歷史相對低檔，所以即便它們這次提撥許多資金來對抗危機，但還不至於到「傾家蕩產」的地步。此外，若它們沒有投入這些資金——尤其是世界各國推行的各種景氣振興方案——長期的代價勢必更高，因為「若不適時提振經濟」稅收將大幅減少，而且還得對廣大國民發放失業補貼和提供其他援助。雖然最近的財政政策可能導致很多國家未來幾年面臨沈重的壓力，且未來各國政府的公共負債償債能力以及再融資危機——甚至徹底違約——的風險，也已逐漸成為金融市場嚴肅關切的問題，但目前很多先進工業國的債務負擔還沒有達到那樣的轉捩點。

紓困與道德風險還有一個較大格局的問題需要注意，這個問題比較複雜一點。對做事不考慮後果的放款人與貸款人紓困，將導致他們未來從事更莽撞的行為。這又會進一步引發更多的泡沫與危機。不過，我們必須以較大的格局來看待這些事，這一點至為重要：在危機爆發的過程中堅守道德風險底線，反而有可能招致龐大的間接損害。為什麼？想像某個住在大型公寓型建築物的人做了一件異常莽撞又愚蠢的事，像是在床上抽煙，他的公寓因此著了火。我們應該緊急救助他嗎？換言之，消防隊應該來救他嗎？如果消防隊選擇不救他，那麼整棟建築物都可能失火，屆時，被奪走性命的，不會只是那個點燃火苗的人，還可能包括數百個無辜的民眾。

基本上，這就是各國央行和政府在這場危機爆發期間所面臨的窘境。某些導致全球經濟失火的投資銀行或保險公司活該倒閉嗎？絕對是。但如果它們所造成的大火吞噬了整個金融體系，甚至摧毀了世界各地無數一般勞工的生命，那麼接踵而至的動亂大半還是會讓世人遺忘這些教訓。

雖然某些財政行動流於浪費，某些紓困計畫也不保證能解決問題，但諸多財政振興方案和對金融體系的支持，確實有效阻止大衰退演變成另一場可能因民間需求急遽下降所造成的大蕭條。

解決道德風險和金融體系其他所有弊病的行動，應該是等到危機過後的那一刻再展開。我們當然不能浪費金融危機賦予我們的機會，儘管這個機會一閃即逝，但它終究爲全球金融體系開創了一個眞心與恆久改革的契機。就像大蕭條掃除了胡佛所造成的緊縮，並帶來了凱因斯的穩定調和一樣，「大衰退」也開創了一個契機，它讓我們能以新的方式去瞭解危機，最重要的是，它讓我們懂得如何防範危機。這就是我們接下來要討論的迫切問題。

8 初期的因應方案

危機通常和金融體系的管制與改革密切相關。每一次金融危機的瀕死經驗，總是會促使人們深思政府能做什麼、應該做什麼來防範另一場災難的發生。誠如哈佛經濟學家傑佛瑞・法蘭基爾（Jeffrey Frankel）在最近這場危機剛發生時挖苦的評論：「他們說散兵坑裡沒有無神論者。也許是這樣沒錯，但若是如此，［金融］危機爆發期間也沒有自由意志主義者。」①

一如危機經濟學的許多其他議題，改革這個主題也反覆被提起。一八二六年時，也就是英國投機泡沫崩潰（導致許多銀行破產）的次年，國會通過檢查全體銀行體系的法案。在美國，一九〇七年的恐慌促使很多立法人員憂心美國缺少中央銀行的問題，而這也促成了聯準會在那幾年後成立。

史上最大金融危機——也就是構成大蕭條的那一連串災難——促成了國際上一股徹底的金融體系改革風潮。②在美國，一九三三年的格拉斯－史提格法案催生了聯邦存款保險公司，同時在商業與投資銀行之間建立了一道防火牆；後續的立法更賦予了聯準會管理銀行準備金的權力。政府也設法規範股票市場：一九三三年通過的證券法要求證券的發行者必須註冊，同時發行公開說明書，根據這個法令，如果公開說明書裡的報表有任何錯誤或刻意誤導外界的資訊，負責承銷證券的投資銀行就必須承擔刑事責任。隔年，證券交易委員會（SEC）成立，目前這個機關依舊負責管理證券買賣的相關事項。雖然很多其他國家也採取類似的措施，但美國各項改革的涵蓋範圍之廣，卻是多數國家所不能及。

根據這個歷史發展，我們可能會期待美國將再度領導金融體系改革的風潮，這樣的期待很合理。這場金融混亂顯露出美國和歐洲金融市場運作的根本弱點和現有監理系統的嚴重缺失。不過，進入二〇一〇年後，呼籲立即改革的聲浪卻逐漸消音，而各國政府也沒有通過任何能徹底落實全面性檢查與監管的法案。就像躲在散兵坑裡的士兵總在停火的那一刻，放棄他們追求更美好生活的誓言，目前各國的立法人員和政策制訂者似乎也傾向安於現狀，不求改革。

這一切透露出一種墮落的諷刺。若眼前的政策制訂者像大蕭條的主其事者一樣，未能及時控制住危機，今天要求改革的聲浪將會震耳欲聾。不過，由於目前社會上看不見大排長龍等待請領救濟食物的隊伍，失業率也不像當年那樣竄升到二五％，所以立法人員自然傾向於心猿意馬，難以痛下決心，大刀闊斧進行改革。由於這次官方在因應災難方面的表現比以前好，所以進行金融體系深度結構性改革的動力也開始萎縮。取而代之的是，儘管倖存下來的銀行明明是靠著政府慷慨的救濟才得以存活，但它們卻還是肆無忌憚的發放創記錄的高額紅利。

不改革是非常令人遺憾的，因為造成危機的結構性問題迄今依舊存在，而且世界各國和各個經濟體都還在努力對抗危機的餘波，所以我們還是活在一個危險的環境裡。大規模干預金融體系的作法，已經為金融體系重建了某種程度的信心，不過，我們尚未推動能維護這股信心與防範危機再度發生的必要改革。

什麼樣的改革最爲重要？現在美國國內與世界各地已經有很多機構提出各種建議案，包括美國財政部和聯準會的建議，另外還有來自英國金融穩定委員會（Financial Stability Board）、金融服務管理局（Financial Services Authority）和該國其他政策性單位的建議；另外，還有七大工業國、國際清算銀行和ＩＭＦ等機構提出的方案。其次，各種智庫、政策研討會與學術界也紛紛提出許多進一步的建議。

評估各項建議案的優劣是其次，眞正重要的是，要能找出導致世界金融體系陷入苦難的各種基本弱點以及扭曲的現象，接下來再針對這些弱點與扭曲實施一些務實的解決方案。我們要強調的是**基本**問題，畢竟金融體系裡充斥許多問題，並非所有問題都是最根本的，很多問題其實只是反映一個更深層病灶的膚淺表象而已。

遺憾的是，「基本」不見得就代表單純。接下來我們將討論的某些主題——衍生性金融商品、資本規定——看起來可能相當深奧難解。這是事實，不過，要深入挖掘這個亂象的根源，就得探討那些令人卻步的概念。誠如危機清楚向世人展現的，魔鬼藏在細節裡（最讓人頭痛的部分是細節），接下來將討論的內容應該能讓讀者眞正體會與清楚理解，若要防範未來的危機，必須解決哪些複雜的核心議題。

導正薪酬的問題

每次一提起華爾街的薪酬問題，世人通常會因對銀行員工的深度憤怒而無法更謹慎考量這個問題。換言之，儘管在那樣的情境下，人們表達激烈的憤慨與抗議是無可厚非的，但退一步冷靜評估各種選擇，才是明智的。

首先，薪酬制度的最大問題和金額的多寡無關，問題在於薪酬的結構與發放方式，我們的這個觀點和一般約定俗成的觀點相反。很多關於公司治理議題的研究顯示，任何治理環境都傾向於會產生委託人—代理人問題，我們已在第三章討論過它。換言之，現代企業並非由股東（委託人）經營，而是由經理人（代理人）經營，這就是問題癥結。這兩個族群的觀點並不一致，股東希望他們可以透過公司的所有權取得極大化的長期報酬，但經理人卻希望他們的短期收入、紅利及其他形式的薪酬能極大化。

誠如我們討論過的，如果股東有能力監督經理人，一切都會相安無事。不過，這對任何企業來說都有困難，對處於最近這場危機的核心的金融機構而言，那更幾乎是不可能的任務。爲什麼會這樣？簡單說，交易員和銀行員工對營運情況的瞭解，遠比他們的「頂頭上司」——股東——多得多。所有交易員都有他們自己的損益預算，也有自己一套在市場上賺錢的策略。外部股東或董事會很難瞭解其中的任何細節，尤其是大型銀行或金融業公司，你幾乎不可能知道公司成千上萬個細節的內涵。這就是公司治理領域裡的所謂「資訊不對稱問題」，我們也在第三章討論過它。它的意思是：某一方知道得比另一方多。

除了這個問題以外，還有所謂的「雙重代理衝突」：很多金融企業的股東（委託人）是透過大型機構投資人（如退休基金）持有這些金融企業的股份，也因此，他們同時得面臨另一種委託人—代理人問題：這些基金的經理人是那些股東的代理人，而就像股東難以監督交易員的行爲，這些股東也非常難以監督這些基金經理人（亦即代理人）的行動。更糟的是，通常企業董事會的代表人都是由這些機構投資者擔任，最終來說，股東根本無從介入董事會。

這聽起來夠可怕了吧，不過眞相更令人難以置信。無論是過去或現在，整個金融體系都處處充斥這類問題；某個族群授權給另一個族群，而這個族群則又進一步授權給另一個族群。這也就難怪很少人知道或關心交易櫃台究竟發生了什麼事。

這個情況演變到最後的結果是：在缺乏股東直接或間接的監督下，交易員和銀行員工當然有各種誘因幹盡所有能讓他們的短期利益和紅利最大化的瘋狂勾當③（像是急就章的將一堆有毒資產湊在一起，接著將它們掛在銀行的資產負債表上〔卻沒有將這些產品銷售給外界〕）。等到銀行破產的那一天，交易員和銀行員工早已把錢花在高性能的汽車和漢普頓的避暑勝地了。而如果近年來的歷史可資參考，我們敢說向伯尼·馬多夫（Bernie Madoff）追討資金，會比要求交易員退回他的紅利容易得多。

在完美的狀態下，股東和他們的代表應該都深知這個問題，所以會創造一個「誘因相容」（incentive compatible）的薪酬制度，一個能阻止交易員過分使用槓桿與承擔過高風險的制度。理論上來說，這個制度將讓代表人與現有股東的利益趨於一致，讓每個人都能合力爲追求銀行的長期利益而努力。誘因相容的解決方案是指企業以自家的受限股票來獎勵交易員（他們必須持有受限股票一段特定期間，這些股票才能歸他們所有）。這樣一來，才能讓所有人都關心公司的長期體質。

當然，眞希望事情能這麼簡單。事實上，貝爾史登和雷曼兄弟公司有超過三〇%的股權是掌握在員工手上。不過，這兩家公司卻還是執行一些自殺式的交易策略，最後還讓公司走上不歸路。這個事實凸顯出一個更令人不安的可能性：這已經不止是許多無賴交易員違背股東意願的問題，它是一個更嚴重的問題。事實上，它凸顯出一個殘忍的事實：當股東和交易員的利益趨於一致時，反而會產生破壞性的影響。

有時候，股東非常樂見交易員使用過高槓桿，承擔過高風險。他們願意放手讓交易員這麼做的原因是，他們實際上投入公司的資金並不是那麼多。當然，銀行的部分資本是他們所投入，但那並非全部，而且儘管他們不希望自己落得血本無歸，但當交易員從事豪賭行為時，他們卻也樂得睜一隻眼閉一隻眼。眞相是：交易員的「賭資」多半是借來的，這些錢屬於其他人（而非股東）。如果交易員賭贏了，股東也能分到好處。如果交易員賭輸了，問題則是由借錢給銀行的傻瓜去承擔，而且，從最近這場危機觀察，這個傻瓜應該是政府，最終算起來，股東所受的打擊其實非常小。

無論時機好壞，這個原則從未改變過。在熱潮期，銀行必須背負實現優異報酬的壓力，因為唯有創造優異報酬，退休基金、捐獻基金經理人和其他把錢交給銀行的人，才會繼續撒錢委託銀行來管理。即使經理人和股東雙雙都認為相關交易策略的風險很高，但卻也不得不為，因為他們深知若不執行這些策略，投資人將會投向其他承諾創造更高報酬的銀行的懷抱。前花旗集團執行長恰克．普林斯（Chuck Prince）形容得最為貼切，他在二〇〇七年提到，「只要音樂還在播放，你就必須站起來繼續跳舞。」④

而當金融市場下跌，交易員和股東也不盡然會迴避風險。取而代之的，他們共同同意向下攤平，賭上所有身家，期許能就此逆轉厄運。以銀行業的行話來說，這個策略就是所謂的「爲求救贖而賭」(gambling for redemption，指潛在報酬高但成功機率極低〔甚至破產機率高〕的策略)。⑤雖然這個策略有時會成功，但當然無助於扭轉風險承擔的歪風。另外，由於他們推斷一旦情況惡化到無法收拾，政府終將出面拯救（雖然在最近這場危機，那樣的推論偶爾碰了釘子〔如政府放任雷曼兄弟倒閉〕，但事後證明他們的觀點大致上是對的），所以也就更加放膽去從事這種行爲。

在目前這個時點，就算讀者放把火燒了整個金融體系也不爲過。因爲從某方面來說，如果說這些金融企業的股東是有道德的，而且眞正將公司的長期利益放在心上，那代表他們根本就缺乏控制交易員的能力；而如果股東沒有道德（因爲他們自己投入的資本有限，或只是單純貪求超額報酬），他們也不會採取任何行動來阻止交易員——就像委託人—代理人問題清楚呈現的，那根本是不可能的。所以無論怎麼說，金融企業都傾向於大膽從事對全球金融體系穩定有害的行爲。

那該怎麼辦？這個複雜的問題顯然並沒有簡單的解決方案。⑥不過，有些非常基本但足以撥亂反正的常識型方法，可以直搗這個問題的核心——薪酬議題。薪酬議題是這個問題的源頭，所以，解決方案當然就必須聚焦在這個議題上。

首先，當金融企業以受限制的股票來獎勵員工時，應該先制訂一些迫使員工長期持有相關股票的條款，持有期間甚至應該比目前的慣例更久。目前很多既得期間（vesting period）的限制是幾年，但這個期間應該延長，應該規定員工必須等到退休或至少持有十年以上，才准賣出這些受限股票。

這會是一個好的起步，不過只是小小的一步。較大的問題其實是華爾街的紅利文化，在這個文化氛圍下，當員工的賭博行爲得到回報，他們就能獲得薪酬方面的獎勵，但當這些賭注害公司虧錢，員工卻不會受到懲罰。這樣的制度鼓勵員工幾乎不考慮長期的後果，一意冒險追求超額的短期「阿法型」報酬（譯註：alpha，指一項投資的積極性報酬，通常是指超出特定比較標竿〔benchmark〕回報率的超額投資報酬）。

解決這個亂象的方法之一是：創造一個以較長期的報酬（如三年左右）而非短期報酬爲計算基礎的紅利基金。企業不能再以員工特定賭博性交易的優異成果作爲獎勵的基礎，而是要根據員工幾年內的平均績效作爲獎勵基礎。現在，假定一個交易員的高風險賭博行爲在一年間創造了超額的報酬，但在隔年卻產生了約當金額的超額虧損；若根據目前的制度，那個交易員將會在第一年得到非常優渥的紅利，第二年則完全沒有得到任何獎勵。相反的，如果以較長期間作爲發給獎勵的基礎，那個交易員〔第二年〕的虧損將會抵銷掉原本的獲利，最後完全無法獲得任何紅利。

拉古拉姆・拉詹（譯註：Raghuram Rajan，ＩＭＦ首席經濟學家）提出了另一套類似的紅利基金建議。根據他的方案，交易員可以因他們的高報酬而獲得薪酬獎勵，但他們的分紅必須交由附委託契約帳戶（escrow）保管幾年。如果一個交易員在後續年度讓公司虧本，就必須從現有的紅利帳戶裡**扣除**這筆虧損。在這個「加減費」（bonus-malus）⑦制度下，紅利金額會隨著交易員長期績效的起落而予以收回或抵銷。附委託帳戶保管紅利的時間愈久，交易員爲避免犧牲自身的長期收入，在承擔風險時就會更三思而後行。

這種加減費制度最適合用在個人層級。遺憾的是，紅利通常是以機構的層級來計算，所以，當某人的賭博行爲賺了錢，每個人都得以分享這個成果。交易員和銀行員工並不會因他們的爛決策而直接承擔相關的後果，受害的是整個基金。但無論如何，集體收回（也就是全面收回紅利）的作法，還是有可能讓每個交易員的行爲變得更穩健。

薪酬的問題還有一個更殘忍的解決方案：不要以金錢或股票來獎勵交易員或銀行員，而是用他們自己一手策劃出來的那些難懂的實驗性證券來獎勵他們。交易員和銀行員工將會分到紅利，但卻是以一種非常特殊的模式，例如一小部分由他們一手創造出來的擔保債權憑證（CDO）。如果交易員策劃的是有毒證券，他們得到的獎勵也會是那些有毒證券。這個方法的思維是，如果交易員知道這些投資最後會侵蝕到他們自己的紅利配套，那他們在投資標的的選擇上就會比較謹慎一點。

目前已經有人開始施行類似的計畫。二〇〇八年年底時，瑞士信貸公司宣布將把大約五十億美元的有毒資產從資產負債表上移除，將它轉入一個特殊基金。⑧接著，它以這筆基金來支付員工紅利，換言之，員工分到的獎勵不再是往常的自家公司股票，而是這個基金的股份。這項政策引發了一些抗議的聲浪，畢竟很多理應得到薪酬獎勵的人根本和那些不謹慎的賭注無關。不過，儘管這個作法並不完美，但總是個好的開始。

我們還可以從這種種建議案中發展出另一種薪酬計畫。舉個例子，一開始就和銀行員工與交易員把醜話說在前頭，說好未來的紅利將是以他們一手創造出來的證券來支付，而不是像瑞士信貸的方案，追溯式的強迫員工去承擔他們過去的不良決策所造成的後果。另外還有一個更好的方法，將分紅證券保留在附委託契約帳戶裡幾年，讓足夠的時間來判斷這些資產是否爲有毒資產。最後，禁止員工針對他們未來紅利的任何潛在損失進行避險⑨（畢竟他們是交易員，他們當然非常擅長利用不同的市場來爲自身牟利)。

不管最後採用的薪酬方式有何改變，都應該全面付諸實施。如果某家大型金融企業採行某種版本的加減費制度，但其他公司都沒有跟進，那麼，這個較穩健的公司的員工將可能跳槽到待遇較好的公司，因爲在那裡可以得到較高的薪酬。

這代表政府必須介入。在美國，只有聯邦政府有權全方位改革薪酬制度。政府有很多正當理由這麼做：政府（更具體而言——廣大的納稅人）實質上已爲整個金融體系提供緊急援助與支持，所以，它當然有充分的理由確保那樣的窘境不會再發生。此外，基於委託人—代理人問題的網絡糾纏不清，所以我們根本不可能期待企業股東會主動改革薪酬制度。不過，政府卻可以根據上述原則來推行全面性的變革。

但有一點必須澄清，我們並非建議政府設定薪酬上限，當然，政府絕對有權這麼做，尤其銀行業到目前爲止還在仰賴政府來維持生計。但我們建議採取更治本的方式，爲減少不當的冒險行爲，應該徹底體檢薪酬制度，延伸來說，這可望降低全球金融體系再度陷入系統性崩潰的可能性。

除了上述應留意的問題以外，移除交易員承擔短線風險的誘因（同時建立彌補性收回獎酬的抑制方案），將可能促使整體薪酬下降。這是壞事嗎？其實不然。近幾年來，金融服務產業和該產業的薪酬在金融自由化、金融創新、資本管制的取消和金融全球化等因素的驅動下，已經增加得太過火，這完全沒有道理可言。⑩

在整個發展過程中，金融業對美國國內生產毛額的「貢獻」（不知是否應該用這個字眼），從一九四七年的二．五％竄升到一九七七年的四．四％，再到二〇〇五年的七．七％。在那一年，金融企業盈餘佔標準普爾五百指數成分公司總盈餘的四〇%以上，而這些公司的市值約當標準普爾五百指數成分公司總市值的比重則增加了一倍，達二五%左右。更驚人的是，全國最頂尖二十五檔避險基金的基金經理人總所得，竟超過標準普爾五百指數**所有**成分公司執行長的總所得！在二〇〇八年那一年，美國每十三美元被用來發放薪酬的資金裡，就有一美元以上是流入金融從業人員的口袋。相反的，在第二次世界大戰剛結束時，每四十美元的薪酬只有一美元流向金融業員工。

但金融體系如此過分的擴張與超額的成長，並沒有爲投資人創造任何「附加價值」。雖然很多避險基金、投資銀行、私募基金和其他資產管理經理人宣稱，他們可以爲投資人創造優異的「阿法」報酬（也就是說，創造比傳統的資產經理人更高的超額報酬），但結果成爲常態的卻不是「阿法」，而是「陰謀阿法」（譯註：schmalpha，指基金經理人向投資人收取超額的報酬）。這些野心勃勃的資產經理人宣稱他們向客戶收取較高的費用，是因爲他們提供比較優異的服務，所以，經理人經常都能得到較高報酬，但相對的，付出高服務費用的投資人最後分到的利益卻不多。

金融體系裡的各種不同參與者也用其他方法來剝削投資人。舉證券化爲例：在整個流程的每一個環節，從不動產抵押貸款仲介、承作貸款的銀行、房屋鑑價商、經紀自營商、債券發行者到信評機構，全都收取高額的「服務」費用，同時還將信用風險不斷向下轉移。不過，由於這個環節裡的投資銀行業屬於一個供不應求的行業，所以它經由這項安排所得到的利益最大。投資銀行利用這些運作缺乏透明度的特質，向容易受騙的投資人賺取利益，而這些利益最後多半都進了相關企業員工的口袋，而不是公司股東的口袋。

金融業成長性的持續擴張當然也衍生了可觀的社會成本，因爲創新和創造力從製造業和其他舊式的產業轉向華爾街。確切來說，誠如我們的同事湯瑪斯・菲利朋（Thomas Philippon）所揭露，從一九七〇年代開始，金融業吸引到的高教育程度聰明員工的人數愈來愈多。隨著薪酬大幅增加，愈來愈多菁英學校的畢業生湧向華爾街。事實上，根據二〇〇七年一份針對哈佛大學四年級學生所做的調查，在即將投入職場的人當中，有五八％的人計畫朝金融或顧問業邁進，這個數字著實驚人。另外還有一個奇怪的矛盾現象，現在美國的財務工程師太多，但機械或電腦工程師卻不夠。

上一次美國金融產業出現如此驚人成長的時間點是……一九二九年前幾年，這並非巧合。在一九三〇年代，金融產業的薪酬大幅減少，那是因爲一系列金融法規的實施導致銀行業成爲枯燥乏味（但卻變得更令人尊敬且專業）的行業。所以，改革今日這種扭曲的薪酬結構，是讓銀行業再度變得乏味（但卻令人尊敬）的必要起步。

製作更優質的組合型產品

迫切需要改革的不只是薪酬問題；引發最近這場危機的因素之一——繁複精密的證券化系統也必須加以導正。⑪在證券化的「放款並證券化」模型中（請見第三章），具潛在高風險的資產——例如次級房貸——被拿來和其他的類似資產結合在一起，並轉化爲一些即將出售給較有能力承擔風險且願意忍受風險的投資人的證券。

這個系統的一個明顯缺陷是，它讓每個環節的人都缺乏切實監督貸款人信用度的誘因。相反的，證券化過程中的各個不同參與者在收到手續費的同時，便將多數甚至全部風險轉嫁給其他人。在這個食物鏈裡，每個人都逃脫不了共謀的罪名，包括處理原始貸款的不動產抵押貸款仲介；房屋鑑價商——他們當然有充分的誘因提供灌水的鑑價；承作不動產抵押貸款的銀行則利用這些貸款來發行不動產抵押擔保證券；而投資銀行將這些證券重新包裝成CDO和更加難懂的投資標的，另外，還有不斷給予這些產品令人垂涎的AAA評等的信評機構；以及爲這些有毒商品承保的單一險種保險公司。

不管用什麼方法來處理證券化的問題，每個解決方案都必須以某種方式，迫使不同的參與者更謹慎考量這個過程所涉及的風險。換言之，必須以某種方式鼓勵每個參與者更留意標的貸款的品質。其中一個方法是，強迫中介機構——承作貸款的銀行和投資銀行——持有其中某些不動產抵押擔保證券或CDO。強迫它們保留一部分風險的想法是，這樣將能引誘他們善盡監督原始貸款人信用度的責任（同時擠壓擔任這個食物鏈前端角色的不動產抵押貸款仲介和其他主體，讓他們也能善盡一部分責任）。

目前已經有許多倡議這個概念的建議案被提出，其中有些是來自國際機構，包括二十國集團裡的工作小組，其他則是美國本地提出的，像是信用風險保留法（Credit Risk Retention Act），[12]這個法案是在二〇〇九年十二月於眾議院通過。這項法案提議，業務涉及發行資產擔保證券（不僅是指不動產抵押擔保貸款，還包括其他很多種貸款）的銀行，應強制保留其中五％的證券；另外，參議院的另一份建議案則將這個數字提高到一〇％。這兩個建議案都禁止銀行針對它們被迫保留的證券進行避險或轉移相關的風險，這是很明智的。

遺憾的是，由於這些機構所保留的自負風險還是太低，根本不足以促使它們改變行爲。在最近這場危機，很多銀行和其他金融機構其實原本就有保留一些它們一手創造的各種證券，而且持有部位不可謂不大。舉個例子，它們保留多數最優異的AAA級CDO分券，出售給投資人的數量並不多。事實上，在危機爆發期間，美國大型銀行的資產當中，大約有三四％是和房地產有關；[13]較小銀行的數字更高，大約達到四四％。這種「放款並證券化」模型將一部分風險予以轉移，但並未全數轉移，多數金融機構還是投入大量資金在其中。若非如此，它們就不會產生那麼多的虧損了。

企業之所以自負這項風險，原因在於交易員可以藉此牟取私利。基於這個原因，仰賴以自負風險或增加「投入資金」等方式，來作爲改革證券化問題的主要手段，成效將令人質疑。儘管這是一個有用的配套措施——當然，保留這類資產將讓相關的參與者更重視風險議題——但它卻不可能是萬靈丹。而且交易員可能會很樂意遵從自負風險的規定，尤其是如果他們可以從中找到獲得更多紅利的方法。不過，誠如我們已強調過的，更多紅利並不保證未來會更穩定。

強迫企業自負風險的規定對解決另一個更迫切的問題，也沒有太大幫助，這個問題是：儘管政府已經提供補貼，但目前證券化的業務卻已完全停擺。證券化業務迄今依舊處於類昏迷狀態，因爲即使到現在，人們還是不瞭解形成前一波熱潮的那些組合型證券究竟是由什麼東西所組成（因此對這些證券興趣缺缺）。更確切來說，在最活躍的年代，證券化業務有點兒像食品藥物管理局（FDA）成立以前的香腸，沒有人知道香腸裡面包著什麼東西，更別說原料肉品的品質如何了。而到目前爲止，這個情況依舊沒有改變，金融機構還是可以大量生產香腸，但由於我們可能知道這些香腸裡面有什麼（或可能沒有什麼），所以，難怪投資人對這些香腸會完全沒有胃口。

有些人認爲證券化應該完全廢除，但這是非常短視的，因爲如果適當改革，證券化能成爲一種降低（而非提高）系統風險的寶貴工具。不過，爲了讓證券化業務眞正達到降低風險的目的，相關運作方式必須比目前更透明且標準化。如果沒有透過這樣的轉變來爲這些證券精準定價，那麼，要恢復證券化市場的活力，幾乎可說是不可能的任務。我們需要做的是一些能夠讓人們感到心安的改革，就像ＦＤＡ成立後所形成的效果一樣。

首先，先從標準化談起。目前資產擔保證券的發行幾乎沒有一個標準化的方式。不同證券的「合約結構」（deal structure，都是一些小字印刷文件）可能存在很大的差異。各種交易的月報表（亦即「月份服務績效報告」）的內容詳細度也有很大的落差。這項資訊應該要標準化，同時也應該將這項資訊匯集在同一個處所。這件事可以透過民間管道來執行，也可以由聯邦政府主導，當然後者會比較好。舉個例子，證券交易委員會可以要求所有發行資產擔保證券的主體揭露一系列的標準資訊，資訊內容應包括資產（亦即原始貸款）與它支付給發行證券的個人或機構的款項金額等。

這項資訊的標準化要做到什麼程度？其實並不重要，只要做到讓我們有方法能比較不同種類證券，並能精確爲不同證券評價即可。以目前的情況來說，我們總是被迫「拿蘋果比橘子」，這個問題非常令人頭痛：由於缺乏標準化資訊，所以根本不可能精確比較這些產品的異同。用另一種方式來說，在目前的系統下，我們沒有一個可以量化風險的方法，所以不確定性太高。

不過，一旦能做到標準化，一定可以爲這些證券創造更具流動性且透明的市場。這樣當然是最好的，但還是有幾個需要留意的警訊。首先，要針對陽春型的資產擔保證券建立一定的透明度相對較爲容易，但要讓複雜到不合理的證券如ＣＤＯ趨於透明化則比較困難，更別說那些更荒誕不經的產品，如ＣＤＯ平方和ＣＤＯ三次方了。

現在，請稍微思考一下，典型的ＣＤＯ平方是由什麼組成？一開始是上千種不同的個別貸款，也許是商用不動產抵押貸款、住宅用不動產抵押貸款、汽車貸款、信用卡應收款、小型商業貸款、學生貸款或企業貸款等。接著，將這些貸款包裝成一檔資產擔保證券（ＡＢＳ）。再將這一檔資產擔保證券和其他九十九檔資產擔保證券結合在一起，這樣一來，裡面總共有一百檔資產擔保證券，而這就是你的ＣＤＯ。接著，將這一檔ＣＤＯ和另外九十九檔不同的ＣＤＯ結合在一起（這些ＣＤＯ又各有它們獨特的資產擔保債券和標的資產組合）。現在開始算術：理論上來說，這一檔「ＣＤＯ平方」的買主理當要有能力理解這一千萬個標的貸款的健康狀況。但真的是這樣嗎？當然不是。

基於這個理由，像ＣＤＯ——現在它有個別號：Chernobyl Death Obligations（車諾比死亡契約）——這種證券就必須嚴密加以監管，否則就得禁止。轉變爲目前的「化身」後，這些ＣＤＯ和賦予它們價值的資產幾乎已相差十萬八千里，而且幾乎不可能予以標準化。由於這些證券的個別複雜度過高，所以儘管相關機構用難懂且幾乎是蓄意誤導人的假風險管理策略來包裝這些證券（讓人誤以爲它的風險已被轉移），但風險並不能因此眞正轉移。

事實上，ＣＤＯ和其他有毒證券的古怪發展歷程，讓我們想起另一個比較不那麼有名的縮寫字ＧＩＧＯ（garbage in, garbage out），也就是「輸入的是廢料，產出也會是廢物」的意思。另外，也讓我們回想到製作香腸的那個隱喻：如果你在香腸裡面加了老鼠肉和含有旋毛蟲的豬肉，那麼就算你又把它和其他許多種香腸（每一種香腸都塡充了一樣噁心的東西）結合在一起，問題也不會解決，你的香腸依舊是令人作噁的香腸。

所以，證券化業務改革的最重要一點在於組成要素的品質。說穿了，證券化業務的主要問題，並不是在於這些組成產品被切割成多少個令人難以理解的小單位，而是在於一開始組成這些證券的要素的品質不佳。用另一個不同的說法，「放款並證券化」的問題主要是在承作貸款這一面，而非證券化後予以分銷的層面，最重要的是原始貸款本身的信用度。

所以，改革應該聚焦在承作貸款的細節上。目前並非沒有負責這項任務的主管機關，在美國，聯準會、聯邦存款保險公司（FDIC）、儲蓄機構監理署（Office of Thrift Supervision）、通貨監理局（Office of the Comptroller of the Currency）和全國信用合作社管理局（NCUA），全都有權監督與管理各式各樣最後被組成各種不同資產擔保證券的諸項貸款。現有的法規和指導原則必須改進，必須賦予這些機構眞正的力量，以確保最後被導向證券化的資產不會是有毒資產。

聯準會已經朝那個方向做了一些努力，它提議大幅修改Z法規（也就是誠實借貸法〔Truth in Lending〕）。⑭這些改革將讓潛在貸款人更容易瞭解自己舉借的不動產抵押貸款的眞實成本，它也會對承作貸款的銀行設限。不動產抵押貸款仲介和放款人員的薪酬不能再隨著貸款利率連動，更別說其他任何條件了。相同的，相關單位也必須明令禁止，不動產抵押貸款仲介和放款人員爲求增加自身利益，而建議顧客借更高額或更高利率的貸款。

這些變革將會產生一些效果，不過，要清理證券化領域的門戶，政策制訂者還必須考量「製作香腸」這項作業的另一個重要層面：爲這些產品進行評等的肉品調查員。以金融業來說，那是指信評機構。過去以來，這些信評機構和美國農業部（USDA）裡跟它們具備類似功能的單位（譯注：指食品檢驗權責單位）一樣，都沒有善盡它們應盡的責任。

信用評等制度的改革

在美國，三家主要的民間信用評等機構——標準普爾、穆迪投資人服務公司和惠譽信用評等公司，擁有非常大的力量，它們賦予不動產抵押貸款、公司債到整個國家的主權負債等各種事物不同的信用評等。這些評等是反映貸款人本身違約不償債的可能性，所以，這些評等也堪稱金融市場用來確認風險的中心原則。實質上來說，信用評等是將實地審查工作予以外包的一種作法，如果穆迪公司表示一個特定CDO分券超級安全，可以得到AAA評等，那麼，其他人就不需要花時間和精力去追蹤這一檔證券的情形，更不需追溯其標的資產爲何。

一九三〇年代起，信評機構的地位持續上升，⑮它們的先驅者爲銀行業所持有的債券的品質進行評等，供聯邦管理機關作爲評估銀行資產品質的參考。藉由這種政府「正字標記」的認可，讓它們的地位更加穩固。雖然戰後不久，它們的力量逐漸式微，但到一九七〇年代後，這個行業又開始興盛，原因是當時債券違約的情況愈來愈嚴重，信用評等對評估風險的重要性日益上升。

一九七五年，證券交易委員會創立了一個所謂「國家認可統計評等機構」（Nationally Recognized Statistical Rating Organization, NRSRO）業別，惠譽、標準普爾和穆迪公司都獲得了這個令人夢寐以求的頭銜。實際上，任何出售債券的主體，都必須取得其中一個由政府特別指定的機關的信用評等。儘管證券交易委員會最後承認了七家這類機構，但它們後來彼此合併，成爲目前這三家耳熟能詳的公司，只不過，最近證交會又把這個頭銜給了很多較不知名的公司。

在整個發展過程中，這些信評機構曾經歷過非常激烈的轉變。在早期，它們的營收來自投資人，因爲投資人付錢請它們評估潛在投資標的的價值。隨著時空移轉，這個營收模式漸漸轉變，部分原因在於某些投資人會直接影印友人手上的評等報告，不須爲了取得相關資訊而付錢給這些機構。爲解決這個問題，信評機構採用一個新的營運模式：它們向發行債券的主體（而非投資人）銷售它們的服務。在此同時，證券交易委員會經過一些改革後，實質上也規定，所有想銷售債券的主體都有義務取得信用評等。到一九八〇年代時，整個轉型過程完成，信用評等的費用變成由債券發行者這一端負擔。

然而這項安排卻製造了龐大的利益衝突。想要發行證券的銀行可以在這些信評機構之間盡情比價，直到取得最佳信用評等爲止。在這種情況下，如果一個信評機構在評估一個發行計畫時，給予相關證券較差的評等，它就會有流失業務的風險。於是，信評機構因配合顧客的要求而獲得的利益愈來愈多，而如果顧客想爲一檔由次級房貸組成的資產擔保證券取得AAA評等，它心想事成的機會也很高。

尤有甚者，信評機構還開始從其他一樣大有問題的來源取得營收。準備發行結構性金融商品的銀行會找上信評機構，付錢請它們建議如何設計這項產品，以便取得這一家信評機構的最高可能評等，最後銀行還得付錢請這個機構評估這檔證券的投資等級。這項服務被美其名爲「顧問」或「建模」服務。也許這麼做很合理吧，但事實上，這種業務模式有點像教授爲了向學生收錢，因此以告訴學生要如何在考試裡得到滿分作爲交換條件。那實在非常骯髒。

那麼，我們該如何改革信評機構？最起碼來說，必須禁止這些機構提供任何顧問或建模服務。它們只應該爲一個目的存在：賦予一檔負債工具適當的投資等級，僅止於此，其他業務只會引來潛在的利益衝突問題。儘管證券交易委員會已經發表禁止信評機構爲它們所評鑑的企業提供顧問服務的規定，但這個禁令極端難以落實。取而代之的，證券交易委員會應該禁止信評機構爲任何人提供顧問或建模服務才對。

另外，增加這個特權領域的競爭壓力也是有幫助的。這個建議在十年前也許難以自圓其說，因爲當時三大信評機構的整體信譽依舊良好，但現在已有充分的理由這麼做。遺憾的是，證券交易委員會的規定，讓新公司難以取得那令人夢寐以求的NRSRO評等，因爲新加入者必須從事這個行業多年，且必須擁有很多大型客戶。不過，沒有先進入這個神聖的圈子，就很難爭取到大型客戶。爲解決這個問題，證券交易委員會必須降低這個產業的進入障礙，讓更多競爭者進入這個極其重要的產業，甚至可以考慮開放自由市場競爭。

另一項更廣泛的證券化業務改革，將迫使這些信評機構回歸它們的原始營運模式，那就是由債券的投資者——而非發行者——支付信用評等的費用。遺憾的是，這說來容易做來難。其中一個原因是「搭便車問題」，一旦一組投資人付費取得信用評等，並根據這項資訊制訂一個政策，其他投資人也會得知這個評等結果，並根據這個免費的資訊制訂他們自己的決策。

這個問題的解決方案之一是：要求所有機構投資者繳費到一個共同的基金，由主管機關管理這個基金。只要每次有新的債券發行，就利用這筆基金向一組獲得認可的機構購買信用評等服務。

這個解決方案將要求金融體系的所有參與者（包括較不受規範的主體如避險基金）繳費到這個基金。

這個規定將導致信評機構的經濟生態大亂，但這才是重點：由債券發行者支付信評費用的概念是不正常的。請回想一下我們先前的比喻，這就好像要求學生為了分數而付錢給教授一樣。請想像一下，如果學生有選擇教授的空間（就像債券發行者可以任意選擇信評機構一樣），那會怎麼樣？老是給學生「丙等」的教授很快就會發現，比較好相處的同事——總是給學生「甲等」的教授——能吸引到更多學生，收入也較高。只不過，這些「甲等」和在房市泡沫高峰期發出的AAA評等一樣，都是假的。

但請別誤以為改革信評機構是件容易的事；無論怎麼說，它們在金融界總是佔有非常獨特的地位。不過，除非推動前述某些改革，否則，利益衝突問題將永遠持續下去。

但讓我們暫時假設那些衝突有可能因故消失，今後，信評機構將給予不動產抵押擔保證券等這類產品精確而誠實的信用評等。然而，遺憾的是，還有一種工具是連信評機構都不敢碰的，那是一種不透明、像謎一般且經常令人困惑不已的工具：衍生性金融商品。

處理衍生性金融商品的問題

二〇〇二年，華倫・巴菲特寫了一篇如今已成為傳奇的年度報告，給波克夏公司（Berkshire Hathaway）的投資人。他毫不保留的詆毀衍生性金融商品運用日益普及的情形，更預言衍生性金融商品「對從事衍生性金融商品交易的人和整個經濟體系來說，將是定時炸彈」。⑯巴菲特毫不留情的將衍生性金融商品形容爲「大規模破壞性金融武器」。他警告這些商品隱含危險，「雖然目前還處於潛伏狀態，但卻有致命的危險。」其中最具先見之明的看法是，他警告：「目前衍生性金融商品的神怪已經逃出（桎梏它的）瓶子，這些工具幾乎可確定會衍生出各式各樣的突變種，直到某個事件導致世人終於清楚瞭解它們的毒性，這樣的衍生模式才會停止。」

巴菲特的見解是對的，不過這當中牽涉到的問題更加複雜。其實，衍生性金融商品已存在數個世紀之久，但直到近年來，這些商品才逐漸演化成對全球金融體系造成顯著危險的那些形式。畢竟衍生性金融商品不過是針對某個未來事件的結果所下的賭注，所謂未來事件包括利率、油價、玉米價格、貨幣價值或任何其他事物的動向。衍生性金融商品有非常多不同的名稱，包括交換、選擇權、期貨，而且數十年來，這些商品一直都能創造不錯的成效，讓人們得以「規避」風險。

原本期貨是農民在收成前用來規避穀物價格波動風險的一種工具，它讓農民換得心安，不需提心吊膽。不過，近年來，衍生性金融商品在幾種不同新變種商品如信用違約交換（CDS）的興起下，已變成完全不同的東西。這項工具被拿來和保險合約相提並論，但實則大不相同。它表面上類似保險，讓買方可以針對債務人違約不償債的可能性購買保障。如果債務人違約，這項「保險」的賣方必須負責補償買方的損失。不過，CDS的買方並不像保險合約的買方，他們不須眞正持有大量被用來作爲賭注的資產。更糟的是，任何下注賭某人將會違約的人，勢必有充分的誘因促使「違約」變成事實。在這些情況下，購買CDS就等於是爲一棟實際上不屬於你的房子買保險，再放把火燒掉它一樣。

隨著日子一天天過去，CDS市場持續成長到令人難以置信的龐大規模。當危機在二〇〇八年爆發後，CDS的名目價值（也就是投保金額）高達六十兆美元。這項產品流星般的興起，有很大一部分必須歸功（或歸咎？）於自由市場狂熱者——菲爾·葛蘭姆（Phil Gramm）參議員，[17]他在一九九五年到二〇〇〇年間擔任參議院銀行委員會主席。在任期的最後一年，他設法在商品期貨現代化法案中插入一個條款，讓CDS及其他「櫃台買賣型」衍生性金融商品得以不受商品期貨交易委員會（CFTC）的規範。

箇中的關鍵在於「櫃台買賣」（OTC）。這個字眼看起來像是「檯面下交易」的反義詞，不過，其實「檯面下交易」反而最能貼切代表OTC交易。這種OTC交易是指兩個民間團體簽訂一種衍生性金融商品合約（這通常是一種「雙邊對等契約」），除了這兩造之外，沒有其他利害關係人。這種契約完全缺乏透明度，沒有人知道其他任何一方的風險暴露程度有多高，更別說對方的風險部位集中在哪個領域。創造很多這種工具的金融企業當然非常樂於保守相關細節的祕密，畢竟它們的交易策略是獨家專利資訊，而且它們能透過這些業務收取非常高的交易手續費。

不過，事後證明，在危機爆發期間，這種保密措施反而嚴重侵蝕投資人的信心。另外，「交易對手風險」（counterparty risk）也一樣令投資人卻步，這項風險是指銷售這項「保險」的機構無力履行其承諾的機率，尤其是在系統性金融危機爆發期間。隨著最近這場危機愈演愈烈，這個情況的確發生了：大型金融機構原本信心滿滿的認定它們永遠都不會有理賠的情況，所以並沒有另外保留必要的準備金，但偏偏問題卻發生了。這個發展危及整個金融體系，尤其是AIG的案例，它透過CDS交易，承保了價值超過五千億美元的各種有毒的CDO分券。但AIG根本沒有足夠財力承受這些分券的損失，而且由於它一旦倒閉，將會導致許多向它投保資產保險的企業破產，所以美國政府只好介入給予紓困。實質上來說，交易對手風險創造了一個不僅大到不容倒閉的金融體系，更製造了一個連動性過高以致不容失敗的體系。

過去很多聲名狼藉的金融緊張與危機情節，也都和衍生性金融商品有關。⑱舉個例子，一種稱為投資組合保險（portfolio insurance）的衍生性金融商品，被暗指為導致一九八七年股票市場崩盤的禍首，一九九四年的衍生性金融商品部位虧損被視為加州橘郡瀕臨破產的導因，另外，在一九九八年的長期資本管理公司（LTCM）可恥失敗事件中，衍生性金融商品也扮演重要的角色，還有，衍生性金融商品也加劇了油價在二〇〇八年到二〇〇九年間大漲與暴跌的走勢。衍生性金融商品也可能以其他方式引發大浩劫，它能用來隱藏負債、規避稅賦、破壞重整債務的計畫，甚至被作為一種蓄意促使銀行、企業與國家債務違約的手段。

由於衍生性金融商品「前科」累累，所以禁止這項商品似乎是個不錯的想法。不過，事實並非如此，多數衍生性金融商品的運作並不會導致不良影響。我們需要做的是控制特定衍生性金融商品可能造成的剩餘。然而，就像這個亂局裡的其他所有事物一樣，這也是說比做容易，這個問題沒有萬靈丹。不過，我們還是應該立刻採取一些明智的步驟。⑲

首先，我們必須導正透明度的問題。事實上，某些衍生性金融商品長期透過櫃台交易，但卻從未發生問題，像是陽春型的利率交換與外匯交換，所以，這類商品維持原有交易方式是合理的。不過，CDS卻完全不同。這些產品必須被攤在陽光下，同時接受證交會和商品期貨交易委員會嚴謹的規範。歐巴馬政府已根據這些原則採取某些步驟，另外還有幾個落實這項規範的建議案已經被付諸討論。有一派思想倡議，應強迫信用衍生性金融商品比照較單純的衍生性金融商品，在類似中央交易所的地方掛牌買賣。這個概念非常有道理，因爲交易所能保證衍生性金融商品可以在一種簡單明瞭又透明的模式下，進行清算和交割。這樣一個新機構也將確保衍生性金融商品的各方關係人，能提供足夠履行其承諾的必要擔保品。

遺憾的是，儘管某些現有的信用衍生性金融商品可以被標準化，並能安排在一個中央交易所交易，但並非所有這類商品都可以這麼做，很多櫃台買賣型的衍生性金融商品幾乎無法標準化，而且沒有足夠的交易量；這些產品不像一檔股票或債券（或普通的衍生性金融商品），可以用一致的方式計價。

所以，這些較令人難以理解的信用衍生性金融商品應該在一個中央清算中心註冊。目前其他較單純的衍生性金融商品已經有類似的清算機構存在，例如，選擇權清算公司（Options Clearing Corporation）處理很多和股票與原物料商品有關的衍生性金融商品。雖然它是個民間組織，但卻獲得證交會和商品期貨交易委員會兩者的正式認可。它的工作項目之一是，確保一項衍生性金融商品合約的各方關係人都能提供足夠的擔保品來履行它們的承諾（換言之，若沒有提供充足的擔保品，金融機構就不能爲違約倒債行爲提供「保險」）。相對的，這個清算中心也必須負責在交易對手無法履行義務時，承擔起契約的負擔。這一切都有助於緩和交易對手風險。

雖然清算中心是個不錯的概念，但還是有幾點必須注意。首先，如果市場陷入系統性崩潰，清算中心有可能承擔不起所有契約的虧損，結果導致它自身也違約倒債。就某種程度而言，我們可以藉由提高融資自備款規定來將這項風險降到最低。然而，誠如最近的事件所顯示，人們非常容易低估系統風險，所以，這樣的清算中心必須在主管機關的審慎監督下營運，而主管機關必須負責確認清算中心是否有足夠的準備金可渡過難關。

更令人頭痛的是法規套利（regulatory arbitrage）的風險，如果清算中心只處理單純且標準化的衍生性金融商品，財務工程師有可能單純爲逃避法規漏洞，而蓄意創造出一些清算中心沒有能力處理且令人難以理解的衍生性金融商品。比較好的作法是，清算中心必須能處理所有令人難以理解的衍生性金融商品。

這個解決方案可以和其他以提高透明度爲訴求的改革同時進行。舉個例子，ＣＤＳ交易可以在一個中央資料庫註冊，而且必須能讓大眾取得這些資料。誠如我們的紐約大學同事所建議，可以根據金融業監理局（Financial Industry Regulatory Authority）所管理的交易報告準則系統（Trade Reporting and Compliance Engine, TRACE）的模型來建立這種資料庫。當這些市場的透明度因此而提升後，還會產生「定價更具競爭力」的附加利益，另外，企業也比較無法以高於市場條件的價格來操弄整個交易系統。

不過，以某些案例來說，特定的衍生性金融商品值得完全禁止，或者至少應嚴格限制這種商品的使用。舉個例子，主管機關應該考慮完全禁止ＣＤＳ契約。保險的根本法則之一是，主張購買保單的人必須擁有一種「可保權益」（insurable interest），也就是說，保單購買人和最後的結果之間，必須存在利害攸關的關係。但多數ＣＤＳ契約省略了這個慣例。讓我們再用一次先前的那個譬喻，誠如《金融時報》簡潔有力的比喻：ＣＤＳ契約實質上等於賦予華爾街「超級大的誘因去燒掉你的房子」。

如果無法徹底禁止這種產品，至少應該禁止保險公司出售這些保險。只有避險基金和金融市場上的高風險玩家才能交易這些工具。此外，也應該透過清算中心對它們設定嚴格的融資與擔保品規定。如果一檔避險基金要介入這項保險業務，就必須證明它絕對有能力履行其義務。

要大幅提高衍生性金融商品的監理效率，最後的方案之一是改變證交會和商品期貨交易委員會的相對責任。目前這兩個機關分別主管衍生性金融商品的不同部分，實質上來說，這等於是將主管權責切割開來。若能將監督所有衍生性金融商品的責任整合在一起，由單一機關來負責，將更能有系統的規範與監督衍生性金融商品，更重要的是，它將降低衍生性金融商品對國際金融體系穩定性的威脅。

這類改革將能解決幾個問題：交易對手風險、缺乏價格透明度，甚至連手續費過高的問題都能獲得改善。高手續費向來是櫃台買賣型衍生性金融商品的特質之一，因爲那是謎一般的市場，也因如此，熟門熟路的人才得以收取高額的手續費，大肆剝削投資人。

然而以上建議皆非萬靈丹。衍生性金融商品是最難管理與監督的商品之一，過去十年來，這個市場的爆炸性成長讓這件工作變得更加艱巨。現在的衍生性金融商品，已經從一種規避風險的手段變成一種純粹投機的工具，它讓過於天眞的投資人——例如退休基金的經理人——得以使用過高槓桿，承擔過多風險。這些商品變得愈來愈奇特，不透明，且非專業人士無法理解，而這也對金融體系構成非常嚴重的危險，光是靠前述改革並無法解決所有問題。

基於這個原因，新一代的衍生性金融商品應該接受主管機關更系統化且無情的嚴密監督。換另一種方式來說，主管機關不需要擔心打擊這些工具將會對經濟成長造成什麼傷害，絕對不會，因爲對全球經濟穩定性來說，它們的繼續存在反而是更大的危險，立法人員、政策制訂者和主管機關官員愈快理解這一點愈好。

遺憾的是，穩定必須靠世界各國合力維持。這代表相關單位必須重新檢討某些全球性的銀行營運指導原則。

巴賽爾協定與未來該走的路

雅致的瑞士城市巴賽爾之所以聞名遐邇，原因非常多。首先，它有瑞士最古老的大學，這個國家的第一所動物園，以及最近剛落成的該國最高建築物。很多智者如尼采都是從巴賽爾的學校畢業的，而當地許多著名的化學與藥品公司，爲這個世界提供從安定（Valium，一種安眠鎮定劑）到麥角酸二乙胺（LSD，一種迷幻藥）等各種不同的藥物。另外，它的銀行圈對這個世界的貢獻也非常重要，儘管這些貢獻聽起來不那麼令人激動，但仍不損其重要性，它是巴賽爾銀行監理委員會（Basel Committee on Banking Supervision）。⑳

這個鮮少人瞭解的機構是在一九七四年成立，它的成員是由所謂十大工業國的各先進經濟體的中央銀行官員所組成。它受命執行的任務是：提供更好的方法來管理與監督銀行及其他金融機構。雖然它的建議並不具強制性，但卻非常有影響力。最近這場危機爆發前的那個金融體系，多半是巴賽爾委員會指導原則下的產物。

那些指導原則——或稱協定——是經過多年逐漸發展而來。第一套協定是巴賽爾資本協定——也就是所謂的舊巴賽爾協定——它要求銀行必須將它們所持有的資產加以區隔，以便更精準地評估銀行因持有這些資產而可能承擔的相對風險。這個風險評鑑結果有可能會影響到銀行應持有多少資本。

讓我們看看兩家假想銀行，每家銀行都向其他來源借了十億美元，同時也都將這些資金拿去投資。其中一家銀行把這筆錢投資在低風險且超級安全的美國國庫券，另一家銀行則投資高風險的垃圾公司債。根據舊巴賽爾指導原則，這兩家銀行將針對這些不同的資產指定兩個不同的風險因子（一個百分比）。這個風險因子將可看出它們必須握有多少資本（相對這些風險）。實務上來說，持有超級安全政府公債的銀行需要持有的資本將低於那個投資垃圾債券的銀行。

舊巴賽爾協定還有其他幾個規定：同時在多國從事營業活動的銀行，必須持有約當風險性資產的八％的資本。另外，這些指導原則的增訂條款裡指明，這項資本（或權益）必須以普通股、優先股和其他高品質的資本（也就是所謂的一級資本〔Tier 1 capital〕）和其他所有資本（二級資本）等形式存在。

舊巴賽爾協定是從一九八〇年代起生效，到一九九二年時，十大工業國裡的多數國家都已採納它的建議。很多新興市場經濟體也自願採用這些指導原則，作爲宣示國家金融穩定與穩健的一種象徵。遺憾的是，事後證明，雖然這些標準對先進工業經濟體而言是合理的，但很多新興經濟體卻難以維持這個標準，尤其是危機爆發時期，而這也證明了這些條款的失敗。

更糟糕的是，銀行業也找到一些花招來隱藏舊巴賽爾協定所沒有預見到的風險，像是將資產予以證券化。這些花招讓銀行資產負債表看起來很穩定，但實則不然。銀行業只是表面上遵從巴賽爾的指導原則，但卻沒有真正遵守它的精神。

這些失敗催生了新巴賽爾協定。舊協定的內容僅僅三十七頁，新協定幾乎比它長了十倍：它針對不同資產相對風險的評估，設定了一些更精確的技術性指導原則；針對相關的計算方法提出一些建議；另外，它還擴大風險的定義，以便將其他危險事項納入考量，如資產在公開市場跌價的可能性；新協定也尋求關閉銀行隱藏風險的各種漏洞；敦促主管機關採取更積極的行動來監督業者是否遵守資本準備規定；詳細說明銀行在公開發表財務狀況時應依循哪些原則。雖然很多歐洲國家希望所有銀行都應一體適用新巴賽爾協定，但美國、加拿大和英國卻主張只有大型國際化銀行需要遵守，而且這幾個國家也成功達到它們的訴求。

十大工業國的成員在二〇〇六年完成新巴賽爾協定的最新版本，接著各國便開始落實相關規定，當這場危機來襲時，整個推行的過程還在進行當中。結果，情況立刻清楚顯示，儘管新巴賽爾協定的規定極爲詳盡，但卻還是有非常嚴重的缺陷。雖然新巴賽爾協定的很多條文都是針對一九九〇年代的多場危機而修訂，但新巴賽爾協定還是無法讓大型銀行免於因伴隨大型金融危機而來的崩潰所傷害。簡單來說，新巴賽爾協定高估了這個世界的金融體系穩定性。這是一個嚴重的錯誤。

這一場危機凸顯出幾個事實。第一，銀行業需要更多較高品質的資本。第二，很多銀行先前所建立的「資本緩衝」，遠遠不足以保護它們免於受類似房市崩盤和信用危機等所帶來的衝擊所傷害。第三，被定義爲一級資本和二級資本的資本有可能在危機來襲時顯著縮水。

改革新巴賽爾協定得花上許多年的時間，不過，有幾件事是刻不容緩的。首先，新巴賽爾協定的資產定義與分級標準應該要修訂。往後不能再依賴一級資本的定義來計算銀行資本，可能應該使用一個更狹義的指標：所謂有形普通股權益（Tangible Common Equity, TCE）來計算資本。

有形普通股權益在計算資本時只將普通股計入，相反的，新巴賽爾協定的資本定義包括普通股和優先股。所以，就估計銀行自有資本的方法來說，有形普通股權益是比較保守的方法。因此，在評估一家銀行面臨危機的體質時，這個指標可能比較實際一些。

另外還有一個更深層的問題，這和新巴賽爾協定的結構有關。它計算資本時所使用的方法會產生一個不良影響：在熱潮期會高估銀行自有資本的金額，但在危機來襲時卻低估這個數字，結果導致銀行以過分且毀滅性的方式來降低它們的風險暴露程度。發生這個情況的原因是，在熱潮期，由於銀行持有的資產漲價，故導致它們對資本的需求降低，而且會變相鼓勵銀行勇於承擔更多風險。但在危機時刻，這個流程整個逆轉，因資產價格下跌的緣故，所以銀行突然間需要更多資本，而此刻偏偏卻是最難取得資本的時候。

在經濟學領域，這個現象就是所謂的「擴大景氣循環」（procyclicality）。㉑這個冗長字眼的意思很簡單：某種會導致循環擴大的因素將增強整體經濟體系的波動，例如熱潮與崩壞的興衰循環。當涉及資本議題時，這顯然是一個很大的問題；至少所有人都會希望這些指導原則不要增強經濟的波動，而要能保護銀行免於受經濟波動的傷害。爲避免發生擴大景氣循環的發生，我們可以採用一個不同的資本計算方式，稱爲「動態準備金」（dynamic provisioning）。這個方法不強迫銀行隨時握有固定金額的資本——如巴賽爾協定規定的八％——而是採動態的系統，所以，資本的數字將因時而異。在熱潮期，資本規定將會上升。但當事態轉趨惡劣，資本規定則會降低。目前西班牙銀行也已經採用了某種版本的動態準備金制度，雖然這並非萬靈丹，但確實值得嘗試在新巴賽爾機制下廣爲採用。

關於擴大景氣循環的問題，另一個可能解決方案是使用「或有資本」(contingent capital)。[22]現在這個概念已吸引愈來愈多的追隨者，所以值得我們進一步研究，儘管這個方法並非完全沒有問題。以下是它的作法：在景氣好時，銀行發行一種所謂「或有可轉換債券」的特殊債券。這種債券和一般債券不同，如果一家銀行的資產負債數字萎縮到低於一個特定的「執行條件」(trigger point)，這檔債券將會「轉換」爲銀行的股票或權益。

或有資本可能有幾個優點。首先，銀行可以在眞正需要時取得更多資本，因此不致陷入困境。生病的銀行得以倖存，不過必須付出代價：原本的債券持有人損失了他們的錢，但最後換得銀行的顯著股權。但外部股東的突然大量增加，將讓現有股東的力量遭到削弱。

這對原始的債券持有人或股東都不算有利。所以，或有資本的作法讓債權人與股東兩方從此有了密切監督銀行行爲的誘因，讓銀行不會再自陷這麼悲慘的情境。理論上來說，如果債券持有人認爲銀行走上歧路，它們可以用提高借款成本的形式，強迫銀行遵守市場紀律。相同的，股東也會限制銀行從事可能讓它陷入困境的高風險活動。

不過，這個概念仍是說起來容易，但實務上卻難以推行。畢竟要順利推動這個方法，銀行必須發行足夠的或有可轉債，否則，這個方法恐怕不足以達到鼓勵銀行自我約束的目標，何況，若銀行發行的或有可轉債金額不高，未來能提供的資本當然不會夠用。儘管如此，它依舊是目前檯面上較好的建議案之一，而且可能也能解決新巴賽爾協定的重大失誤之一。那一項協議的中心意見是，如果一個銀行的主管機關、股東和經理人無法限制高風險行爲，應鼓勵它的債權人取代前述主體來做這件事，銀行債券的買方將會強迫銀行遵守「市場紀律」，對承擔超額風險的銀行施以提高借款成本的懲罰。

遺憾的是，當最近這場危機來襲，並沒有足夠的銀行債權能對銀行業施壓，要求它們施行有意義的市場紀律。不過，即使有，世界各國的政府在決定爲銀行擔保所有負債，並設法讓銀行更容易借到錢的同時，就已經把市場紀律拋諸腦後了。或有資本可能也是解決那個問題的方法之一，因爲這個作法確保負債將轉換爲權益，而非被擔保、獲得支持，最後被紓困，所以，也許這樣可以守住道德風險的界線。

巴賽爾的學究們應考量的另一個問題和流動性短缺的危險有關。誠如最近這場危機清楚顯示的，金融機構——包括傳統銀行和影子銀行體系的成員——極端容易受流動性緊縮所傷害。過去巴賽爾委員會鮮少注意到這個問題，但那必須改變。誠如我們在前幾章提到的，最近這個災難顯然是一場銀行業危機，各式各樣的金融企業舉借短期的高流動性資金，接著卻將資金投入長期且流動性不足的資產。當恐慌來襲，銀行和影子銀行無法正常續期展延它們的短期貸款，於是陷入流動性不足的窘境。

所以，未來各種金融機構——銀行與非銀行——法規的必要元素之一，必須更重視流動性風險的管理。管理這項風險的方法之一，是要求企業避免從事短期借款活動，換言之，要大幅拉長企業的借款到期日與借款期間。一年才需要續期展延一次貸款的銀行，當然比每天都得續借展期貸款的銀行，更不會受流動性緊縮所傷。然而，我們必須重申，這個管理流動性風險的技術無法解決所有問題，誠如最近這場危機所顯示，這一次連幾乎完全從事高流動性投資的機構——例如貨幣市場基金——都陷入困境，即便它們投入流動性較差資產的資金非常微少。

現行巴賽爾機制的另一個缺陷是，它賦予金融機構過多使用自家內部風險評估模型的裁決權。其中一個是風險值模型（Value at Risk model, VaR），它是一個數學公式，這個公式的目的是要計算一個公司將因其資產而蒙受損失的可能性；另一個是Gaussian copula 模型，這個統計工具被用來評估一些外界難以理解的資產如CDO的價格。這兩個模型都沒有考慮到危機與其他破壞力強大的事件發生的可能性，所以，每當危機來襲，銀行當然就容易受傷。令人感傷的是，要解決這個問題，不光是要設計更好的等式。有好的模型，也要有稟性良善的人。如果人們一心只想著提高短期利潤但無視於風險的問題，那他們爲了計算出他們心目中的理想答案，一定會想盡辦法找出可以讓他們達到目的的公式。

所以，我們必須思考其他可將風險降到最低的方法。首先，我們應該重新思考金融機構本身是如何管理風險的。目前業界最通用的方法是「各自爲政」，每個部門或事業部都以各自不同的方式來考量風險，完全不仔細考量自身的投機活動和其他部門之間會產生什麼樣的交互作用。最典型的例子是AIG，該公司一個設在倫敦且員工僅三百七十五人的小分支機構，竟有辦法承保那麼高額的有毒CDO，最後更導致雇用超過十萬名員工的其他眾多部門也跟著倒楣。

更糟糕的是，很多風險經理人因擋人財路而被邊緣化。這讓他們更難以有效控制交易員同事的行爲。基於這個原因，未來風險管理的目標應該是要廢除各自爲政的模型，取而代之的，應該是努力設法明確監督整個組織的風險。那代表組織應該聘用更有力量的風險長，他必須直接對執行長和董事會報告，另外也應該設置有能力同時監督銀行不同部門運作的職員，更重要的是，他們必須具備遏止高風險行爲的能力。

即將到來的危機

金融危機讓推動徹底改革的作法看起來合情合理，這一點非常有趣。在二〇〇八年那場危機來襲以前，我們在本章描述的很多內容看起來也許有點極端且無謂，不過，此一時非彼一時也。

上述改革方案如改革薪酬制度、管制證券化業務、將衍生性金融商品交付公開大眾監督，以及嚴密管控這整個體系的假想守護者——信評機構等，將非常有助於提升金融體系的可信度與透明度。這些改革也將確保銀行和其他金融機構維持足以讓它們平安度過大型金融危機的資本與流動性（資本與流動性兩者同樣重要）。

目前少數銀行與金融機構對金融體系的控制力量超乎想像，這已經衍生一些潛在弊病，而上述改革可望終結那些問題。如果衍生性金融商品和其他金融工具比較透明一些，這些公司就比較難以對客戶收取不合理的高費用，各項產品與工具的買賣報價價差也不會那麼不合理。這些公司當然不樂見這些工具的交易從交易員的市場轉移到交易所，這是可以理解的，因爲這麼做，將會剝奪它們藉由取得客戶所欠缺的資訊來牟取利益的能力。在現有制度下，由於缺乏透明度，所以企業可以輕易拉大買進與賣出報價價差；另外，它們實質上也可以利用自身所掌握的客戶投資資訊，透過其他部門如自營操作或甚至實際的造市與市場經紀活動等，來牟取自身的利益，這也就是所謂的「偷跑」或「搭轎」（front run）。如果透明度提高，這樣的行爲就會受到抑制。

對這些改革抱持懷疑態度的人可能合理辯稱，投資人爲取得「阿法」（或陰謀阿法）報酬的特權，不管付出多少代價都是他們自己的事。不過，一個由力量異常強大且不透明的金融企業所構成的小圈子的興起，已經引發了更令人不安的問題：這些公司現在具備了多元到令人難以置信的金融功能——從證券發行與承銷、造市與經紀、促進交易、私募基金、避險基金和資產管理到一般銀行業務等，無所不包。這種種不同功能之間的連動性，乃至許多僥倖存活的金融企業之間的連動性，已創造了一個異常容易受系統性風險傷害的體系。

將多數交易從單純仰賴造市者／經紀商撮合力量的櫃台買賣市場轉移到交易所，將減少這些以牟利爲導向的扭曲行爲，但更重要的是，這將會顯著降低交易對手風險，進而使金融機構「連動性過高以致不容倒閉」的情況獲得改善。更確切來說，透過交易所進行的買賣交易量愈大，這整個體系的連動性將因交易對手風險的下降而降低。我們不僅必須藉由縮小每個機構的規模來緩和「大到不容倒閉」的問題，也必須將各金融機構內部的金融服務單位加以分割，以減輕「連動性過高以致不容倒閉」的問題；有了交易所後，未來仲介經紀商只會涉及爲客戶有效執行交易的業務，而不會從事造市／經紀業務，這種業務充斥利益衝突，缺乏價格透明度，且隱含嚴重且系統性的交易對手風險。所以，我們必須回歸格拉斯－史提格法案，甚至要比它更加嚴謹，打造一個涇渭分明的金融環境——也就是說，金融機構之間及各機構內部的不同業務活動均界線分明——這樣一來，金融機構就比較不會有「大到不容倒閉」或「連動性過高以致不容倒閉」的問題。

總之，金融力量的集中，已經創造了一個「連動性過高以致不容倒閉」的體系。本章提出的建議，只是解決這些問題的幾個起步而已。不過，如果希望未來幾年金融機構的景況能更趨穩定，還得落實比上述建議更徹底的改革。

9 最根本的補救措施

在二〇一〇年一月初時，班．柏南克為聯準會因應最近這場金融危機的各項作為提出辯護。他認為這個事件的教訓非常直接且單純：若當初有較好的管制措施，將能防範這場危機。誠如他的說法，「我從這次經驗所得到的教訓是，金融管制與監督並非不足以控制醞釀中的風險，重點在於金融監管的執行必須更高明一些。」①

他說得一點也沒錯，不過，究竟主管機關要如何「更高明」的執行它們的責任？我們將在這一章思考某些可能對這個目標造成阻礙的重要障礙。這些障礙包括：蓄意侵犯法規監督，也就是所謂的法規套利；三個和尚沒水喝的問題——這是指主管機關過多且缺乏整合與協調，導致有效監督金融體系的目標無法落實；最後但並非最不重要的是：好的法規也要有好的主管機關人員來施行。從最近的法規管制歷史可以看出，儘管有最嚴謹且立意良好的規則和法規，一旦發生以上問題，這些規則和法規都可能失效。所以，要成功改革金融體系的監督與管理，一定要解決這些問題。

這只是起步，前一章提出的那些多數人都能接受的溫和常識型建議，也一樣都只是開始而已。

不過，有時候，光是在現有法規之上加入一些新法規並不夠；適時且適當進行法規的「創造性破壞」才是正確的。我們將在本章談談其中某些可能應該在未來幾年施行的較根本變革，包括將大型銀行予以切割，以及在金融體系建立大量新的防火牆等。

最後，我們會討論一個截然不同但同等根本的概念：使用貨幣政策來防範投機性泡沫。雖然這個概念相對簡單且直接，但多數經濟學家和政治制訂者卻認爲這個概念是異端邪說，過於危險。事實上，柏南克在發表他的「事後檢討報告」時，就已明確排除這個可能性，他主張較理想的法規與監督更能精準解決投機性泡沫的問題。

但是，抱歉，我們並不認同這個觀點。如果適當執行，貨幣政策是解決資產泡沫和後泡沫危機最有效且最有力的方式之一。它不會產生精準的單點治療效果，但這卻是重點所在：貨幣政策能對製造泡沫的投機氛圍產生廣大且系統性的影響力。所以，這項工具很值得列入政策制訂者的工具箱。

我們接下來將描繪未來可能的金融前景，不過，唯有政策制訂者和政治人物能體認到，對抗危機需要一些宏觀的思維和根本的改革，我們的金融未來才能有那麼一絲絲希望。若未能做到這點，其他作爲都於事無補，重蹈覆轍也會是遲早的事。

對抗法規套利

當人們想到新的金融管制，通常會想到一些誓言終結不良行爲、促進穩定與防範危機的實際規定、指導原則和法律。這當然很好，不過，即使是最謹愼建構的管制措施，銀行員工和交易員總是有辦法用很有趣的方式來規避這些管制。所以，如果希望改革行動能產生任何具體成效，政策制訂者一定要設法對抗這種法規套利行爲。

在危機爆發前幾年，一般銀行業受到合理的良好規範，當然，它們也因此獲得政府的安全網保護，包括存款保險和明確的最後放款人支持。但官民之間的這種協議讓想取得更多冒險自由的銀行幾乎窒息。於是，這些銀行業者漸漸將它們的銀行業務轉移到影子銀行，也就是看起來像銀行、行爲像銀行，但卻不像銀行受到那麼多規範限制的主體。這就是法規套利，蓄意將金融活動從受較嚴格管制的領域轉向較不受管制的領域。

在危機爆發後，一般人主張這些非銀行金融機構——亦即影子銀行——必須接受和一般銀行相同的規範與管制，畢竟這些金融機構多數都已獲得政府前所未見的大力支持，而現在該是它們回報政府的善意，接受更嚴格規範的時候了。此外，最近這場危機顯示，很多這些公司（影子銀行）都具備系統重要性，它們的倒閉可能會對整個金融體系造成一波波的震撼，這也是它們應接受規範的主要原因。

這一切聽起來都合情合理，對吧？遺憾的是，很多政策制訂者卻錯誤解讀歷史給我們的教訓。他們在看過這些影子銀行怪物——像AIG這種機構——後，認定只有大型機構應該接受管制。目前某些檯面上的建議案都以這個哲學爲準則。舉個例子，歐巴馬政府的法規改革建議，「僅」具體鎖定「具系統重要性的金融公司」。不過，選擇性適用管制的作法將是莫大的錯誤，它將大開法規套利之門。下一次，金融機構將會把金融仲介活動，從剛被納入管制的較大型機構轉移到它們較小的關係企業。無論這些較不受管制的機構的規模有多小，一旦集合在一起，它們對廣大金融體系的重要性還是會愈來愈高，而一旦這些小機構集體倒閉，產生的整體影響也將一樣令人頭痛。舉個例子，在存貸危機爆發期間，有大約一千四百家這類儲蓄互助銀行倒閉，其中沒有任何一家銀行具備系統重要性，但它們承作的不良貸款總額與整體虧損卻非常龐大，所以當然也產生了系統性的影響。

基於這個原因，任何新的法規都必須一體適用所有機構，而不是只管理容易發生系統風險的「大型」機構。即使具有系統重要性的機構因其潛在系統性影響力，必須接受比小型機構更嚴謹的規範，但管理資本、流動比率到法務與揭露標準等所有事項的法規，都應該一體適用所有機構，不能有任何例外，不能讓財務工程師有隱藏或遁逃的空間，法規不應只局部適用，否則，將會有更多套利行爲乃至更多危機的發生。

平心而論，近幾年來，法規套利簡直可說是易如反掌的遊戲，這都是拜被美其名爲「自我規範」的概念所賜。根據這個概念，主管機關只要設定一些可供金融機構依循的基本原則，接著要求這些公司自行設法遵守這些通則即可。結果，這個方法（也被稱爲「鬆軟」法規）幾乎不可避免的孕育了更多的法規套利行爲。由於企業是用它們自己的標準來管理風險，所以當然傾向於選擇有利於自身的模型，在估算企業需要多少資本才能平安度過危機時，這些模型總會低估需求。

不過，在解決這個自我規範的問題時，主管機關也應該謹慎一點，不要急就章的頒布大量管理各種結構性金融商品的具體細部規定。這麼做一定會徒勞無功，因爲一旦財務工程師們釐淸如何將產品扭曲到足以逃避法律漏洞以後，這麼巨細靡遺的法規只會引發另一波法規套利潮。

從另一個層級來說，極端具體的法規也是沒有意義的，因爲金融創新的速度實在是非常驚人，從一套衍生性金融商品的標準產業指南即可看出這一點，②它的篇幅持續擴充，一九八九年時，這本指南只有七百頁（當時它的名稱是《交換型融資》〔*Swap Financing*〕），但二〇〇六年的最新版本（重新命名為《交換與金融衍生性商品叢書》〔*The Das Swaps & Financial Derivatives Library*〕）則高達滿滿五千頁。所以說，要跟上金融創新的腳步，實在是極端困難。

不過，這並不代表主管機關應該就此放棄，回到原本只設定「基本原則」的那種鬆散制度，同時鄉愿的認定金融企業的優秀交易員和銀行員工會乖乖遵守這些原則。主管機關不應如此，它們應該建立一套健全且簡單的金融體系主要業務治理原則，舉個例子，這些原則應該針對槓桿設定明確的上限，而且不僅是針對「風險調整槓桿」的部分，而是要針對絕對槓桿設限。另外，也應該針對資本規定和流動性緩衝部分設定如此具體的標準。這些規定都必須非常明確，而且必須能一體適用所有規模的企業。此外，不應該沿用以前的作法，讓銀行員工擁有解讀這些原則的裁決權，只有主管機關才能擁有這個裁決權力。

而這引導出一個比任何特定改革都要令人頭痛的問題——應該如何施行這些管制措施？應該由哪些官方機構帶頭來實施這些規範？那些機構又該如何協同它們的力量？

法規的施行與協同

在美國，不管是州或聯邦層級，都設置了許多令人頭昏眼花的主管機關，③這些機關共同分擔著管理金融體系的責任。一百多年來，不同主體接二連三成立，但整個發展卻顯得雜亂無章。

讓我們先從州的層級開始談起。在十九世紀到二十世紀之間，五十個州裡的每個州都創建了自己的銀行與保險委員會。這些主體的運作方式不同，監督轄下企業——包括由州政府發給執照的銀行和擁有聯邦政府特許經營執照的銀行——的經驗值也不同。某些州也設有類似證交會（SEC）的證券主管機關，另外也設有信用合作社的主管機關。這些主管機關的資金來源、經驗值和負責施行的規定，都有很大的不同。

而在這個分權結構之上，還有聯邦主管機關，在某些狀況下，聯邦主管機關也會分擔法規施行的責任，但有時候則會直接取代州層級的主管機關。聯邦主管機關的數量也非常驚人，從通貨監理局到聯準會，再到商品期貨交易委員會，另外還有其他很多、很多的機關。很多這些機關負責管理的領域都是相同的，換言之，它們的權責明顯重疊。最後，更令人困惑的是，還有幾個由政府支持的民間監督機關，它們不僅爲政府提供建議，還負責設定金融企業相關規定，甚至要負責監管它們的成員——像是財務會計標準局（Financial Accounting Standards Board, FASB）等機構。

爲何會出現這種東拼西湊的情況？一部分是由於政府的聯邦體系不斷擴編，在這個過程中，政府蓄意區隔州和中央政府的權力。另外，這有一部分是反映「新政」的管制期程，新政的推行讓政府的權責大幅擴張，所以必須區隔不同機構的管轄權。因這個系統而產生的缺口和缺乏效率的情形，隨著各種新金融企業和新金融工具的興起而變得日益嚴重。近幾年來，政府解除金融體系管制的各項不同「改革」，更製造了其他缺口。

儘管這些問題顯而易見，但還是有很多政策制訂者出面爲管理機制重疊且過於繁複的情況辯護。他們辯稱，這麼多不同的主管機關將形成有利的「競爭」，④讓最好且最有效率的法規運作模式因此獲得更廣泛的採用。遺憾的是，金融企業並不追求最好的規範，它們要的是最低程度的規範，也就是不會對銀行核心業務造成限制的法規。

如果銀行無法自主選擇由哪個主管機關來監督它們，那就不成問題。不過，在現有的制度下，銀行確實有選擇的空間，一切取決於它們選擇用什麼方式來組成公司。舉個例子，一家商業銀行可以選擇在特定州的法律下申請設立執照，而不根據聯邦法律。接下來，它需要選擇是否要成為聯邦準備體系的成員。這些選擇實質上可以決定它未來將隸屬通貨監理局、聯準會或聯邦存款保險公司（FDIC）的管理，當然，更別說州主管機關了。

銀行做這些決定當然事出有因。舉個例子，美國的商業銀行藉由改變其法定管轄機關，好讓它們可以承擔更高風險的情況，比比皆是。這一點也不足為奇，畢竟銀行追求的是最大報酬，而且它們也絕無理由自願屈服於會讓它們失去競爭優勢的規定。於是，這變成一場「向下墮落」的競爭，銀行和其他金融業公司四處尋覓規範最為鬆散的主管機關。

近幾年來，各級主管機關本身也讓這個問題變得更加嚴重。原因如下：當銀行自行選擇主管機關——它們自然是被吸引到監督絕對最鬆散的範疇——處事較嚴格的主管機關可能面臨管轄範圍萎縮的問題。而且，沒有監管對象的主管機關當然也沒有理由存在。於是，各個主管機關為了吸引更多金融機構加入它們的管轄網絡，當然有充足的誘因寬貸這些機構。⑤這又是另一個向下墮落的競賽，這就是選擇的弔詭（paradox of choice），也可稱為「監理層面的貨比三家」（regulatory shopping）。⑥

二〇〇九年，歐巴馬政府提議進行嚴謹的金融管理檢查。⑦這個建議案包括成立三個新的聯邦主管機關：金融服務監督協調會（Financial Services Oversight Council），它將扮演某種超主管機關（über-regulator）的角色，負責協調各個主管機關的法規，期能消除上述缺口，同時設法辨識出可能對金融體系形成系統性風險的機構；另外還有全國銀行監理局（National Bank Supervisor），這個機關將負責監督所有獲得聯邦特許經營權的銀行；還有國家保險局（Office of National Insurance），它將負責主管保險公司。

這些都是善意的設計，而且二〇一〇年時，應該會有某個版本的金融檢查方案付諸立法。不過，令人擔憂的是，目前檯面上的建議案並未能解決最根本的問題，也就是州與聯邦政府眾多東拼西湊、令人困惑的法規。金融管理檢查建議案計畫增補一些主管機關，合併某些機關，但即使它加入一個「協調會」來監督這一團混亂的局面，到最後卻可能還是無法完全改變這種胡亂拼湊的情形。

但有一點是確定的：維持現狀對金融服務產業將非常有利。過去幾十年來的經驗，讓我們（和它們）得到一個寶貴的教訓，那就是在法規結構漏洞中穿梭的企業將欣欣向榮。現有的體系爲企業提供很多法規上的死角和漏洞，企業可以利用這些死角和漏洞來迴避有效的監督。

在思考要如何改革這個體系時，英國金融服務管理局提出的模型很值得參考。這個機構是在一九九七年誕生，它實質上是將許多主管機制整合到單一主體之下。金融服務管理局主管銀行業、保險業、證券、衍生性金融商品，甚至不動產抵押貸款的相關規範。不同部門的主管機關官員最後都必須向同一個領導者報告，而且理論上來說，這種中央集權化的作法，可以防杜美國那種較零亂的分權制度下可能衍生的法規套利行爲，和「業者只選擇對自身有利的主管機關」等缺失。

不過，儘管立意良好，但卻美中不足。金融服務管理局擁有如此全面性權力的結果，導致英國中央銀行——英國銀行——管理銀行業的責任被解除。這可能引發嚴重的問題；基於中央銀行必須扮演最後放款人的角色，所以它們向來都保有管理銀行業和其他「具系統重要性」金融企業的權責。如果各國中央銀行沿用英國金融服務管理局模型，將這項權責移交出去，那麼這些央行和新的主管機關就必須協同彼此的各項活動，同時維持適當程度的資訊交換。

即使如此，英國金融服務管理局模型，怎麼說都優於將管理權力分散到很多彼此競爭的不同機構的作法。儘管美國不可能在短時間內採用類似的方式——因為國家與州政府之間分權的傳統由來已久，所以不可能很快轉變——但權責的顯著合併與集中化，仍是眾人所期許且必要的改革。雖然這麼做也許無法防範最近這場危機的導因之一——法規套利——但一定能使從事這種勾當的難度提高。

遺憾的是，金融企業有另一個方法可以規避法規的管制。金融企業藉由這種「管轄權套利」(jurisdictional arbitrage)，選擇並重新「落籍」在較少法規與限制的領域。畢竟這是一個金融全球化、資本可移動且缺乏資本管制的世代，企業可以輕易達到這個目的。雖然某些主管機關可能為了擺脫夢魘，而很想放手讓某些必須為最近這場危機負責的企業離開，放任它們去尋找其他對它們更友善的環境，但這麼做對防範未來的災難並沒有太大幫助。

基於那個原因，主管機關在進行任何改革以前，必須調和其他國家正在考慮的作法。這也是說來容易做來難。目前這種協同機制的基礎建設仍不成熟，遠不如各國共同因應其他全球性問題如恐怖主義和氣候變遷的機制。有些領導人物對這種缺乏協同的現象感到沮喪，所以主張成立一個「全球性的超級主管機關」,⑧這個機關將扮演像德國財政部長皮爾・史坦布洛克所說的「一個為金融市場訂定交通規則的國際性權責機構」角色。

這個概念聽起來固然很吸引人,不過卻極端難以落實。這個機關和巴賽爾委員會那種國際主體不同,因為巴賽爾委員會只負責提出建議,執行面是由各國的中央級主管機關來負責;要讓所有國家的主管機關——以及創造這些機關的立法部門人員——移轉部分或全部主權給某個擁有至高權力的單一(跨國)主管機關,是非常困難的。事實上,這個概念曾有過一個較溫和的版本,但依舊難以推動:亦即曾經有人希望促成歐洲央行成為歐盟所有會員國的最高主管機關,但卻未能獲得認同。目前,管理歐洲銀行業者的責任依舊屬於各國中央銀行的權限。而且,即使所有主要先進經濟體都同意成立全球性的超級主管機關,這個概念本身也可能不是那麼理想。儘管美國現有的制度——大量管理權責機構——並不完美,但完全相反的作法也隱含其特有的風險。將所有監管權責全部集中到一個籃子裡,有可能引發過度信任單一主體的疑問,擁有至高無上權力的管理人員,可能也不見得有辦法勝任眼前的艱巨任務。

而這衍生出最後一個議題:如果施行不當,就算有最優秀、最具一致性且最包羅萬象的法規,也沒有任何意義。用另一種方式來說,有好的法規,也要有好的主管機關官員來執行。我們該如何解決這個問題?

誰來監督守門人?

有一句古拉丁文正好能貼切反映這個最具現代感的兩難情境:Quis custodiet ipsos custodes?⑨這句話可翻譯爲「誰來監督主管機關?」由誰來確保那些有權監督社會的人有效且無私的履行他們的義務?

這並不是一個新問題。柏拉圖早在寫《理想國》時，就已認知到這種窘境的存在，雖然當時他談論的是一個社會的監護階級或財產管理階級，而非金融主管機關（當時的社會還沒有衍生出這樣的主體）。柏拉圖的解決方案非常發人深省：對監護階級和一般民眾說一個「高貴的謊言」(noble lie)⑩（譯註：也就是有用但卻沒有事實根據的理論），告訴他們，監護階級比其他人更正直。當監護階級相信自己確實有此美德後，就會摒棄個人利益，尋求共和國的整體福祉。這是爲善自得其樂的假象。

在現代，任誰提出這樣的見解，都絕對會立刻引發一陣竊笑，不過它卻也凸顯出一個令人不安的事實。想想看，如果不允許監護階級或主管機關官員相信他們自身的優越，甚至還公然嘲弄他們無能或貪腐，那將會怎麼樣?這是個不同類型的謊言，不過，活在現代的我們卻被鼓勵要相信它。直到這一陣子，人們還公開嘲弄那些主管機關官員是無法對民間發揮任何影響力的木頭人，說他們是無法和華爾街金融界天才競爭的蠢蛋。更糟的是，人們還宣稱，主管機關官員對全新的金融創新世界來說是障礙和阻力。

自由放任主義迷到處散布這個謊言，但我們理當加以反駁：這個謊言並不是從未「踢到鐵板」：在一九三〇年代，剛成立不久的SEC（以及其他主管機關）吸引了很多聰明、有才能又有理想的人加入，如果是在不同的年代，他們可能已加入華爾街。取而代之的，他們最後選擇從事管理華爾街的工作，爲美國營造了幾十年的金融穩定以及扎實且強健的經濟成長，這是前所未見的成就，當然也絕非巧合。

沒有理由相信這樣的榮光不會再現。不過，要達到目的，必須先扭轉主管機關官員和法規的聲望。那是一個苛求，但可以先從改變聯邦政府延聘主管機關官員的方式做起。擔任這些職務的人擁有防範另一場金融危機的權力和責任。這是一項重責大任，必須在工作內容描述中明確加以闡述，同時也要讓未來的潛在員工體認到這個責任的崇高。就算那會成為一個「高貴的謊言」也無所謂，如果不適當修正世人對主管機關職務生涯的認知，很難吸引到眞正有資格擔任這些職務的人。

主管機關官員也理當獲得較好的薪酬。就這一點而言，我們的觀點和柏拉圖抵觸；畢竟本書的作者是個經濟學家，而非哲學家。再者，讓我們看看以下事實：直到最近，SEC人員薪資水準都是整個聯邦政府裡最低者之一。⑪即使是現在，年薪超過十萬美元的SEC員工依舊屈指可數。儘管加薪幅度顯然還是有限——因爲財政部長的薪資還不到二十萬美元——但負責監督全球金融體系的官員，總有理由得到比高盛接待員更高的薪資吧。

有些改革派人士爲解決這個問題，建議主管機關官員的薪酬應該取決於他們的績效。換言之，他們課徵到的罰金愈多，關閉的破產銀行愈多，薪資就應該愈高。這聽起來似乎是個不錯的點子，但實則不然。在這樣的架構下，權力遭到濫用的可能性過高。想想看，如果警察的薪資是依照他們逮捕的人數或開出的交通罰單數量來決定，警力執行成效會有多好？當然，他們一定會更積極執行法律規定，但執法是否公平或誠實，則是另一回事。

所以，最好是用其他方式來解決這個人員招募問題。首先，應該記住一點：聯邦政府能給予職員華爾街所無法提供的，那就是工作保障。由於危機過後這幾年，社會上的失業銀行員工和交易員非常多，所以有就業保障的工作特別吸引人。對於屆退的老交易員和銀行員工而言，這樣的保障更加誘人。這些人看盡人情冷暖，很多人現在甚至得靠失業救濟金過日子。應該給他們機會爲SEC和其他主管機關效勞，擔任一般主管機關職員直到終老。

儘管我們建議讓以前曾擔任交易員的人加入政府，但絕對不是建議繼續保留某些最大型金融企業和華盛頓主管機關的那種高階「旋轉門」⑫關係。高盛公司在這方面的操作尤其著名，該公司過去曾有幾名執行長在美國政府擔任高官，很多高盛公司的其他主管人員也都在政府部門擔任高階職務。高盛公司的這些主管人員，和其他直接（被諷爲無縫接軌）從民間部門跳槽到政府任職的企業主管，製造了無數的利益衝突，這些人雖身在政府擔任主管機關官員，但更像前雇主的同盟伙伴。其中有很多人後來又回到民間部門，進一步利用他們良好的政商關係進行政治性遊說，以謀求更寬鬆的法規與更鬆散的金融企業監督。

這就是所謂的「綁架法規」的問題，目前這個問題完全沒有改善。舉個例子，二〇〇九年秋天，SEC高調宣布，該會計畫爲它新設的法規執行部門聘請一位管理職主管，⑬這個部門的任務就是要監督眾多大型企業如高盛公司。結果，一個年僅二十九歲又不怎麼有經驗的毛頭小子雀屏中選，更離譜的是，他還曾在高盛擔任主管職工作。

解決綁架法規和旋轉門聘任問題的方法有很多種。其中之一是，退職的政府職員——尤其是曾擔任高官者——的遊說活動應該受到顯著的限制。歐巴馬總統在二〇〇九年年初所提出的改革方案，已限制政府員工兩年內不得從事遊說活動。⑭這只是個起步，未來這個期間限制應該延長到四年或五年，甚至更久。

限制金融企業的遊說力量也是有必要的，儘管這顯然是個苛求。政治人物養肥金融產業的理由非常簡單，著名的銀行搶劫犯威利・薩頓（Willie Sutton）對此形容得最爲貼切：因爲「錢就放在那裡」。政治人物設法讓金融體系免於受法規干擾，同時讓這些主管機關無法取得落實各項法規所需的足夠資金（指阻撓預算的通過）・，金融企業則將大量資金輸送給候選人來作爲交換，⑮ 光是二〇〇八年一年，這個金額就高達三・一一億美元。

這種政商掛鉤關係非常難以阻斷，這需要堅強的政治意志力，但很少人有這樣的意志力，從二〇〇九年發生的事件即可見一斑。在那一年，很多接受問題資產救助計畫（TARP）資金援助的機構，花費了數千萬美元的資金，成功遊說國會否決對企業主管薪酬設限，也否決各式各樣更嚴謹的金融法規，包括管理衍生性金融商品的規定。他們也成功說服國會接受財務會計標準局的意見，暫時取消所謂「以市價計算價值」（mark to market）的會計準則。此舉讓銀行業得以神奇的恢復健康，至少是帳面上的健康。這也讓銀行業因此有能力償還TARP資金，不過，它們是在遊說國會降低還款罰金後，才開始還錢。

只要金融業與政治界之間這種違背倫常的裙帶關係不斷，這種促進解除管制、製造資產泡沫、危機以及充斥道德風險的紓困案件等墮落的利益交換行爲，絕不會有絕跡的一天。唯有對政治機關與金融企業之間的關係設下顯著限制，才能遏止這些一丘之貉。以目前的情況來說，政治人物對法規管轄範圍乃至主管機關官員本身，都擁有莫大的支配力量，這絕對不是好事，但問題是，荷包的開關（意指預算）擺明了掌握在立法部門人員手上，不配合政治人物要求的主管機關，將因追求獨立自主權而受到懲罰。

關於這個問題，我們建議的解決方案之一，是讓美國與其他國家的主管機關變得更獨立超然。⑯所謂的獨立有不同的形式：主管機關官員可以有更大的裁決權來決定如何實施法律命令。另外，也可以賦予主管機關官員政治甚至預算方面的獨立自主權。

可用的方法有很多種，在美國，聯準會大致上都得以獨立於政府的行政及立法機關，而且它能做到「資金自足」，也就是說，它並不需要依賴納稅人的錢（和一般人認知相反的，聯準會並非聯邦政府的一分子，而是「政府內部的一個獨立主體，必須兼顧公共使命與民間的任務」，這是聯準會在它的網站上所宣示的）。

理論上來說，將管理的責任轉移給聯準會，會讓主管機關官員變得更有自主性。另一個可以參考的模型是英國的金融服務管理局。雖然金融服務管理局還是必須向政府的部會首長報告，但它卻能維持獨立運作。而且，它和中央銀行一樣，無須支用納稅人的錢，而是藉由向它所管轄的企業收取手續費的方式，取得所需資金。

這些解決方案和很多全面性解決方案一樣，都有嚴重的缺點。事實上，不讓政府直接控制法規，並無法保證監管情形一定能改善。例如，金融服務管理局並未能明確預見或先發制人的阻止最近這場危機的到來。在美國，名義上獨立的聯準會雖負責管理銀行甚至不動產抵押貸款，卻也未能善加使用它的力量。之後，它又得出面扮演最後放款人的角色，提供前所未見的高額補貼。

此外，綁架法規的問題，不會因爲某個機關從此不需對立法部門人員負責而消失。舉個例子，聯準會內部的重要權力中心——尤其是紐約聯邦準備銀行的董事會——實質上根本就是被華爾街的銀行控制著。政治上的獨立不盡然代表法規上的獨立，當我們在思考全面結構性改革方案時，這一點非常值得推敲。

基於上述這麼多缺陷，所以，最好從另一個方向來解決金融與政治圈的貪腐掛鉤關係。有一個非常簡單的方法可以遏止這些引爆危機的大型企業的勢力，那就是將它們打散，化整爲零。

要將這些企業化整爲零絕非易事

最近這場危機凸顯出一個愈來愈廣爲人知的「大到不容倒閉」問題。雷曼兄弟的崩潰和它造成的全球金融體系災難清楚的顯示，目前很多金融機構的規模已經變得過大、使用過高槓桿，而且連動性過高，以至於任何一個機構的崩潰都可能引發系統性且浩劫般的影響。

在美國，當一般的銀行倒閉，聯邦存款保險公司（FDIC）可以透過破產管理人程序接手控制權。不過，所謂「大到不容倒閉」的機構，卻鮮少是那種傳統銀行。相對的，多數所謂「大到不容倒閉」的機構屬於另一個種族：大型仲介經紀商如摩根史坦利或高盛，AIG以及其他大型保險公司；政府支持的企業如房利美和房地美，還有像是長期資本管理公司（LTCM）等避險基金。

儘管這場危機讓這種企業的數量減少了，但目前還「僥倖活著」的公司的規模通常卻進一步擴大，這都是拜恐慌後的合併風潮所賜。摩根大通公司合併了貝爾史登，接著又併了華盛頓互惠銀行；美國銀行吸收了全國金融公司，接著又合併了美林。最後，富國銀行和花旗集團搶著要合併瓦丘維亞銀行，那是另一家龐大但無力償債的銀行。它們爲何要你爭我奪的？根據犬儒派人士解讀，這兩家公司都認知到，不管誰收購了瓦丘維亞銀行（最後富國銀行勝出），都會被視爲金融體系裡更大的風險因子，因此，勝出者將能得到更多緊急援助和寬容。

我們現在正處於一個糟到不能再糟的世界，很多「大到不容倒閉」的機構獲得紓困，而且可以預期的，不管未來再發生多少次危機，它們還是會得到緊急援助。到目前爲止，它們都沒有受到持續性的詳細法規審查，而且也沒有任何現成制度可在必要時將它們推向破產機制（而同時又不產生嚴重傷害）。更糟糕的是，很多這些機構——最先是高盛和摩根大通——都已再度開始從事「自營操作策略」，也就是根據公司的交易員所設計出來的運算法則，針對股票、債券、原物料商品和衍生性金融商品等，進行複雜的賭博性押注行爲。其中某些「自營操作策略」的風險非常高，但這些企業卻仍舊在政府的保護傘（這個保護傘由十幾種不同的政府支持計畫所組成）下，逕自恢復這些交易。

政策制訂者正嘗試著以幾種不同方式來解決這個「大到不容倒閉」的問題。舉個例子，這些公司倒閉而可能形成的衝擊波，將對金融體系其他部門造成傷害與破壞，而政策制訂者正設法將這種間接傷害的程度降到最低。像是最近這場危機，政府在面對某些這類企業即將倒閉的風暴時，採用了兩種因應方式，企圖限縮上述間接傷害，這兩個方式截然不同，但卻一樣問題叢生：其一是對一個大型金融企業的債權人及其交易對手提供全面紓困（如貝爾史登和AIG的案例），另一個是放任一場失序的倒閉案件發生（也就是雷曼兄弟的案例）。我們需要的是第三種方式，它必須能賦予政府主管機關力量，以有秩序的方式來拆散這些公司。

要達成這個目標，方法之一是要求「大到不容倒閉」的公司訂下一種「生前遺囑」，[17]一旦它們失能，這項遺囑就立即生效。政府應該像醫生完成垂死病患的願望一樣，介入並執行這項法律文件的各項條款，讓這家公司的滅絕不會產生那麼大的殺傷力，過程中的痛苦和付出的代價也少一些。那樣一來，一家企業不會以那麼失序且毀滅性的方式結束營業（像雷曼兄弟），而是會莊嚴的逝去。

另一個相關的解決方案，是爲這些類型的企業建立一個特殊的破產機制，不宜讓它們直接進行破產法第十一章的破產程序，因爲經驗證明這個方式的殺傷力非常大，所以，比較適當的作法是建立一個逐步結束相關企業營運的替代性機制。其中一個選項是由某種接管委員會出面，⑱這和聯邦政府處理房利美和房地美公司時所使用的方式類似。另外，也可以成立一個政府主體，授權由它將企業置入破產管理人程序——類似FDIC所擁有的權力——這個方式更好。這兩個概念都能迴避伴隨著破產法第十一章而來的混亂，讓擁有更大權力的聯邦主體採取相關行動，而不再只是交付聯邦法院解決。聯邦破產管理人或接管人的作法和破產信託相反，前者有較大權力可決定一家公司要如何進行清算，這可以減少殺傷力強大的興訟程序，而且有能力採行其他對策來預防清算過程產生太大的傷害。

不過，這些概念也有一些缺點。誠如生前遺囑概念所引發的批評所指，不同利益團體可能不會允許死亡發生。就像某些氣憤的家族成員不願意執行「拒絕心肺復甦術」的命令，對一家銀行的繼續營運擁有既得利益的銀行業主管和政治人物，也可能妨礙這個程序的進行，另外，某個國會議員選區的上萬個工作機會也可能因一家銀行倒閉而化爲泡影，他當然也會持反對立場，還有，政治候選人的捐獻來源也可能因此受到影響。

這兩個概念的另一個缺點是，當政府在終止相關企業的營運時，它必須審慎斟酌究竟要付給債券持有人多少錢。付太多將會讓市場認爲道德風險已不再受重視。然而，付太少——或精確來說，付出的金額低於市場預期——卻可能在整個金融體系引發更大的恐慌。畢竟這些機構都是大機構，讓債券持有人承受那樣的虧損或「折扣」，將會產生一些系統性的效應。一旦發生那種情形，連設計得最巧妙的企業終止營運草案都可能崩解，並使得人們選擇最小阻力的途徑（也就是紓困）的誘惑進一步上升。

最後，某些政策制訂者希望採行一套協調國際作法的方式，來監督所謂「大到不容倒閉」的機構。⑲ 一個由各國主管機關官員組成的國際監督者協會可以監督每個跨國企業。這些人可以就這些大型機構的狀態進行協商，並給予最基本的監督。這是不錯的概念，我們並不反對它。不過，這種追蹤作業是否能有效防止危機發生，目前仍難以斷定。畢竟連股東和高階經營階層都難以預先發現自家公司的致命缺陷（遑論這些外部人），所以，要一小群主管機關官員負責監督世界上的諸多金融巨獸，當然更是難上加難。

確切來說，以上幾種解決方案都未能正視一個眾人皆知的問題：那種企業不僅「大到不容倒閉」，也大到無法退出，而且複雜到難以適當管理。坦白說，這種企業根本不應該存在，或者就最低程度來說，應該敦促它們將現有的業務化整為零，適當予以分拆。

要達到這個目標，其中一個方法是提高法定「資本適足率」，這只是好聽的說法，它其實就是要求這些機構必須持有相對充足的資本，來因應這麼多不同部門對整個公司所形成的所有風險。這項要求將能降低槓桿倍數，但進一步延伸來說，也會導致獲利減少。在理想狀態下，對企業發出「較大不代表更好」的訊息，可能可以引導這些公司主動分拆它們的業務。

爲了達到這個理想，資本比率——如新巴爾賽協定所建立的資本適足率——應該大幅提高，不過，究竟要提高到多少，則很難論定。舉個例子，瑞士最近片面要求該國兩家最大企業——瑞士聯合銀行與瑞士信貸——將它們的巴賽爾資本比率從八%提高一倍到一六%，⑳希望能解決「大到不容倒閉」問題。但到目前爲止，這些企業都已在不裁撤任何單位的情況下，順利提高它們的比率。這顯示資本比率甚至應該提升到更高水準，也許是二〇%以上。唯有這麼嚴厲的措施，才能迫使它們拆解爲規模較小、較不危險的主體，至少我們是這麼希望的。

如此激進的行動，勢必引來「大到不容倒閉」的企業的怒吼與抗議，它們總自認是世界經濟日常營運的必要元素。它們不斷宣稱由於它們的規模龐大，所以能提供「綜效」、「效率」和其他好處。它們一定會說：「全球經濟沒有我們就無法正常運作」。事實上，它們宣稱，若沒有了類似花旗集團那種金融超市提供的「單站購足」服務，全球經濟將會嚴重受創。

這實在是荒謬至極。首先，事實已證明，金融超市模型是失敗的，類似花旗集團這樣的機構，在山福德・衛爾（Sanford Weill）這類帝國建造者的領導下，成爲龐然大物。但不管一個企業的執行長多麼能幹、多有遠見，都無法善加管理一個同時提供數千種金融服務的全球性金融機構。由於這些公司極端複雜（更別說那各式各樣千奇百怪的金融工具），所以，對這些企業的執行長來說，經營管理成爲一種「不可能的任務」，他幾乎無法嚴密掌握每個事業部和每個交易員的詳細情況，股東或董事會成員就更難掌握公司的狀況了。對任何一家銀行來說，經營管理都是件難事，而以類似花旗集團這樣的企業而言，這項任務更是艱巨，因爲它在巔峰時期的員工就高達三十萬人以上。

其他人也許會辯稱，唯有大型的金融綜合企業，才有能力提供二十一世紀大型股份有限公司所需要的那種單站購足服務。這個論點也很可笑。沒有任何一家股份有限公司會只和一家企業往來。舉個例子，在國際市場上發行債券的股份有限公司，通常會透過好幾個國家的十幾家甚至更多銀行來承銷這些債券。顯而易見的，一個由較小型且較專業的金融機構所組成的全球性體系，才更能滿足最大且最複雜的企業所需。

不過，爲了方便討論，讓我們假設類似花旗集團、ＩＮＧ集團等龐大的綜合企業和其他大型銀行，在提供服務方面確實比小型的企業更有效率。即便眞的如此——其實不然——我們眞的值得爲了這些小小的效率差異，讓全球金融體系淪落爲那些巨型企業的人質嗎？畢竟這些企業一旦倒閉，勢必會引發浩劫性的影響。如果根據那個邏輯，一個人有可能單純爲了獲取一點微小的經濟規模效益，而建立一座比車諾比電廠還要大上一百倍的核電廠。這麼做無可厚非，但一旦出事，後果絕對不堪設想。

考慮將「大到不容倒閉」型企業的業務化整爲零的另一個原因是，若非政府一直以來的慷慨解囊與大力相助，很多這類企業根本早已不復存在。以花旗集團爲例，㉑在過去八十年間，這家銀行不斷重蹈過度擴張的覆轍，同時多次瀕臨無力償債的邊緣，每次都是在政府寬容、拯救和紓困等努力下，才得以東山再起。這個情況顯然發生過四次：大蕭條期間；一九八〇年代初期墨西哥違約不償還銀行貸款；商用不動產市場崩盤之後十年；以及最近這場金融危機之後。任何需要那麼多協助的銀行，都沒有資格繼續存在，而儘管目前花旗集團正自行著手分拆它的各項業務，但以其規模之龐大，從它「失事後的殘骸」再分解出來的部門，還是可能「大到不容倒閉」。

花旗集團絕對不是唯一應進行分割的「大到不容倒閉」型企業。即使表面上「健康」的公司，如高盛等企業的繼續存在也構成一種威脅。該公司執行長洛伊德．貝蘭克費恩（Lloyd Blankfein）在二〇一〇年年初，針對該公司發放創記錄紅利的作爲提出辯護，他宣稱：「我們非常重要。我們藉由協助企業募集資本來幫助它們成長。企業在成長的同時創造了財富，而這又進一步讓人們得到了能創造更多成長和更多財富的工作機會。我們有我們的社會使命。」㉒這一席話說得漂亮，但事實並非如此。

省省吧。高盛和其他經紀自營商一樣，長期涉足莽撞的賭博行爲，從事令人厭惡的槓桿遊戲。㉓以一九二九年爆發的那場災難來說，當年的它還是投資信託業的核心，而那場災難最後引來了大蕭條。該公司從那次錯誤吸取教訓，接下來幾十年間，它的營運相對保守，爲了它愈來愈有錢的合夥人們，恪遵一個不屑短期利潤、偏好長期收益的策略。

不過，一九九〇年代末期是該公司的轉捩點，當時高盛公司追隨其他投資銀行公開掛牌的腳步。這個重大轉變讓這家公司的收入模型出現了變化，原本合夥人投入的資金非常多，但經過那次轉變，股東已經不太有能力與誘因繼續監督這家知名企業的內部事務了。從那時開始，高盛公司成爲各種投機泡沫的幫兇，包括科技、房地產到石油泡沫等。在SEC解除投資銀行的槓桿限制後，高盛的槓桿比率飆升到歷史新高，並因此導致它變得極端容易受華爾街危機的牽累。華爾街的圈子裡曾盛行一個笑話：高盛不過是一檔避險基金，事實上，它還是使用最高槓桿的避險基金。

高盛和它的競爭者一樣，都深陷在高風險的證券化業務，無法自拔，而且儘管它比其他業者更早察覺次貸危機將至，但它的倖存並不能歸功於該公司敏銳的交易員。到頭來，它還是借助聯邦政府一次次的援助，才得以度過這場危機。高盛公司和其他經紀自營商一樣，因政府在二〇〇八年緊急援助貝爾史登的交易對手而顯著受益，另外，聯準會爲經紀自營商提供最後放款人支持的決定，也讓它獲益良多。相同的，在AIG紓困期間，它也獲得救贖，從納稅人的口袋掏走了一百二十億美元（在政府緊鑼密鼓準備拯救羸弱的AIG時，高盛也深入參與這宗紓困案的討論，難怪它會獲得前述利益）。另外，在聯準會出面擔保銀行與銀行控股公司的優先無擔保債券後，它又獲得了一百億美元的活水。接著還有許多間接的援助：低利率環境讓高盛的借款成本大幅降低；聯準會購買一・八兆美元的國庫券、不動產抵押擔保證券和其他工具的決定，此舉有效推升相關產品的價格，間接爲高盛形成助益。總計高盛應該取得了超過六百億美元的直接與間接援助，另外，在轉型爲銀行控股公司後，它更因有資格取得TARP資金而獲得更多利益。

如果沒有這些協助，高盛應該已經崩潰。它有可能單純因它的押注手法比多數同業高明，而成爲最後一家被毀滅的投資銀行，但這無法改變那個事實。可是，它一度瀕臨滅亡的事實，似乎沒有讓它的主其事者稍微收斂一點，這也難怪。畢竟他們現在已經躋身「大到不容倒閉」俱樂部，這個身分讓它們得以爲所欲爲，不受阻撓。目前看起來似乎沒有任何方法可以阻擋它們：它們已藉由償還TARP資金而擺脫薪酬方面的限制。現在，它們又恢復了類似全球最大避險基金的種種業務，重新執行它們的高風險自營操作策略。更糟的是，它們又不像任何正常的避險基金，因爲它可以取得聯準會的最後放款人支持，可以取得大量寬鬆的貨幣，甚至獲得FDIC的存款保障，這一切賦予它一種不公平的競爭優勢。基於以上種種理由，我們認爲高盛公司的業務應該被切割，或者至少要把它的經紀交易業務分割出來，讓從事自營操作業務、避險基金、私募基金和其他風險性投資策略等部門各自獨立。

很多其他「大到不容倒閉」的企業也理當進行強制性的切割，這包括美國銀行、瑞士聯合銀行、富國銀行、ING集團、蘇格蘭皇家銀行、德克夏銀行、摩根大通、巴黎銀行等等。不過，儘管這些「大到不容倒閉」的企業帶來非常大的危險，但歐洲和美國的政策制訂者卻仍奮力抗拒分割這些機構的建言。他們的想法是：覆水難收，沒有任何方法可以回歸較分權的銀行體系；儘管有點獨佔性質的大型金融企業爲金融體系帶來危險，但它們應該繼續存在。

如果你認同這一點，那我們手邊有一些CDO想賣給你。很多大型企業都被切割過很多次，那通常是在法院命令下進行。在美國，最顯而易見的手段是反托拉斯法。在二十世紀初期，羅斯福和塔虎脫（Taft）總統監督標準石油公司和其他托拉斯的分割，更近代一點，也就是在一九八二年，司法部成功的分割了美國電話電報公司（AT&T）。現在的政府也可以針對「大到不容倒閉」的機構進行類似的分割活動，因爲這些機構所控制的金融體系範圍已愈來愈廣。

另外還有一個更好的解決方案，那就是通過立法，賦予主管機關權力來分割過於大型、採用過高槓桿且連動性過高，一旦崩潰將對整個金融體系造成危機的銀行和其他金融機構。這個方法和反托拉斯行動不同，它執行分割的主要條件，取決於相關銀行是否「大到不容倒閉」，而非銀行本身的獨佔性。確切來說，很多企業也許還沒有達到非得執行反托拉斯程序的標準，但依舊可能對全球經濟的穩定性造成嚴重威脅。

然而即使採用這些方法，可能還是無法達到全面金融改造的必要目標。有些企業可能會被分割，但某些企業也可能成功躲過被分割的命運。這將會是一個不完美的解決方案，也因如此，要讓上述幾種方法達到最佳成效，就必須配合另一個同樣根本的策略：分割所有大型銀行。

最初歐巴馬政府顯得不太有意願這麼做。不過，在保羅．伏克爾的推動下，目前已有跡象顯示，高層的政策制訂者將會實施一些可能足以對「大到不容倒閉」型機構的潛在規模造成限制的規定。如果他們眞的實施這些規定，也可能同時會考慮以下將討論的建議案。雖然這個作法非常激進，但卻非常有助於駕馭所有已變得連動性過高、過於重要且「大到不容倒閉」的巨型銀行。

吃了類固醇的格拉斯—史提格法案

在最近這場危機過後，諸如前聯準會主席保羅．伏克爾等聲名卓著的思想家主張，應回歸類似一九三三年格拉斯—史提格法案的精神，這個法案將商業銀行業務和投資銀行業務加以切割。這個防火牆在一九八〇年代和一九九〇年代開始崩落，最後在一九九九年的葛蘭姆—李區—貝利法案（Gramm-Leach-Bliley Act，亦即所謂的金融現代化法案）簽署後，完全瓦解。現在的體制就是那個法案所造成：類似花旗集團或摩根大通這樣的企業，可以是商業銀行、經紀交易商、自營操作商、保險公司、資產管理公司、避險基金和私募基金，總之，所有業務全都被融合到一個巨型機構的大傘下。

這些藩籬的倒塌，意味著能依法獲得存款保險和最後放款人支持的銀行，從此得以從事類似賭博（而非一般銀行業務）的高風險活動。這對金融體系和整體經濟體系來說都是不好的。誠如

凱因斯在一九三六年所做的精闢評論：「當一個國家的資本發展變成賭場活動的副產品，從業人員就可能胡作非爲。」㉔

現在很多改革者建議回歸格拉斯－史提格法案的精神，這絕對是可以理解的。在二〇一〇年年初，國會就有幾個以不同方式重建前述精神的法案等待審理。另外，拜伏克爾積極遊說之賜，歐巴馬政府也開始考慮是否禁止銀行控股公司——目前已包括類似高盛公司與其他大型金融業者——從事自營交易、私募基金交易與任何避險基金的活動。不過，產業界的遊說有可能讓這些限制措施無法落實。

這些建議案都立意良善，但卻還是不夠好。我們需要一個適合二十一世紀時空環境的全新版本格拉斯－史提格法案，這個新法案必須能建立許多新的防火牆。它不該只是單純的將商業與投資銀行業務區隔開來，還必須創造一套能善加調和與區隔目前諸多不同種類金融企業的制度，而這套制度也必須能壓抑導致金融體系變得「連動性過高以致不容倒閉」的那種短期借貸活動。

因此，收受家庭與企業存款並對家庭與企業放款的商業銀行，將被歸爲一個類別；投資銀行（經紀自營商）則屬於另一類。爲了避免這兩類銀行之間繼續藕斷絲連，應禁止投資銀行透過短期隔夜「附買回融資」管道，向受存款保險規定保障的商業銀行借錢，因爲最近這場危機證明，那樣的借款管道非常脆弱。這樣一來，這兩類銀行之間的界線將變得制度化但又密切相關。

但那只是開始。由於很多影子銀行以高流動性的短期借款從事長期且流動性不足的投資而陷入困境，所以，主管機關必須設法限制這些機構繼續從事這類活動。那代表限制投資銀行和經紀自營商舉借任何型態的短期借款。如果它們要長期投資在流動性不足的資產，就必須藉由發行股票或長期債券的方式來募集資金。這項改革將會讓金融體系之間連動的程度降低，也比較不容易產生引發大規模倒閉風潮的那種系統性連鎖反應。

若要進一步穩定這個體系，應該禁止所有銀行從事任何型態的風險性自營操作，投資銀行也不能例外。另外，也不應允許銀行業從事類似避險基金或私募基金的活動。取而代之的，它們應該自我設限，只從事所謂的傳統業務：募集資本和承銷證券。目前很多投資銀行所從事的那種自營操作甚至避險基金業務，都應該列為專屬避險基金業的業務。不過，避險基金和投資銀行一樣，不能向銀行與其他金融機構舉借高額的短期借款，只能訴諸長期性的集資活動來取得所需資金。

保險公司和私募基金公司將被納入其他額外的種類。不能允許這兩種機構介入其核心業務活動以外的金融中介業務。保險公司不能從事自營操作；商業銀行、投資銀行或避險基金也不應該介入保險業投資。另外，只有私募基金公司才能從事私募基金業務。隸屬於某一類別的企業不可介入其他任何領域的企業的經營範圍。這樣將有助於消除「連動性過高以至於不容倒閉」的問題，也將使這些公司不再發生扭曲的利益衝突問題，畢竟如果一家公司的不同部門分別追求彼此矛盾的目標，難免會產生利益衝突。

最後一點是，只有商業銀行才能獲得存款保險和政府安全網的保障。其他所有機構——投資銀行、經紀自營商、避險基金、保險公司和私募基金公司等，必須自食其力。在這種情況下，也許某些機構最後難免因故走向倒閉一途，不過，卻不致引發系統性風險，因為它們的規模不會像現在那麼大，連動性也不那麼高。最後，由於它們依法不許從事銀行業務——借短支長的業務——所以一旦它們失敗，也不可能引發像最近這場危機達到最高峰時，對影子銀行體系造成重大衝擊的那種大規模恐慌。

我們所描述的金融體系職權分明，它經過「消毒」，但卻乏味。而這就是重點。我們應該營造一個乏味的環境，迫使銀行變成「狹義的銀行」，只能收受存款，並將存款投資在安全的短期債券。遺憾的是，這麼嚴酷的限制將會把金融中介機構驅趕到影子體系，而那正是製造出最近這場危機的禍源。

基於那個原因，最好是讓各個種類的金融機構保有它們現有的形式，但同時進行等同於法定管制的分治法。將目前被納入同一機構的各種金融服務加以切割後，金融體系就不會過度依賴「大到不容倒閉」與「連動性過高以致不容倒閉」的企業。重新實施「加強版」的格拉斯－史提格法案，同時推動各項改革，把各項金融活動從不透明的交易策略轉移到透明的交易所來進行，最後一定能創造出一個更安全且更健全的金融體系，另外還將產生一項附加利益：企業將不再有能力向容易受騙的投資人剝削不成比例的利潤。

這樣的前景勢必引來金融企業的怒吼。隨它們去吧。不管它們發多少牢騷，有一個事實絕對是無可辯駁的：這些企業莽撞承擔高風險的行爲，是引發這一場死傷慘重、整個世界都陷入苦難的危機的重要原因。在那場廣泛的災難中，它們透過共謀結構沆瀣一氣，因此，未來相關單位當然應該嚴密監督這些機構。

別忘了最後一點。相關單位原本就該出面阻止金融企業走向這個破壞力強大的途徑。最顯而易見的方法是加強管理與監督。但有時候即使這樣都不夠，我們需要一個更系統化的解決方案，像是利用中央銀行的力量，從最源頭開始阻止泡沫的形成。

消除泡沫㉕

一九九六年時，艾倫・葛林斯潘發表一篇演說來警告「非理性繁榮」的危險。當時，細心研究葛林斯潘一言一語的市場觀察家隨即認定他即將提高利率，全球股市因此重挫。經過那次教訓後，葛林斯潘再也沒有公開提出任何警告，即便科技泡沫膨脹到像怪獸般龐大，他也不為所動。除了一九九七年象徵性的提高利率一碼外，他到一九九九年年中之前，都沒有再提高過利率；而且在LTCM接近崩潰的事件發生後，聯準會還調降聯邦資金利率七十五個基本點，而這導致科技泡沫進一步膨脹。

最後，泡沫終於在二○○○年破滅，葛林斯潘領導下的聯準會對此的回應是：從二○○一年到二○○四年間，將利率降低五・五個百分點，也就是從六・五%降到一%。隨著利率逐步降低，寬鬆資金的浪潮也一波比一波高，科技泡沫破滅的傷害因此得到緩解，但卻在房市冒出了另一個更大的泡沫。這時，聯準會依舊袖手旁觀。儘管有非常多證據顯示市場即將失控，但葛林斯潘和後來接任的柏南克卻依舊將利率維持在低檔，利率雖有提高，速度卻非常緩慢，而且決策的制訂總是後知後覺。不久後，泡沫終於破滅，結果形成二○○七年到二○○八年間的那一場金融大災難。這場災難促使利率再次大幅降低，借款成本被壓低到接近零。

從這當中可以看出一個熟悉的模式：當泡沫形成，資產價格屢屢破表之際，聯準會總是袖手旁觀，但接著當泡沫破滅，它卻又用盡各種手段來緩和後續的損害。這個方法既剛愎自用且非常浪費。各國中央銀行官員似乎都不接受「預防勝於治療」這句古諺的忠告。這很像一個醫生完全不設法阻止病人抽煙，但多年過後，才以激進的方法來治療他的肺癌。過去的中央銀行一直都以一個不怎麼熱心的「不對稱」方法來解決泡沫。

持平而言，中央銀行不願意出手防範泡沫形成的態度，反映出一個重要的事實：在學術與政治圈子裡，「干預」的概念一直都有爭議。遺憾的是，其中多數爭議多半是從葛林斯潘和柏南克的個人著作和演說而起，㉖他們和許多其他經濟學家主張，中央銀行在控制泡沫方面並無太多施力點，只能在事後收拾殘局。誠如葛林斯潘在二〇〇四年針對科技泡沫的一番辯解：「我們並未試圖以激烈的行動來壓制想像中的泡沫，因爲我們幾乎無法預測到這些行動將產生什麼後果，取而代之的……聚焦於能在泡沫破滅後『緩和後續餘波的政策，並期許這樣的政策有助於我們更輕鬆轉移到下一個擴張期』。」

這個策略很奇怪。首先，它衍生了極大規模的道德風險。只要觀察聯準會過去二十幾年間的作爲，投資人當然有充分理由認定，各國中央銀行不會針對投機泡沫的形成與膨脹採取任何行動(而且事實上，它們甚至反而可能鼓勵這股歪風，成爲讚頌「新經濟」或房屋所有權的優點的啦啦隊長)，但卻會盡其所能的限制損害的程度。這是一個異常棘手的問題，因爲如果投資人相信聯準會將拯救他們，他們下一次一定會冒更大的險。相同的，他們一定知道，當另一場危機終於爆發，聯準會一定會把利率降到極低點，創造另一個投機的機會，並催生某個更大的泡沫。

柏南克和其他主張維持現狀的人用以下論述提出反擊：由於「不確定性」的緣故，中央銀行不可能干預得了資產價格的上漲。這根本是廢話，所有貨幣政策決策都必須承受不確定性的困擾。中央銀行不可能因不確定性而不設定通貨膨脹目標值，所以，也不該爲了考慮不確定性而不去打擊泡沫。此外，政策制訂者其實有一些工具，可衡量資產價格是否已逐步惡化到失控的程度。還有，讓我們面對現實吧，就算不使用模型，總還有常識吧？但近幾年來，那一群政策制訂者似乎連「常識」這項資產都匱乏。如果中央銀行眼睜睜看著科技股的股價在短短幾個月內上漲一倍到兩倍，卻看不見泡沫在哪裡，那他們應該考慮轉行了。

其他常見的論述，多半也支持中央銀行在面臨資產泡沫時應採被動態度。某些經濟學家甚至宣稱，泡沫不會對經濟造成不利，所以中央銀行不應該粗暴對待泡沫。這個主張百分之百荒謬，因爲過去幾個世紀以來所累積的大量歷史證據顯示，每當泡沫破滅，更廣大的經濟體系都會因嚴重的間接傷害而受創，而且時間通常延續多年。

不過，另一個論述主張爲戳破資產泡沫而升息，將有引來大規模經濟衰退的風險。換言之，這個論述認爲此舉的風險大於潛在利益。根據那個邏輯，最好坐視不管，什麼事都別做。這個觀點的支持者相信，聯準會在一九二九年提高利率的決定是導致經濟崩潰的主因，就像日本央行企圖控制該國資產與房地產泡沫，結果引發了一九九〇年的崩潰。但是，儘管認定「戳破泡沫將導致經濟崩潰」的悲觀論者提出上述與其他例子來證明他們的觀點，但他們卻避重就輕，刻意忽略一個重要的事實：這兩個案例裡的中央銀行，都在泡沫的關鍵早期階段助長並煽動投機風潮，而且一直等到宴會嚴重失控後，才將所謂的「雞尾酒缸」搬走。

但我們也不是暗示政策制訂者應採取提高利率的激烈政策來壓抑泡沫，那個作法將會非常危險。但溫和、先發制人的方法應該是適當的，而且遠比目前這種袖手旁觀泡沫膨脹，等到泡沫終於破滅時，才盡最大力量挽救的方法更好。就某種程度來說，葛林斯潘成爲這種事發時袖手旁觀、事後又百般介入的策略的代表人物，令人特別感到遺憾。畢竟他在一九九六年發表那一席著名的演說時，顯然是對股價飆漲問題非常憂心，而當他談到資產泡沫的危險時，他主張：「評估資產負債表的整體變化，尤其是資產價格，是未來貨幣政策動向不可或缺的元素。」不過，他後來卻摒棄了這個策略，也許是擔心他將資產價格列爲決定貨幣政策的因素，將會對市場造成不成正比且破壞力強大的影響吧。

就現實情況來說，使用貨幣政策來控制泡沫的危險並不在於它會太有效，而在於它的效用將會不足。一九九〇年代時，投資人個個期待股價每年上漲一倍，在那樣的氛圍下，就算聯準會爲了控制「非理性繁榮」，而試著將政策性利率提高一百或一百五十個基本點，應該也不會產生充分的效果。相似的，在那十年之後，相同幅度的升息策略，對認定「房價會永遠維持每年上漲二〇%的趨勢」的屋主來說，應該也不會產生太大影響。

在那樣的時間點，光靠貨幣政策可能不足以控制信用或資產泡沫，中央銀行必須動用它們權限範圍內的其他權力。舉個例子，根據T法規（Regulation T），[27]聯準會有權調整「融資自備款規定」，也就是投資人借錢買股票的上限金額規定。雖然聯準會成立初期總是定期修改這些要求，但從一九七四年起，這個要求就一直維持在五〇%。如果當年聯準會提高自備款要求，應該會對科技泡沫產生很大的控制效果，因爲當時愈來愈多投機客是使用融資來買股票。不過，由於它並未採取行動，才放任泡沫愈滾愈大。

聯準會還有其他「信用政策」工具，可以用來控制信用的擴張和信用擴張所造成的資產泡沫膨脹。D法規賦予聯準會調整會員銀行存款準備率的權力。換言之，一家銀行應針對特定種類存款（亦即銀行的負債）保留多少準備金，其調整權是掌握在聯準會手上；而這進一步可以限制信用的肆無忌憚。其他法定權力也讓聯準會得以間接控制信用的可取得性，延伸來看，這樣也可以控制投機泡沫。

聯準會還有更多其他工具可使用。目前被列入考慮的一個建議案，是賦予〔中央〕銀行設定資產基礎存款準備率（Asset-Based Reserve Requirements, ABRR）㉘的權力。類似的概念還有很多，其中一個是中央銀行可以片面提高特定資產的存款準備率。如果聯準會在最近這場危機發生的前幾年就擁有這項權力，它就可以提高所有源自房地產的資產的存款準備率（可惜它並未被賦予這項權力）。這種精準鎖定目標的作法，能讓它鎖定特定部門的資產價格，而不影響到金融體系的其他單位。

不過，如果聯準會選擇不採取行動，就算它擁有新的權力也沒用。多年來，聯準會向來以自由放任的方法來因應資產泡沫，而且它的實際所作所為顯然更糟，它非但沒有「收走雞尾酒缸」，而且還當起啦啦隊長，讓整個經濟體系充斥大量寬鬆貨幣，更拒絕對金融體系幾個重要部門——例如不動產抵押放款——行使它的法定權威。這種情況必須改變。要提升聯準會的效率，它的主其事者也必須更有效率才行。未來幾年，聯準會的領導人不只需要擁有戳破資產泡沫的權力，更要有行使這項權力的意願。他們也將必須知道，在全球貨幣體系中，他們的權力終究是有極限的。六十多年來，美國和美元享受了超級強權的優勢，但如今那樣的日子可能即將結束，而我們因應這個困難重重的轉型期的方式，將是決定未來幾年是否會頻頻爆發危機的主要因素。這是下一章，也是最後一章的主題。

10 斷層線

從二〇〇七年年底開始逐漸成形且在二〇〇八年達到最高峰的金融危機已經事過境遷。活在這個後浩劫時代的我們，就像颶風過後的倖存者一樣，忙著清理受損的家園，收拾殘局。儘管失業率可能持續攀升，房價可能恢復下降趨勢，但目前一般共識卻認定我們已平安度過風暴。那也難怪，畢竟在這個時點，任誰都會想假設「最糟的情況已遠去」，以求自我安慰。

不過，其他種類的危機正漸漸逼近，這包括不同國家與不同貨幣的危機，這些國家有可能違約不履行債務，也有些國家正面臨貨幣體系崩潰的危機。在二〇〇七年和二〇〇八年間，幾乎沒有發生這樣的危機，沒有一個國家違約不償債，雖然有一些國家的貨幣大幅波動，但沒有一個國家的貨幣崩潰，只有冰島差一點全軍覆沒。

但令人傷感的是，冰島很快就會有一些同病相憐者。在過去，投機熱潮和接下來的崩壞期經常都引發主權債務的違約潮。這一次由於各國政府紛紛採行紓困與景氣振興方案，所以世界上很多先進經濟體的財政赤字都已達到歷史新高。這些國家（我們可以稱之爲高風險的富國）的風險日益上升，而且將不會再有資金能支應這些赤字，在這種情況下，它們違約不償還主權債務或利用高通貨膨脹來勾消負債的可能性，正大幅上升。

美國也難逃這個可能命運。由於愚蠢的減稅措施和大規模紓困（從銀行到汽車公司，再到屋主）的代價非常高，所以美國的赤字正大幅竄升。隨著美國繼續向國外借更多錢，它的債權人已經開始在背後議論一個令人難以想像的可能性：美國有可能訴諸長久以來屢試不爽的手段：大量印製鈔票，讓全世界充斥貶值的美元。

這個情況可能發生，也可能不會，不過，一旦發生那樣的情境，地緣政治將會產生重大變化，所以，更值得我們嚴肅討論。幾十年來，美國享受著國際政治與經濟霸權，這有一部分要感謝美元被當作世界各地的準備貨幣。不過，過去二十年來，美國的支出漸漸超過它的產出和收益，進口也遠遠超過出口。隨著它從世界最大債權國漸漸變成世界最大債務國，它的勢力已明顯被削弱，美元亦然，現今普遍認為，美元總有一天會被人民幣等貨幣所取代。

我們將在這一章討論這個令人不安的發展的病灶，目前人們對此有很多誤解和誤傳。未來幾年，這些問題有可能自行迎刃而解嗎？從「美國人的世紀」變成「中國人的世紀」的轉型過程中，將會有很多困難要解決，而我們將評估幾個不同的因應方案。

這個結構性轉變有可能在一種破壞力強大且混亂的狀態下發生，只有時間能告訴我們最後的結果。不過，如果它突然發生，一定會產生非常巨大的衝擊。當較小型的新興市場坍塌與崩潰，常會引發廣泛的銀行擠兌事件、通貨膨脹失控、失業率暴增，以及廣泛的政治及社會動盪，屆時國家主權債務違約、高通貨膨脹與貨幣貶值等情況將發生，這樣夠糟了吧？而如果世界上最大且最強盛的經濟體——美國——陷入那種危機，後續的影響將完全無法估計，只能憑空想像。這樣的災難勢必會賦予「大到不容倒閉」一個全新但卻令人恐懼的定義。

經常帳會計

爲了更善加瞭解中國與美國的可能未來，我們必須先瞭解衡量國家經濟體質的一項重要指標：經常帳。

一個國家的經常帳代表它的「外部收支差額」，用來衡量一國在某個特定時間點相對其他國家的經濟情況。經常帳餘額會有兩種情形：經常帳**順差**（亦即盈餘）和經常帳**逆差**（亦即赤字）。儘管理論上來說，一個國家的經常帳差額有可能會是零，但這種情況其實不會發生，這就像股份有限公司所發布的財報，不是獲利就是虧損。

儘管如此，國家和股份有限公司其實並不相同，國家的資產負債表更大且更複雜。國家經常帳的必要元素之一，是該國的進口與出口數字。這兩者的差額會讓經常帳差額成爲正數或負數。有些國家如美國是貿易逆差，這代表他們進口的商品與勞務比出口的還要多，這是一個負數。其他國家如中國和日本則呈現貿易順差，因爲他們出口的商品和勞務比進口的多，這是一個正數。

進出口差額數字是構成一國經常帳的一部分。不過，經常帳也會把一國的海外資產和海外負債存量列入計算。讓我們先從資產開始。如果美國持有另一個國家的股票、債券或甚至房地產，這些資產又取得股利、利息和租金等形式的收益，這些收益就會流入美國，這是「經常帳餘額的」加項。相對的，如果非美國公民持有美國企業發行的股票、債券，或者非美國公民持有美國本身發行的政府公債，這些就是負債，這些負債會導致資金以股利或利息支出的形式流出美國，那這就是減項。

經常帳是將進口與出口的差額（貿易差額）和海外資產收益與海外負債支出的差額（經濟學家稱之爲淨要素支出〔net factor payments〕）加總在一起。此外，經常帳還有第三個要素，那是跨國境的單邊貨幣移轉，例如外國援助和移民工人匯款回家鄉。除了接受大量援助（如撒哈拉沙漠以南的非洲國家）和有大量國民在海外工作等特定國家（如菲律賓和中美洲國家）以外，這種貨幣移轉的金額通常較低，所以，我們現在先不談那個數字。無論如何，如果將一國的上述三個要素加起來的數字是負值，代表該國處於經常帳逆差狀態；如果那個數字是正數，代表它擁有順差。

雖然經常帳數字是衡量一國整體體質的指標，但它有時卻會產生誤導效果。例如日本目前的經常帳是順差。那聽起來似乎很奇怪，因爲日本政府發行的債券金額高得嚇人，所以，有人可能會認爲它的經常帳是處於逆差狀態。但其實不然，因爲日本的出口遠超過進口。此外，多數日本政府公債都是被日本國民買走，所以，並不是以外國的債款的形式存在，這一切讓近幾年來經濟表現不怎麼樣的日本得以享有經常帳順差。

現在讓我們看看美國的情形，它目前的貿易逆差非常高。此外，美國政府發行的公債愈來愈多，而且當中很多是被海外的投資人買走。最後，直到最近，美國消費者的支出還是遠超過他們的收入，而這項支出也高度依賴海外投資者的支持，因爲他們大量買進美國不動產抵押貸款和信用卡負債的衍生證券。總之，世界最大經常帳赤字就是這幾個不平衡所造成。

相反的，中國擁有世界上最高額的經常帳順差。很多資金流入中國，用來購買中國製造與出口的商品。此外，中國本身的負債相對較少，而且外國人持有的中國債券更少。不過，中國卻持有大量其他國家發行的債券，其中最顯著的是美國不動產抵押貸款和政府債券。於是，中國的高額經常帳順差讓它累積了許多外國資產，像是美國的國庫券。藉著這個管道，資金遂從擁有經常帳順差的國家（中國）流向經常帳呈現赤字的國家（美國）。

一國的經常帳差額也代表這個國家「國民儲蓄」與「國民投資」之間的差異。這個區別是關鍵所在。讓我們先從國民儲蓄說起。公共部門（政府）和民間部門（家庭和企業）以稅金、薪資或其他收入的方式帶進收益。接著，經濟體系的不同部門將其中某些收益或全部收益用來購買各種事物，這被稱爲消費，包括政府購買軍事用品，家庭購買食物，或製造商採購原料等。在扣除前述所有消費之後，剩餘的總額就是所謂的「國民儲蓄」，它代表整個國家「口袋裡的錢」。

假定一個國家的國民儲蓄是正數，政府擁有預算盈餘，家庭和企業在消費後也都還剩下錢。那麼，這筆錢必須被投資到某處。它可以被投資到房屋，例如用來支應新廠房的興建，或流向其他資本改良專案。在國內所做的各種投資的總和就稱爲國民投資。如果在支付國民投資之後，還有剩下一些儲蓄，那麼這個國家就是所謂的經常帳順差國。經常帳就是國民儲蓄和國民投資的差額，當這個差額爲正數（如上述例子），那麼額外的儲蓄最後將會流到國外。

這個例子非常簡化，比較常見的情況是政府的預算爲赤字，但家庭和企業累積的盈餘高於政府赤字。不過，即便一個國家的國民儲蓄爲正數，也不盡然會有經常帳順差，絕非如此。假定這個國家將它所有儲蓄全數投入國內投資，但投資的需求並未因此完全滿足（例如，新興市場的國內儲蓄多半無法滿足其投資需求）。一旦有那種情況發生，這個國家有可能會設法去吸引來自國外的投資，這樣一來，向外國借來的錢會流入這個國家。於是，這個國家最後還是會產生經常帳逆差。

顯然，看待經常帳順差和經常帳逆差的方式有很多種。就其順差和逆差本身而言，它們並不算好事或壞事，它只是反映出一個更複雜的根本現實。政府預算赤字大幅增加可能導致經常帳變成逆差，但也可能促成一股投資熱潮。當人民過度消費而導致民間儲蓄降低——尤其是消費外國貨——也可能導致經常帳變爲逆差。這些不同的要素也可能同時發生，有的構成逆差，有的則構成順差。

假定一個國家的經常帳是逆差，它的支出超過收益，投資比消費高，進口超過出口。那麼，它要如何取得這幾種剩餘所需要的資金？通常其他國家會藉由買進這個國家的債券借錢給它，或者藉由購買該國的股票或房地產來投資該國的經濟體系，還有，也可能直接投資，取得或建立生產事業（如日本和歐洲汽車公司在美國建造汽車廠）。另外，如果一個國家的中央銀行賣掉它持有的外幣，國內投資者賣出他們的海外資產，也可以爲經常帳逆差提供資金來源。所以，經常帳差額和經濟學家所謂「資本帳」——一國民間的外國資產減去外國負債——的總和，等於中央銀行準備金的變動。

通常某些國家會是赤字，有些國家則是盈餘。不過，近幾年來，這種不平衡已變得更加失衡。直到二〇〇七年，也就是最近這場危機來襲時，美國和其他幾個國家的經常帳逆差都達到歷史高點。①這個情況是怎麼發生的？

新興市場危機的教訓

經濟理論主張，新興經濟體多半會是經常帳逆差，而較先進的國家應該擁有經常帳順差。理論上來說，先進經濟體會有多餘的儲蓄，而且民間儲蓄會超過它們自身的資本投資，所以，這些儲蓄會被投資到新興市場，而新興市場的資本投資機會則超過其國內儲蓄。先進國家的投資人可能會買進新興經濟體的債券、股票和房地產，另外也會從事外國直接投資，這一切活動都是期許能賺更高的報酬。而當他們從事這類投資，有時候雙邊都會受益，不過，有時候卻會以危機收場。

誠如我們所見，幾個世紀以來，危機向來依循一個非常可預測的途徑演變：外國投資流入一個國家，助長了當地的資產泡沫，當然，不同國家的資產泡沫不盡相同。在這個過程中，隨著民間消費上升與投資欣欣向榮，該國的經常帳逆差將會擴大。此時政府方面也可能產生高額的財政赤字，於是，負債與槓桿情況變得更嚴重。到某個時點，泡沫終於破滅，經濟體系的不同部門如家庭、一般企業、金融企業和政府也全都因此而蒙難。到最後，這個國家會違約不償債，要不然就是放任貨幣幣值崩潰，也可能兩者同時發生。

近年來，世界各地的新興市場經歷了某種「由貧轉富再轉貧」的過程。箇中原因差異甚大。典型的罪魁禍首就是經常帳因財政赤字持續上升而陷入逆差。財政赤字本身並不是壞事，一個國家可能爲了取得改善基礎建設的資金而在國外發行債券，而這些基礎建設最後將會讓該國變得更有競爭力，製造與出口更多商品和勞務，最後將原來的經常帳逆差轉爲順差。

遺憾的是，政府支出也有可能導致國家走向衰敗，尤其如果這些支出不是流向基礎建設等投資項目，而是變成政府官員的薪資。一個國家有可能基於不同原因而累積非常高額的財政赤字，發行過多公債。持續發行債券的結果，最後連外國投資人都可能開始猶豫，不願意續期展延這些負債，或拒絕購買新的債券，這到最後就會演變成「主權債務危機」，②一九八〇年代初期的拉丁美洲、一九九八年的俄羅斯、一九九九年的厄瓜多爾和二〇〇一年到二〇〇二年間的阿根廷，都發生這樣的情形。這些國家實質上違約不償還其本國國民與外國人所持有的主權債務，它們的幣值也都因此而重挫。上述每個國家的外國投資人全都因此爭先恐後外逃，國內經濟也崩落到嚴重衰退的境地。舉個例子，阿根廷的消費者物價在一年之內飆漲四〇%，失業率高達二五%。其他國家——一九九九年的烏克蘭和巴基斯坦和二〇〇二年的烏拉圭——雖避免走上公然違約不償債之路，但還是產生了嚴重的損害。這些國家也都經歷了幣值危機。

誠如我們先前說過的，經常帳逆差未必會惡化爲主權債務違約或幣值危機。新興市場有可能單純爲了籌措國內經濟體系投資活動——例如興建新工廠，這些工廠可能成爲未來的收入來源——所需的資金，而大量向外國人舉債。在理想的狀態下，這些投資將能讓該國製造更多可以出口到外國的商品與勞務，進而幫助這個國家償還債務，甚至逆轉爲經常帳順差。

不過，外國投資所造成的經常帳逆差也會造成不良的發展，如一九九〇年代發生在印尼、南韓、泰國和馬來西亞的情況。這些國家全都沒有嚴重的財政赤字，相對的，它們的經常帳赤字幾乎全部是資本支出超過民間儲蓄所造成，其中，外國投資人填補了這個缺口。但後來它們的經常帳赤字卻大幅增加到無法控制的地步，結果導致這些經濟體全數崩潰。爲什麼會這樣？

首先，很多來自外國投資人的借款都是以外幣計價，主要是美元和日圓。這些新興國家願意以外幣舉債，一部分是由於它們的中央銀行爲維持幣值有點高估的本國貨幣而買賣外國貨幣。在幣值高估的情況下，它們可以向外國債權人借更多錢，結果導致它們的外幣計價外債金額進一步上升。

當其中某個國家的經常帳逆差達到極端高的水準後，一部分投資人終於無法繼續保持鎮定，最後開始外逃。雖然中央銀行試圖維持原本的匯率，但卻徒勞無功。愈來愈多外國投資人利用固定匯率將資金匯出，這導致中央銀行的準備金逐漸枯竭，並使它支撐本國貨幣的力量減弱。到頭來，舊有的匯率機制崩潰，它的貨幣也跟著大幅貶值。

當本國貨幣幣值重挫，外幣計價負債的實質價值遂大幅攀升。對有出口商品的貸款人來說，那樣的負債並不會造成嚴重問題，因爲他們在銷售商品的同時可以賺到外匯，可以利用這些收入來償還自身的負債。不過，對於只投資房地產、提供本國服務且只能收到本國貨幣的貸款人來說，貨幣幣值的崩盤簡直就是一場災難，因爲他們不再有能力償債，很多也因此倒閉。

另外還會有其他動力同時產生作用，導致這些國家變得特別脆弱。這些國家的多數外來投資資金都是以貸款的形式到位，而非股權投資形式。以股權型集資來說，當時局變差，利潤和股利可能降低，等到情勢好轉時再提高。但負債型集資的情況則相反，這種集資方式的彈性小很多，因爲無論時局好壞，貸款人都必須支付銀行貸款和債券的利息和本金。但當危機眞的來襲，要堅守付款承諾可能有點困難。

而且，很多新興國家的負債裡包含很多短期負債，所以它們的情況也就特別糟糕，因爲這些負債必須定期辦理續約展延。在這種情況下，外國投資人實際上就會有很多機會抽身，一旦他們發現有問題，一定立即撤出。他們不願意續期展延貸款，而且還要求債務人全額還款。但偏偏此時很多債務人因缺乏充足的流動資產——如央行的外幣準備——或無法快速將它們的資產轉換成高流動性的資金，因此只好違約。

多數被危機打垮的新興市場最後只好向ＩＭＦ求助。由於ＩＭＦ認定俄羅斯、阿根廷和厄瓜多爾實質上已經無力償債，所以停止援助，坐視它們的部分主權債務違約。另外，它認定其他國家的流動性雖不足，但還不至於到無力償債的地步，所以藉由提供直接貸款（紓困）、居中協調，要求民間債權人同意續期展延這些國家的債務，給予它們一點喘息空間，或者要求民間債權人參與正式債務重整（bail-in，導入民間資金）等作法，來拯救這些國家。不過，這些作爲全都無法預防民間發行的債券違約，最後，大量銀行和非金融業股份有限公司紛紛違約，不償還外幣計價的負債。

一九八〇年代起那二十年間所發生的一連串新興市場危機，在很多國家的政策制訂者心中，留下了一個難以磨滅的印象：他們認定經常帳赤字是不好的，畢竟一旦外國資本（熱錢）停止流入甚至轉向流出，將會導致經濟體變得容易受傷。他們也認定自己的國家必須做好因應未來危機的萬全準備，必須努力累積大量外幣「作戰籌碼」準備金，因爲這些準備金可在必要時用來作爲流動性的來源。因此，他們努力削減預算赤字與民間支出，從而降低對外國的舉債金額。由於這些國家的財務狀況逐漸變得更有秩序，所以也開始轉變爲經常帳順差狀態，同時爲了保護本國免於受未來危機所傷，它們更累積了大量的外幣準備來作爲武器。

其中很多經濟體累積外幣準備還爲了另一個互補性的目的。一個擁有經常帳順差的國家的貨幣傾向於升值。但對於仰賴出口的經濟體來說，貨幣升值將會導致它們的產品在全球市場上的競爭力降低。於是，這些經濟體蓄意在外匯市場上吸納外國貨幣，一方面推升外國貨幣的價值，另一方面則同步讓本國貨幣貶值。中國是世界上最大的經常帳順差國，它的貨幣也是最低估的貨幣之一，它操作這個雙面策略的手法幾乎已達淋漓盡致的境界。

多數亞洲和拉丁美洲新興經濟體從經常帳逆差轉爲順差的發展，讓多數經濟學家感到意外，而很多先進國家——愛爾蘭、西班牙、冰島、澳洲、英國、紐西蘭和最重要的美國——從原本的經常帳順差變爲經常帳逆差，也令這些人感到訝異。

事實上，這些先進經濟體已開始出現新興經濟體十年前的情況，它們熱情迎接由外來資金所促成的資產熱潮。舉個例子，美國房市泡沫的形成，多半是仰賴非美國公民提供的資金，在熱潮期，有超過一半的不動產抵押擔保證券和擔保債權憑證是被外來資金買走。這讓房價如虎添翼，美國人也因此覺得自己變得更有錢，於是，他們減少儲蓄，增加支出，而這又導致美國經常帳逆差進一步惡化。其他先進經濟體的公民也和美國人一樣。在這場金融危機過後，這些成熟國家的經常帳逆差已有縮減，不過在可預見的未來，都還不可能轉爲經常帳順差。

這些發展和一般約定俗成的觀點以及歷史上的前例背道而馳。原本先進經濟體擁有順差，新興市場則是呈現逆差；先進經濟體所累積的超額儲蓄最後被投資到新興經濟體。不過，今非昔比，整個局面正逐漸逆轉，我們正活在一個逆轉中的世界。

羅生門

關於經常帳失衡的辯論，就像是黑澤明的經典電影《羅生門》。③那部電影是描述森林裡發生了一件可怕的犯罪事件，片中的每個角色都坦承發生了一些不好的事，但每個人對發生的事以及罪責歸屬都提出不同的解釋。

相同的，沒有人對目前這件經濟「犯罪事件」——全球經常帳失衡情況非常嚴重，而且直到最近仍在擴張——的事實有任何爭議。的確，美國和其他幾個先進經濟體入不敷出，但世界上多數其他國家——中國、日本、亞洲新興國家、各個石油出口國、多數拉丁美洲國家和德國與許多歐洲國家——則完全相反。不過，對於這個問題應歸咎於哪個國家，誰該接受懲罰，則鮮有共識。

爲什麼會這樣？其中一個原因是，目前各個經濟圈子對這個「犯罪事件」可謂眾說紛紜，有很多指控，但也有很多辯解。雖然其中某些說法是事實，但也有很多是錯誤的資訊。所以我們必須先解決幾個關鍵疑問，才能釐清眞相：爲什麼失衡的情形會在近年來變得那麼明顯？這樣的失衡狀態能支持得下去嗎？如果無法支持下去，那誰應該出面解決問題，他們應該實施什麼樣的政策？

人們總是會爲經常帳逆差尋找一些華而不實的藉口，其中一種是「黑暗物質」（dark matter）解釋。④這個謊言的倡議者——李嘉多・郝斯曼（Ricardo Hausmann）和菲德瑞柯・史特齊尼格爾（Federico Sturzenegger）等經濟學家——認爲，經常帳逆差數字實際上並不像官方所顯示的那麼大。他們主張，如果［經常帳逆差］眞的像官方所宣稱的那麼大，美國不可能有辦法用那麼低的利率向世界其他各地舉債。他們提到，美國的海外投資報酬率其實比外國人在美國的投資報酬率高（理當不可能吸引外來資金的），在這種情況下，真的很難解釋爲何會有那麼龐大的經常帳逆差。

所以，他們的解釋非常簡單：事實上並沒有經常帳逆差。他們解釋，它「只是一套違反自然的會計規則所造成的混淆」。取而代之的，他們認爲有一個現有會計原則無法掌握的「黑暗物質」存在。這項寶貴的黑暗物質非常難以評價，因爲它包含美國所能提供的很多無形價值，像是保險、流動性與知識等事物。這兩位作者特別強調「知識」這一項，他們主張「美國企業在海外所使用的「優異」技術」，並未被列入統計數字，所以說，所謂的經常帳逆差之說根本就沒有任何道理可言。

不過，其他人針對這個論述提出許多點質疑，⑤其中之一是，外國人在美國的投資報酬率比美國的海外投資報酬率低，一點也不足爲奇，很多外國人投資美國的理由並不是爲了獲利。舉個例子，中國投入數千億美元在低收益率的美國國庫券，目的是要維持低匯率與其出口競爭力。此外，聯準會的經濟學家也收集許多資料，這些資料顯示，美國實現的海外報酬和外國人實現的美國投資報酬，其實是相同的。這項資料讓那個論述的基礎受到嚴重挑戰。

關於經常帳餘額的問題，還有另一個更嚴肅的解釋，那是「全球儲蓄過剩」⑥理論。這是班・柏南克提出的理論，這個理論實際上將美國產生經常帳逆差的責任轉移給其他國家。這個假說主張，問題並非美國儲蓄不足，也不是美國政府的赤字過高；相對的，問題是中國與其他亞洲國家的儲蓄**過多**。

乍看之下，這個論點看起來有點違反常理。不過，柏南克指出，歐洲先進工業國家有很多人因預見勞動力老化的問題而存很多錢。而由於他們的國內缺乏充足且吸引人的投資機會，所以他們便把錢大量存到美國。這個假說的另一個更核心的主張認定，問題是亞洲各國——尤其是中國——的節儉國民儲蓄太多，消費太少。

表面上看起來，這個論述確實有幾分道理。中國的儲蓄率真的非常高，但消費者支出卻相對偏低。這有一部分是導因於一些結構性限制：中國並沒有社會安全網，而且缺乏理想的消費信用體系；再者，在中國，要使用貸款來買房子是比較困難的。所以，中國和其他新興經濟體會累積那麼超額的儲蓄，絕對是有理由的。此外，在金融全球化的時代，資金能輕易在國界之間流竄並流入美國，所以，和以前的年代比起來，現在長期維持經常帳逆差的情況變得較有可能存在。

儘管如此，這一派說詞還是隱含一個嚴重問題：它巧妙的把龐大經常帳逆差的責任推給外國人。根據那個邏輯，我們不該把房市泡沫的問題歸咎給美國消費者，全部的罪過都是那些小氣的中國人必須承擔，因爲他們把自己的超額資金交到我們手中。但怪罪中國人的作法，就像把某些美國人對可樂上癮的問題歸咎給玻利維亞的毒梟一樣：這樣的辯解的確有幾分道理，但整個事實眞相遠比表象複雜很多。

事實上，其他動力對經常帳逆差持續上升這個問題的影響更大，這個情況從二〇〇一年以後更加明顯。由於經濟衰退和小布希強迫國會通過減稅案，導致美國的財政赤字大幅上升。儘管美國在一九九〇年代不厭其煩的致力於整頓財政，但在前述兩個因素的拖累下，美國再度開始發行大量債券，而這些債券的主要買方，就是中國和其他新興市場經濟體。它們唯一的罪過就是購買這些債券，美國政策制訂者的罪過則是在充分自覺的狀態下，執行一些導致美國經常帳逆差大幅膨脹的政策。

在這當中，聯準會也難辭其咎，因爲它在二〇〇一年以後讓整個經濟體系充斥大量寬鬆貨幣，但卻未積極監督與管理金融體系。這些政策助長房市熱潮的效果，遠超過任何「全球儲蓄過剩」對房市的影響。因爲這些政策促使住宅投資增加，儲蓄降低。沒錯，其中有很多投資的資金來源是其他國家的儲蓄，不過，是聯準會先助長了這一波無以爲繼的熱潮，外國儲蓄是被動受到這波熱潮的吸引才流入美國的。

回顧過往，今日全球帳失衡的問題，顯然是不同時間點的不同因素所造成。在一九九〇年代的科技熱潮期間，股票市場大漲吸引大量外國資金流入，從而導致經常帳逆差大幅上升。使得很多美國人減少儲蓄，增加消費，並進一步擴大經常帳逆差。本來在那個泡沫崩潰後，逆差理當下降，但事實卻不然，小布希政府草率的財政政策讓經常帳逆差進一步大幅增加。

經常帳逆差在二〇〇四年後加速膨脹，這有一部分要「歸功」於鬆散的聯邦主管機關，它們放任令人質疑的房市泡沫持續擴張。此時國內儲蓄率降低，外國投資人更是不斷買進愈來愈多的不動產抵押貸款衍生證券。直到二〇〇七年以後，經常帳逆差才終於隨著房市泡沫幻滅、進口減少以及家庭開始增加儲蓄而下降。當然，油價的下跌也對此有所助益。所以，經常帳逆差「犯罪事件」的故事，顯然和黑澤明的《羅生門》不同，經常帳逆差有非常明確的罪犯。套句漫畫人物波戈（Pogo）的名言：「我們已經碰上敵人了，他的名字是美國。」——這個罪犯是美國。

但我們的意思並不是說主嫌美國完全沒有幫兇，沒錯，中國的超額儲蓄和金融的全球化，確實讓美國得以維持經常帳逆差，但「賦予美國維持經常帳逆差的能力」和「強迫美國維持經常帳逆差」，卻是完全不同的兩回事。所以，美國還是必須爲這一團混斷負起最終責任，因爲十年來，美國實施了許多讓它的經常帳逆差大幅上升的政策。由於它莽撞推行減稅政策，同時又不願意壓抑房市上漲，所以，它分明是作繭自縛。

危機與兩難

過分樂觀的經濟學家企圖用幾個論述來消除外界對美國經常帳逆差的疑慮。他們表示，在可預見的未來，新興市場經濟體將很樂意爲這項逆差提供資金奧援，因爲它們需要維持低廉的本國貨幣，而要達到這個目標，其中一個方法就是買進大量的美國股票與債券。另外，有些人則指出，美國享受一九六〇年代初期法國財政部長瓦勒瑞・基斯卡德・德斯坦（Valéry Giscard d'Estaing）所謂的「囂張特權」（exorbitant privilege）⑦的事實，一切只因美國擁有這個世界的準備貨幣。當然，他們推斷這個特權將能讓美國免於面對曾導致其他較不幸的國家備受折磨的那種外匯危機。基於上述優勢，美國應該還是得以長年維持高額的經常帳逆差。

那個觀點眞的很荒謬，美國根本就無力繼續承受目前的逆差，情勢也已非常危急，若不推動一些痛苦的改革，美國終會崩潰。事實上，如果美國不整頓財政，不開始增加儲蓄，最後終將難逃令人痛苦的懲罰。至於那個最後審判日何時到來，眾人的見解莫衷一是，不過，若以爲那一天還要幾十年才會到來，那就是妄想。確切來說，某些跡象顯示，潮流已開始逆轉。一九九〇年代時，經常帳赤字多半是靠外國人投資美國股票（在二〇〇〇年的高峰時，這個金額高達三千億美元）的資金在支撐。⑧科技泡沫幻滅後，外國投資大幅減少，雖然後來略微反彈，但卻沒有回升到原先的水準。但在那段期間，經常帳逆差卻進一步膨脹，這是由於外國人購買美國債券的關係。其中有某些債券是政府發行的，但有更多是以民間不動產抵押貸款與其他資產爲擔保品而發行。

其中多數債券是被外國中央銀行和國家主權基金買走。事實上，美國流通在外（扣除聯準會持有的部分）的短期和長期公債，有大約一半是掌握在非公民的手中，⑨而且其中有三分之二是其他國家的央行和主權基金所持有。換言之，美國的經常帳赤字多半並非仰賴民間投資人支持。這些投資人並不笨，他們深知美元有可能會貶值，所以沒有興趣拿他們的錢來冒險。不過，他國政府和它們的代理人則基於其他動機而購買這些債券，這一點我們已經討論過了。

不過，他們的買盤也是有極限的。目前外國人持有的美國債券規模已不如過往，從這一點便可明顯看出他們的不安。十年前，美國公共債務的平均到期日接近六十個月。到二〇〇九年時，這個數字已下降到低於五十個月，這反映出人們愈來愈憂慮美元貶值的可能性，而美元的貶值有可能會是意外，也有可能是蓄意。確切而言，隨著美國累積的負債愈來愈多，美國的某些債權人已開始擔心，美國可能會藉由將赤字「貨幣化」（monetizing the deficit，也就是憑空印製鈔票），蓄意讓美元貶值。不過，橫豎美國已經透過量化寬鬆做到這一點。

如果美國是一個新興市場，世人對它的負債和貨幣的信心早就崩潰了。這股信心之所以迄今尚未崩潰，是因爲人們仍舊相信美國會在必要時加稅並縮減支出，以善加整頓它的財政。在一九九〇年代初期的前十年間，美國的赤字持續膨脹促使它積極整頓財政，所以，它沒有理由不再重複相同的作法。此外，美國和很多新興經濟體不同，它從未違約不償還公共債務。這一點非常有助於維繫投資人的信心。最後，也是最重要的，美國是以它自身的貨幣向海外借款。美元貶值的潛在陰影並不會讓美國的負債增加，相反的，那一項匯率風險根本已被轉移給外國債權人。

這就是關鍵差異。不過，這並不意味著外國債權人會持續不斷囤積金額高達數千億美元的低收益率政府公債。到某個程度後，他們將會開始要求實體資產，也就是美國企業的所有權。到目前爲止，美國一直都設法阻止外國人持有它最重要的企業。二〇〇五年時，大眾強烈的抗議，阻止了中國國家海外石油公司（China National Offshore Oil Corporation）購買優諾科公司（Unocal）的股權，隔年，相同的反應也讓杜拜的一家國有企業（杜拜港世界公司〔Dubai Ports World〕）無法取得美國幾個重要港口的管理控制權。

這些小衝突反映出一種「資產保護主義」心態，美國試圖告訴它愈來愈強大的債權人，應該把它們的錢導向何方。在最近這場金融危機爆發期間，資產保護主義依舊盛行，美國幾個最大型的銀行向中東與亞洲國家的幾個主權基金求援，但卻拒絕讓渡任何顯著的控制權給這些投資者。其中很多投資者後來還因此而受傷，所以，下一次如果還有人請求他們出面支撐金融體系，想必他們一定極不可能再甘於接受那種次等條件。

但很多政治人物和政策制訂者似乎一點都不擔心這個問題，殊不知美國已經不太有辦法對爲我們的雙赤字——財政與經常帳——提供資金後盾的國家，發揮顯著的影響力了。他們告訴中國不能買斷美國企業，而且也威脅若中國不重新調整匯價，將會採取保護主義措施。這實在是奇怪至極，而且極爲愚蠢。因爲實際上來說，美國對阿富汗和伊拉克戰爭所需的資金正是中國所提供，更別說金融體系紓困以及所有和健保改革有關的成本是誰在支持了。攻擊那隻養育我們的手，也許能讓美國國內的選民覺得好過一點，但中國的忍耐勢必有其極限。

但中國走向全球霸權的道路完全沒有障礙嗎？不。在中國的國內生產毛額當中，只有三六％來自消費。[10]在美國，這個數字超過七〇％，儘管美國的國內消費金額過高，但中國的數字卻過低。以目前而言，中國的生存與成長多數是仰賴對美國出口廉價商品，而「美國人購買這些商品所需的」資金，則是藉由出售債券給中國來取得。這種違反常情的共生關係（保羅・克魯曼的解釋是：「他們給我們有毒的產品，我們給他們一堆廢紙」），勢必會威脅到中國的長期利益。

中國還有其他問題要解決。不可否認的，它的外匯存底持續膨脹，這是一筆龐大的作戰籌碼，而它也動用了其中一部分資金，到以改善國內基礎建設和強迫國有銀行放款給各種國有企業爲目標的大規模景氣振興計畫。短期來說，這個作法也許有效，不過，卻無法長期維繫。目前全球經濟已經陷在一個產能過剩的窘境，在這種情況下，拚命放款給人們去興建工廠，絕對不是拯救經濟該走的路。這麼做只會在中國製造一個投機的泡沫，而這最終只會留給該國銀行業大量不良貸款。

截至二〇一〇年，中國和美國依舊被困在經濟學家羅倫斯・桑莫斯（Lawrence Summers）所謂的那種「金融恐怖平衡」[11]狀態之下。無論這兩國採取什麼行動，都不可能不損及這個平衡。中國無法停止買進美國公債，否則它的最大市場將會崩潰。相反的，美國也無法設下保護主義的障礙，否則中國將會停止爲美國人的揮霍行徑提供資金奧援。

要擺脫這個束縛，這兩個國家都應該同時採取一些措施，將它們各自的經常帳數字導向某種表象的均衡。美國必須著手處理它的雙儲蓄赤字：不斷膨脹的聯邦預算赤字和低落的民間儲蓄。

美國尋求救贖的第一步，就是先撤銷小布希政府從二〇〇〇年初期以來不斷推動的錯誤減稅政策。如果美國人認爲，他們可以享受歐洲式的社會支出——像是全民健保——但同時又維持低稅率，就大錯特錯了。這樣是行不通的，而且認定中國人將永遠爲美國人買單，也完全是一廂情願的想法。

至於中國和亞洲其他新興經濟體，則必須放手讓它們的貨幣升值。它們也必須採行結構性改革，鼓勵減少儲蓄，這樣中國才能消費更多本國製品。它們必須採取具體步驟來促進消費者信貸的成長：目前多數中國人仍是以現金購屋，而非仰賴不動產抵押貸款。另外，他們也必須建構普遍存在於先進國家的那種安全網，像是失業保險和人民負擔得起的醫療保健支出。這些基礎作爲將會讓中國人民感到些許心安，不需要爲了應付不時之需，而錙銖必較的把每分每毫的收入都存下來。如果缺乏這些改革，中國將非常難以阻止它向來以儉樸著稱的人民間接去補貼美國人。

世界上的其他國家也可以設法縮減他們本身的餘裕，從而對這個問題做出一點貢獻。比較成熟的經濟體如德國、法國和日本，必須逐步推動能增加投資、生產力和成長的結構性改革，以期縮減它們的經常帳順差。石油出口國如沙烏地阿拉伯需要讓它們的貨幣升值，並開始增加國內消費支出與基礎建設投資，同時提高原油探勘與生產支出。

這些對策都能循序漸進的促進國際經常帳的再平衡。遺憾的是，在這場大戲裡，似乎沒有任何一個角色願意採行必要的步驟。每個人似乎都空泛的指望現狀——某一邊的順差持續大增，某一邊的逆差也大增——不要崩潰。不過，事情不會這樣發展。除非情況改變，否則這個壓力將持續累積，直到無法承受爲止。接著，它將會崩潰，而沒有人有辦法預測相關的影響。最後的那場危機，將會和我們在第一章討論的一般熱潮與衰敗非常不同。那比較不是因資本主義天生不穩定所引起，而比較是地緣政治勢力的深度興衰變化所造成。如果一般的金融危機只是輕微的震動，那麼，全球失衡的突然崩解——遑論還可能因此造成的主權債務違約與幣值崩盤——將會是一場大地震。

到目前爲止，我們只感受到顫抖。金融危機對許多先進經濟體造成了傷害，讓人們對希臘、愛爾蘭、義大利、葡萄牙、西班牙甚至英國的長期債信產生疑慮。前述某些國家——尤其是所謂的地中海俱樂部國家如希臘、義大利、葡萄牙和西班牙——很快就有違約的可能，這將危及歐盟，甚至可能導致這個地區陷入類似二〇〇二年襲擊阿根廷與二〇〇八年衝擊冰島的那種混亂。

這些顫抖將會動搖全球經濟，不過，這些都是小規模的震動，相較於眞正的「大地震」——也就是美元的失序崩潰——那只會是小巫見大巫。

美元勢力的衰落

美國的勢力在一九五〇年代末期達到最顚峰。當年它不但坐擁經常帳順差，美元也被當作國際準備貨幣。在著名的布林敦森林協議（第二次世界大戰結束前不久簽訂）之下，其他國家以特定的固定匯率作爲本國貨幣與美元的兌換標準，而美國也保證會兌換約當等額美元的黃金給對方。

當時多數經濟學家——尤其是美國的經濟學家——認爲布林敦森林協議是個好點子，但比利時裔的經濟學家羅伯·特里芬（Robert Triffin）⑫則抱持不同觀點。一九六〇年，他發表意見來反駁這個以某一國貨幣作為國際準備貨幣的概念。他警告，那樣的安排會埋下自我毀滅的種子。特里芬評論道，發行準備貨幣的國家——十九世紀的英國和二十世紀的美國——通常都維持經常帳順差。而以美國來說，這代表流入美國的美元將超過流出的美元。

儘管一開始一切還算順利，不過，特里芬指出，其他國家將會需要持有準備貨幣，於是美元的需求將會增加，這將創造一種抵銷力量，導致美元流出美國。特里芬主張，那些壓力最後將會造成經常帳逆差，進而傷害到美國的經濟基礎，延伸來說，也會傷害到美元的基礎。特里芬指出，實際上來說，美國的需要將和其他國家的需要相互抵觸，最後埋下美元貶值的種子。到一九七一年時，這個情況確實發生了，尼克森總統違背了將美元轉換成黃金的誓言。

「特里芬的兩難」迄今仍舊意義重大。儘管美元不再能轉換成黃金，但它依舊是這個世界的實質準備貨幣，即便那個「準備貨幣」需求是造成全球失衡達到前所未見水準的原因之一。有些經濟學家宣稱，在可預見的將來，這個協議——亦即所謂的「新布林敦森林體系」[13]——將得以繼續存在，因為儘管美元流出美國，但只是被堆積在亞洲和中東國家央行的金庫裡罷了。

不過，事實上這個令人擔憂的協議正顯露出嚴重的緊繃訊號。[14]回顧二〇〇一年，在海外各國所持有的貨幣準備中，美元的比重大約略高於七〇%。在接下來十年間，隨著美國財政赤字和經常帳逆差持續惡化到失控，這個百分比也因此下降，二〇〇八年時降到六三%。在二〇〇九年下半年，外國中央銀行展現出明顯規避美元的態度，同時強烈偏好歐元和日圓，二〇〇九年第三季，美元佔新增外匯存底的比重僅剩三七%，遠遠低於十年前的六七%平均水準。黃金甚至某些新興市場貨幣佔這些外匯存底的百分比則持續上升。

世界各國的主權基金朝美元以外貨幣進行分散投資的情況，更加明顯。這些國有投資基金如中國投資公司（China Investment Corporation）等機構，已開始迴避美國的國庫券，而美債原本是中央銀行準備的基本標的，取而代之的，該公司轉而聚焦在較高收益率的投資標的，範圍涵蓋避險基金到採礦權等。

未來幾年，那股趨勢有可能延續下去。如果夠幸運的話，這個轉換流程會是漸進的，而非突然且沒有秩序的崩盤。美國有可能會重複英國的模式：⑮英國的國力和貨幣是過了許多年才漸漸衰落。確切來說，雖然美國大約在一八七二年起就已超越英國，成為世界上最大的經濟體，但在接下來兩個世代，英鎊卻仍舊是世界上最主要的貨幣，直到第一次世界大戰後，英國從淨債權國變成淨債務國，英鎊才嚴重下滑，其他國家這才開始分散它們持有的貨幣部位，而且，直到一九二八年，在世界上的貨幣準備中，英鎊的數額還是比美元高一倍。在英國於一九三一年放棄金本位後，美元才終於正式取代英鎊，後來的布林敦森林協議讓美元至高無上的地位更加鞏固，但也一直等到一九五六年的蘇伊士運河危機爆發，英鎊進一步崩潰，美元才成為舉世無敵的準備貨幣。

英鎊的衰敗過程長達四分之三個世紀，所以，我們也可以合理期待，美元也將以那麼緩慢的速度漸漸殞落。不過，我們不能過度解讀這種歷史類推的意義。儘管中國目前的地位和一個世紀以前的美國大致相當，但它在全球經濟領域的推進速度卻遠比歷史上任何一個國家都來得快很多。它很有可能在二〇一〇年或二〇一一年超越日本，成為世界第二大經濟體，而且可能遲早會推翻美國的霸權，而這一切的一切都是以極端快的速度進行著。儘管美國花了一整個世紀才躍上權力的最高峰，但中國卻只花了區區二十年就取得全球第二大勢力。

這讓人不由得擔憂美元未來的時日不多，可能只剩下幾年的榮景，而非幾十年。究竟美元未來的跌勢會多麼突然，多麼失序，目前仍難逆料。就過去的歷史而言，各國貨幣和黃金與白銀之間都存在一些關聯性，只有在一九七〇年代，這個關係完全斷絕。目前世界貨幣體系的基礎並非黃金，而是一個流通貨幣，這項通貨並無內含價值，沒有貴金屬做擔保，而且它的價值非常不固定。從某方面來說，美元佔據了原本屬於黃金的地位，所以，美元的崩落將造成非常可怕的災難，會像幾個世紀以前坐擁金山銀山的國家統治者和銀行業突然發現金庫的金幣在一夕間化為灰燼一樣可怕。而美元一旦崩落，持有美元的人的財富也會嚴重萎縮。

如果美國的赤字持續擴大，美元崩落將會是遲早的事。儘管中國還是可能繼續購買［美國］債券，但其他較小國家則可能開始慢慢縮手，甚至退出。那最後可能引發一窩蜂的逃難潮，連中國都會想加入。不管現有的系統對中國有何利益，但到某種程度後，代價終將有超過利益的一天。

目前的美國正站在一個十字路口，如果它不設法整頓財政並提高民間儲蓄，那種大地震發生的可能性將有增無減。這樣的情景並不難想像，尤其如果政治界出現以下僵局：共和黨反對增稅，民主黨反對減少支出，屆時，把赤字貨幣化——亦即大量印製鈔票——將會是最沒有阻力的途徑。此舉所引發的通貨膨脹，將會導致世界各地持有的公共與民間負債的美元計價價值縮水。世界各地的投資人在面臨這樣的「通貨膨脹稅」後，將會拋售他們手上的美元，把資金轉入在財政方面向來比較負責的國家。

一旦發生那樣的情形，美國就會付出代價。因為直到目前為止，美國人都得以用本國的貨幣而非外幣來發行債券，並將美元貶值所造成的損失轉嫁給我們的債權人。如果其他國家開始拒絕賦予美國這個「嚣張特權」，這個負擔將會回落到美國人身上，屆時我們的借款成本必然大幅竄升，進而拖累消費、投資活動，最後連經濟成長都會受到影響。進口物價——包括來自中國的廉價塑膠玩具到來自沙烏地阿拉伯的一桶桶原油等所有進口商品——都會上漲，這將導致美國人自認他們生來就有權享受的高生活水準下降。在這個過程中，美元將漸漸成爲眾多平凡貨幣中的一員。

但那又引出一個疑問：哪一個貨幣將會取代美元？

人民幣會成爲全能的貨幣嗎？[16]

乍看之下，中國的貨幣——人民幣[17]——似乎是緊追在美元之後的最明顯候選者。能與它爭鋒的貨幣非常少。英鎊、日圓和瑞士法郎目前依舊是非常次要的準備貨幣，它們也許能暫時作爲逃避美元的避風港，但這些貨幣終究是隸屬於一些國力江河日下的國家。以更大範圍來說，歐元的情況也一樣，歐元的存續取決於一群難搞的國家是否願意繼續團結，而且其中很多國家更面臨著赤字惡化、人口老化與新興市場嚴厲競爭挑戰等問題。

回歸金本位更不可行。儘管最近黃金重返榮耀，但以黃金作爲貨幣體系的基礎，依舊像是凱因斯所謂的「蠻荒時期的遺俗」（barbarous relic），他的說法非常貼切。儘管黃金可在美元崩潰之際提供暫時的庇護所，但金價的上漲多半是導因於對未來的恐懼與焦慮。當然，黃金的確算是個藏身之地，但絕對不能作爲新貨幣秩序的基礎。原因是它的實際用途不多，難以儲藏，而且相對於目前全球經濟的規模，黃金的存量實在過少。這些特質全都讓黃金無法成爲理想的準備貨幣候選人。

儘管如此，如果各國政府訴諸赤字貨幣化的手段，導致通貨膨脹上升，黃金的價格有可能會大幅上漲。不過，一旦這個情況發生，各國央行可能並不會試圖囤積供給有限的黃金，反而比較可能投資更多石油和其他原物料商品，來作爲規避通貨膨脹風險的手段。換言之，當它們在從類似美元這種通貨撤離的同時，將會快速湧向實體資產。

看來看去，似乎只有人民幣能成爲美元的長期替代選擇。中國的情況看起來很像取得強權以前的美國：擁有大量的經常帳順差、成爲世界上最大的出口國、預算赤字相對極小，而且負債相對其他國家低很多。最近，它已採取一些巧妙的手段來挑戰美元的威權地位。舉個例子，它允許香港的金融機構發行以人民幣計價的中國公債，這是創造債券乃至貨幣區域市場的關鍵步驟。中國財政部也坦白的將這個舉動描述爲「向鄰近國家推銷人民幣並改善人民幣國際地位」的一項努力。

中國還採取其他步驟來強化它的貨幣實力：它和幾個國家簽訂了貨幣交換協議，包括阿根廷、巴西、白俄羅斯和印尼。它也敦促它的某些貿易伙伴使用人民幣來結算帳款，也就是以人民幣作爲開立發票金額的計價單位。這看起來好像沒什麼大不了，但其實不然。目前國際貿易的發票金額都是以美元作爲「記帳（貨幣）單位」，即使交易本身和美國無關。這個差異——和一個世紀前英鎊的情形一樣——反映出美元身爲國際準備貨幣的實質與象徵性地位。如果人民幣在世界各地帳冊上的接受度提高，美元的準備貨幣地位將會被篡奪。

不過，目前人民幣在成爲世界首要貨幣的道路上也面臨一場苦戰。即使中國人都不見得願意這個結果來得太快。因爲若成爲世界首要貨幣，匯率必須變得更有彈性，允許人民幣大幅升值，但這卻會導致其他國家比較無力負擔中國出口的產品。此外，中國也必須因此推動一些它可能不想要的改革，例如放寬資金進出中國的限制，讓它的貨幣得以充分兌換，以因應這類資本交易所需。此外，中國也必須推動國內的金融改革，並發行更多人民幣計價的債券。

雖然中國人也明顯希望人民幣的地位能提升，但他們似乎並不迫切期待它在短期內成爲這個世界的準備貨幣。二〇〇九年時，中國人民銀行行長周小川提出一個非常不同的建議：一個能和美元抗衡的新「超主權貨幣」。⑱周小川建議修訂特殊提款權（Special Drawing Rights, SDR）——這是一九六九年在ＩＭＦ支持下而設置的一種準貨幣，這項貨幣並不能像美元或歐元紙鈔那樣隨時轉手，它純粹只是ＩＭＦ所使用的一種記帳單位。它的價值取自於四種標的貨幣，但其中各項貨幣的權重都不一樣，美元是最主要的組成要素，其次是歐元、日圓和英鎊。任何持有ＳＤＲ的人，都擁有對這個標的「籃子」裡的各種貨幣的要求權。這項工具可以用在許多不同的目的，像是清償欠ＩＭＦ的負債等。

那一籃子裡各種貨幣的相對數量是每五年重新計算一次，從周小川的猛烈炮火可清楚看出，中國希望人民幣也能被列入這一籃子貨幣。不過，成爲其中一員是一回事，但掌握箇中的主控權又是另一回事，事實上，周小川以強烈的口吻引用「特里芬的兩難」，並主張創造「一個和任何單一國家脫鉤且能長期維持穩定的國際準備貨幣，從而解決使用這種以信用爲基礎的國家貨幣所可能引發的固有缺陷」。

周小川在提出這個建議時，還特別提到了一九四四年舉行的布林敦森林會議。那一年，約翰・梅納德・凱因斯敦促與會者審慎考慮，是否創造一個全球的超級貨幣，也就是「班柯爾」（bancor)，⑲那個貨幣的價值將擷取自大約三十種一籃子標的原物料商品的價值。但美國人拒絕接受這個概念，並推動美元成爲世界的準備貨幣。周小川批評那個決定性步驟是錯誤的。他宣稱，凱因斯才是「高瞻遠矚」的，而且ＳＤＲ可能是重新發揚凱因斯概念的方法之一。

以目前的環境來說，將ＳＤＲ轉變爲全球準備貨幣，還處於純屬想像的階段。原本理當要有很多民間與政府單位將它用來作爲記帳單位，但到目前爲止，這個情況似乎並沒有出現；ＳＤＲ依舊純屬ＩＭＦ創造出來的一個工具。然而，由於中國和很多其他新興市場愈來愈希望以某種比較穩定、且能對抗危機與崩潰的貨幣來替代美元，所以，他們也愈來愈有興趣提升ＳＤＲ的地位。

不過，除非透過國際合作，否則那並不可能實現。所以，同樣在一九四四年那場決定性的會議裡所催生出來的機構之一——ＩＭＦ——必須加以改革。

全球治理

金磚四國——巴西、俄羅斯、印度與中國——和其他新興市場經濟體的經濟實力突然竄升，已凸顯出全球經濟治理模式需要加以改革的事實。原本的七大工業國——美國、日本、德國、法國、英國、加拿大與義大利——不可能代表世界上其他國家發聲。爲了解決全球失衡，其他參與者也必須加入。以某種程度來說，它們其實已經入列，因爲過去幾年間，二十國集團（G-20）已開始取代那個僅由少數國家組成的團體「七大工業國」（G-7），巴西、印尼、南非、沙烏地阿拉伯和其他國家已得以加入這個權力團體。

雖然現在可能有更多國家因此而覺得比較開心，但二十國集團但卻不可能讓全球經濟與國際貨幣體系出現實質轉變。畢竟七大工業國本就已不太能解決這個問題，而現在成員國增加一倍以上，討論與執行政策的正式架構可能會更加難產，更何況，就算有二十國加入，世界上多數經濟體也還是沒有發聲的機會。

ＩＭＦ可能比前者更具代表性，不過，它本身也有一些問題。[20]ＩＭＦ的很多決策是透過它的執行董事會進行，這個董事會包含二十四位董事，每個董事分別代表全球各地的不同區域。遺憾的是，歐洲國家佔去過多代表席次，而亞洲和非洲新興經濟體的代表席次則不足。ＩＭＦ計算「票數」的方式，也存在令人頭痛的相似問題，選票數的多寡取決於各國對ＩＭＦ的貢獻。最近一份研究發現，儘管有一項衡量指標顯示，中國、印度和巴西等國家的ＧＤＰ是比利時、義大利和荷蘭的四倍，前者的人口更高達後者的二十九倍，但在二〇〇〇年和二〇〇一年，前者的總投票權卻比後者還要低一九％，。

到目前爲止，歐洲人一直都不願意讓出權力。那實在是很愚蠢，如果未來幾年，ＩＭＦ希望建立起它的威信，它的代表席次與票數分配，就必須確實反映新興市場經濟體的權益與貢獻。這整個組織的最高層級權力分配也該如此。過去以來，一個非正式的慣例要求由美國人主管世界銀行，歐洲人掌管ＩＭＦ。到目前爲止，儘管要求廢除這個過時運作模式的呼聲不斷，但這些國家卻依舊充耳不聞，而這也進一步威脅到這個組織的正當性。

ＩＭＦ本身也必須在其他方面進行一些改革。儘管它對其成員國有影響力，但這個影響力只有在危機時期才有效，而且只對無力償還負債的小國有效。中國、日本、德國等身爲世界上的債權國，大可不必理會ＩＭＦ。美國也一樣，因爲儘管美國的經常帳逆差非常高，但卻能以它本國的貨幣對外舉債。所以實質上來說，ＩＭＦ根本無從迫使中國、歐洲和美國改變它們的做事方式。更糟的是，它一直不願利用這個類似「至尊獎壇」（bully pulpit）的地位，所以未能將威脅全球經濟穩定的國家的惡行公之於世，因此也無法阻止這些國家繼續作惡。

不過，這並不意味著我們應該揚棄ＩＭＦ，即使它的資源有限，但還是足以解決一個特殊的問題：經常帳失衡。誠如我們所見，一九九〇年代的危機讓許多新興經濟體得到兩個教訓：避免長期維持經常帳赤字，另外，必須累積大量外幣作戰籌碼，以防範國際流動性緊縮對國家造成傷害。在最近這場危機期間，這些策略確實收到成效：擁有順差和高額外匯存底的亞洲和拉丁美洲國家積極干預匯市，支撐本國貨幣匯價，一再向外國投資人擔保它們有能力因應流動性危機，不需要再度乞求ＩＭＦ伸出援手。

但無論這些國家有多麼值得稱頌，但為脫離ＩＭＦ所付出的代價終究是非常高的，原因不僅是這些策略最終將會導致國家的經常帳餘額達到無以為繼的水準（經常帳順差過高，但不見得是好事），這種自保措施的實際代價更是非常高，因為高達數兆美元的資金被迫投入低收益率的資產。此外，如果未能謹慎留意，這些高額的外匯存底有可能助長本國的資產泡沫，雖然這些國家的政府有時會利用出售政府債券，吸收剩餘現金（也就是讓這些資金「絕育」〔sterilize〕），來因應這個問題，但最終來說，它們發行新本國債券所支付的利率卻較高（譯註：前述數兆美元投入低收益資產所得到的收益，低於它們發行新債所要支付的利息），這是另一項不得不承擔的代價。

ＩＭＦ可以解決這些問題，至少它能在危機發生時提供較多的流動性。直到最近，ＩＭＦ在提供貸款的同時，也都會附加一些限制：接受資金奧援的國家，必須同意推動ＩＭＦ所認定的必要經濟改革。不過，並非每個深受流動緊縮所害的國家都需要全面整頓它們的經濟。所以，在最近這場危機期間，IMF提供一種所謂的彈性信用額度（Flexible Credit Line）給符合條件的國家。這是一個好的開始，未來一旦危機的跡象浮現，IMF也應該對更大範圍的國家提供這種預防性的信用額度。

IMF也可以擴大發行SDR，尤其是在危機時期。二〇〇九年，它取得發行二千五百億美元SDR的權利，其中有一部分是用來援助新興市場經濟體。那個專案的額度理當再擴大一些，尤其是SDR計價的國際債券的發行金額應提高。各國中央銀行可以購買這些債券來膨脹自身的準備，同時又不會衍生購買傳統貨幣所可能造成的潛在不穩定影響（因爲SDR實質上已將這項負擔分散到幾個不同的貨幣，而不是只鎖定一項貨幣）。關於這部分，IMF應該附加一些限制：任何收受SDR的國家都必須強制降低它們的經常帳順差，另一方面也要減少外匯存底金額。

這些溫和的建議案可能非常有助於全球經濟擺脫對最近這場危機產生重大影響的那種失衡。不過，如果這個世界要擺脫原來的貨幣體系——只依賴江河日下的美元，即將被淘汰——則還有很多事要做。提高對SDR的依賴度是非常好的起步，但那也只能算是小小的一步。

要因應種種挑戰，這個世界需要某種程度的國際合作，但近幾年來，各國間一直缺乏這樣的合作。這個世界上最主要的經濟體是否會爲了共同的利益合作，目前仍未有定論。如果美國和中國繼續聚焦在各自的短期國家利益，失衡的情況將愈來愈嚴重，而隨著緊繃情勢升高，國際貨幣體系的壓力將日益沈重，原本已經很脆弱的它將可能因此而淪爲受害者。

事實上，歷史記錄已顯示，我們正好活在金融史上一個特別脆弱的時刻。在過去，類似最近這場危機的國際銀行業發生危機後，都會爆發主權債務違約潮與貨幣幣值崩潰潮。因資產泡沫幻滅的效應與接踵而至的銀行危機而受創的經濟體，雖可能苟延殘喘一段時日，但最後，很多都還是會屈服，成爲各種積弊的受害者。如果最近這場危機爆發前所存在的那種經常帳餘額問題持續失控，相關經濟體遭受重創的可能性也就特別高。如果這些經濟體崩潰，整個世界將可能走向冰島的命運。

未來的道路

我們在第八章和第九章闡述了各國未來應該用什麼方式來改革其金融體系，與管制銀行業及其他對最近這場危機產生重大影響的企業。不過，改革不能到此爲止，在未來幾年，政策制訂者必須要解決最後可能引爆國家、區域或甚至全球性金融危機的那些失衡問題。每個經濟體都必須善盡一份力量，不能老是妄想要搭這整個體系的順風車，利用各種失衡來謀求自身的利益。

這些改革可同時解決需求面與供給面的問題；不過到目前爲止，這兩方面的改革都極端不足。在需求面，新興市場經濟的超額外匯存底需求已導致全球失衡嚴重惡化。要解決這個問題，需要有一個更穩定且更可靠的國際最後放款人，才能避免發生國際流動性緊縮危機。也唯有如此，新興經濟體對外匯存底的需求才可能漸漸消失。

至於在供給面，國際性準備資產的項目清單應該擴大，不能只包含美元和少數其他貨幣；長期來說，SDR可以——也應該——扮演更重要的角色。相同的，在未來幾年，各國央行和主權基金有可能會把一部分準備金投入新興市場經濟體的貨幣。短期來說，這並不會威脅到美元身爲主要準備貨幣的地位；老實說，目前並沒有明顯的替代貨幣可以取代美元。不過，如果美國不願意改善高額的雙赤字問題，或甚至更將它的財政赤字予以貨幣化，結果將引發高通貨膨脹，進而導致美元身為主要準備貨幣的地位大幅下降，後果將不堪設想。

姑且讓我們假設美國不會朝這條道路前進，而我們所描述的那些改革，也得以有秩序的調整全球失衡的問題。但就算是這樣，還是有一個難題必須解決。掌管全球經濟治理的機構需要進行大幅度的變革，而且最好是同時在二十國集團與IMF的組織裡設置這些機構。必要的變革將讓新興市場經濟體獲得更正式且有效的力量，同時可以紓解經濟勢力在不同板塊間轉移時所引發的緊張氣氛。

世界上的主要經濟體將會為了全球的共同利益而真心合作嗎？抑或它們會繼續執意追求本國利益，最後導致全球經濟與全球金融體系趨向動盪？這個問題目前仍沒有答案，但未來幾年，中國和美國尤其必須深思這個問題。延續現況對這兩個國家都不會有好處，任何一方——包括新興與先進經濟體——都注定會失敗。

結論

二〇〇九年一整年裡的多數時間，高盛公司執行長洛伊德・貝蘭克費恩多次試圖平息外界要求全面管制金融體系的龐大聲浪。他在國會的很多場演說和聽證會中，乞求他的聽眾繼續維持金融創新的生命，並「抗拒只為保護我們免於因百年風暴受傷而設計的回應」。①

他的行為實在是荒謬至極。我們經歷的那場風暴並非一個世紀才發生一次的瘋狂事件。從美國建國迄今，幾乎每隔一段時間，就會發生一次嚴重的銀行危機和其他金融災難，這種情況總是定期發生。從十九世紀到二十世紀初期之間，許多後果慘重的恐慌與經濟蕭條一次次襲擊這個國家。

直到大蕭條過後，金融危機才終於銷聲匿跡，在那段期間，美國正式成為全球的超級強權。在此同時，美國政府以類似格拉斯─史提格法案等法律來駕馭金融機構，並創建類似證交會和聯邦存款保險公司等機關，來穩定整個金融體系。此外，美元成為極端穩定的國際貨幣體系裡的中流砥柱，而危機似乎也就此成為歷史名詞。雖然一九七〇年代過後，又開始有一些嚴重的缺陷浮出檯面，但已開發國家的經濟學家卻依舊信心滿滿，時時歌頌著「大穩定時期」的美好。

最近這場巨變象徵這個危險的幻象已然結束。它也代表「美國強權下的世界安定和平」（Pax Americana）所帶來的金融穩定已經走到了終點。由於未來幾年美國的勢力將逐漸凋零，世界上少了一個超級強權國可以和其他新興勢力合作來共同穩定全球經濟，屆時危機的發生機率可能會上升，危機的致命性也會愈高。所以，最近的這場金融災難可能不再只是一個世紀才發生一次的事件，它很有可能會成爲一系列危機的開端。

新時代需要新的思考方式。我們應該揚棄「破產是不受管制的市場的固有穩定、效率和恢復力量」的概念，而該賦予危機正確的經濟與金融意義。悲哀的是，很多理當非常聰明的人卻仍頑固的相信，最近這場危機是一種無法預測且難以事先察覺的事件。他們認爲沒有人有能力預見到它的到來，而且認定類似的危機絕對不會再發生——至少在我們有生之年。

我們可以坐等下一場新金融災難，任由它重創我們的自滿心態，但我們也可以眞心接納一門新經濟顯學：危機經濟學。

悲劇與喜劇

誠如我們所見，危機的歷史幾乎和資本主義的歷史一樣悠久且普遍。十七世紀初期，危機緊接著資本主義之後出現，而且一如當年才初次被搬上舞台的莎士比亞戲劇，危機從那時開始就一直和人長常相左右，且其形式都大同小異。在這幾個世紀以來所發生的一場場危機當中，改變的只有演出者和觀眾，其他一切——包括角色、演出序甚至情節——全都雷同到令人難以置信。

幾乎所有危機的開端都相同，一開始，情況都相對溫和——在眞正戲劇化的事件發生前，都會先出現一些微妙的發展，那些發展就像是戲劇的鋪陳，光是「場景的布置」就可能花費幾年甚至幾十年；在這段期間，許多種不同動力會漸漸營造出各種適合熱潮——衰敗循環發展的條件。二〇〇七年爆發的那一場危機也不例外。這場崩潰的病根是幾十年的自由市場基本面主義，在這段期間，所謂的改革者廢除了大蕭條時期所建立的銀行業法規，華爾街的企業更設法將殘存的規定清除殆盡。在這個過程中，還有一個龐大的影子銀行體系在法規監管的範圍外成長茁壯。

在那同一段期間裡，銀行採用愈來愈大方的薪酬計畫如員工紅利，這變相鼓勵員工進行高風險的短期槓桿賭博行爲，即便這種賭博行爲可能會危及一家金融企業的長期穩定性，他們也在所不惜。這些員工實質上等於是將所有可能的負面後果，從交易員和銀行員工這一端全部轉移給公司的股東和其他債權人。這類問題只是當時極爲普遍的道德風險問題之一，而在危機爆發前，道德風險問題早就滲透到美國金融體系的每個環節。另外，聯準會則扮演搧風點火的角色，因爲它總是在金融體系有需要的時候給予援助，這也讓著名的「葛林斯潘賣權」就此興起。

不過，「營造適合泡沫發展的基礎」和「製造泡沫」，兩者並不能相提並論。泡沫的形成需要一點催化劑。在以前的幾次危機，危機的催化劑大致上不出「某種令人夢寐以求的原物料商品突然短缺」或「海外新市場的開拓」這兩種模式。另外，有時候，科技創新會讓投資人相信舊有的評價規則已不再適用，這也會變成泡沫的催化劑。當然，金融體系本身也可能會產生一些新的做事方式，像是新的投資標的包裝方式或新的風險管理方法等，全都可能成爲催化劑。

遺憾的是，最近這場金融危機就屬於最後這一類：金融機構大規模從事證券化業務，爲我們提供愈來愈複雜的結構性金融產品，這些產品的名稱複雜，猶如字母湯一樣令人眼花撩亂。雖然證券化已存在多年，但它的重要性卻是一直到泡沫形成的前幾年才快速提升。「放款並證券化」成爲一種工具，金融機構利用它承作垃圾級的不動產抵押貸款，接著將這些不良品質的放款予以切割，並重組爲有毒的不動產抵押擔保證券，最後再以AAA黃金等級的包裝，把這些證券給賣掉。

危機經濟學的另一項通則是一個非常簡單明瞭的觀察發現：除非投資人擁有寬鬆的信用來源，否則泡沫難以膨脹。寬鬆信用一開始可能是出自中央銀行或民間放款人（或兩者共同）的善意，尤其如果主管機關太過大意，就容易放任信用泡沫持續成長並惡化。寬鬆貨幣甚至可能來自一些預料外的來源——例如流竄在全球經濟體系尋覓投資標的的過剩現金。

最近這場危機也是依循著一個可預測的情節逐漸發展。葛林斯潘在九一一事件後大幅調降利率，並將利率維持在低檔過久。這誘使銀行業和影子銀行將槓桿使用到最大極限，它們大量對外放款，好像風險已經完全消失似的。而主管機關和監督機構則因受到產業和自由放任自律意識型態的蠱惑，未能善盡它們的職責。再者，世界各地有非常多儲蓄流向美國，這都是拜各新興經濟體的儲蓄者所賜。

到達某個時點後，泡沫自身的力量已足以促使它繼續膨脹。由於銀行和其他金融機構急於利用價格上漲的趨勢獲利，所以非常樂意提供更多信用，這讓信用變得更加容易取得。另外，投資人購入的每一種資產都能拿來作爲擔保品，進而讓投資人借到更多錢，從事更多的投資。結果，愈來愈多投資人利用槓桿的神奇力量，快速的堆積一座座負債高塔，這是泡沫正在發酵的確定訊號。二〇〇五年的情況正是如此，整個泡沫膨脹到令人難以置信的規模。過分的野心和毫無保留的貪婪，繼續向前推進這整個流程：房屋建築開發商興建無數的住宅區，投機者則立刻消化掉這些房子，而銀行更將藉此衍生的不動產抵押貸款包裝成愈來愈脆弱的金融工具。

一如過去的每一場危機，到這個時點，都會有一個新角色登台：一些自認有遠見卓識的人開始出來解釋，爲何這一次的熱潮將能繼續創造永久性的利潤，他們試圖解釋爲何「這次不一樣」，②或爲何舊經濟規則已不再適用。這些樂觀者的出現和他們空洞的宣言，是情況已開始失控的確定訊號。

最近這個房市泡沫吸引了許多這類江湖郎中，他們宣稱房地產是安全的投資標的，房價將只漲不跌。他們完全不理會歷史帶給我們的教訓與常識。這些人爲數眾多，包括和房地產業掛鉤的騙子銷售員，將劣質不動產抵押貸款包裝成AAA級證券（他們標榜這些證券的安全性不比超級安全的政府公債差）的投資銀行業員工等。

不過，儘管這些江湖郎中也許主導了整齣戲，但他們的觀點並非完全沒有被質疑過。不可避免的，很多有能力看穿這些造假宣言的人，也紛紛公開發表他們的看法。腳踏實地的唯實主義者點出各種不斷累積的弱點，不過，他們的警告通常都會遭到漠視。本書的作者之一魯比尼就是其中一個例子，在最近這場危機裡，他就扮演了那樣的角色，他很早就提出非常具體的警告——要世人注意即將來臨的崩潰。另外也有一些聲譽卓著的經濟學家和分析師指出這個迫在眉睫的凶兆，但他們的努力全都徒勞無功。

這個泡沫和過去所有泡沫一樣，最後終於也停止繼續膨脹。而且它和多數泡沫時期的情況一樣，一開始只是先洩氣，而不是一下就爆破。資產價格先是橫盤一段時間，接下來，市場陷入一種奇怪的靜止狀態。泡沫「啦啦隊」堅稱那只是暫時的小回檔，價格很快就會再度上揚。不過，事實不然。只是在這個時點，價格也鮮少在一夜之間崩潰，只是停滯而已。

接下來，開始有少數幾個機構崩潰，再來，又有愈來愈多機構發生問題。後續的影響擴散到整個金融體系。此刻的市場完全受恐懼與不確定性所支配，而隨著泡沫資產的價格崩盤，為這個泡沫提供信用後盾的金融機構不得不採取行動。他們開始去槓桿化，而在面臨排山倒海的不確定性之下，投資人也紛紛逃向較安全且流動性比較好的資產。

最近這場危機的發展完全符合這個情節。最初，只有少數幾個大型不動產抵押貸款放款機構破產，但這使得焦慮感開始擴散。接下來，一系列大型企業崩潰，破產案例的規模一個比一個大，連部分大型避險基金都難逃厄運。到最後，影子銀行體系的其他領導性企業也崩潰了。儘管其中很多機構看起來不像銀行，但熟悉十七世紀以來每一場金融危機的人，理當立刻就能看出這些機構的垂死掙扎是怎麼回事。不久後，這些二十一世紀的影子銀行就像先前無數的金融機構，很快就屈服於流動性危機的壓力，其中很多機構甚至陷入無力償債的境地。

銀行鮮少一遇到問題就隨即倒閉。事實上，在戲劇化的銀行崩潰事件發生以前，有可能會先穿插一些相對平靜的插曲，市場會恢復表面上的平和，甚至還會出現騙人的漲勢。不過在表象之下，真實的情形還是繼續惡化，此刻，更嚴重的倒閉事件已蓄勢待發，恐慌心理也持續升高。最近這場危機的發展軌跡，和過去幾場災難幾乎一模一樣，都呈現出類似的波動、惡化趨勢，破產機構的規模也一樣有增無減。最大型的危機還有另一個明確的特質：這些危機鮮少受國界所侷限；這種大型危機可能在世界上的任何一個地方爆發，但通常會蔓延到全球，一個國家的問題會在其他地方出現，或者一個國家的問題會透過管道——原物料商品、貨幣、投資標的、衍生性金融商品和貿易等——擴散到其他國家。如果危機本身屬於金融危機，全世界都難以幸免於難。

雖然最近這場危機一開始是在美國浮上檯面，但其他國家很快也出現相同的症狀。這也難怪，因為世界各地的中央銀行官員都和葛林斯潘一樣，採行寬鬆的貨幣政策，並因此而助長無數的房市泡沫。海外銀行業者的風險偏好程度，也和它們的美國同業一樣莽撞。多數銀行都使用高額的槓桿，飲用相同的毒酒，同樣投資數十甚至數百億美元到「金融創新」魔法所創造出來的劣質資產。

危機通常是在最引人注目的破產案件（這個破產案件會讓其他所有案件顯得「相形失色」）爆發時達到最高潮。在最近這場危機，這個角色是由雷曼兄弟所扮演，它的破產簡直像一場災難，也讓人誤將全球經濟崩潰的慘劇歸咎給這個單一事件。一如過往的其他危機，將這場危機歸咎給單一的大型破產案件，絕對是過分單純化的作法，這樣非但無法釐清事實，反而讓人更加混淆。雷曼事件的確對全球金融體系造成非常大的損害，但它的倒閉比較屬於「後果」，而非「前因」。

而在雷曼兄弟破產的同時，常見於危機最後一幕的情節也開始上演：銀行業者乞求某個最後放款人——中央銀行或某種政府主體——介入支持金融體系。這種要求總是會引爆一場辯論：應該為了挽救胡作非為的銀行而讓道德風險上升嗎？抑或應放任市場自行發展，讓衰弱的病患自主照護？

在最近這場危機爆發後，那樣的辯論被赤裸裸的搬上檯面，但到最後，班．柏南克還是決定抛出一條條的救命索，給理應獲得援助和不該獲得援助的機構，救助規模之大，可謂前所未見。聯準會和其他國家的央行就像從天而降的偉大救世主，讓這場危機在相當突然甚至有點意猶未盡的狀態下結束，留下許多尚未有解答的疑問和沒有解決的問題。

確切來說，當一場危機最激烈的階段抵達終點，接著總不可避免會有其他問題出現，因爲此刻金融崩潰的影響已滲透到經濟體系的其他環節。相關的損害通常非常深，傷口需要花費極長的時日才能復原——不是幾個月，而是幾年。儘管政府可能採取各式各樣的緩解對策——例如景氣振興方案——但復原的道路卻可能還是非常崎嶇，因爲無論是家庭、銀行、其他金融企業和一般企業，都需要降低槓桿。因金融危機而受創的國家，可能會因景氣較好時期所堆積的負債，和將危機期間的民間損失予以社會化等負擔，而陷入衰敗。到最後，某些國家將違約不償還債務，或利用高通膨的手段來消除負債，並因此陷入貨幣崩盤的窘境。

我們目前已經走到這個節骨眼上。在前幾場危機過後，許多正直的政治人物推行大規模的金融體系改革。我們也有那樣的機會，而我們必須好好把握，如果未能把握良機，到最後就會發現，剛剛結束的那一場災難只是一個開端，後續將會有更多災難發生。

邁向救贖之路

過去半個世紀以來，學術派的經濟學家、華爾街交易員和任何介於其中的人，都被「不受規範的市場處處充滿奇蹟，金融創新將創造無限利益」這個神話給誤導。最近這場危機對那個信念形成重重一擊，不過，目前卻還沒有其他信仰能取代它。從美國和其他先進經濟體所考慮採行的改革建議案，即可明顯看出這一點，這些建議案看起來都顯得瞻前顧後。即使很多國家因這場幾個世代以來最嚴重的金融危機而受創，但它們卻顯得極端不情願展開必要的全面性改革來整頓金融體系。取而代之的，人們只是討論著該怎麼粗略修補金融體系，好像剛結束的那場危機眞的只是區區幾筆不動產抵押貸款爛帳所造成。

那實在十分荒謬。誠如我們在本書一貫淸楚強調的，這場危機主要是由一個次級的金融體系所引發，次級房貸並非眞正的始作俑者。拜不正常的薪酬結構與貪腐的信評機構等種種因素之「賜」，全球金融體系其實早已從頭爛到腳，從外爛到內了。只不過它多年來「金玉其外，敗絮其中」的眞實面貌，正好被這場金融危機拆穿罷了。

復原的道路將會很漫長。最初的步驟應該是先採行我們在第八與第九章所詳述的改革計畫。首先，交易員和銀行行員的獎酬制度必須能調和個人和股東之間的利益，讓兩者趨於一致。那並不意味著薪酬必然降低，只是意味著金融企業員工的薪酬支付方式，必須能鼓勵員工以追求公司的長期利益爲目標；不過，基於其他原因，薪酬降低也是符合期待的。

證券化的業務也必須整頓。一些過度簡化的解決方案（如要求銀行自負部分風險）是不夠的，我們需要更根本的改革。證券化業務必須更透明與標準化，證券化發行平台的產品也必須接受嚴謹的法規規範。最重要的是，被導入證券化發行管線的產品必須接受更嚴密的審查。不動產抵押貸款和其他貸款必須是優質的貸款，若非如此，也必須淸楚對外說明這些貸款的品質比較低，所以風險較高。

在最近這場危機裡崩潰的致命衍生性金融商品，也必須進行全面改革。所謂的櫃檯交易型衍生性金融商品（用檯面下交易來形容可能更貼切一點），必須轉移到更透明的交易機制之下，應針對這些產品成立淸算中心和交易所，同時將它們註冊到資料庫。這些商品的使用也必須適當設限。

此外，衍生性金融商品的監管應該整合到單一主管機關的權責之下。

信評機構也必須接受監督，同時應強制它們改變原有的商業模型。根據目前的模型，這些機構的收入來自它們所評等的企業，這製造了嚴重的利益衝突。應該爲債信評等作業付費的是投資人，而非發債機構本身。另外，也不應該允許信評機構對債券發行者端銷售「顧問」服務，因爲這也會形成另一種利益衝突。最後，債信評等的業務應該開放，接受更多業者的競爭。目前那少數幾家公司所掌握的影響力實在過於龐大。

另外，也應該實施更根本的改革。應該將某些被視爲「大到不容倒閉」的機構加以切割，這些機構包括高盛公司和花旗集團。不過，很多其他比較不那麼顯眼的公司也應該被化整爲零。此外，國會應該恢復十年前被廢除的格拉斯－史提格銀行法案，但這樣還不夠，應該進一步更新這套法案，讓它足以因應［現代］銀行乃至影子銀行體系等所帶來的更大挑戰。

以上所述，都是合情合理且明智的改革，但即使是經過最謹慎設想的法規，都有可能會被扭曲。畢竟金融企業早已習慣從事法規套利的活動，它們會設法將其業務從一些受到良好規範的領域，轉移到政府治理權限以外的領域，尤其美國目前的法規制度既零碎又分散，讓這個問題更加惡化；另外，金融主管機關的專業人員直到最近，都還是被視爲一種沒有前途又低薪的工作，這個事實也形成重要的障礙。

不過，這些問題多數都是能解決的。我們應該放眼未來，謹慎研擬必要法規，做到防患於未然。這代表我們必須抗拒只要求少數幾類企業——例如大到不容倒閉的機構——適用相關法規的衝動，儘管那樣的衝動是可以理解的。取而代之的，法規的實施應該是全面性的，這樣才能防止金融中介活動被轉移到較小型且較不受規範的企業去進行。相同的，應該將所有法規加以整合，減少主管機關的數量，但同時賦予這些機關更大權力。最重要的是，由於主管機關人員要負責保衛我們的金融安全，他們的角色非常重要，因此，他們應該獲得足以匹配這個重要角色的薪酬水準。

就保護金融體系這個層面而言，擁有最多權力的理當是中央銀行，當然，它們的責任也最爲重大。不過，近年來，各國央行的表現並不理想。它們非但未能強制施行它們自身的法規，更糟的是，在防範投機狂熱失控方面，各國央行根本毫無作爲可言。相反的，它們還促進泡沫的膨脹，接著又好像爲了彌補自身過錯，而用盡所有力量來挽救金融崩潰的受害者。這實在令人無法諒解。未來，各國央行必須更積極主動的利用貨幣政策和信用政策來控制與壓抑投機泡沫。

光憑各國央行並無法解決全球經濟體系所面臨的各種挑戰。造成不穩定影響的全球性龐大經常帳失衡問題，已對長期的經濟穩定性造成威脅，同時導致美元面臨快速貶值的風險；要解決這兩個問題，一定要痛定思痛，進一步強化國際經濟的治理。ＩＭＦ的地位必須提升，同時應賦予它創造新國際準備貨幣的權力。另外，ＩＭＦ的自我治理模式也必須嚴肅加以改革。ＩＭＦ的管理權長年受少數較小且持續老化的經濟體所掌控，未來應該賦予新興經濟體應有的地位。隨著二十國集團的勢力與影響力與日俱增，提升新興經濟體地位的作法一定會獲得更多的認同。

這些改革都將有助於降低危機的發生率，不過，卻無法完全杜絕所有危機。誠如經濟學家海曼・明斯基曾提出的評論：「我們絕不可能一次就讓所有事情都完全就緒；一系列的改革雖會讓不穩定的情況趨於穩定，但經過一段時間，不穩定又會以一種新的面貌出現。」③我們不可能完全終止危機的發生，因爲危機就像颶風，我們只能設法加以管理，減輕它的影響。

矛盾的是，危機將再度發生的這個令人不安的事實應該能給我們一線希望。在大蕭條最嚴重的那段時間，政治人物和政策制訂者欣然接受金融體系改革，這些改革奠定了良好的基礎，讓接下來近八十年得以維持穩定與安全的局面。儘管這段平穩期最後仍不可避免的崩潰了，但八十年卻也不算短，這已涵蓋一個人的一生。

此刻，我們正企圖透過這個時代的「大衰退」困境，來思考未來的金融前景，也許試著仿效前人的那一番成就，可以讓我們實現不錯的成果。沒有任何事會永恆不變，危機也一定會再度發生。不過，我們可以讓危機的影響不要變得那麼嚴重、那麼廣泛；更可以設法不要讓危機壓垮我們的經濟命脈。如果我們強化金融體系的堤防，未來幾年就能平安度過危機。儘管水位還是可能會上升，我們的土地卻不會淹水。不過，如果我們未能事先做好防範終將來襲的颶風的準備——如果我們欺騙自己，以爲現有的老舊防禦工事永不會被擊垮——那麼，未來勢必還會發生很多大水災。

未來展望

在二〇〇七年到二〇〇八年全球金融危機爆發期間，整個世界都陷入深淵。二〇〇八年第四季與二〇〇九年第一季，全球經濟活動的衰退速率更達到大蕭條以來首見。

幸好許多國家都採行明快且激進的政策措施，全球經濟才終於止血。雖然這次的集體回應並不完全協同，也不盡然謹慎，但卻成功阻止了另一場經濟蕭條的發生，全世界的經濟也止住了自由落體般的重挫趨勢。目前通貨緊縮的危險已減輕，整個世界也開始復原。起初是新興經濟體先復甦，而到二〇〇九年第三季，多數先進經濟體也紛紛停止衰退。

不過，儘管全球經濟已開始反彈，隱含的風險和弱點還是可能會在未來幾年再次引發新的危機。其中一個可能結果是：財政赤字爆炸迫使某些國家違約不償還國家債務，或訴諸印鈔機來減輕負債壓力，結果導致一九七〇年代那種高通膨夢魘再現。

另外還可能爆發其他棘手的問題。極端寬鬆的貨幣政策和量化寬鬆手段，加上投資界對美元利差交易的依賴程度愈來愈高，這可能會促成另一個遠比剛破滅的那個泡沫更大的泡沫。若這個泡沫突然萎縮，風險性資產的價值和全球財富將大幅縮水，讓全球陷入二度衰退的險境。

其他同等令人恐懼的事件也可能會發生，例如歐洲貨幣同盟有可能瓦解，日本有可能恢復通貨緊縮與幾近蕭條的狀態，進而引發一場重大的主權債務危機；即使是中國，所面臨的風險也都愈來愈高，該國由投資活動驅動的復甦可能會漸漸趨緩，不良貸款會因此而增加，最後引爆一場銀行危機。這些可能的情境都會對全球化的進程形成障礙。

未來幾年，全球經濟復甦——或衰退——的途徑有很多種。以下將簡單討論我們在近期內會面臨的危險（若需要更詳盡的分析，請參考 www.roubini.com 的魯比尼全球經濟評論〔Roubini Global Economics〕）。

V型復甦、U型復甦還是W型復甦

經濟復甦的模式有很多種，不同模式反映著復甦本身的相對活力與永續性。V型復甦是快速且活力十足的，U型復甦則是緩慢且疲軟的；W型復甦則是出現雙底，經濟經歷短暫的復甦後，又再度崩落。目前最可能的情境是：先進經濟體呈現U型復甦，經濟成長緩慢且成長率長年低於原本的長期經濟成長趨勢。原因如下：

首先，勞動市場情勢依舊疲弱，二〇一〇年，美國失業率達到一〇％（另一個將兼職員工與失意勞工〔discouraged workers〕列入計算的更廣泛指標，則顯示失業率高達一七％）。房地產、建築和金融部門的很多工作機會早已永久消失，相同的，很多製造與服務業的工作機會則被外包到海外地區，這些工作機會也是一去不復返。

即使幸運保住工作的員工都面臨所得下降的窘境。很多企業以「共體時艱」的說法，要求員工減少工作時數或接受暫時停職，甚至減薪。工作時數的減少量約當於折損另外三百萬個全職工作，另外還要再加上二○○九年一整年正式減少的八百四十萬個工作機會。工作機會減少的情況有可能持續下去：最近亞倫・布林德（Alan Blinder）所做的一份研究顯示，①有高達四分之一的美國工作機會最後將走向外包。所以，失業率還會持續上升一段時間，就算它有朝一日開始下降，速度也會非常緩慢。

此外，目前這場衰退和以前的經濟衰退不同。最近這場危機是導因於家庭、金融體系甚至企業部門的負債與槓桿過高。這次經濟衰退不是貨幣緊縮所驅動，而是屬於一種「資產負債表」型衰退，這是由龐大的累積負債所驅動。最近卡門・萊因哈特與肯尼斯・羅格夫的一份研究顯示，「資產負債表」型衰退可能導致後續的經濟復甦力道疲弱，因爲經濟體系的每個部門都致力於「去槓桿化」，縮減負債，而這需要一點時間。

一直以來，美國和英國家庭的儲蓄太少，開銷又過大。雖然美國到二○○九年年底時的儲蓄率已上升到四％以上，②但根據IMF和其他學者的研究，美國未來幾年的儲蓄率必須上升到八％以上才足夠。這代表消費成長率將趨緩。而由於消費佔美國GDP的七○％（在其他儲蓄率下降的國家，這項比率也很高），所以，消費成長率的降低將會拖累經濟成長。

其他指標也顯示未來的經濟將呈現一種U型復甦。以典型的V型復甦而言，企業部門會投入資金到資本支出，也就是一般人所謂的capex，這將帶動經濟快速回升。遺憾的是，在這次經濟復甦過程中，資本支出將較匱乏，因爲目前經濟體系有很多產能（工廠、機器、電腦和其他固定資產）並沒有正常運轉。確切而言，產能（利用率）（六七％）一直降到比前幾次衰退期（七五％到八〇%）更低的水準，才終於回升。即使到二〇〇九年年底，美國和歐洲仍有三〇%的產能仍處於閒置狀態。在這樣的氣氛下，企業有什麼理由投入新的資本支出？

此外，儘管金融體系接受了政府的大力支持，但它受創的範圍卻還是非常龐大。在我們撰文之際，光是美國的聯邦存款保險公司就關閉了超過一百三十家銀行，還有另外五百多家被「留校察看」。更重要的是，影子銀行體系的很多機構都已崩潰或受到完全無法復原的損害，這個體系多半已成爲政府監護的對象。另外，儘管公共部門給予證券化業務補貼，但這項業務已不再像以前那麼活躍，而過去向來使用過高槓桿的私募基金公司都還在痛苦掙扎。

金融體系得花費很長的時間才能修正這一切。由於整個金融體系受傷慘重，所以它爲未來的住宅投資、建築活動、資本支出和耐久財消費提供資金的能力，將嚴重受限。我們不可能回復二〇〇三年到二〇〇七年間那麼活躍的經濟成長，畢竟那是缺乏基礎的信用泡沫所造就出來的經濟成長。

還有其他因素也顯示經濟確實可能呈現U型復甦，因爲協助經濟復甦的政策——尤其是財政振興政策——不可能無限期延續。一旦這些政策撤銷，經濟成長將趨緩。如果這些政策沒有被撤銷——如果政策制訂者訴諸更大的赤字來貼補減稅與提高支出等政策——那我們就會自陷更深的財政惡性循環。另外，振興支出一旦持續，將引發各國違約不償債或以通貨膨脹解決債務的憂慮，這將會促使長期利率上升，經濟復甦之路也會受阻。

最後，全球經常帳的持續失衡也代表未來幾年全球經濟成長將趨緩。過去十年，美國以及類似英國、愛爾蘭、冰島、西班牙、杜拜、澳洲、紐西蘭、波羅的海諸國和其他中歐經濟體，扮演著世界最初與最終消費者的角色，這些國家的支出超過所得，經常帳也一直維持逆差狀態。相反的，中國、新興亞洲國家、多數拉丁美洲國家、日本、德國和幾個其他歐元區經濟體，則扮演著最初與最後生產者的角色，它們的支出比所得低，因此維持經常帳順差。

目前第一組國家正藉由提高儲蓄與減少進口的方式，推行節約運動，但第二組國家卻沒有以減少儲蓄與增加消費的方式，來填補第一組國家所留下的缺口。這當然代表全球商品需求將呈現淨減少狀態。由於整個世界充斥大量工業產能，所以，全球總需求就算好轉，至多也只能維持疲弱復甦。

上述所有因素全都顯示，美國和其他過度支出的先進經濟體只能維持緩慢的U型復甦。一開始的經濟復甦看起來可能不像U型，確切來說，美國在二〇〇九年第四季的經濟成長率為五．九%，達六年來最高。不過，那個數字多數來自財政振興方案的直接與間接影響，另外也因為很多企業在二〇〇九年的最後幾個月開始重建庫存。

這些動力可能將二〇一〇年上半年的成長率推升到三%或甚至更高水準。另外，「舊車換現金」和首次購屋者扣抵稅額等方案的後續影響，也會有貢獻。美國戶口普查局將聘請接近一百萬名臨時員工，這也有助於暫時支撐經濟成長。但到二〇一〇年下半年，經濟成長將隨著這些暫時性因素的影響結束而停滯。到那時，經濟成長將跌落到遠低於平均值的水準，直到儲蓄上升到必要水平，民間與公共部門積極去槓桿後，情況才會改善。

歐洲瀕臨崩潰邊緣

儘管美國的情況看起來很糟，但歐元區和日本的中期展望可能一樣糟，甚至更糟。基於很多原因，這兩個區域也將呈現U型的經濟復甦。

首先，歐元區和日本的經濟成長潛力（大約二%）原本就比美國低。第二，就算這些國家運用財政政策來因應危機所產生的影響，也將遭遇更多困難：因為即便是在二〇〇七年危機爆發前，它們的財政赤字和公共負債相對GDP比率（很多國家的這項比率已接近或超過百分之百）都已經很高。③第三，這些國家同時還得面臨嚴重的短期與長期挑戰，如生產力成長率低落與人口老化。這些問題全都不容易解決。

再者，被稱爲「歐豬」（PIGS，葡萄牙、義大利、希臘和西班牙）的歐元區國家其實已陷入嚴重的困境。近年來，它們的負債大幅增加，競爭力下滑。箇中原因非常複雜。例如採用歐元後，它們得以舉更多債，寅吃卯糧的情況也因此更爲嚴重；而接下來的信用擴張熱潮不僅支撐了消費水準，也促使薪資上升，但這卻讓它們的出口競爭力降低。在此同時，儘管這些國家的薪資水準仍低於歐盟平均值，但過於龐大的文官體系和其他結構性的官方障礙，阻卻了高技術部門的投資。

這一切的一切導致「歐豬各國」陷入龐大經常帳赤字與預算赤字的雙重有害情境，雙赤字也迫使它們向歐洲各地的銀行舉借大量貸款。這些國家的高槓桿狀態讓它們成爲金融傳染病的潛在根源。更糟的是，歐元在二〇〇八年到二〇〇九年間大幅升值，令它們的競爭力進一步降低，結果，不僅它們本身違約倒帳的可能性上升，也拖累了歐盟較富有、較健康的成員。

這個情況理當不應發生的，畢竟歐洲貨幣同盟的設計是要營造一個穩定與團結的歐洲。當成員國加入時，就已將貨幣政策權力讓渡給歐洲央行；它們也加入了對各國的財政赤字規模設限的穩定暨成長公約（Stability and Growth Pact）。理論上來說，這些國家爲維持會員資格，將不得不推行結構性的改革，最終所有成員國的經濟表現也因此趨於一致。但實際的情況卻相反。德國和少數其他國家花了十年時間改善財政失衡，並透過企業重整方式提升它們的競爭力，但義大利、西班牙、希臘和葡萄牙的情況卻恰好相反，不僅財政失衡情況沒有改善，勞動成本上升率還超過生產力的成長。結果，現在的歐洲已由一分裂爲二。

還有其他因素讓它們彼此的歧異變得更加嚴重。歐洲各國語言和文化的隔閡阻礙了移民活動，這讓歐盟內部僅能維持溫和的勞動力流動率。所以，歐盟某地區失業率的上升，並不會促使勞工移民到比較繁榮的區域，這和先前成立歐盟時的期望不同。到最後，歐洲聯盟勞動市場的彈性還是遠遠不如美國。另外一個同樣令人頭痛的問題是，歐盟裡的個別國家並沒有共同分擔政府（譯註：指歐盟）的財政赤字，這和美國的各個州不同。財政政策的主導權依舊掌握在個別國家手上，這個事實導致國與國之間的互助受到限制。

如果這些經濟歧異繼續下去甚至擴大，歐洲貨幣同盟有可能會瓦解。舉個例子，假定希臘訴諸財務工程與逃避財政責任的方式來解決它的問題。如果希臘繼續這麼做，從二〇一〇年的某個時點開始，它可能就無法繼續從債券市場取得資金。這時它就必須對外求援，乞求其他成員國、歐洲央行、歐盟執行委員會或ＩＭＦ貸款給它。

這些組織可能會爲了維繫貨幣同盟，而提供希臘緊急紓困。不過，如果相同的問題擴散到西班牙、義大利、葡萄牙或其他成員國，歐洲央行爲其他成員國提供紓困的意願與能力總會有到達極限的一天，更何況，法國和德國的納稅人想必會極力反對。屆時，希臘將必須退出這個貨幣聯盟，採用另一種全新但一次大幅貶值的貨幣如德瑞克馬（drachma，希臘原本的貨幣單位）來取代歐元。

這兩個情境——違約倒帳與貨幣一次大幅貶足——可能會衍生許多可怕的後果。一旦希臘採用全新且大幅貶值的德瑞克馬，它就等於違約不償還以歐元計價的公共債務——民間負債當然也極可能倒帳。阿根廷在二〇〇一年時曾發生類似的情況。它退出一個貨幣理事會，讓披索大幅貶值，結果導致大量以美元計價的公共與民間負債違約。這個事件也使得美元計價的本國負債被迫轉換成價值大幅萎縮的披索負債，這個流程就是所謂的「披索化」。④相同的，若希臘或義大利的貨幣大幅貶值，且選擇違約不償債，將會導致這兩個國家在它們國內發行的歐元負債被「德瑞克馬化」或「里拉化」，這等於讓所有持有這些要求權的人（債權人）蒙受鉅額虧損，而那些債權人主要是其他歐洲銀行業。

自古以來，沒有一個財政與政治同盟的貨幣同盟成功過。一旦發生上述的債務違約與貨幣大幅貶值的情況，歐元區和美國之間的反差就會變得更加明顯。美國的加州和其他州也都遭遇過預算危機，不過，財政聯邦制——以及破產法的條文規定——等強烈的傳統，讓美國得以透過國家的層級來解決某些地方性問題。但目前歐元區缺乏這種責任分擔機制。

貨幣同盟的瓦解甚至可能導致歐盟本身遭到局部的破壞。若有任何一個會員國退出貨幣同盟，同時還違約不償還其他會員國所持有的債務，它最後有可能會遭到歐盟除名。短短幾年前，沒有人想像得到會有這樣的情況，但如今，雅典、羅馬、馬德里和里斯本等地的當權者，卻極可能面臨這個命運。這些國家多年來的經濟歧異和經濟競爭力的淪喪，已經讓那個結局愈來愈可能發生。

日本又該何去何從？

日本的問題並不比歐元區輕微。誠如我們所見，該國房地產與股票泡沫在一九九〇年代初期幻滅後，它的經濟就陷入所謂「失落的十年」停滯期，期間間歇發生過四次衰退，另外經濟體系也陷入嚴重的通貨緊縮。在泡沫幻滅後，日本犯了政策上的錯誤，它太慢才執行貨幣寬鬆與財政振興政策，但接下來又太早放棄這些政策；它讓殭屍銀行存在太久，直到那十年快結束時，才開始調整資本結構。二〇〇〇年的二度衰退，導致通貨緊縮與經濟停滯的雙重問題變得更加嚴重，直到二〇〇四年，日本才恢復二％的潛在經濟成長率。

在最近這場危機，儘管多數日本金融機構持有的有毒不動產抵押貸款或結構性金融商品曝險部位很少，但日本的衰退程度卻遠比美國嚴重。事後證明，由於日本高度依賴對外貿易——藉由弱勢日圓——所以當然就特別容易受傷。當全球經濟成長和貿易在二〇〇八年到二〇〇九年間大幅崩落，日本的外銷也因此崩潰。以日圓爲基礎的利差交易就此瓦解，這促使日圓升值。於是，從那時起，日本的經濟復甦就一直非常疲弱，甚至可說是死氣沈沈。

日本面臨了許許多多的長期性問題。它的人口嚴重老化，加上它不歡迎移民，導致它的經濟受到人口結構的限制，經濟成長率勢必因此降低。其他問題還包括：它的服務部門不僅效率不彰、僵化，甚至抗拒變革，另外，死板的經濟與社會傳統如終生雇用制也是個問題。再者，它的政治體系也一樣非常死板，完全看不出他們有採行必要結構性改革以突破上述限制的意願。日本的世界第二大經濟體地位可能即將不保，未來幾年，中國很可能會取而代之。

更令人憂心的是，日本的高額公共赤字、疲弱的經濟成長與長久難以改善的通貨緊縮等，在在顯示日本遲早都要面臨財政危機。到目前為止，日本都得以規避這個命運，其中有一部分要歸功於日本民間的高儲蓄率。此外，日本的龐大經常帳盈餘也引導民間部門和中央銀行囤積大量海外資產，這些資產提供了一個緩衝的儲蓄力量，最後甚至可用來支付持續升高的國內負債。基於這個原因，儘管日本目前的總公共負債金額已經接近GDP的二〇〇%，⑤但該國政府迄今依舊能以相對低的利率舉債。

儘管如此，在最近這場危機期間，所得減少的日本家庭為維持原來的生活水準，必須花費更多錢，這導致儲蓄率大幅降低，而隨著預算赤字不斷上升，民間儲蓄降幅超過民間投資衰退幅度，所以現在連經常帳順差都已開始萎縮。若這些趨勢延續下去，日本可能會走向一場嚴重的財政危機，因為持續性的通貨緊縮、疲弱的成長、高漲的赤字以及強勢的日圓等因素結合在一起，將導致世人對日本經濟失去信心。

事實上，某些信評機構已經將日本列入主權債信可能遭降級的觀察名單。如果日本家庭對政府解決赤字與公共負債的能力失去信心，他們會拋售國內資產（先從政府公債開始），並恢復日圓的利差交易，這將大幅壓低日圓匯價，同時大幅提升日本的長期政府公債殖利率，最後將會引發公共債務危機。

遺憾的是，日本政治體系推行扭轉情勢所需的必要財政調整與結構性改革的能力非常有限。二〇〇九年，反對黨「日本民主黨」終於戰勝了幾乎獨佔權力超過五十年、向來支配全局的自民黨。這個政治面變化原本意味著日本有可能走向改革的道路，不過，後續的事件發展很快就顯示情況並非如此。

日本民主黨的新領導人鳩山由紀夫上任後，即提出一番雄心勃勃但卻自相矛盾的承諾，他和他的黨承認日本預算所遭遇的限制，也承諾縮減沒有效率與浪費的國家支出。但在此同時，他卻呼籲體現一個依賴高額政府補貼以及將促使借款創歷史新高的預算的「人民經濟」(an economy of the people)。⑥尤有甚者，鳩山接下來還宣布停止推動日本郵政銀行民營化的計畫。這個龐大的企業持有超過三兆美元的資產，幾十年來負責爲國家支出提供資金，而鳩山此舉清楚顯示他期望延續這個傳統。

這些政策將可能導致負債增加，讓經濟成長持續低於正常水準。遺憾的是，鳩山並不會受到太多政治監督，所以他大有能力去貫徹這些目標。近年來，日本民主黨在眾議院建立了堅強的單一黨派多數席次，同時也透過與聯盟伙伴的合作，在參議院取得主控地位。也因如此，在設定與推動政治議程時，鳩山並不會遭遇太多制度性障礙（類似美國體系的阻撓議事手段，如霸佔發言台等）。

在此同時，鳩山也不可能改革整個龐大的經濟體系。在日本民主黨掌權以前，商業界的菁英向來習慣和自民黨所掌控的文官體系共同架構法規。但突然之間，商業界的菁英卻得面對一黨獨大的政治體系演變成沒有任何一黨可以主導的局面；確切來說，相較於自民黨，新執政聯盟與商業界的關係的確非常生疏。這顯示當它在推動以提高未來幾年經濟成長爲目標的各種結構性改革時，將不太有機會和商業界進行那種必要的調解與斡旋。

政商協調不足的結果會導致日本陷入一個危險的情境，因大幅增加的赤字和僵化的經濟可能引發難以想像的後果：主權債務危機或通貨膨脹飆升，一旦走到這樣的地步，原本一度被視爲將支配全球經濟的國家會就此失寵。

金磚國家俱樂部？

表面上看來，我們可以合理預期，多數新興經濟體將得以繼續維持介於五％到八％的強勁中期成長，⑦當然，各國的成長率不盡相同。這個成長率遠高於多數先進經濟體未來幾年的二％或三％預期經濟成長率。

新興經濟體的強勢，和它們在最近這場危機爆發時所擁有的優勢有關。除了部分中歐與東歐國家以外，新興市場的金融與家庭部門都比較沒有過度使用槓桿的問題，而那正是很多先進經濟體的致命弱點。此外，由於幾十年來這些國家都曾接受過金融危機的洗禮，所以它們的金融體系都經過清理，同時，這些國家在危機過後，也都實施良性的財政政策，並設法讓央行得以不受政治壓力干擾，因此能維持更穩定的物價。

上述優勢和過往經歷所得到的教訓，讓這些新興經濟體得以順利度過這次危機。這一次，它們實施有效的貨幣與財政政策來恢復需求和成長，奠定了快速復甦的基礎。事實上，如果這些經濟體能堅持危機發生前所採行的市場導向改革與政策，它們多數應該都能維持健康的成長。

當然，這是最佳假設情境。不過，我們也必須牢記幾個警訊。首先，這些經濟體都無法自給自足，它們和較先進經濟體的貿易與金融關聯性很高，所以無法完全和先進經濟體的問題脫鉤。美國經濟復甦遲緩將不可避免的拖累新興市場，即便是最有活力的新興市場，都難逃被波及的命運。

新興經濟體包括幾十個國家。金磚四國（ＢＲＩＣ）——巴西、俄羅斯、印度和中國——是其中最大的，⑧尤其中國更是毫無疑問的「天王級」國家。不過，中國也面臨嚴厲挑戰。儘管它已經順利度過這場危機，但它「過度有效率」的回應將會帶來一些中期問題。

舉個例子，中國為回應這場危機，由中央帶頭大力推動信用成長。政府要求國有銀行提供大量信用和貸款給國營企業，以引導這些企業聘請更多員工、生產更多產品、囤積更多原物料商品，同時提高產能。目前每個省都引導銀行不計後果的放款給國營企業，目的是為了提高鋼鐵、水泥、鋁、汽車製造和其他重工業的產能。但其實中國在這些領域的產能早已過剩。

在公共與民間投資熱潮的帶動下，目前中國的基礎建設已經超過它本身的發展所需：它有很多空蕩蕩的新機場和只有極少數車輛在行駛的高速公路。另外，房地產開發活動持續上升，這不可避免將導致商用與住宅不動產供給過剩。儘管經濟成長和城市化最終將能讓這些改良工程和房地產獲得充分利用，但現階段來說，供給已開始超出需求。遺憾的是，其中某些扭曲狀態是導因於土地定價問題，中國的土地不是根據市場行情來定價，因為土地供給還是國家在掌控。

現在，還有一部分流入中國的信用正投入其他一樣沒有生產力的用途，包括以槓桿買進原物料商品、股票與房地產等投機活動。這很有可能會孕育出一個危險的泡沫，最終導致資產價格嚴重向下修正。主管機關目前已察覺到這個可能性，而能源、食品和房地產價格的上揚，也促使他們開始緊縮貨幣供給和信用，期望能藉此引導經濟走向軟著陸。

二〇一〇年的中國處在一個矛盾的狀態。儘管前一個年度的經濟振興方案將經濟成長推回到九%區間，但中國的經濟卻尚未出現必要的轉變——從外銷導向轉爲仰賴國內消費。目前中國的消費佔GDP比重僅約三六%，相較於美國消費佔GDP的七〇%，前者的數字依舊顯得微不足道。這兩個數字之間當然存在一個令人滿意的中庸值，但到目前爲止，中國似乎並不積極追求這個目標。

其他問題也可能讓中國未來幾年備受折磨。中國本身就有兩種不同的成長率：沿岸的都會區仰賴出口，所以其經濟發展速度遠勝於中西部的農村地區。此外，所有區域都不顧環境後果，只求經濟成長，結果導致污染問題嚴重，景觀因此變得模糊不清，並使得數以百萬甚至千萬計的中國人健康出現嚴重問題。最後，中國獨裁主義式的政治體系似乎無法容忍任何異議，另外，少數種族的反動情形愈演愈烈，也可能在未來形成棘手問題。

金磚四國的其他成員也分別面臨一系列不同的挑戰。以印度來說，它和中國比較起來明顯較爲民主，而且擁有較健全的法律規定，對智財權的保護也較爲積極。但民主有好也有壞，印度聯合政府的勢力疲弱，這導致必要的結構性經濟改革屢遭延緩。這些改革包括降低中央與各州的預算赤字，縮減無效率的政府支出，以及稅制改革等。

印度也必須實施其他自由化的改革。必須限制政府干預經濟的程度，同時也應該簡化繁文縟節與過於龐大的文官體系。目前勞動市場仍過於僵化，應該開放；貿易與外國直接投資限制也應該放寬。國家應該多多鼓勵創業精神與人力資本及技術投資。儘管印度在這幾個層面已經有一些進展，但並非沒有風險——印度的改革速度可能過慢，導致印度在與中國的龜（指印度）兔（指中國）賽跑中進一步落後。

巴西的情況又不同。巴西的經濟活力因該國擁有大量天然資源、成熟的金融體系與先進的製造業部門，而顯得特別強盛，這些因素讓經濟得以長期維持高度成長。不過，在二〇〇四年到二〇〇七年的黃金期，即使其他金磚國家平均經濟成長率高達八%甚至一〇%，巴西的經濟成長率卻遠遠落後，僅成長大約四%。

魯拉政府（Luiz Inácio Lula da Silva）向來採行穩健的總體經濟政策——低預算赤字與致力維持低通膨的獨立央行——這一點當然值得稱許，不過，這樣還不夠。要讓經濟成長率達到六%以上，下一任總統必須解決退休金負債資金來源的問題；降低政府支出與可能嚴重扭曲經濟決策的稅賦；藉由教育與訓練投資來提高勞動力的技術層級；透過民間與公家合夥的方式，改善與擴大基礎建設，同時繼續施行能減輕所得與財富不均問題的社會發展政策。

最近這一場經濟危機讓剩下幾個金磚國家可能成為假金磚。原油與天然氣價格大漲原本讓俄羅斯獲益良多，但這也掩蓋了該國經濟的疲弱面——尤其是使用過高槓桿的銀行與企業。俄羅斯經濟在二〇〇八年成長八%後，隔年又衰退了同等驚人的幅度。

實質上來說，俄羅斯的經濟體系包含一個還算健康的部門——石油與天然氣產業，但這個產業向來隨著這些原物料商品的價格而波動。所以，它必須分散風險，不過，那就需要進行國有企業的民營化，經濟體系的自由化，簡化有害新企業創設的繁文縟節，同時必須打擊瀰漫在民間部門的貪污賄賂風氣。連能源部門都應該自由化。遺憾的是，外國投資人目前依舊不太有意願投資最後可能遭到沒收或國有化的設施。

俄羅斯還有其他很多可能讓它無法保有金磚國家地位的問題。它的基礎設施老舊，政治體系無能且貪腐，還有，它的人口也快速萎縮，而且嚴重的健康問題——最顯著的是酒精中毒——已讓平均壽命縮減到令人憂心的水準。儘管俄羅斯目前依舊是世界上最大的核子兵工廠，而且握有聯合國安理會一席永久理事席次，但它「卻比其他金磚國更羸弱」。

事實上，世界上還有其他幾個國家比俄羅斯更有資格取得金磚國家地位，只需把ＢＲＩＣ這個縮寫字稍微修改一下就好。由於南韓的潛力非常大，所以建議將它列入金磚國家俱樂部（由ＢＲＩＣ變成ＢＲＩＣＫ）的聲浪甚至更強。南韓是一個成熟的高科技經濟勢力，它具有創新、活力等特質，而且擁有非常多高技術勞動力，它的唯一重大問題是北韓有可能會垮台，屆時恐怕會有大量飢餓的難民湧向南韓。

土耳其也值得列入這個核心集團。它的銀行部門體質強健，國內市場欣欣向榮，人口數字龐大且正持續成長，創業部門嗅覺敏銳，且在勞力密集型製造業方面擁有相對優勢。再者，它（目前是北約國家組織（ＮＡＴＯ）和歐盟成員國候選人）和歐洲、中東和中亞的關係都非常密切。

印尼可能是這幾個國家裡最強的候選人。它是世界上最大的回教國家，該國的中產階級人口快速成長，政治環境穩定且愈來愈民主，另外，儘管全球衰退造成損害，但它的經濟表現還是比很多亞洲國家出色。從美國的觀點來說，印尼相對俄羅斯而言，具備誘人的替代吸引力，因爲俄羅斯和委內瑞拉爭相成爲「看衰美國集團」的領導者。

印尼不僅展現強勁的經濟復原力，它的國力也明顯上升。儘管印尼的人口多元化且分布極爲分散的特質，難免令人懷疑它是否有能力轉型爲世界級經濟體，不過，這個國家已成功擺脫軍人獨裁的遺毒，並已從多重逆境中復原。雖然一九九七年的亞洲金融危機、二〇〇四年的海嘯以及激進派回教徒的崛起，確實都曾造成一些損害，但印尼卻繼續以令人驚豔的速度前進。

儘管目前印尼的人均GDP和其他可能成爲金磚國家的候選國比起來，依舊偏低，但它的潛力卻非常引人注目。它仰賴出口的程度比其他亞洲國家低（更別說俄羅斯了），而且它的木材、棕櫚油、煤和其他資產的市場，早已吸引非常大規模的外來投資。在此同時，雅加達政府秉持堅決的打擊貪腐立場，同時也開始著手解決一些結構性問題。目前連人口結構趨勢都有利於印尼的發展，它的人口高達二億三千萬人，已是世界上人口第四多的國家，總人口數約當德國和俄羅斯的總和。

無論是金磚四國——或巴西、印度、印尼、中國，或巴西、俄羅斯、印度、中國、南韓等組合——世人對它們的吹捧全都反映出一個重要的長期趨勢：更廣泛的新興市場經濟體的經濟、金融與貿易勢力的崛起。幾年前，羅倫斯．桑莫斯主張，中國與印度——總數接近二十二億人的「中印人」(Chindians) 加入全球勞動力與全球市場——融入全球經濟的發展，是人們過去數千年的歷史中，繼義大利文藝復興和工業革命之後最重大的事件。

最後的結果將如何演變，依舊有待觀察。中國、印度和其他主要新興經濟體全都面臨屬於它們自身的挑戰，也全都必須推動非常具體的改革，才能更上層樓。不過，無論如何，未來幾年，上述多數國家的全球經濟地位都將愈來愈重要。

新泡沫即將成形？

從二○○九年三月起，一系列高風險的全球資產全都出現非常大的漲幅。美國的股票市場反彈，能源與原物料商品價格也開始回升，另外，新興市場的股票、債券與貨幣都急速大幅竄升。隨著投資人的風險偏好恢復，他們將資金從美國政府公債和美元撤出，這導致債券殖利率溫和上揚，美元匯價回貶。

儘管資產價格的回升部分是由經濟與金融基本面好轉所驅動，但價格卻也回升得太急又太快。爲什麼會這樣？最顯而易見的原因，是先進經濟體的中央銀行利用超低利率與量化寬鬆，來建構一座「流動性之牆」，用以克服危機所留下的「憂慮之牆」。但這卻助長了風險性資產的大漲。

不過，還有其他因素促使這個全球資產泡沫日益壯大：美元的利差交易。所謂利差交易是指投資人借入一種貨幣，並將它投資在能創造更高報酬的標的。拜美國採行零利率之賜，投資人得以舉借美元，並將它投入世界各地的各種風險性資產。當這些資產的價格上漲，投資人就能獲得優渥的利潤，並利用這些利潤來償還當初借來的美元，而等到投資人要還款時，美元已經貶值，償還貸款就更爲輕鬆。這樣看來，投資人實質上舉借的並非零利率的貸款，而是負利率的貸款，這項負利率高達負一○%或負二○%，當然，百分比高低取決於美元的貶值程度。在這樣的氣氛下，從二○○九年三月起迄今，創造五○%到七○%的利潤簡直輕而易舉。

聯準會並不是故意放任這樣的情況發生。它買進各式各樣資產——包括美國政府公債、不動產抵押擔保證券以及房利美與房地美公司的債券——的目的，主要是要降低市場的波動性。但那卻反而讓利差交易變得更令人垂涎，同時導致世人對風險的認知降低，愈來愈多的投資人也因此被吸入泡沫當中。這些緊急對策和聯準會維持幾近零利率的政策結合在一起後，爲「世界最大利差交易」⑨與世界最大資產泡沫製造了一個安全的環境。

美元的持續弱勢讓亞洲和拉丁美洲的中央銀行陷入艱難的處境。如果它們不介入干預外匯市場，它們的本國貨幣相對美元就會升值，讓「借美元」的投機操作顯得更划算。如果它們爲防止本國貨幣升值而干預匯市，買進美元等外國貨幣，外匯存底將因此升高，並進一步助長這些經濟體的資產泡沫。不管採取什麼因應方式，結局都一樣：全球資產泡沫將一天比一天膨脹。但利差交易總有一天會崩潰，聯準會將終止它買進資產的計畫，此舉將會促使市場波動性回升；而到某種程度後，美元也終將趨穩，因爲它不可能無限期貶值。一旦美元回穩，美元的借款成本將不再是負值，只是接近零而已。這對賭美元將繼續貶值的人來說，當然是一則壞消息，而這將迫使這些投機客突然開始節制，最後「回補他們的空頭部位」。

如果美元開始快速升值，則回補美元的過程可能會特別激烈。很多事可能導致美元急速升值：投資人的風險規避態度轉強、軍事衝突和其他地緣政治緊張局勢，都可能突然促使投資人逃向較安全的投資標的。不管原因爲何，如果美元突然升值——一如日圓利差交易崩潰時的日圓走勢——隨即就會發生大潰逃的情形。屆時，原本作多高風險全球資產並放空美元的投資人將突然間轉向，資產泡沫也將因此而破滅。

這個崩盤慘劇也許不會立刻發生，流動性之牆和聯準會壓抑波動性的政策，可能會讓這場遊戲再延續一段時日。不過，這代表資產泡沫會被吹得愈來愈大，一旦瓦解，後果將非常嚴重。

債務違約

事到如今，認爲先進經濟體可能違約不償還其主權債務的人似乎還不多。畢竟向來只有新興市場才會違約。光是在過去十年，就有俄羅斯、阿根廷和厄瓜多爾違約不償還公共負債，巴基斯坦、烏克蘭和烏拉圭也差點這麼做。幾個世紀以來，這個模式一直都沒有改變過：新興經濟體偶爾會違約不償債，最後才逐漸「進化」，取得較受尊重且較可靠的經濟地位。

但看起來風水已輪流轉。近年來，除了少數中歐與東歐國家以外，多數新興市場經濟體都積極整頓財政，目前它們多已步上正軌，反而是先進經濟體一直無法擺脫違約的陰影。⑩二〇〇九年，信評機構調降了幾個先進國家的債信評等，另外，英國、希臘、愛爾蘭和西班牙債券拍賣場上的買家也遠比預期少。這是一個殘酷的警訊，它讓我們瞭解到，除非先進經濟體開始整頓財政，否則信評機構——尤其是可怕的「債券義和團」（譯註：bond vigilantes，意指不滿政府財政而罷買公債的投資者）——將會迫使這些國家屈服。

一旦如此，很多先進經濟體將陷入艱難的處境。最近這場危機和接踵而至的經濟衰退，已導致這些國家的財政狀況嚴重受到侵蝕。以振興經濟爲目的的支出計畫和稅收的減少，讓財政更雪上加霜。另外，將金融產業的損失予以社會化的決定也一樣，因爲那等於是讓這些虧損變成納稅人的負擔。在未來幾年，乏善可陳的經濟復甦和老化的人口，可能會導致美國、英國、日本和很多歐元區國家的負擔加重。

有些國家已開始採行某些措施來整理它們的財政狀況，包括冰島、愛爾蘭和英國，另外，西班牙和葡萄牙也著手採取行動，而儘管希臘在步調上落後上述幾國，但畢竟也已有所作爲。這些對策難免會造成短期的痛苦，但那卻是唯一能預防信用耗損與借款成本必然走高等問題的方法。遺憾的是，雖然外國投資人可能非常歡迎這些國家整頓財政的作爲，但這些作爲卻相對會傷害到它們剛萌芽的經濟幼苗。然而，整體而言，這些國家最好還是現在就先接受痛苦的考驗，以免國債違約的風險上升。

雖然美國和日本短期內可能仍可以避免債券義和團的抵制，但總有一天，它們也會遭到懲罰。美國若繼續處於經常帳逆差的狀態，則支撐不了多久，另外，它的人口也開始老化，更有很多目前還找不到財源的社會保險與醫療照護「應享權益支出」（entitlement spending）。日本的老年人口更多，而且它也累積了非常可觀的負債。未來可能會有愈來愈多人開始審視這兩個國家的財政狀況，這對美國來說尤其危險，因爲到目前爲止，它都還能以本國貨幣舉債（但未來這個優勢可能喪失）。

遺憾的是，美國還可以選擇另一個比較不誠實的方案。美國（以及英國和日本）是以本國貨幣發行公債。這代表如果事態證明它最後無力加稅或降低政府支出，它並不需要正式違約。取而代之的，中央銀行可以印製更多新通貨——或電子貨幣——將負債予以貨幣化。這個屢試不爽的方法將會導致通貨膨脹高漲，實質負債價值降低，同時將債權人的財富轉移給發債的政府。儘管這種所謂通貨膨脹稅可以避免公然違約的行爲，但卻可以達到相同的目的。

支持採用通貨膨脹解決方案的人主張這是一石二鳥的妙計。首先，也是最重要的，溫和的通貨膨脹率有助於侵蝕公債的實質價值，減輕負擔。在此同時，它能解決負債通貨緊縮問題，降低民間負債——例如固定利率的不動產抵押貸款——的實質價值，同時提高房屋與其他資產的名目價值。這是一個雙贏策略，公共與民間部門都能藉此擺脫它們的負債。

這聽起來是個聰明的方法，但事實卻不然。如果通貨膨脹從零上升到個位數——遑論二位數——中央銀行就可能無法控制通貨膨脹預期心理的發酵。一旦通貨膨脹精靈逃出玻璃瓶，就會變得非常難以控制。在這個過程中，各國央行好不容易經營起來的信譽將就此崩壞。儘管保羅・伏克爾在一九八〇年代打贏通貨膨脹的佳績，證明這個信譽是可以恢復的，但這麼做卻可能要付出經濟嚴重衰退的可觀代價。

此外，儘管通貨膨脹能降低固定利率負債的名目金額，但美國和其他先進經濟體的負債卻包含很多浮動利率的短期債務。這包括銀行存款、浮動利率房貸、短期政府債券和其他短期家庭、企業與金融機構負債等。通貨膨脹上升的預期心理代表一旦這些負債到期，展延時將會改用較高的利率，因爲利率將隨著通貨膨脹上升。就短期與浮動利率負債的案例而言，通貨膨脹這個解決方案是無效的，因爲騙得了一時，騙不了一世。

無庸置疑的，試圖利用通貨膨脹來縮減民間與公共債務實質價值的作法，還可能引發其他風險。美國的外國債權人不可能坐以待斃，眼睜睜看著它們的美元計價資產的實質價值大幅縮水，而不採取任何行動。他們將快速外逃，大量拋售美元，而這可能導致美元匯價崩潰、長期利率大幅攀升，以及嚴重的二次衰退。美國已不復擁有前一次高通膨期（一九七〇年代）的支配地位，因爲當時美國還擁有經常帳順差。

美國已不是當年的美國，現在的它已成爲世界最大債務國，它對世界其他國家的欠款高達三兆美元。它的經常帳逆差——一年四千億美元——幾乎已成爲傳奇。隨著美國的債權人對持有長期債券的疑慮愈來愈深，它將被迫採用短期借款的方式來籌措各項赤字所需的資金，這將導致它愈來愈容易受一九九〇年代侵襲新興市場的那種危機所傷害，美元突然崩潰的可能性也會大增。

中國和其他美國的債權人——俄羅斯、日本、巴西和波斯灣石油出口國——當然不會坐視它們的美元資產發生那麼大的損失。要說服中國接受這樣的「金融稅」，勢必得進行非常不愉快的協商。中國可能會要求美國提供其他形式的補償，例如要求美國放棄協防台灣。一旦財務失衡的天平兩端的強權國家開始爭奪地緣政治領導者的地位，勢必會產生這樣的得與失。

這種「財務恐怖平衡」的狀態，似乎顯示中國不可能輕易停止爲美國財政與經常帳赤字提供資金奧援。如果中國停止干預外匯市場，甚至拋售它持有的大量美元資產，勢必會嚴重損害它自身的出口競爭力。不過，若政治緊張氣氛升高，美國又開始積極放任本國貨幣貶值，中國還是有可能「拒絕再玩」，儘管這可能會危及它的短期利益。雖然發生這個結果的可能性，和冷戰高峰期發生核戰的可能性一樣低，但並非完全無法想像。

基於上述風險，即便利用輕微通貨膨脹來減輕負債的誘惑依舊非常大，但美國的當權者可能不會訴諸「印鈔票」的方式，來解決國家的負債問題。所有穩健的政策制訂者都應該知道，這種解決方案的代價和間接損害將會非常嚴重，甚至會造成浩劫。

金光閃閃的黃金

二〇〇九年一整年，黃金價格大幅上漲，這主要是反映美國可能蓄意藉由放任美元大幅貶值來解決其負債問題的疑慮。二〇〇九年，黃金價格突破一千美元關卡，並在那一年年底上漲到一千二百美元，接著再度回跌。有些黃金投資者預測未來幾年黃金價格將飆破二千美元。那有可能嗎？最近金價的上漲能以基本面來解釋嗎？還是說，它顯然是個泡沫？

通常在以下兩種情境下，金價會大幅上漲：第一，當通貨膨脹開始失控，此時黃金成爲一種規避通貨膨脹風險的工具；第二，當經濟看起來愈來愈可能陷入蕭條，且投資人開始擔心連銀行存款都不見得安全時。過去兩年的歷史正符合上述兩種情境。

首先，二〇〇八年前六個月，隨著新興市場的經濟開始過熱，原物料商品價格一飛沖天，世人愈來愈擔心這些市場發生通貨膨脹問題，這導致金價大幅上漲，當時連石油價格也創歷史新高。接下來，泡沫破滅，原物料商品價格隨之下跌，黃金價格也不例外。

黃金價格第二次拉抬，是發生在雷曼兄弟於二〇〇八年倒閉時。那時，人們搶購黃金的動機，並非出於擔憂通貨膨脹；確切來說，當時整個世界正開始面臨通貨緊縮的問題。相對的，雷曼兄弟的倒閉導致全球金融市場心臟病發，投資人極度憂心金融資產——包括銀行存款——的安全性，有些人遂因此開始偏好黃金所代表的安全性。

後來七大工業國藉由大規模提供存款保險與爲金融體系提供紓困和支持等方式，來控制那股對經濟蕭條的恐懼。接下來，由於全球經濟差點陷入蕭條，導致黃金的商業與工業需求降低，連將黃金當作奢侈品的消費性需求也減少，所以全球黃金價格遂開始下跌。

不過，二〇〇九年初春，由於世人對美國和歐洲金融體系還款能力的疑慮再度上升，金價遂再度反彈，突破一千美元，因爲此時人們愈來愈擔心各國政府可能無力緊急援助整個金融體系——一度被視爲「大到不容倒閉」的機構，現在成爲人們眼中「大到救無可救」的機構，經濟與金融末日的疑慮導致黃金價格大幅竄升。這一點也不令人意外，當你開始擔心你的政府無法擔保銀行存款的安全時，蒐購槍枝、彈藥、罐頭食品與金條的時候就到了，接著，你窩在偏遠的木屋，期待自己可以成爲全球崩潰下的倖存者。不過，那一場恐慌後來還是平息了，在那年春天稍晚，隨著各國政府提出額外的政策方案，全球經濟也逐漸自谷底回升，恐懼心理獲得紓解，金價因此再度回跌。

所以，黃金價格的型態其實非常容易推估：它會回應通貨膨脹或經濟蕭條而大漲。黃金被用來作爲規避這兩種風險——尤其是可能引發全面性系統崩潰的那種極端事件——的好工具。但當那些威脅逐漸紓緩，黃金價格通常會下跌。

金價繼續上漲的可能性有多高？任何力量都可能促使金價進一步上漲，不過，它不可能達到一盎司兩千美元的水準。舉個例子，一旦世人認爲各國政府可能試圖將它們的赤字貨幣化時，通貨膨脹憂慮將會上升，金價就會上漲。相同的，金融體系處處充斥大量流動性，將促使各種資產的價格上漲，這當然包括黃金。此外，以借美元爲基礎的利差交易已促使美元匯價大幅貶值。而美元和原物料商品的美元價格之間存在一個反向關係：當美元貶值，一系列原物料商品——包括黃金——的價格就會上漲。

其他因素也可能促使黃金的需求上升。印度、中國和其他國家的中央銀行已增加它們的黃金持有數量，另外，某些民間投資人向來對特定低機率事件——高通貨膨脹或全球陷入二位數嚴重衰退——抱持戒慎恐懼的態度，這些人也可能促使黃金需求上升。基於黃金的供給彈性低，各國央行和民間投資人只要小幅增加投資組合的黃金部位，就會大幅推升它的價格。單一事件——例如主權債務違約——也可能成爲推動金價達到泡沫水準的催化劑，而所謂的羊群行爲和順勢操作法（momentum trading），則會讓泡沫進一步膨脹。

然而，金價大幅下修的風險卻也很高。到了某個時點，美元的利差交易終有崩潰的一天，各國央行最後也終將退出量化寬鬆，放棄接近零利率的政策。這兩個發展都會導致原物料商品的跌價壓力上升，這當然也包括黃金。

更廣泛來說，任何盲目相信黃金能用來避險的人都應該瞭解，不是每次危機都會促使人們湧向黃金。當較小的國家可能發生主權債務違約情況時，投資人會湧向美元尋求庇護，而不是黃金。任何一種危機也都一樣。只要美元不是危機的中心點，金價都不會自動隨著惡劣情勢的發展而扶搖直上。

爲方便討論，讓我們假設全球經濟崩落到幾近蕭條的程度，投資人因此出清美元。這時，他們應該將所有資金都投入黃金嗎？不盡然。黃金和其他原物料商品不同，它的內含價值並不高。它不能吃，不能讓你的房子變溫暖，也沒有良好的用途。它是凱因斯所說的一種「蠻荒時期的遺俗」。儘管你可以拿黃金去交換某些更有用的東西，但囤積原物料商品期貨似乎比囤積黃金更實際一點，如果你的胃口承受得了，豬肉罐頭可能都比黃金好。

所以，投資人應該對黃金抱持戒慎恐懼的態度。黃金最近的波動——這個月上漲一〇%，下個月又回跌一〇%——清楚顯露出一個事實：黃金的價格波動通常是不理性的信念與泡沫所造成的。持有一點黃金來規避通貨膨脹風險也許還說得過去，尤其如果各國政府開始將它們的債務貨幣化時。不過，持有太多黃金則完全沒意義，特別是目前看來，通貨膨脹將維持良好控制。

未來將是通貨膨脹或通貨緊縮？

在最近這場危機達到最高峰時，通貨緊縮的疑慮，促使很多國家的政府採取許多激烈的對策來防範物價下跌。通常零利率和量化寬鬆可能會觸發一波通貨膨脹，但二〇〇九年並未出現這樣的情況。相反的，美國、歐元區、日本甚至某些新興經濟體，都在不知不覺中陷入通貨緊縮的情境。原因很簡單：銀行業將它們的超額流動性留下來當作準備金，並未將它貸放出去。

短期內，多數先進經濟體甚至部分新興市場經濟體都將繼續承受通貨緊縮的壓力。多數地區的商品與勞務需求依舊低迷，這將對物價與薪資造成壓力。另外，企業將以低價出清未售出的商品存貨，而勞工在面對創記錄的失業率時，也沒有太多的議價力量，甚至會願意接受減薪來換取工作保障。

不過，由於部分新興經濟體從金融危機中快速復原，故它們目前已再度出現通貨膨脹的徵兆。二〇〇九年年底，中國和印度的石油、食物和房地產價格都在上漲。這些經濟體可能很快就會陷入過熱的狀態，屆時通貨膨脹將再度成爲問題，情況將比先進經濟體嚴重很多。

儘管如此，先進經濟體從二〇一二年起，也可能再度面臨通貨膨脹的壓力，原因包括以下三者之一：首先，如果各國政府選擇將赤字貨幣化，通貨膨脹預期心理將會快速竄升，引發一波貨幣貶值和物價及薪資上漲的惡性循環。第二，為回應危機而釋出的過剩寬鬆貨幣，可能會引發原物料商品的資產泡沫，最後促使通貨膨脹再現。第三，如果美元繼續走弱，美國原物料商品的價格將會上漲，誠如我們所知道的，美元匯價和原物料商品的美元報價之間存在一種負向關係。舉個例子，如果美元貶值，原油生產商將提高每桶原油的美元價格，要不然，它們就得眼睜睜看著自身收入——美元——的購買力降低。

但無論如何，未來一年左右都不會出現明顯的通貨緊縮或膨脹問題。由於經濟不會陷入嚴重的二次衰退，所以不會發生通貨緊縮的情況，但在特定情境下，通貨膨脹卻有可能緩慢蓄積動能。

全球化的許諾與失落

過去幾十年來，這個世界愈來愈「全球化」。商品與勞務貿易的範圍愈來愈國際化，勞工移民和資訊的散播亦明顯全球化。全球化和技術革新可說是相輔相成；舉個例子，目前金融資本在世界上的流動速度大幅加快，都是拜資訊科技使用的普及所賜。

所以，目前各個國家都能為世界另一端的其他國家提供服務，舉個例子，看看印度的顧客服務中心與美國白領工作機會外包的情形，即可見一斑。相同的，中國早就躋身為全球綿密複雜供應鏈裡稱職的一員。處在經濟邊緣地帶的國家和先進經濟體之間的互動關係也愈來愈密切。

全球化讓新興經濟體的生活水準大幅提升。數十億中國人、印度人、俄羅斯人、巴西人和其他新興市場經濟體的國民，因此得以脫離貧窮。他們獲得較高薪的藍領工作機會或甚至中產階級的薪資，對必需品乃至奢侈品的消費能力也提升很多。相對的，先進經濟體的國民也因此享受到利益，因爲商品與勞務價格比以前都更實惠。

不過，全球化與創新並非全無風險。舉個例子，全球化帶來一個令人畏懼的挑戰：全球的勞動力供給增加數十億人，其中中國和印度有接近二十五億人口，其他新興經濟體的人口也有二十億。若不好好加以整合，將對全球化與先進經濟體的自由貿易造成強烈的後座力。遺憾的是，轉型的過程絕對不可能一帆風順。目前全球經濟體系裡的很多壓力點——如經常帳失衡問題與金融危機愈來愈普遍的情形——有很大程度是受到新興市場融入全球經濟體系的種種複雜問題所牽動。

另外，目前無論是先進國家和新興市場經濟體，所得與財富不均的問題都愈來愈嚴重，這和全球化也脫不了關係。很多人對貧富不均的成因激辯不休，某些經濟學家指出，科技的進展反而導致某些員工無法享受愈來愈興盛的全球繁榮（舉個例子，如果你不知道如何使用電腦，你就無法改善自己的處境）。有些人則認爲，原因出在中國與其他新興市場在勞力密集商品製造業方面所佔有的相對優勢（這導致成熟國家的低薪工作機會外流，從而使當地的貧者愈貧）。

不過，不管導因爲何，貧富不均日益嚴重的情況，已令世人對全球化與自由貿易愈來愈不安與憂慮。最先感到憂慮的是藍領勞工，這是可以理解的，不過，現在連白領員工也開始感受到這股不安與憂慮，因爲外包策略，讓企業得以將服務業工作機會從先進經濟體（如美國）轉移到新興經濟體（如印度）。有時候，我們甚至有可能把整個產業從地球的某一端轉移到另一端，不過，這也會產生嚴重的裂縫。這種「創造性破壞」也許不可避免，但若不善加處理，一定會引發嚴重衝突。

最後，全球化可能提高危機的發生頻率與致命性。目前金融資本與熱錢流入與流出特定市場和經濟體的速度，已經加快，這導致資產價格的波動性上升，一旦發生金融危機，其殺傷力也更強。遺憾的是，儘管金融已經全球化，但金融監管業務卻還是隸屬於各國的本國事務。這一切的一切都使得未來危機演變為全球性危機的可能性上升。

最近這場危機清楚顯示，「大動盪」可能是後「大穩定」時代的最佳代名詞。資產泡沫的生成和幻滅將更加頻繁，原本人們認為一個世紀才會發生一次或兩次全球性經濟危機，但未來這種危機的發生頻率可能會提高很多。換言之，黑天鵝可能會成為白天鵝。

若果真言中，結果將會非常不幸，隨著金融危機的頻率上升，其傷害加劇，將會導致社會與政治陷入不安，最後對全球化造成嚴重後座力。這股後座力可能以幾種不同的形式存在：保護主義型態的貿易政策；金融保護主義，對外國直接投資設限；資本管制；以及更廣泛拒絕任何能促進自由市場的政策。

要如何預防那樣的後座力發生？首先，各國政府一定要採行必要政策，以降低資產的「熱潮轉為衰敗」循環的發生頻率與傷害。這包括針對本書在先前內容中所描述的一系列金融體系與貨幣體系改革。不過，各國政府也必須建立一個更廣泛的政府安全網。如果工人必須擁有更大與更頻繁的轉職彈性，政府就必須給予他們更多支援，唯有如此，工人才能順利在這個愈來愈不確定的就業環境下生存。這個方法被冠上了一個「彈性安全」（flexicurity）的名稱，它代表政府必須進行更多教育、工作技術和再訓練投資；必須設置失業津貼的安全網；以及「屬人」的醫療計畫和退休福利等。在美國，這也代表更累進的稅制，因爲唯有如此，國家才有錢支應這些福利。

矛盾的是，要在「創造性破壞」將成爲常態的這個全球經濟環境下，讓自由市場的運作更爲良善，讓勞工更有彈性、更機動，一定需要政府更多（而非更少）的協助。政府可以利用貨幣政策和更多法規，來預防「由熱潮轉爲衰敗」的循環發生。政府可以提供廣泛的社會安全網，幫助勞工提升生產力與彈性；它可以實施能降低財富與所得不均情形的稅制。最後，政府將需要花費更多心思來調和各項經濟政策，才不會製造出可能引發危機的那種失衡。危機也許永遠都會與我們同在，但各國政府卻有能力限縮危機的影響和嚴重性。在大蕭條後最嚴重的金融崩潰發生之後，很多政策制訂者和大師級人物都體認到「危機是最寶貴、不容浪費的經驗」。這是正確的。如果我們浪費掉這場危機對我們展現的機會，不推行必要的改革，勢必會再埋下另一個更具毀滅性的危機的種子。如果浪費掉這個機會，後果將非常可怕，甚至悲慘。

註釋

導論

①Dick Cheney, interview by Deb Riechmann, Associated Press, January 8, 2009.

②Nouriel Roubini, lecture and discussion, International Monetary Fund, Washington, D.C., September 7, 2006, transcript.

③Nouriel Roubini, "The Rising Risk of a Systemic Financial Meltdown: The Twelve Steps to Financial Disaster," February 5, 2008, online at http://www.roubini.com/analysis/44763.php; Stephen Mihm, "Dr. Doom," *New York Times Magazine*, August 15, 2008.

④Robert Shiller, *Irrational Exuberance* (Princeton, N.J.: Princeton University Press, 2000); Karl E. Case and Robert J. Shiller, "Is There a Bubble in the Housing Market?" *Brookings Papers on Economic Activity* 2 (2003), 299-362.

⑤Raghuram G. Rajan, "Has Financial Development Made the World Riskier?" speech delivered at Federal Reserve Bank of Kansas City symposium, "The Greenspan Era: Lessons for the Future," Jackson Hole, Wyo., August 27, 2005.

⑥Justin Lahart, "NASDAQ: Five Years after the Peak," *Wall Street Journal*, March 7, 2005.

⑦Beat Balzli and Michaela Schiessl, "The Man Nobody Wanted to Hear," *Der Spiegel*, July 8, 2009.

⑧Maurice Obstfeld and Kenneth Rogoff, "The Unsustainable US Current Account Position Revisited," National Bureau of Economic Research Working Paper no. 10869, November 2004.

⑨Brett Arends, "Economic 'Armageddon' Predicted," *Boston Herald*, November 23, 2004.

⑩ John Maynard Keynes, *The General Theory of Employment, Interest, and Money* (New York: Harcourt, Brace, and World, 1936), 161.

⑪ Ibid., 383.

⑫ John Maynard Keynes, "National Self-Sufficiency," *Yale Review* 22 (1933): 760-61.

1 白天鵝

① The single best account of the crash remains John Kenneth Galbraith, *The Great Crash, 1929* (Boston: Houghton Mifflin, 1954).

② Ben S. Bernanke, "Economic Outlook," testimony before the Joint Economic Committee, U.S. Congress, March 28, 2007; online at http://www.federalreserve.gov/newsevents/testimony/bernanke20070328a.htm.

③ Paulson quoted in Kevin Carmichael and Peter Cook, "Paulson Says Subprime Rout Doesn't Affect Economy," Bloomberg.com, July 26, 2007, online at http://www.bloomberg.com/apps/news?pid=20601087&sid=aBvlvvm.ISfo&refer=home.

④ Henry M. Paulson, Jr., remarks to the *Washington Post* 200 Lunch, Washington, D.C., May 16, 2008, online at http://www.ustreas.gov/press/releases/hp981.htm.

⑤ Donald Luskin, "Quit Doling Out That Bad-Economy Line," *Washington Post*, September 14, 2008.

⑥ Nassim Nicholas Taleb, *The Black Swan: The Impact of the Highly Improbable* (New York: Random House, 2007).

⑦ Karl E. Case, John M. Quigley, and Robert J. Shiller, "Comparing Wealth Effects: The Stock Market versus the Housing Market," *Advances in Macroeconomics* 5 (2005): 1-34.

⑧ See Gene Sperling, "Housing Bust Meets the Equity Blues," Bloomberg.com, April 19, 2007, online at http://www.bloomberg.com/apps/news?pid=20601039&sid=a.mcWxg9aJ_E; Alan Greenspan and James Kennedy, "Sources and Uses of Equity Extracted from Homes," Working Paper no. 2007-20, Finance and Economics Discussion Series, Federal Reserve Board, online at http://www.federalreserve.gov/pubs/feds/2007/200720/200720pap.pdf.

⑨ Carmen M. Reinhart and Kenneth S. Rogoff, *This Time Is Different: Eight Centuries of Financial Folly* (Princeton, N.J.: Princeton University Press, 2009).

⑩ Reinhart and Rogoff, *This Time Is Different*, 86–89, 101–11, 174–81.

⑪ Peter Bernholz, *Monetary Regimes and Inflation: History, Economic and Political Relationships* (Cheltenham, U.K.: Edward Elgar, 2003), 53.

⑫ See, for example, Peter M. Garber, "Tulipmania," *Journal of Political Economy* 97 (1989): 535–60; Anne Goldgar, *Tulipmania: Money, Honor, and Knowledge in the Dutch Golden Age* (Chicago: University of Chicago Press, 2007).

⑬ John Law, *A Full and Impartial Account of the Company of Mississippi* (London, 1720); Antoin E. Murphy, *John Law: Economic Theorist and Policy-Maker* (Oxford: Clarendon Press, 2007).

⑭ Rik G. P. Frehen, William N. Goetzmann, and K. Geert Rouwenhorst, "New Evidence on the First Financial Bubble," National Bureau of Economic Research Working Paper no. 15332, September 2009.

⑮ Larry Neal, "The Financial Crisis of 1825 and the Restructuring of the British Financial System," *Federal Reserve Bank of St. Louis Review*, May–June 1998, 53–76; Michael Bordo, "Commentary," *Federal Reserve Bank of St. Louis Review*, May–June 1998, 77–82.

⑯ Walter Bagehot, *Lombard Street: A Description of the Money Market* (New York: E. P. Dutton, 1920), 190.

⑰ G. W. Van Vleck, *The Panic of 1857: An Analytical Study* (New York: Columbia University Press, 1943); Charles W. Calomiris and Larry Schweikart, "The Panic of 1857: Origins, Transmission, and Containment," *Journal of Economic History* 51 (1991): 807–34.

⑱ Charles P. Kindleberger, *Manias, Panics, and Crashes: A History of Financial Crises* (New York: Basic Books, 1978), 129–30.

⑲ Ibid., 132–133; Michael Bordo, "Discussion: The Panic of 1873 and Financial Market Volatility and Panics Before 1914," in Eugene White, ed., *Crashes and Panics: The Lessons from History* (Homewood, Ill.: Business One Irwin, 1990), 126–32.

⑳ Robert F. Bruner and Sean D. Carr, *The Panic of 1907: Lessons Learned from the Market's Perfect Storm* (Hoboken, N.J.: John Wiley and Sons, 2009).

㉑ Milton Friedman and Anna J. Schwartz, *A Monetary History of the United States, 1867-1960* (Princeton, N.J.: Princeton University Press, 1963), 299-419.

㉒ Hoover quoted in Kindleberger, *Manias, Panics, Crashes*, 139-40.

㉓ David M. Kennedy, *Freedom from Fear: The American People in Depression and War, 1929-1945* (New York: Oxford University Press, 1999).

㉔ Charles P. Kindleberger, *The World in Depression, 1929-1939* (Berkeley: University of California Press, 1986); Reinhart and Rogoff, *This Time Is Different*, 71-73, 111.

㉕ Michael D. Bordo and Barry J. Eichengreen, eds., *A Retrospective on the Bretton Woods System: Lessons for International Monetary Reform* (Chicago: University of Chicago Press, 1993), 3-108.

㉖ Peter M. Garber, "The Collapse of the Bretton Woods Fixed Exchange Rate System," ibid., 461-494.

㉗ Timothy Curry, "The LDC Debt Crisis," in FDIC Division of Research and Statistics, *History of the Eighties: Lessons for the Future* (Washington: FDIC, 1997), 1:191-210.

㉘ James H. Stock and Mark W. Watson, "Has the Business Cycle Changed and Why?" *NBER Macroeconomics Annual 2002* 17 (2003): 159-218.

㉙ The literature on the Great Moderation is extensive. See, for example, Shaghil Ahmed, Andrew Levin, and Beth Anne Wilson, "Recent U.S. Macroeconomic Stability: Good, Policies, Good Practices, or Good Luck?" *Review of Economics and Statistics* 86 (August 2004): 824-32; James Kahn, Margaret McConnell, and Gabriel Perez-Quiros, "On the Causes of the Increased Stability of the U.S. Economy," Federal Reserve Bank of New York, *Economic Policy Review* 8 (2002): 183-202; Jordi Gali and Luca Gambetti, "On the Sources of the Great Moderation," *American Economic Journal: Macroeconomics* 1 (2009): 26-57.

㉚ Ben S. Bernanke, "The Great Moderation," remarks to the Eastern Economic Association, Washington, D.C., February 20, 2004, online at http://www.federalreserve.gov/boarddocs/speeches/2004/20040220/default.htm.

㉛ Paul Krugman, *The Return of Depression Economics* (New York: W.W. Norton, 1999), 60-82; Takatoshi Ito, "Retrospective on the Bubble Period and Its Relationship to Developments in the 1990s," *World Economy* 26 (2003): 283-300; Mitsuhiro Fukao, "Japan's Lost Decade and Its Financial System," *World Economy* 26 (2003): 365-84.

㉜ Harald A. Benink and David T. Llewellyn, "Fragile Banking in Norway, Sweden and Finland: An Empirical Analysis," *Journal of International Financial Markets, Institutions and Money* 4 (1994): 5-19.

㉝ Timothy Curry and Lynn Shibut, "The Cost of the Savings and Loan Crisis: Truth and Consequences," *FDIC Banking Review* 13 (2000): 26-35.

㉞ Nouriel Roubini and Brad Setser, *Bailouts or Bail-Ins? Responding to Financial Crises in Emerging Economies* (Washington, D.C.: Institute for International Economics, 2004).

㉟ Roger Lowenstein, *When Genius Failed: The Rise and Fall of Long-Term Capital Management* (New York: Random House, 2000).

㊱ Roubini and Setser, *Bailouts or Bail-Ins*, 61-70.

㊲ Daniela Deane, "In Real Estate Fever, More Signs of Sickness," *Washington Post*, April 17, 2005.

㊳ Aldous Huxley, *The Devils of Loudun* (London: Chatto and Windus, 1952), 259.

㊴ See, for example, Ruth Gledhill, "Rowan Williams Says 'Human Greed' to Blame for Financial Crisis," *Times* (London), October 15, 2008.

㊵ Alan Greenspan, "Consumer Credit and Financial Modernization," remarks to Economic Development Conference of the Greenlining Institute, San Francisco, Calif., October 11, 1997, online at http://www.federalreserve.gov/boarddocs/speeches/1997/19971011.htm.

㊶ Alan Greenspan, remarks to the Federal Reserve System's Fourth Annual Community Affairs Research Conference, Washington, D.C., April 8, 2005, online at http://www.federalreserve.gov/boarddocs/speeches/2005/20050408/default.htm.

㊷ Jean Claude Trichet, "Activism and Alertness in Monetary Policy," lecture to "Central Banks in the 21st Century" conference, Madrid, June 8, 2006, online at http://www.ecb.int/press/key/date/2006/html/sp060608_1.en.html.

2 危機經濟學家

① Keynes, *General Theory*, 383.

② Adam Smith, *An Inquiry into the Nature and Causes of the Wealth of Nations* (London: Charles Knight, 1835), 3: 112; Robert L. Heilbroner and Lester C. Thurow, *Economics Explained* (New York: Touchstone, 1987), 25-31.

③ Denis P. O'Brien, "Classical Economics," in Warren J. Samuels, Jeff E. Biddle, and John B. Davis, eds., *A Companion to the History of Economic Thought* (Oxford: Blackwell, 2003), 112-29; Alessandro Roncaglia, *The Wealth of Ideas: A History of Economic Thought* (Cambridge, U.K.: Cambridge University Press, 2005), 179-243, 278-96, 322-83.

④ Louis Bachelier, "Théorie de la spéculation," in *Annales Scientifiques de l'École Normale Supérieure* 3 (1900): 21-86; Justin Fox, *The Myth of the Rational Market: A History of Risk, Reward, and Delusion on Wall Street* (New York: Harper Business, 2009), 6-8.

⑤ Lawrence quoted in John Kenneth Galbraith, *The Great Crash, 1929* (Boston: Houghton Mifflin, 1954), 75.

⑥ Fox, *Myth of the Rational Market*, 89-107.

⑦ Burton G. Malkiel, *A Random Walk Down Wall Street* (New York: W.W. Norton, 1973).

⑧ Andrew W. Lo and A. Craig MacKinlay, *A Non-Random Walk Down Wall Street* (Princeton, N.J.: Princeton University Press, 1999), 6.

⑨ Robert J. Shiller, "Consumption, Asset Markets and Macroeconomic Fluctuations," *Carnegie-Rochester Conference Series on Public Policy* 17 (1982): 203-38.

⑩ Robert J. Shiller, "From Efficient Markets Theory to Behavioral Finance," *Journal of Economic Perspectives* 17 (2003): 90.

⑪ Ibid.

⑫ Ibid.; Fox, *Myth of the Rational Market*, 175-210, 247-64.

⑬ Shiller, "From Efficient Markets Theory," 94.

⑭ Kent Daniel, David Hirshleifer, and Avanidhar Subramanyam, "Investor Psychology and Security Market Under- and Overreactions," *Journal of Finance* 53 (1998): 1839-85.

⑮ John Stuart Mill, *Principles of Political Economy* (London: Longmans Green, 1909): 527-29.

⑯ Sandra J. Peart, "Sunspots and Expectations: W. S. Jevons's Theory of Economic Fluctuations," *Journal of the History of Economic Thought* 13 (1991): 243-65.

⑰ Robert L. Heilbroner, *The Worldly Philosophers: The Lives, Times, and Ideas of the Great Economic Thinkers* (New York: Touchstone, 1999), 136-69; Roncaglia, *Wealth of Ideas*, 244-77.

⑱ Karl Marx and Friedrich Engels, *The Communist Manifesto* (New York: Penguin, 2002), 225-26.

⑲ Heilbroner, *Worldly Philosophers*, 248-87; Roncaglia, *Wealth of Ideas*, 384-88.

⑳ Heilbroner and Thurow, *Economics Explained*, 38-39.

㉑ Keynes quoted in Hyman P. Minsky, *John Maynard Keynes* (New York: Columbia University Press, 1975), 3.

㉒ Keynes, *General Theory*, 84.

㉓ Ibid., 162.

㉔ "The Economy: We Are All Keynesians Now," *Time*, December 31, 1965.

㉕ Milton Friedman and Anna J. Schwartz, *A Monetary History of the United States, 1867-1960* (Princeton, N.J.: Princeton University Press, 1963), 299-419.

㉖ Peter Temin, *Did Monetary Forces Cause the Great Depression?* (New York: W. W. Norton, 1976).

㉗ Joan Robinson, *What Are the Questions? And Other Essays: Further Contributions to Modern Economics* (Armonk, N.Y.: M. E. Sharpe, 1980), 34.

㉘ Hyman Minsky, *Stabilizing an Unstable Economy* (New York: McGraw-Hill, 2008), 134.

㉙ Minsky, *John Maynard Keynes*, 11-12.

㉚ John Maynard Keynes, *Essays in Persuasion* (New York: W.W. Norton, 1963), 169.

㉛ Hyman Minsky, "The Financial Instability Hypothesis: An Interpretation of Keynes and an Alternative to 'Standard' Theory," and "The Financial Instability Hypothesis: A Restatement," both in Minsky, *Can "It" Happen Again? Essays on Instability and Finance* (Armonk, N.Y.: M. E. Sharpe, 1982), 59-70, 90-116.

㉜ Irving Fisher, "The Debt-Deflation Theory of Great Depressions," *Econometrica* 1 (1933): 346.

㉝ See Steven Horwitz, "The Austrian Marginalists: Menger, Böhm-Bawerk, and Wieser," and Peter J. Boettke and Peter T. Leeson, "The Austrian School of Economics: 1950-2000," both in Samuel, Biddle, and Davis, eds., *Companion to History of Economic Thought*, 262-77, 445-53.

㉞ Joseph Alois Schumpeter, *Capitalism, Socialism, and Democracy* (London: Routledge, 2006), 81-86.

㉟ See, for example, Murray Rothbard, *America's Great Depression* (New York: New York University Press, 1973).

㊱ Peronet Despeignes, "Greenspan Put May Be Encouraging Complacency," *Financial Times*, December 8, 2000; Marcus Miller, Paul Weller, and Lei Zhang, "Moral Hazard and the US Stock Market: Analysing the 'Greenspan Put,'" *Economic Journal* 112 (2002): C171-86.

㊲ See, for example, Benjamin Powell, "Explaining Japan's Recession," *Quarterly Journal of Austrian Economics* 5 (2002): 35-50.

㊳ Krugman, *Return of Depression Economics*, 74-77; Charles Yuji Horioka, "The Causes of Japan's 'Lost Decade': The Role of Household Consumption," *Japan and the World Economy* 18 (2006): 378-400.

㊴ John Maynard Keynes, *A Tract on Monetary Reform* (London: Macmillan, 1923), 80.

㊵ Conor Clarke, "An Interview with Paul Samuelson, Part Two," *Atlantic*, June 18, 2009, online at http://correspondents.theatlantic.com/conor_clarke/2009/06/an_interview_with_paul_samuelson_part_two.php.

㊶ Charles Mackay, *Memoirs of Extraordinary Popular Delusions and the Madness of Crowds* (London: National Illustrated Library, 1852). This expanded edition replaced the original work published in 1841.

3 次貸危機的板塊構造

① C. N. Ward-Perkins, "The Commercial Crisis of 1847," *Oxford Economic Papers* 2 (1950): 75-94; H. M. Boot, *The Commercial Crisis of 1847*, Occasional Papers in Economic and Social History, no. 11 (Hull, U.K.: Hull University Press, 1984).

② The single best argument for the positive effects of bubbles is Daniel Gross, *Pop! Why Bubbles Are Great for the Economy* (New York: Harper Business, 2007).

③ The account that follows draws heavily on Gillian Tett, *Fool's Gold: How the Bold Dream of a Small Tribe at J. P. Morgan Was Corrupted by Wall Street Greed and Unleashed a Catastrophe* (New York: Free Press, 2009), 51-56; Mark Zandi, *Financial Shock: A 360° Look at the Subprime Mortgage Implosion, and How to Avoid the Next Financial Crisis* (Upper Saddle River, N.J.: Financial Times Press, 2008), 111-19.

④ Cameron L. Cowan, American Securitization Forum, statement before the both the Subcommittee on Housing and Community Opportunity and the Subcommittee on Financial Institutions and Consumer Credit, Committee on Financial Services, U.S. House of Representatives, November 5, 2003.

⑤ On the erosion of due diligence, see Amiyatosh K. Purnanandam, "Originate-to-Distribute Model and the Sub-Prime Mortgage Crisis," paper presented at the American Finance Association Annual Meeting, September 18, 2009, Atlanta, Ga.

⑥ See, for example, Vinod Kothari, *Securitization: The Financial Instrument of the Future* (Hoboken, N.J.: John Wiley and Sons, 2006).

⑦ Douglas J. Lucas, Laurie S. Goodman, and Frank J. Fabozzi, "Collateralized Debt Obligations and Credit Risk Transfer," *Journal of Financial Transformation* 20 (2007): 47-59.

⑧ Zandi, *Financial Shock*, 117-19. See also Janet Tavakoli, *Collateralized Debt Obligations and Structured Finance: New Developments in Cash and Synthetic Securitization* (Hoboken, N.J.: John Wiley and Sons, 2003).

⑨ See, for example, Kevin Dowd, "Moral Hazard and the Financial Crisis." *Cato Journal* 29 (2009): 141–66.

⑩ Much of the discussion in this section is drawn from Gian Luca Clementi, Thomas F. Cooley, Matthew Richardson, and Ingo Walter, "Rethinking Compensation in Financial Firms," and Viral V. Acharya et al., "Corporate Governance in the Modern Financial Sector," both in Viral V. Archaya and Matthew Richardson, eds., *Restoring Financial Stability: How to Repair a Failed System* (Hoboken, N.J.: John Wiley and Sons, 2009).

⑪ Raghuram Rajan, "Bankers' Pay Is Deeply Flawed," *Financial Times*, January 8, 2008; Gian Luca Clementi and Thomas Cooley, "Executive Compensation: Facts," New York University, Stern School of Business, Working Paper, November 10, 2009, online at http://pages.stern.nyu.edu/~gclement/Papers/facts.pdf.

⑫ Christine Harper, "Bonuses at Wall Street Big-Five Surge to $36 Billion," Bloomberg.com, November 6, 2006, online at http://www.bloomberg.com/apps/news?pid=20601087&refer=home&sid=atEk12XYMerk.

⑬ Alan Greenspan, *The Age of Turbulence: Adventures in a New World* (New York: Penguin Press, 2007).

⑭ Greenspan quoted in John M. Berry, "Black Monday for Greenspan: A Race to Forestall a Liquidity Crisis," *Washington Post*, October 19, 1997.

⑮ Martin quoted in Kenneth T. Jackson, Karen Markoe, and Arnie Markoe, eds., *The Scribner Encyclopedia of American Lives*, vol. 5 (New York: Charles Scribner's Sons, 2002).

⑯ Alan Greenspan, "The Challenge of Central Banking in a Democratic Society," Francis Boyer Lecture of the American Enterprise Institute, December 5, 1996, online at http://www.federalreserve.gov/boarddocs/speeches/1996/19961205.htm.

⑰ Miller, Weller, and Zhang, "Moral Hazard and the US Stock Market."

⑱ Greenspan quoted in Greg Ip, "Did Greenspan Add to Subprime Woes?" *Wall Street Journal*, June 9, 2007; Edmund L. Andrews, "Fed Shrugged as Subprime Crisis Spread," *New York Times*, December 18, 2007.

⑲ Alan Greenspan, remarks to the Federal Reserve System's Fourth Annual Community Affairs Research Conference, Washington, D.C., April 8, 2005, online at http://www.federalreserve.gov/boarddocs/speeches/2005/20050408/default.

htm.

⑳ James R. Barth, R. Dan Brumbaugh, Jr., and James A. Wilcox. "Policy Watch: The Repeal of Glass-Steagall and the Advent of Broad Banking," *Journal of Economic Perspectives* 14, no. 2 (Spring 2000): 191-204; and Jill M. Hendrickson. "The Long and Bumpy Road to Glass-Steagall Reform: A Historical and Evolutionary Analysis of Banking Legislation," *American Journal of Economics and Sociology* 60 (2001): 849-79.

㉑ Quoted in Stephen Labaton, "Agency's '04 Rule Let Banks Pile Up New Debt," *New York Times*, October 2, 2008.

㉒ See, for example, Peter J. Wallison, "Cause and Effect: Government Policies and the Financial Crisis," *Critical Review* 21 (2009): 365-76.

㉓ Carol D. Leonnig, "How HUD Mortgage Policy Fed the Crisis," *Washington Post*, June 10, 2008.

㉔ Having coined the term at the Fed conference at Jackson Hole in 2007, McCulley elaborated on it in a newsletter for PIMCO. See Paul McCulley, "The Shadow Banking System and Hyman Minsky's Economic Journey," *Global Central Bank Focus*, PIMCO, May 2009. See also James Crotty, "Structural Causes of the Global Financial Crisis: A Critical Assessment of the 'New Financial Architecture,'" *Cambridge Journal of Economics* 33 (2009): 563-80.

㉕ *It's a Wonderful Life*, complete film script, online at http://www.imdb.com/scripts/It%27s-a-Wonderful-Life.html.

㉖ Federal Deposit Insurance Corporation, *A Brief History of Deposit Insurance in the United States* (Washington, D. C.: FDIC, 1998), 20-44.

㉗ John R. Walter, "The 3-6-3 Rule: An Urban Myth?" *Federal Reserve Bank of Richmond Economic Quarterly* 92 (2006): 51-78.

㉘ Basel Committee on Banking Supervision, "History of the Basel Committee and Its Membership," Bank for International Settlements, August 2009, online at http://www.bis.org/bcbs/history.pdf?noframes=1.

㉙ Basel Committee on Banking Supervision, "Core Principles for Effective Banking Supervision," September 1997, online at http://www.bis.org/publ/bcbs30a.pdf.

㉚ Paul McCulley, "Teton Reflections," Global Central Bank Focus, PIMCO, August—September 2007.

㉛ Alan Greenspan, testimony before the Committee on Banking, Housing, and Urban Affairs, U.S. Senate, February 16, 2005, online at http://www.federalreserve.gov/boarddocs/hh/2005/february/testimony.htm.

㉜ See, for example, Tao Wu, "Globalization's Effects on Interest Rates and the Yield Curve," *Economic Letter*, Federal Reserve Bank of Dallas, September 2006, 1-8; online at http://www.dallasfed.org/research/eclett/2006/el0609.pdf.

㉝ Minsky, *Stabilizing an Unstable Economy*, 265; Martin Wolf, "Seeds of Its Own Destruction," *Financial Times*, March 8, 2009; Susan Webber, "No Leverage," *Conference Board Review*, May—June 2009, 61-65.

㉞ See, for example, Charles R. Morris, *The Trillion Dollar Meltdown: Easy Money, High Rollers, and the Great Credit Crash* (New York: Public Affairs, 2008), 147-49; Katia D'Hulster, "The Leverage Ratio," World Bank Crisis Response Note no. 11, December 2009, online at http://rru.worldbank.org/documents/CrisisResponse/Note11.pdf.

4 崩潰

① Bagehot, *Lombard Street*, 249-50.

② Quoted in Ralph Atkins, Michael Mackenzie, and Paul J. Davies, "ECB Chief Fails to Reassure Markets," *Financial Times*, August 14, 2007.

③ Bagehot, *Lombard Street*, 51-52.

④ Minsky, *Stabilizing an Unstable Economy*, 237.

⑤ Ibid.

⑥ Fisher quoted in "Fisher Sees Stocks Permanently High," *New York Times*, October 16, 1929; "Realtors Group Says Home Sales Will Slip in 2006," *Wall Street Journal*, December 13, 2005.

⑦ This chapter draws heavily from Nouriel Roubini's blog postings, which are now available to subscribers at http://www.roubini.com. Also helpful in retelling this story have been Zandi, *Financial Shock*, and Tett, *Fool's Gold*.

⑧ Ben S. Bernanke, Testimony before the Joint Economic Committee, U.S. Congress, March 28, 2007, online at http://www.federalreserve.gov/newsevents/testimony/bernanke20070328a.htm.

⑨ Quoted in Grace Wong, "Behind Wall Street Subprime Fear Index," online at http://money.cnn.com/galleries/2007/news/0711/gallery.abx_index/index.html.

⑩ Kindleberger, *Manias, Panics, and Crashes*, 19-20; Justin Lahart, "In Time of Tumult, Obscure Economist Gains Currency," *Wall Street Journal*, August 18, 2007.

⑪ Frank H. Knight, *Risk, Uncertainty, and Profit* (Boston: Houghton Mifflin, 1921); Nouriel Roubini, "Current Market Turmoil: Non-Priceable Knightian 'Uncertainty' Rather Than Priceable Market 'Risk,'" August 15, 2007, available to subscribers at http://www.roubini.com.

⑫ Peter Thal Larsen, "Goldman Pays the Price for Being Big," *Financial Times*, August 13, 2007.

⑬ Bagehot, *Lombard Street*, 49.

⑭ Jeremy W. Peters and Wayne Arnold, "U.S. Stocks Recover Some Ground after Global Sell-off," *New York Times*, August 10, 2007.

⑮ Quoted in Tett, *Fool's Gold*, 187.

⑯ Bagehot, *Lombard Street*, 100-101.

⑰ E. Scott Reckard and Annette Haddad, "A Rush to Pull Out Cash," *Los Angeles Times*, August 17, 2007.

⑱ Julia Werdigier, "Official Assurances Fail to Stem Rush of Withdrawals at British Bank," *New York Times*, September 18, 2007.

⑲ Herbert Hoover, address to the Chamber of Commerce of the United States, May 1, 1930, online at http://www.presidency.ucsb.edu/ws/?pid=22185.

⑳ Henry M. Paulson, Jr., remarks to the *Washington Post* 200 Lunch, Washington, D.C., May 16, 2008, online at http://www.ustreas.gov/press/releases/hp981.htm.

㉑ H. M. Boot, *The Commercial Crisis of 1847*, Occasional Papers in Economic and Social History, no. 11 (Hull, U.K.: Hull University Press, 1984); R. Ray McCartney, *The Crisis of 1873* (Minneapolis: Burgess, 1935); Kindleberger, *World in Depression*.

㉒Liz Capo McCormick, "Interest-Rate Contracts May Be Best Gauge of Fed Plan," Bloomberg.com, December 17, 2007, online at http://www.bloomberg.com/apps/news?pid=20601083&sid=aP.BgxqgrJjE.

㉓George W. Bush, press conference, January 8, 2008, online at http://georgewbush-whitehouse.archives.gov/news/releases/2008/01/20080108-5.html.

㉔Greg Morcroft, "Banks Have Sold Off About Half of Hung Loans," Marketwatch.com, May 7, 2008, online at http: //www.marketwatch.com/story/correctbanks-have-sold-off-about-half-of-hung-loans.

㉕Bruner and Carr, *Panic of 1907*.

㉖Ibid., 121-25.

㉗Paulson quoted in Deborah Solomon, Dennis K. Berman, Susanne Craig, and Carrick Mollenkamp, "Ultimatum by Paulson Sparked Frantic End," *Wall Street Journal*, September 15, 2008.

5 全球傳染病

① Noah Barkin, "U.S. Will Lose Financial Superpower Status," Reuters, September 25, 2008, online at http://www.reuters.com/article/idUSTRE48O2L020080925; "We Were All Staring into the Abyss," *Der Spiegel*, September 29, 2008, online at http://www.spiegel.de/international/business/0,1518,581201,00.html.

②The academic literature on contagion has expanded to address the recent crisis. See, for example, Thijs Markwat, Erik Kole, and Dick van Dijk, "Contagion as a Domino Effect in Global Stock Markets," *Journal of Banking and Finance* 33 (2009): 1996-2012; and Philippe Jorion and Gaiyan Zhang, "Credit Contagion from Counterparty Risk," *Journal of Finance* 64 (2009): 2053-87. For historical parallels, see Graciela L. Kaminsky, Carmen M. Reinhart, and Carlos A. Vegh, "The Unholy Trinity of Financial Contagion," *Journal of Economic Perspectives* 17(2003): 51-74.

③ *Times* (London), June 3, 1837, quoted in Jessica Lepler, "The Pressure of 1836: Interpreting Atlantic Bank Wars," unpublished ms. in authors' possession.

④Robert Sobel, *Panic on Wall Street: A History of America's Financial Disasters* (New York: Collier, 1968), 154-96;

Kindleberger, *World in Depression*, 144-47; Aurel Schubert, *The Credit-Anstalt Crisis of 1931* (Cambridge, U.K.: Cambridge University Press, 1991).

⑤ Daniel Gross, "The Lehman Shock," *Newsweek*, September 14, 2009.

⑥ Quoted in Kindleberger, *Manias, Panics, and Crashes*, 133.

⑦ John Greenwood, "Grain Piles up in Ports," *Financial Post*, October 8, 2008.

⑧ Richard Baldwin and Daria Taglioni, "The Great Trade Collapse and Trade Imbalances," VoxEu.org, November 27, 2009, online at http://www.voxeu.com/index.php?q=node/4301; Li Yanping, "China Trade Surplus Plunges as Exports Fall by Record," Bloomberg.com, March 10, 2009, online at http://www.bloomberg.com/apps/news?pid=20601087&refer=home&sid=a9Ih4pDxaIK4; Roslan Rahman, "East Asia: Exports in Decline," March 3, 2009, available to subscribers at http://www.stratfor.com.

⑨ Sónia Araújo and Joaquim Oliveira Martins, "The Great Synchronisation," online at http://www.voxeu.org/index.php?q=node/3751.

⑩ Dovelyn Agunias, "Remittance Trends in Central America," Migration Policy Institute, April 2006, online at http://www.migrationinformation.org/USfocus/display.cfm?ID=393.

⑪ Kindleberger, *World in Depression*, 71-87, 136-41.

⑫ Clifford Krauss, "Commodity Prices Tumble," *New York Times*, October 13, 2008; "Fall Copper Prices Hurt Chile," December 10, 2008, online at http://www.forbes.com/2008/12/09/chile-copper-budget-cx_1210oxford.html.

⑬ Robert N. McCauley and Patrick McGuire, "Dollar Appreciation in 2008: Safe Haven, Carry Trades, Dollar Shortage and Overhedging," *BIS Quarterly Review*, December 2009, 85-93, online at http://www.bis.org/publ/qtrpdf/r_qt0912i.pdf.

⑭ Much of this discussion derives from Kindleberger, *Manias, Panics, and Crashes*, 116-37.

⑮ Martin Van Buren, address to Special Session of Congress, September 4, 1837, online at http://www.presidency.ucsb.edu/ws/index.php?pid=67234.

⑯John Crosby Brown, *A Hundred Years of Merchant Banking: A History of Brown Brothers and Company* (New York: n.p., 1909), 79.

⑰"In Come the Waves," *Economist*, June 16, 2005.

⑱Daniel Gross and Stefano Micossi, "The Beginning of the End Game," VoxEu.org, September 20, 2008, online at http://www.voxeu.org/index.php?q=node/1669.

⑲Ralph Atkins, "ECB Raises Estimate on Bank Writedowns," *Financial Times*, December 18, 2009, online at http://www.ft.com/cms/s/0/31f38b8c-ebdd-11de-930c-00144feab49a.html.

⑳European Securitisation Forum Data Report, Winter 2008, online at http://www.europeansecuritisation.com/Market_Standard/ESF%20Data%20Report%20Winter%202008.pdf.

㉑Marc Champion, Joanna Slater, and Carrick Mollenkamp, "Banks Reel On Eastern Europe's Bad News," *Wall Street Journal*, February 18, 2009, online at http://online.wsj.com/article/SB123489966805902405.html.

㉒For work that complicates the usual contagion model, see Andrew K. Rose and Mark Spiegel, "Cross-Country Causes and Consequences of the 2008 Crisis: International Linkages and American Exposure," Centre for Economic Policy Research Discussion Paper no. 7466, online at http://www.cepr.org/pubs/dps/DP7466.asp.

㉓See, for example, Vikas Bajaj, "In India, Central Banker Played It Safe," *New York Times*, June 25, 2009.

㉔Carlos Marichal, *A Century of Debt Crises in Latin America: From Independence to the Great Depression, 1820–1930* (Princeton, N.J.: Princeton University Press, 1989), 12–67.

㉕Frank Griffith Dawson, *The First Latin American Debt Crisis: The City of London and the 1822–1825 Loan Bubble* (New Haven, Conn.: Yale University Press, 1990), 125.

㉖Jessica Lepler, "The Pressure of 1836: Interpreting Atlantic Bank Wars." On the panic generally, see Peter Temin, *The Jacksonian Economy* (New York: W.W. Norton, 1969).

㉗Mira Wilkins, *The History of Foreign Investment in the United States to 1914* (Cambridge, Mass.: Harvard University Press, 1989), 90–140.

㉘ Roubini and Setser, *Bailouts or Bail-Ins?*

㉙ Barry Eichengreen and Kevin H. O'Rourke, "A Tale of Two Depressions," VoxEU.org, September 1, 2009, and original column of April 6, 2009, both online at http://www.voxeu.org/index.php?q=node/3421.

㉚ Michael P. Dooley and Michael M. Hutchison, "Transmission of the U.S. Subprime Crisis to Emerging Markets: Evidence on the Decoupling-Recoupling Hypothesis," National Bureau of Economic Research Working Paper no. 15120, June 2009.

6 最後放款人

① See, for example, Ben Bernanke, "Nonmonetary Effects of the Financial Crisis in the Propagation of the Great Depression," *American Economic Review 73* (1983): 257-76.

② Ben S. Bernanke, remarks at the conference to honor Milton Friedman, University of Chicago, November 8, 2002, online at http://www.federalreserve.gov/boarddocs/speeches/2002/20021108/default.htm.

③ Shamim Adam and Liza Lin, "Krugman Says Bernanke Should Be Reappointed to Fed," Bloomberg.com, August 10, 2009, online at http://www.bloomberg.com/apps/news?pid=20601110&sid=aK3wlrRdMC38.

④ Peter Goodman, "Fear of Deflation Lurks as Global Demand Drops," *New York Times*, October 31, 2008.

⑤ Michael D. Bordo and Andrew J. Filardo, "Deflation in a Historical Perspective," Bank for International Settlements Working Paper no. 186, November 2005, online at http://www.bis.org/publ/work186.pdf?noframes=1.

⑥ Irving Fisher, "The Debt-Deflation Theory of Great Depressions," *Econometrica* 1 (1933).

⑦ Ibid., 344, 346.

⑧ Ibid., 344.

⑨ Peter Temin, "The Great Depression," in Stanley L. Engerman and Robert E. Gallman, eds., *The Cambridge Economic History of the United States* (Cambridge, U.K.: Cambridge University Press, 2000), 3:301-10. On prices of specific commodities, see the chart at http://www.visualizingeconomics.com/2009/08/02/prices-inflation-anddeflation-great-depression-vs-great-recession/.

⑩ Fisher, "Debt-Deflation Theory," 346, 347.

⑪ A useful introduction is M. A. Akhtar, *Understanding Open Market Operations* (New York: Federal Reserve Bank of New York, 1997).

⑫ Ben S. Bernanke, "Deflation: Making Sure 'It' Doesn't Happen Here," remarks to the National Economists Club, Washington, D.C., November 21, 2002, online at http://www.federalreserve.gov/boarddocs/speeches/2002/20021121/default.htm.

⑬ The following section draws heavily from Viral V. Acharya, Thomas Philippon, Matthew Richardson, and Nouriel Roubini, "A Bird's-Eye View," in Viral V. Archaya and Matthew Richardson, eds., *Restoring Financial Stability: How to Repair a Failed System* (Hoboken, N.J.: John Wiley and Sons, 2008), 36-40; and on Federal Reserve Bank of New York, "Forms of Federal Reserve Lending," July 2009, online at http://www.newyorkfed.org/markets/Forms_of_Fed_Lending.pdf.

⑭ Roubini and Setser, *Bailouts or Bail-Ins?* 33-36.

⑮ Data in this section are derived from the IMF Web site, particularly the following documents: Fact Sheet, "IMF Stand-By Arrangement," November 2009, http://www.imf.org/external/np/exr/facts/pdf/sba.pdf; Fact Sheet, "A Changing IMF—Responding to the Crisis," September 2009, http://www.imf.org/external/np/exr/facts/changing.htm; and "IMF Lending: IMF Implements Major Lending Policy Improvements," March 24, 2009, http://www.imf.org/external/np/pdr/fac/2009/032409.htm. For country-by-country data, see the interactive map at https://www.imf.org/external/np/exr/map/lending/index.htm.

⑯ Maurice Obstfeld, Jay C. Shambaugh, and Alan M. Taylor, "Financial Instability, Reserves, and Central Bank Swap Lines in the Panic of 2008," National Bureau of Economic Research Working Paper no. 14826, March 2009.

⑰ Ben S. Bernanke, "The Crisis and the Policy Response," Stamp Lecture, London School of Economics, London, January 13, 2009, online at http://www.federalreserve.gov/newsevents/speech/bernanke20090113a.htm; Volker Wieland,

"Quantitative Easing: A Rationale and Some Evidence from Japan," National Bureau of Economic Research Working Paper no. 15565, December 2009; Paul Krugman, "Fiscal Aspects of Quantitative Easing (Wonkish)," online at http://krugman.blogs.nytimes.com/2009/03/20/fiscal-aspects-of-quantitative-easing-wonkish/; and Chris Giles, Cynthia O'Murchu, Steve Bernard, and Jeremy Lemer, "Quantitative Easing Explained," *Financial Times*, February 5, 2009, online at http://www.ft.com/cms/s/0/8ada2ad4-f3b9-11dd-9c4b-0000779fd2ac.html.

⑱ John Carlson, Joseph G. Haubrich, Kent Cherny, and Sarah Wakefield, "Credit Easing: A Policy for a Time of Financial Crisis," Federal Reserve Bank of Cleveland, February 11, 2009, online at http://www.clevelandfed.org/research/trends/2009/0209/02monpol.cfm.

⑲ See, for example, Scott Lanman, "Greenspan Says Hong Kong's Yam Was Right to Buy Stocks in 1998," Bloomberg.com, May 19, 2009, online at http://www.bloomberg.com/apps/news?pid=20601087&sid=aTDcelSOTQU4&refer=home; "Bank of Japan to Spend £8bn Buying Shares Held by Banks," *Telegraph*, February 3, 2009.

⑳ Milton Friedman, *Money Mischief: Episodes in Monetary History* (New York: Harcourt Brace, 1992), 27-37.

㉑ Ben S. Bernanke, "The Crisis and the Policy Response," Stamp Lecture, London School of Economics, London, January 13, 2009, online at http://www.federalreserve.gov/newsevents/speech/bernanke20090113a.htm.

㉒ Borman quoted in J. Madeleine Nash, Bruce Van Voorst, and Alexander L. Taylor III, "The Growing Bankruptcy Brigade," *Time*, October 18, 1982.

㉓ Ben S. Bernanke, "The Crisis and the Policy Response," Stamp Lecture, London School of Economics, London, January 13, 2009, online at http://www.federalreserve.gov/newsevents/speech/bernanke20090113a.htm.

7 多花錢，少課稅行得通嗎？

① Herbert Hoover, annual message to the Congress on the State of the Union, December 2, 1930, online at http://www.presidency.ucsb.edu/ws/index.php?pid=22458.

② Jason Scott Smith, *Building New Deal Liberalism: The Political Economy of Public Works, 1933-1956* (New York:

Cambridge University Press, 2006).

③ Peter Temin, "The Great Depression," in Stanley L. Engerman and Robert E. Gallman, eds., *The Cambridge Economic History of the United States* (Cambridge, U.K.: Cambridge University Press, 2000), 3:301-10. On the lessons drawn by the Obama adminstration—and a useful overview of the Great Depression—see Christina D. Romer, "Lessons from the Great Depression for Economic Recovery in 2009," speech to the Brookings Institution, March 9, 2009, online at http://www.brookings.edu/~/media/Files/events/2009/0309_lessons/0309_lessons_romer.pdf.

④ Toshihiro Ihori, Toru Nakazato, and Masumi Kawade, "Japan's Fiscal Policies in the 1990s," *World Economy* 26, no. 3 (March 2003): 325-38; Martin Fackler, "Japan's Big-Works Stimulus Is Lesson," *New York Times*, February 5, 2009.

⑤ See, for example, Kenneth N. Kuttner and Adam S. Posen, "The Great Recession: Lessons for Macroeconomic Policy from Japan," *Brookings Papers on Economic Activity* 2 (2001): 93-160; Sanjay Kalra, "Fiscal Policy: An Evaluation of Its Effectiveness," in Tim Callen and Jonathan D. Ostry, eds., *Japan's Lost Decade: Policies for Economic Revival* (Washington, D.C.: International Monetary Fund, 2003), 164-78.

⑥ Paul Studenski and Herman E. Krooss, *Financial History of the United States* (New York: McGraw-Hill, 1963), 361-64, 419-25.

⑦ The text of the act is online at http://www.govtrack.us/congress/billtext.xpd?bill=h110-5140. For a detailed account of the American Recovery and Reinvestment Act of 2009, see http://www.recovery.gov/Pages/home.aspx.

⑧ See, for example, http://www.federalreserve.gov/Pubs/Feds/2009/200945/200945pap.pdf.

⑨ Federal Deposit Insurance Corporation, *A Brief History of Deposit Insurance in the United States* (Washington, D.C.: FDIC, 1998), 17.

⑩ Timothy Curry and Lynn Shibut, "The Cost of the Savings and Loan Crisis: Truth and Consequences," *FDIC Banking Review* 13 (2000): 26-35.

⑪ See http://www.fdic.gov/regulations/laws/rules/4000-2660.html.

⑫ See, for example, Mike Shedlock, "How Many Uninsured Deposits Are at Risk?" July 15, 2008, online at http://

globaleconomicanalysis.blogspot.com/2008/07/how-much-uninsured-deposits-are-at-risk.html. Raising the ceiling on insured deposits did not mean that all deposits were covered. See Felix Salmon, "Are Uninsured Bank Depositors in Danger?" February 14, 2009, online at http://seekingalpha.com/article/120608-are-uninsured-bank-depositors-in-danger.

⑬ New York Federal Reserve Bank, "International Responses to the Crisis Timeline," chart updated monthly, online at http://www.ny.frb.org/research/global_economy/IRCTimelinePublic.pdf.

⑭ Mark Maremont, "U.S. Moves to Bail Out Credit Union Network," *Wall Street Journal*, January 29, 2009.

⑮ Mark Landler and Kartin Bennhold, "Bold Pledges from Leaders, but Investors Await Details," *New York Times*, October 12, 2008; and Mark Landler, "U.S. Investing $250 Billion in Banks," *New York Times*, October 14, 2008.

⑯ Detailed information on recipients of TARP funds can be found online at http://online.wsj.com/public/resources/documents/st_TARPREPAYMENTS0906_20090609.html.

⑰ Max Holmes, "Good Bank, Bad Bank; Good Plan, Better Plan," *New York Times*, January 31, 2009, online at http://www.nytimes.com/2009/02/01/opinion/01holmes.html; Dominic Barton, Robert Newel, and Gregory Wilson, "Managing Successful Bank Restructuring: The Mellon Bank Story," McKinsey and Company, November 2003.

⑱ Binyamin Appelbaum and Neil Irwin, "Bank of America Gets New Round of U.S. Aid," *Washington Post*, January 16, 2009.

⑲ See http://www.financialstability.gov/roadtostability/publicprivatefund.html.

⑳ Simon Johnson and James Kwak, "National Debt for Beginners," National Public Radio, February 4, 2009, online at http://www.npr.org/templates/story/story.php?storyId=99927343.

8 初期的因應方案

① Jeffrey Frankel, "Responding to Crises," *Cato Journal 27* (2007): 165.

② Eugene N. White, "Banking and Finance in the Twentieth Century," in Stanley L. Engerman and Robert E. Gallman, eds., *The Cambridge Economic History of the United States* (Cambridge, U.K.: Cambridge University Press, 2000), 3: 764-73.

③Gian Luca Clementi, Thomas F. Cooley, Matthew Richardson, and Ingo Walter, "Rethinking Compensation in Financial Firms," in Viral V. Acharya and Matthew Richardson, eds., *Restoring Financial Stability: How to Repair a Failed System* (Hoboken, N.J.: John Wiley and Sons, 2008), 198-201.

④Michiyo Nakamoto and David Wighton, "Citigroup Chief Stays Bullish on Buy-Outs," *Financial Times*, July 9, 2007.

⑤Nouriel Roubini, "Ten Fundamental Issues in Reforming Financial Regulation and Supervision in a World of Financial Innovation and Globalization," March 31, 2008, online at www.roubini.com/analysis/pdf/Ten_Fundamental_Issues_in_Reforming.pdf.

⑥See, for example, Eli Ofek and David Yermack, "Taking Stock: Equity-Based Compensation and the Evolution of Managerial Ownership," *Journal of Finance* 55 (2000): 1367-84.

⑦Raghuram Rajan, "Bankers' Pay Is Deeply Flawed," *Financial Times*, January 8, 2008.

⑧Aaron Lucchetti, "Bankers Beat Odds in Toxic Pay Plan," *Wall Street Journal*, August 7, 2009; Graham Bowley, "Credit Suisse Overhauls Compensation," *New York Times*, October 20, 2009.

⑨On these difficulties, see, for example, William A. Sahlman, "Management and the Financial Crisis (We have met the enemy and he is us . . .)," Harvard Business School Working Paper no. 10-033, 2009.

⑩David Wessel, "The Source of Our Bubble Trouble," *Wall Street Journal*, January 17, 2008; and Mercedes Rule, "Flocking to Finance," *Harvard Magazine*, May—June 2008, 18-19. The discussion in this section owes a great deal to Thomas Philippon and Ariell Reshef, "Skill Biased Financial Development: Education, Wages and Occupations in the U.S. Financial Sector," National Bureau of Economic Research Working Paper no. 13437, 2007; and to Thomas Philippon and Ariell Reshef, "Wages and Human Capital in the U.S. Financial Industry: 1909-2006," National Bureau of Economic Research Working Paper no. 14644, January 2009.

⑪An excellent introduction can be found in Dwight Jaffee, Anthony W. Lynch, Matthew Richardson, and Stijn Van

Nieuwerburgh, "Mortgage Origination and Securitization in the Financial Crisis," in Viral V. Acharya and Matthew Richardson, eds., *Restoring Financial Stability: How to Repair a Failed System* (Hoboken, N.J.: John Wiley and Sons, 2008).

⑫ See http://www.govtrack.us/congress/bill.xpd?bill=h111-1731. For an analysis of this legislation, see Cadwalader, Wickersham & Taft LLP, "Securitization Reform Proposals: The Credit Risk Retention Act of 2009 and the Restoring American Financial Stability Act of 2009," *Clients & Friends Memo*, December 17, 2009, online at http://www.cadwalader.com/assets/client_friend/121709SecuritizationReformProposals.pdf.

⑬ See "Statistical Supplement to the Federal Reserve Bulletin," December 2008. The data for 2007 on large and small domestically chartered commercial banks is at http://www.federalreserve.gov/Pubs/supplement/2008/12/table1_26d.htm and http://www.federalreserve.gov/Pubs/supplement/2008/12/table1_26c2.htm.

⑭ See the Board of Governors of the Federal Reserve, press release, July 23, 2009, online at http://www.federalreserve.gov/newsevents/press/bcreg/20090723a.htm.

⑮ The following account relies heavily on Richard Sylla, "An Historical Primer on the Business of Credit Ratings," in Richard M. Levich, Carmen Reinhart, and Giovanni Majnoni, eds., *Ratings, Rating Agencies, and the Global Financial System* (Boston: Kluwer, 2002); Matthew Richardson and Lawrence J. White, "The Rating Agencies: Is Regulation the Answer?" in Viral V. Acharya and Matthew Richardson, eds., *Restoring Financial Stability: How to Repair a Failed System* (Hoboken, N.J.: John Wiley and Sons, 2008); and Patrick Bolton, Xavier Freixas, and Joel Shapiro, "The Credit Ratings Game," National Bureau of Economic Research Working Paper no. 14712, February 2009.

⑯ Berkshire Hathaway Annual Report for 2002, p. 13, online at http://www.berkshirehathaway.com/2002ar/2002ar.pdf.

⑰ Eric Lipton and Stephen Labaton, "A Deregulator Looks Back, Unswayed," *New York Times*, November 16, 2008.

⑱ An excellent overview of their checkered history can be found in Lynn A. Stout, "Why We Need Derivatives Regulation," *New York Times*, October 7, 2009, online at http://dealbook.blogs.nytimes.com/2009/10/07/dealbook-dialogue-lynn-stout/; also Satyajit Das, *Traders, Guns, and Money: Knowns and Unknowns in the Dazzling World of Deriva-*

tives (Upper Saddle River, N.J.: Financial Times Press, 2006).

⑲ Some of the following proposals echo those found in Viral A. Acharya et al., "Derivatives: The Ultimate Financial Innovation," in Acharya and Richardson, eds., *Restoring Financial Stability*; and Rym Ayadi and Patrick Behr, "On the Necessity to Regulate Credit Derivatives Markets," *Journal of Banking Regulation* 10 (2009): 179-201.

⑳ For basic information on the Basel Committee, see "The New Basel Capital Accord: An Explanatory Note," Bank for International Settlements, 2001, online at http://www.bis.org/publ/bcbsca01.pdf; see also Bryan J. Balin, "Basel I, Basel II, and Emerging Markets: A Nontechnical Analysis," Johns Hopkins University School of Advanced International Studies, May 10, 2008, online via Johns Hopkins University Library; and "History of the Basel Committee and Its Membership," Bank for International Settlements, August 2009, online at http://www.bis.org/bcbs/history.pdf.

㉑ Jesús Saurina, "Dynamic Provisioning: The Case of Spain," World Bank Crisis Response Note no. 7, July 2009, online at http://rru.worldbank.org/documents/CrisisResponse/Note7.pdf.

㉒ Nicholas Paisner and Hugo Dixon, "Newfangled Bank Capital," *New York Times*, November 12, 2009, online at http://www.nytimes.com/2009/11/13/business/13views.html.

9 最根本的補救措施

① Ben S. Bernanke, "Monetary Policy and the Housing Bubble," speech to annual meeting of the American Economic Association, January 3, 2010, http://www.federalreserve.gov/newsevents/speech/bernanke20100103a.pdf.

② Satyajit Das, *The Das Swaps & Financial Derivatives Library* (Hoboken, N.J.: John Wiley and Sons, 2006).

③ See Richard H. K. Vietor, "Government Regulation of Business," in Stanley L. Engerman and Robert E. Gallman, eds., *The Cambridge Economic History of the United States* (Cambridge, U.K.: Cambridge University Press, 2000), 3: 969-1012, particularly the chart on 3:980; also Andreas Busch, *Banking Regulation and Globalization* (New York: Oxford University Press, 2009), 33-66.

④ See, for example, Richard J. Rosen, "Is Three a Crowd? Competition Among Regulators in Banking," *Journal of*

Money, Credit, and Banking 35 (2003): 967-98; Richard J. Rosen, "Switching Primary Federal Regulators: Is It Beneficial for U.S. Banks?" *Federal Reserve Bank of Chicago Economic Perspectives* 29 (2005): 16-33.

⑤ Ann B. Matasar and Deborah D. Pavelka, "Federal Banking Regulators' Competition in Laxity: Evidence from CRA Audits," *International Advances in Economics Research* 4 (1998): 56-69.

⑥ "Regulator Shopping," *New York Times*, May 20, 2009, online at http://www.nytimes.com/2009/05/21/opinion/21thu1.html; Busch, *Banking Regulation*, 53.

⑦ U.S. Treasury, *Financial Regulatory Reform. A New Foundation: Rebuilding Financial Supervision and Regulation* (Washington, D.C., 2009), online at http://www.financialstability.gov/docs/regs/FinalReport_web.pdf.

⑧ Leigh Phillips, "Germany and UK Want Global Financial Regulator," *EuObserver*, September 22, 2008, online at http://euobserver.com/9/26784.

⑨ Charles Stocker, ed., *The Satires of Juvenal and Persius* (London: Longman, Orme and Company, 1839), 141.

⑩ See Malcolm Schofield, "The Noble Lie," in G. R. F. Ferrari, ed., *The Cambridge Companion to Plato's Republic* (Cambridge, U.K.: Cambridge University Press, 2007), 138-64.

⑪ David Simons, "The High Price of Low Salaries at the SEC," Forbes.com, March 27, 2002, online at http://www.forbes.com/2002/03/27/0327simons.html; Andrew Ross Sorkin, "What If Watchdogs Got Bonuses?" *New York Times*, February 2, 2009, online at http://www.nytimes.com/2009/02/03/business/03sorkin.html.

⑫ Julie Creswell and Ben White, "The Guys from 'Government Sachs,'" *New York Times*, October 17, 2008; Marcus Baram, "Government Sachs: Goldman's Close Ties to Washington Arouse Envy, Raise Questions," *Huffington Post*, June 2, 2009, online at http://www.huffingtonpost.com/2009/06/02/government-sachs-goldmans_n_210561.html.

⑬ "Adam Storch Named Managing Executive of SEC's Enforcement Division," SEC press release, October 16, 2009, online at http://www.sec.gov/news/press/2009/2009-220.htm.

⑭ Sheryl Gay Stolberg, "On First Day, Obama Quickly Sets New Tone," *New York Times*, January 21, 2009.

⑮ See statistics in Americans for Campaign Reform, "Wall Street Money in Politics," August 25, 2009, online at http://

youstreet.org/sites/default/files/Fact%20Sheet%20%20Wall%20Street%20Money%20in%20Politics.pdf.

⑯ Marc Quintyn and Michael W. Taylor, "Should Financial Sector Regulators Be Independent?" International Monetary Fund, Economic Issues no. 32, March 8, 2004, online at http://www.imf.org/external/pubs/ft/issues/issues32/index.htm.

⑰ Noam Scheiber, "Can We Fix Too Big to Fail Without Shrinkage?" *New Republic*, October 28, 2009, online at http://www.tnr.com/blog/the-stash/can-we-fix-too-bigto-fail-without-shrinkage; David Wessel, "Three Theories on Solving the 'Too Big to Fail' Problem," *Wall Street Journal*, October 29, 2009; Mike Konczal, "Fixing Too Big to Fail," *Nation*, November 6, 2009, online at http://www.thenation.com/doc/20091123/konczal.

⑱ See, for example, "The FDIC's Role as Receiver," in FDIC, Resolutions Handbook (Washington, D.C.: FDIC, 2003), online at http://www.fdic.gov/bank/historical/reshandbook/.

⑲ See, for example, William Buiter, "Too Big to Fail Is Too Big," *Financial Times*, June 24, 2009, online at http://blogs.ft.com/maverecon/2009/06/too-big-to-fail-is-too-big/; Wessel, "Three Theories"; Daniel K. Tarullo, "Confronting 'Too Big to Fail,'" speech to Exchequer Club, Washington, D.C., October 21, 2009, online at http://www.bis.org/review/r091023e.pdf.

⑳ Christine Seib, "UBS Unveils £2bn Capital Raising and Warns of Second-Quarter Loss," *Times* (London), June 26, 2009, online at http://business.timesonline.co.uk/tol/business/industry_sectors/banking_and_finance/article6580096.ece. Both UBS and Credit Suisse seem capable of meeting these demands without a breakup. See Sven Egenter, "Swiss Should Tighten Rules on UBS, CS Further—OECD," Reuters, January 15, 2010, online at http://blogs.reuters.com/financial-regulatory-forum/2010/01/15/swiss-should-tighten-rules-on-ubs-cs-further-oecd/.

㉑ Binyamin Applebaum, "Citi's Long History of Overreach, Then Rescue," *Washington Post*, March 11, 2009; Andrew Martin and Gretchen Morgenson, "Can Citigroup Carry Its Own Weight?" *New York Times*, November 1, 2009.

㉒ Blankfein quoted in John Arlidge, "I'm Doing 'God's Work.' Meet Mr Goldman Sachs," *Times* (London), November 8, 2009, online at http://www.timesonline.co.uk/tol/news/world/us_and_americas/article6907681.ece.

㉓ Kenneth Galbraith, *The Great Crash*, 1929 (Boston: Houghton Mifflin, 1954), 65-70; Matt Taibbi, "Inside the Great American Bubble Machine," *Rolling Stone*, July 2, 2009.

㉔ Keynes, *General Theory*, 159.

㉕ This section relies heavily on information contained in Nouriel Roubini, "Why Central Banks Should Burst Bubbles," *International Finance* 9 (2006): 87-107.

㉖ See, for example, Ben S. Bernanke and Mark Gertler, "Should Central Banks Respond to Movements in Asset Prices?" *American Economic Review* 91 (2001): 253-57; Alan Greenspan, "Risk and Uncertainty in Monetary Policy," speech to the annual meeting of the American Economic Association, San Diego, Calif., January 3, 2004, online at http://www.federalreserve.gov/boarddocs/speeches/2004/20040103/default.htm.

㉗ Peter Fortune, "Margin Requirements, Margin Loans, and Margin Rates: Practice and Principles," *Federal Reserve Bank of Boston New England Economic Review* (2000): 19-44.

㉘ Thomas I. Palley, "Asset-Based Reserve Requirements: Reasserting Domestic Monetary Control in an Era of Financial Innovation and Instability," *Review of Political Economy* 16 (2004): 43-58; Michael Holz, "Asset-Based Reserve Requirements: A New Monetary Policy Instrument for Targeting Diverging Real Estate Prices in the Euro Area," *Intervention* 4 (2007): 331-51.

10 斷層線

① Nouriel Roubini and Brad Setser, "The US as a Net Debtor: The Sustainability of the US External Imbalances," August 2004, online at http://pages.stern.nyu.edu/~nroubini/papers/Roubini-Setser-US-External-Imbalances.pdf.

② Roubini and Setser, *Bailouts or Bail-Ins?*

③ Nouriel Roubini, "Global Imbalances: A Contemporary 'Rashomon' Saga," November 2006, online at http://www.centrecournot.org/pdf/conference9/Nouriel%20ROUBINI.pdf. This section draws on this paper.

④ Ricardo Hausmann and Federico Sturzenegger, "U.S. and Global Imbalances: Can Dark Matter Prevent a Big Bang?"

November 13, 2005, online at http://www.cid.harvard.edu/cidpublications/darkmatter_051130.pdf.

⑤Roubini, "Global Imbalances: A Contemporary 'Rashomon' Saga," November 2006. See also Barry Eichengreen, "Global Imbalances: The New Economy, the Dark Matter, the Savvy Investor, and the Standard Analysis," March 2006, online at http://www.econ.berkeley.edu/~eichengr/matter.pdf.

⑥Ben S. Bernanke, "The Global Savings Glut and the U.S. Current Account Deficit," Homer Jones Lecture, St. Louis, Mo., April 14, 2005, online at http://www.federalreserve.gov/boarddocs/speeches/2005/20050414/default.htm.

⑦Giscard d'Estaing quoted in Richard A. Iley and Mervyn Lewis, *Untangling the U.S. Deficit: Evaluating Causes, Cures and Global Imbalances* (Northampton, Mass.: Edward Elgar, 2007), 106.

⑧James K. Jackson, "Foreign Direct Investment in the United States: An Economic Analysis," CRS Report for Congress, August 15, 2008, online at http://www.fas.org/sgp/crs/misc/RS21857.pdf.

⑨Justin Murray and Marc Labonte, "Foreign Holdings of Federal Debt," CRS Report for Congress, November 28, 2005, online at http://www.house.gov/berry/crs/RS22331.pdf; Financial Management Service, *Treasury Bulletin*, December 2009, online at http://www.fms.treas.gov/bulletin/b2009_4.pdf.

⑩Richard Dobbs, Andrew Grant, and Jonathan Woetzel, "Unleashing the Chinese Consumer," *Newsweek*, September 5, 2009, online at http://www.newsweek.com/id/215024.

⑪Lawrence H. Summers, "The United States and the Global Adjustment Process," Third Annual Stavros S. Niarchos Lecture, Institute for International Economics, Washington, D.C., March 23, 2004.

⑫See Robert Triffin, *Gold and the Dollar Crisis: The Future of Convertibility* (New Haven, Conn.: Yale University Press, 1960).

⑬See, for example, Michael Dooley, David Folkerts-Landau, and Peter Garber, "An Essay on the Revised Bretton Woods System," National Bureau of Economic Research Working Paper no. 9971, September 2003.

⑭See http://www.ustreas.gov/offices/international-affairs/economic-exchange-rates/pdf/Appendix%201.pdf; and Ye Xie and Anchalee Worrachate, "Dollar Reaches Breaking Point as Banks Shift Reserves," Bloomberg.com, October

12, 2009, online at http://www.bloomberg.com/apps/news?pid=20601087&sid=a4x9dIJsPn4U.

⑮ Avinash Persaud, "When Currency Empires Fall," lecture at Gresham College, London, October 7, 2004, online at http://www.321gold.com/editorials/persaud/persaud101204.html; Barry Eichengreen, "Sterling's Past, Dollar's Future: Historical Perspectives on Reserve Currency Competition," Tawney Lecture, Economic History Society, Leicester, U.K., April 10, 2005, online at http://www.econ.berkeley.edu/~eichengr/research/tawney_lecture2apr29-05.pdf.

⑯ See Nouriel Roubini, "The Almighty Renminbi," *New York Times*, May 13, 2009.

⑰ The Chinese currency is called the renminbi, but the unit used for accounting purposes is called the yuan. For a concise explanation of the difference, see Paul Krugman, "What's in a Name?" online at http://krugman.blogs.nytimes.com/2009/10/23/whats-in-a-name-3/.

⑱ See Zhou Xiaochuan, "Statement on Reforming the International Monetary System," Council on Foreign Relations, March 23, 2009, online at http://www.cfr.org/publication/18916/.

⑲ John Williamson, "Bancor and the Developing Countries: How Much Difference Would It Have Made?" in A. P. Thirlwall, ed., *Keynes and Economic Development: The Seventh Keynes Seminar Held at the University of Kent at Canterbury*, 1985 (New York: St. Martin's Press, 1987).

⑳ Edwin M. Truman, "Rearranging IMF Chairs and Shares: The Sine Qua Non of IMF Reform," in Edwin M. Truman, ed., *Reforming the IMF for the 21st Century* (Washington, D.C.: Institute for International Economics, 2006), 201-32.

結論

① See, for example, Lloyd C. Blankfein, remarks to the Council of Institutional Investors, April 2009, online at http://www2.goldmansachs.com/ideas/public policy/1-compensation/lcb-speech-to-cii.html.

② Reinhart and Rogoff, *This Time Is Different*.

③ Minsky, *Stabilizing an Unstable Economy*, 370.

未來展望

① Alan Blinder, "How Many U.S. Jobs Might Be Offshorable?" Centre for European Policy Studies Working Paper no. 142, March 2007, online at http://www.princeton.edu/~ceps/workingpapers/142blinder.pdf.
② Evan Tanner and Yasser Abdih, "Rebuilding U.S. Wealth," *Finance and Development* 46, no. 4 (December 2009): 23-35, online at http://www.imf.org/external/pubs/ft/fandd/2009/12/tanner.htm.
③ See, for example, charts at http://www.visualeconomics.com/gdp-vs-national-debt-by-country/.
④ Roubini and Setser, *Bailouts or Bail-Ins?* 271-75.
⑤ See, for example, Organisation for Economic Co-Operation and Development, "Economic Survey of Japan 2009," September 30, 2009, online at http://www.oecd.org/document/37/0,3343,en_2649_34595_43783525_1_1_1_1,00.html.
⑥ Ian Bremmer and Nouriel Roubini, "Why Japan Needs a Hatobama," *Wall Street Journal*, December 30, 2009, online at http://online.wsj.com/article/SB10001424052748704779704574553491570666698.html.
⑦ International Monetary Fund, *World Economic Outlook*, July 8, 2009, online at http://www.imf.org/external/pubs/ft/weo/2009/update/02/index.htm.
⑧ Nouriel Roubini, "Another BRIC in the Wall?" Project Syndicate, October 15, 2009, online at http://www.project-syndicate.org/commentary/roubini18/English.
⑨ Nouriel Roubini, "Mother of All Carry Trades Faces an Inevitable Bust," *Financial Times*, November 1, 2009.
⑩ Nouriel Roubini, "The Risky Rich," Project Syndicate, January 18, 2010, online at http://www.project-syndicate.org/commentary/roubini21/English.

參考書目

Acharya, Viral V., and Matthew Richardson, eds. *Restoring Financial Stability: How to Repair a Failed System*. New York: John Wiley and Sons, 2009. Summaries available online at http://whitepapers.stern.nyu.edu/home.html.

Acharya, Viral V., and Philipp Schnabl. "Do Global Banks Spread Global Imbalances? The Case of Asset-Backed Commercial Paper During the Financial Crisis of 2007–09." Paper presented at the Tenth Annual Jacques Polak Research Conference, Washington, D.C., November 5–6, 2009. Online at http://www.imf.org/external/np/res/seminars/2009/arc/pdf/acharya.pdf.

Acharya, Viral V., Thomas Cooley, Matthew Richardson, and Ingo Walter, eds. *Real Time Solutions for Financial Reform: An NYU Stern Working Group on Financial Reform*, December 2009. Online at http://govtpolicyrecs.stern.nyu.edu/docs/whitepapers_ebook_full.pdf.

Adrian, Tobias, and Hyun Song Shin. "Financial Intermediaries and Monetary Economics." Federal Reserve Bank of New York Staff Report no. 398, October 2009. Online at http://www.newyorkfed.org/research/staff_reports/sr398.pdf.

____. "Liquidity and Leverage." Federal Reserve Bank of New York Staff Report no. 328, May 2008. Online at http://www.newyorkfed.org/research/ staff_reports/sr328.pdf.

____. "The Shadow Banking System: Implications for Financial Regulation." Federal Reserve Bank of New York Staff Report no. 382, July 2009. Online at http://www.newyorkfed.org/research/staff_reports/sr382.pdf.

Ahamed, Liaquat. *Lords of Finance: The Bankers Who Broke the World*. New York: Penguin Press, 2009.

Akerlof, George A., and Robert J. Shiller. *Animal Spirits: How Human Psychology Drives the Economy, and Why It*

Matters for Global Capitalism. Princeton, N.J.: Princeton University Press, 2009.

Almunia, Miguel, Agustín S. Bénétrix, Barry Eichengreen, Kevin H. O'Rourke, and Gisela Rua. "From Great Depression to Great Credit Crisis: Similarities, Differences and Lessons." Paper presented at Fiftieth Economic Policy Panel Meeting, Tilburg, Netherlands, October 23-24, 2009. Online at http://www.econ.berkeley.edu/~eichengr/great_dep_great_cred_11-09.pdf.

Bagehot, Walter. *Lombard Street: A Description of the Money Market*. New York: E. P. Dutton, 1920.

Baldwin, Richard, ed. *The Great Trade Collapse: Causes, Consequences, and Prospects*. A VoxEU. org Publication. London: Center for Economic Policy Research, 2009. Online at http://www.voxeu.org/reports/great_trade_collapse.pdf.

Barbera, Robert J. *The Cost of Capitalism: Understanding Market Mayhem and Stabilizing Our Economic Future*. New York: McGraw-Hill, 2009.

Basel Committee on Banking Supervision. *Review of the Differentiated Nature and Scope of Financial Regulation: Key Issues and Recommendations*. Basel, Switzerland: Bank for International Settlements, 2010.

Beber, Alessandro, and Marco Pagano. "Short-Selling Bans Around the World: Evidence from the 2007-09 Crisis." Centre for Studies in Economics and Finance Working Paper no. 241. Online at http://www.csef.it/WP/wp241.pdf.

Bernanke, Ben. "Nonmonetary Effects of the Financial Crisis in the Propagation of the Great Depression." *American Economic Review* 73 (1983): 257-76.

Blanchard, Olivier, and Gian Maria Milesi-Ferretti. "Global Imbalances: In Midstream?" IMF Staff Position Note, December 22, 2009. Online at http://www.imf.org/external/pubs/ft/spn/2009/spn0929.pdf.

Blundell-Wignall, Adrian, et al. *The Financial Crisis: Reform and Exit Strategies*. Paris: Organisation for Economic Co-operation and Development, 2009. Online at http://www.oecd.org/dataoecd/55/47/43091457.pdf.

Bordo, Michael D. "The Lender of Last Resort: Alternative Views and Historical Experience." *Federal Reserve Bank of Richmond Economic Review* 76 (1990): 18-29.

Bordo, Michael D., ed. *Financial Crises*. 2 vols. Aldershot, Hants., U.K., and Brookfield, Vt.: Edward Elgar Publishing, 1992.

Bordo, Michael D., and Barry Eichengreen, eds. *A Retrospective on the Bretton Woods System: Lessons for International Monetary Reform*. Chicago: University of Chicago Press, 1993.

Bordo, Michael D., and Andrew Filardo. "Deflation in a Historical Perspective." Bank for International Settlements Working Paper no. 186, November 2005. Online at http://www.bis.org/publ/work186.pdf?noframes=1.

Bordo, Michael D., Claudia Goldin, and Eugene N. White, eds. *The Defining Moment: The Great Depression and the American Economy in the Twentieth Century*. Chicago: University of Chicago Press, 1998.

Bordo, Michael D., and Harold James. "The Great Depression Analogy." National Bureau of Economic Research Working Paper no. 15584, December 2009. Online at http://www.nber.org/papers/w15584.

Boyd, John H., Sungkyu Kwak, and Bruce D. Smith. "The Real Output Losses Associated with Modern Banking Crises." *Journal of Money, Credit, and Banking* 37 (2005): 977-99.

Bruner, Robert F., and Sean D. Carr. *The Panic of 1907: Lessons Learned from the Market's Perfect Storm*. Hoboken, N.J.: John Wiley and Sons, 2007.

Brunnermeier, Markus K. "Symposium: Early Stages of the Credit Crunch: Deciphering the Liquidity and Credit Crunch 2007-2008." *Journal of Economic Perspectives* 23 (2009): 77-100.

Brunnermeier, Markus K., Stefan Nagel, and Lasse H. Pedersen. "Carry Trades and Currency Crashes." National Bureau of Economic Research Working Paper no. 14473, November 2008. Online at http://www.nber.org/papers/w14473.

Brunnermeier, Markus K., and Lasse H. Pedersen. "Market Liquidity and Funding Liquidity." *Review of Financial Studies* 22 (2009): 2201-38.

Caballero, Ricardo J. "The 'Other' Imbalance and the Financial Crisis." National Bureau of Economic Research Working Paper no. 15636, January 2010. Online at http://www.nber.org/papers/w15636.

Calomiris, Charles W. "Banking Crises and the Rules of the Game." National Bureau of Economic Research Working Paper no. 15403, October 2009. Online at http://www.nber.org/papers/w15403.

Calomiris, Charles W., and Larry Schweikart. "The Panic of 1857: Origins, Transmission, and Containment." *Journal of Economic History* 51 (1991): 807-34.

Capie, Forrest, and Geoffrey E. Wood, eds. *Financial Crises and the World Banking System*. New York: St. Martin's Press, 1986.

Case, Karl E., John M. Quigley, and Robert J. Shiller. "Comparing Wealth Effects: The Stock Market versus the Housing Market." *Advances in Macroeconomics* 5 (2005): 1-34.

Case, Karl E., and Robert J. Shiller. "Is There a Bubble in the Housing Market?" *Brookings Papers on Economic Activity* 2 (2003): 299-362.

Cassidy, John. *How Markets Fail: The Logic of Economic Calamities*. New York: Farrar, Straus and Giroux, 2009.

Cihák, Martin, and Erlend W. Nier. "The Need for Special Resolution Regimes for Financial Institutions." VoxEU.org, January 7, 2010. Online at http://www.voxeu.org/index.php?q=node/4446.

Cooper, George. *The Origin of Financial Crises: Central Banks, Credit Bubbles, and the Effi-cient Market Fallacy*. New York: Vintage, 2008.

Cottarelli, Carlo, and Jose Viñals. "A Strategy for Renormalizing Fiscal and Monetary Policies in Advanced Economies." IMF Staff Position Note, September 22, 2009. Online at http://www.imf.org/external/pubs/ft/spn/2009/spn0922.pdf.

Crotty, James. "Structural Causes of the Global Financial Crisis: A Critical Assessment of the 'New Financial Architecture.'" *Cambridge Journal of Economics* 33 (2009): 563-80.

Das, Satyajit. *Traders, Guns, and Money: Knowns and Unknowns in the Dazzling World of Derivatives*. Upper Saddle River, N.J.: Financial Times Press, 2006.

Dawson, Frank Griffith. *The First Latin American Debt Crisis: The City of London and the 1822-1825 Loan Bubble*.

New Haven, Conn.: Yale University Press, 1990.

DeLong, J. Bradford. "Financial Crises in the 1890s and the 1990s: Must History Repeat?" *Brookings Papers on Economic Activity* 2 (1999): 253–94.

Desai, Padma. *Financial Crises, Contagion, and Containment*. Princeton, N.J.: Princeton University Press, 2003.

Diamond, Douglas W., and Philip H. Dybvig. "Bank Runs, Deposit Insurance, and Liquidity." *Journal of Political Economy* 91 (1983): 401–19.

Draghi, Mario. "Combating the Global Financial Crisis: The Role of International Cooperation." Hong Kong Monetary Authority Distinguished Lecture, Hong Kong, December 16, 2008. Online at http://www.bis.org/review/r081218b.pdf.

Eichengreen, Barry. "Out of the Box Thoughts about the International Financial Architecture." IMF Working Paper no. 09/116, May 2009. Online at http://www.imf.org/external/pubs/ft/wp/2009/wp09116.pdf.

——. "Sterling's Past, Dollar's Future: Historical Perspectives on Reserve Currency Competition." Tawney Lecture delivered to the Economic History Society, Leicester, U.K. April 10, 2005. Online at http://www.econ.berkeley.edu/~eichengr/research/tawney_lecture2apr29-05.pdf.

Eichengreen, Barry, and Kevin H. O'Rourke. "A Tale of Two Depressions." A VoxEU.org Publication, September 1, 2009, and original column of April 6, 2009. Online at http://www.voxeu.org/index.php?q=node/3421.

Eichengreen, Barry, and Richard Portes. "The Anatomy of Financial Crises." In Richard Portes and Alexander K. Swoboda, eds., *Threats to International Financial Stability*. London: Cambridge University Press, 1987, 10–58.

Felton, Andrew, and Carmen M. Reinhart, eds. *The First Global Financial Crisis of the 21st Century*. A VoxEU.org Publication. London: Centre for Economic Policy Research, 2008. Online at http://www.voxeu.org/index.php?q=node/4077.

——. *The First Global Financial Crisis of the 21st Century: Part II June—December 2008*. A VoxEU. org Publication. London: Centre for Economic Policy Research, 2009. Online at http://www.voxeu.org/index.php?q=node/3079.

Ferguson, Niall. *The Ascent of Money: A Financial History of the World*. New York: Penguin Press, 2008.

Fisher, Irving. "The Debt-Deflation Theory of Great Depressions." *Econometrica* 1 (1933): 337-57.

Fox, Justin. *The Myth of the Rational Market: A History of Risk, Reward, and Delusion on Wall Street*. New York: Harper Business, 2009.

Frank, Nathaniel, and Heiko Hesse. "Financial Spillovers to Emerging Markets During the Global Financial Crisis." IMF Working Paper no. 09/104, May 2009. Online at http://imf.org/external/pubs/ft/wp/2009/wp09104.pdf.

Friedman, Milton, and Anna J. Schwartz. *A Monetary History of the United States, 1867-1960*. Princeton, N.J.: Princeton University Press, 1963.

Galbraith, John Kenneth. *The Great Crash, 1929*. Boston: Houghton Mifflin, 1954.

Geanakoplos, John. "The Leverage Cycle." Cowles Foundation Discussion Paper no. 1715, July 2009. Online at http://cowles.econ.yale.edu/P/cd/d17a/d1715.pdf.

Ghosh, Artish R., et al. "Coping with the Crisis: Policy Options for Emerging Market Countries." IMF Staff Position Note, April 23, 2009. Online at http://imf.org/external/pubs/ft/spn/2009/spn0908.pdf.

Ghosh, B. N., ed. *Global Financial Crises and Reforms: Cases and Caveats*. London: Routledge, 2001.

Gorton, Gary. "Banking Panics and Business Cycles." *Oxford Economic Papers* 40 (1988): 751-81.

——. "Slapped in the Face by the Invisible Hand: Banking and the Panic of 2007." Paper delivered at the Federal Reserve Bank of Atlanta's 2009 Financial Markets Conference "Financial Innovation and Crises," May 11-13, 2009. Online at http://www.frbatlanta.org/news/conference/09fmc/gorton.pdf.

Gross, Daniel. *Pop! Why Bubbles Are Great for the Economy*. New York: Harper Business, 2007.

Haldane, Andrew G. "Rethinking the Financial Network." Speech delivered at the Financial Student Association, Amsterdam, April 2009. Online at http://www.bankofengland.co.uk/publications/speeches/2009/speech386.pdf.

Huang, Rocco, and Lev Ratnovski. "The Dark Side of Bank Wholesale Funding." Federal Reserve Bank of Philadelphia Working Paper no. 09-3, November 2008. Online at http://www.philadelphiafed.org/research-and-data/publications/working-papers/2009/wp09-3.pdf.

Hubbard, R. Glenn, ed. *Financial Markets and Financial Crises*. Chicago: University of Chicago Press, 1991.

Hunter, William C., George G. Kaufman, and Michael Pomerleano, eds. *Asset Price Bubbles: The Implications for Monetary, Regulatory, and International Policies*. Cambridge, Mass.: MIT Press, 2003.

International Monetary Fund. *Global Financial Stability Report: Responding to the Financial Crisis and Measuring Systemic Risk*. Washington, D.C.: IMF, 2009. Online at http://www.imf.org/external/pubs/ft/gfsr/2009/01/pdf/text.pdf.

Izquierdo, Alejandro, and Ernesto Talvi. "A Stability Pact à la Maastricht for Emerging Markets." A VoxEU.org Publication, December 12, 2009. Online at http://www.voxeu.org/index.php?q=node/4360.

Jenkinson, Nigel. "Ratings in Structured Finance: What Went Wrong and What Can Be Done to Address Shortcomings?" Committee on the Global Financial System Paper no. 32, July 2008. Online at http://www.bis.org/publ/cgfs32.pdf?noframes=1.

Jorion, Philippe, and Gaiyan Zhang. "Credit Contagion from Counterparty Risk." *Journal of Finance* 64 (2009): 2053-87.

Kaminsky, Graciela L., and Carmen M. Reinhart. "On Crises, Contagion, and Confusion." *Journal of International Economics* 51 (2000): 145-68.

Kaminsky, Graciela L., Carmen M. Reinhart, and Carlos A. Vegh. "The Unholy Trinity of Financial Contagion." *Journal of Economic Perspectives* 17 (2003): 51-74.

Kaufman, Henry. *The Road to Financial Reformation: Warnings, Consequences, Reforms*. Hoboken, N.J.: John Wiley and Sons, 2009.

Keynes, John Maynard. *The General Theory of Employment, Interest, and Money*. New York: Harcourt, Brace, and World, 1936.

Kindleberger, Charles P. *Manias, Panics, and Crashes: A History of Financial Crises*. New York: Basic Books, 1978.

____. *The World in Depression, 1929-1939*. Berkeley: University of California Press, 1986.

Kindleberger, Charles P., and Jean-Pierre Laffargue, eds. *Financial Crises: Theory, History, and Policy*. Cambridge, U.

K.: Cambridge University Press, 1982.

Klyuev, Vladimir, Phil de Imus, and Krishna Srinivasan. "Unconventional Choices for Unconventional Times: Credit and Quantitative Easing in Advanced Economies." IMF Staff Position Note, November 4, 2009. Online at http://www.imf.org/external/pubs/ft/spn/2009/spn0927.pdf.

Knight, Frank H. *Risk, Uncertainty, and Profit*. Boston: Houghton Mifflin, 1921.

Krugman, Paul. "How Did Economists Get It So Wrong?" *New York Times Magazine*, September 2, 2009.

——. *The Return of Depression Economics and the Crisis of 2008*. New York: W. W. Norton, 2008.

Laeven, Luc, and Thomas Laryea. "Principles of Household Debt Restructuring." IMF Staff Position Note, June 26, 2009. Online at http://www.imf.org/external/pubs/ft/spn/2009/spn0915.pdf.

Landier, Augustin, and Kenichi Ueda. "The Economics of Debt Restructuring: Understanding the Options." IMF Staff Position Note, June 5, 2009. Online at https://www.imf.org/external/pubs/ft/spn/2009/spn0912.pdf.

Lepler, Jessica. "The Pressure of 1836: Interpreting Atlantic Bank Wars." Unpublished paper.

Lo, Andrew W., and A. Craig MacKinlay. *A Non-Random Walk Down Wall Street*. Princeton, N.J.: Princeton University Press, 1999.

Mackay, Charles. *Memoirs of Extraordinary Popular Delusions and the Madness of Crowds*. London: National Illustrated Library, 1852.

Marichal, Carlos. *A Century of Debt Crises in Latin America: From Independence to the Great Depression, 1820-1930*. Princeton, N.J.: Princeton University Press, 1989.

Markwat, Thijs, Erik Kole, and Dick van Dijk. "Contagion as a Domino Effect in Global Stock Markets." *Journal of Banking and Finance* 33 (2009): 1996-2012.

Miller, Marcus, Paul Weller, and Lei Zhang. "Moral Hazard and the US Stock Market: Analysing the 'Greenspan Put.'" *Economic Journal* 112 (2002): C171-86.

Minsky, Hyman P. *Can "It" Happen Again? Essays on Instability and Finance*. Armonk, N.Y.: M. E. Sharpe, 1982.

___. *John Maynard Keynes*. New York: Columbia University Press, 1975.

___. *Stabilizing an Unstable Economy*. New York: McGraw-Hill, 2008.

Mishkin, Frederic S. "Anatomy of a Financial Crisis." *Journal of Evolutionary Economics* 2 (1992): 115-30.

Morris, Charles R. *The Trillion Dollar Meltdown: Easy Money, High Rollers, and the Great Credit Crash*. New York: Public Affairs, 2008.

Neal, Larry D., and Marc Weidenmier. "Crises in the Global Economy from Tulips to Today: Contagion and Consequences." In Michael D. Bordo, Alan M. Taylor, and Jeffrey G. Williamson, eds., *Globalization in Historical Perspective*. Chicago: University of Chicago Press, 2003.

Obstfeld, Maurice, and Kenneth Rogoff. "The Unsustainable US Current Account Position Revisited." National Bureau of Economic Research Working Paper no. 10869, November 2004. Online at http://www.nber.org/papers/w10869.

Obstfeld, Maurice, Jay C. Shambaugh, and Alan M. Taylor. "Financial Instability, Reserves, and Central Bank Swap Lines in the Panic of 2008." National Bureau of Economic Research Working Paper no. 14826, March 2009. Online at http://www.nber.org/papers/w14826.

Papadia, Francesco. "Central Bank Operations in Response to the Financial Turmoil." Committee on the Global Financial System Paper no. 31, July 2008. Online at http://www.bis.org/publ/cgfs31.pdf?noframes=1.

Philippon, Thomas, and Ariell Reshef, "Wages and Human Capital in the U.S. Financial Industry: 1909-2006." National Bureau of Economic Research Working Paper no. 14644, January 2009. Online at http://www.nber.org/papers/w14644.

Purnanandam, Amiyatosh K. "Originate-to-Distribute Model and the Sub-Prime Mortgage Crisis." Paper presented at the American Finance Association annual meeting, September 18, 2009, Atlanta, Georgia.

Rajan, Raghuram G. "Bankers' Pay Is Deeply Flawed." *Financial Times*. January 8, 2008.

___. "Has Financial Development Made the World Riskier?" National Bureau of Economic Research Working Paper no. 11728, November 2005. Online at http://www.nber.org/papers/w11728. Subsequently published as "Has Finance Made the World Riskier?" *European Financial Management* 12 (2006): 499-533.

Reinhart, Carmen M., and Kenneth S. Rogoff. "Growth in a Time of Debt." National Bureau of Economic Research Working Paper no. 15639, January 2010. Online at http://www.nber.org/papers/w15639.

____. "Is the 2007 US Sub-prime Financial Crisis So Different? An International Historical Comparison." *American Economic Review* 98 (2008): 339–44.

____. *This Time Is Different: Eight Centuries of Financial Folly*. Princeton, N.J.: Princeton University Press, 2009.

Richardson, Vernon J., and James F. Waegelein. "The Influence of Long-Term Performance Plans on Earnings Management and Firm Performance." *Review of Quantitative Finance and Accounting* 18, no. 2 (March 2002): 161–83.

Ritholtz, Barry. *Bailout Nation: How Greed and Easy Money Corrupted Wall Street and Shook the World Economy*. Hoboken, N.J.: John Wiley and Sons, 2009.

Rockoff, Hugh. "Walter Bagehot and the Theory of Central Banking." In Forrest Capie and Geoffrey E. Wood, eds., *Financial Crises and the World Banking System*. London: Macmillan, 1986.

Rose, Andrew K., and Mark M. Spiegel. "Cross-Country Causes and Consequences of the 2008 Crisis: International Linkages and American Exposure." Centre for Economic Policy Research Discussion Paper no. 7466. Online at http://www.cepr.org/pubs/dps/DP7466.asp.

Roubini, Nouriel. "The Biggest Slump in U.S. Housing in the Last 40 Years... or 53 Years?" August 23, 2006. Online at http://www.roubini.com/analysis/38718.php.

____. "The Coming Financial Pandemic." *Foreign Policy*, February 19, 2009. Online at http://www.foreignpolicy.com/articles/2009/02/19/the_coming_financial_pandemic.

____. "The Rising Risk of a Systemic Financial Meltdown: The Twelve Steps to Disaster," February 5, 2008. Online at http://www.roubini.com/analysis/44763.php.

____. "The Risk of a U.S. Hard Landing and Implications for the Global Economy and Financial Markets." Speech at the International Monetary Fund, Washington, D.C., September 13, 2007. Online at http://www.imf.org/external/np/tr/2007/tr070913.htm.

___. "Why Central Banks Should Burst Bubbles." *International Finance* 9 (2006): 87-107.

___. "Why China Should Abandon Its Dollar Peg." *International Finance* 10 (2007): 71-89.

Roubini, Nouriel, and Christian Menegatti. "Vulnerabilities in Central and Southern Europe," June 6, 2006. Online at http://www.roubini.com/analysis/38622.php.

Roubini, Nouriel, Elisa Parisi-Capone, and Christian Menegatti. "Growth Differentials in the EMU: Facts and Considerations," June 1, 2007. Online at http://www.roubini.com/analysis/44809.php.

Roubini, Nouriel, and Brad Setser. *Bailouts or Bail-Ins? Responding to Financial Crises in Emerging Economies*. Washington, D.C.: Institute for International Economics, 2004.

___. "The US as a Net Debtor: The Sustainability of the US External Imbalances," November 2004. Online at http://pages.stern.nyu.edu/~nroubini/papers/Roubini-Setser-US-External Imbalances.pdf.

Roubini Global Economics. *2010 Global Economic Outlook*. February 2010. Available to subscribers at http://www.roubini.com.

Schularick, Moritz, and Alan M. Taylor. "Credit Booms Gone Bust: Monetary Policy, Leverage Cycles and Financial Crises, 1870-2008." National Bureau of Economic Research Working Paper no. 15512, November 2009. Online at http://www.nber.org/papers/w15512.

Schumpeter, Joseph Alois. *Capitalism, Socialism, and Democracy*. London: Routledge, 2006.

Schwartz, Anna J. "Real and Pseudo-Financial Crises." In Forrest Capie and Geoffrey E. Wood, eds., *Financial Crises and the World Banking System*. London: Macmillan, 1986.

Shiller, Robert J. "From Efficient Markets Theory to Behavioral Finance." *Journal of Economic Perspectives* 17 (2003): 83-104.

___. *Irrational Exuberance*. Princeton, N.J.: Princeton University Press, 2000.

___. *The Subprime Solution: How Today's Global Financial Crisis Happened, and What to Do about It*. Princeton, N.J.: Princeton University Press, 2008.

Shim, Ilhyock, and Goetz von Peter. "Distress Selling and Asset Market Feedback." Bank for International Settlements Working Paper no. 229, June 2007. Online at http://www.bis.org/publ/work229.pdf?noframes=1.

Silber, William L. *When Washington Shut Down Wall Street: The Great Financial Crisis and the Origins of America's Monetary Supremacy*. Princeton, N.J.: Princeton University Press, 2007.

Sobel, Robert. *Panic on Wall Street: A History of America's Financial Disasters*. New York: Collier, 1968.

Sorkin, Andrew Ross. *Too Big to Fail: The Inside Story of How Wall Street and Washington Fought to Save the Financial System from Crisis—and Themselves*. New York: Viking, 2009.

Sornette, Didier, and Ryan Woodard. "Financial Bubbles, Real Estate Bubbles, Derivative Bubbles, and the Financial and Economic Crisis." Swiss Finance Research Institute Paper no. 09-15, May 20, 2009. Online at http://arxiv.org/PS_cache/arxiv/pdf/0905/0905.0220v1.pdf.

Soros, George. *The New Paradigm for Financial Markets: The Credit Crisis of 2008 and What It Means*. New York: Public Affairs, 2008.

Stiglitz, Joseph. *Freefall: America, Free Markets, and the Sinking of the World Economy*. New York: W.W. Norton, 2010.

Sylla, Richard. "Monetary Innovation and Crises in American Economic History." In Paul Wachtel, ed., *Crises in the Economic and Financial Structure*. Lexington, Mass.: D.C. Heath, 1982.

Taleb, Nassim Nicholas. *The Black Swan: The Impact of the Highly Improbable*. New York: Random House, 2007.

Temin, Peter. *Did Monetary Forces Cause the Great Depression?* New York: W. W. Norton, 1976.

Tett, Gillian. *Fool's Gold: How the Bold Dream of a Small Tribe at J. P. Morgan Was Corrupted by Wall Street Greed and Unleashed a Catastrophe*. New York: Free Press, 2009.

Tymoigne, Éric. "Securitization, Deregulation, Economic Stability, and Financial Crisis, Parts I and II." Levy Economics Institute Working Papers no. 573.1 and 573.2, August 2009.

VoxEU.org. *The Global Crisis Debate*. 2009. Online at http://www.voxeu.org/index.php?q=node/2824.

Wheelock, David C., and Paul W. Wilson. "Why Do Banks Disappear? The Determinants of U.S. Bank Failures and Acquisitions." *Review of Economics and Statistics* 82 (2000): 127-38.

White, Eugene N., ed. *Crashes and Panics: The Lessons from History*. Homewood, Ill.: Business One Irwin, 1990.

Wieland, Volker. "Quantitative Easing: A Rationale and Some Evidence from Japan." National Bureau of Economic Research Working Paper no. 15565, December 2009. Online at http://www.nber.org/papers/w15565.

Wilson, Jack, Richard E. Sylla, and Charles P. Jones. "Financial Market Panics and Volatility in the Long Run, 1830-1988." In Eugene N. White, ed., *Crashes and Panics: The Lessons from History*. Homewood, Ill.: Business One Irwin, 1990.

Wolf, Martin. *Fixing Global Finance*. Baltimore: Johns Hopkins University Press, 2008.

Wray, L. Randall. "Minsky, the Global Financial Crisis, and the Prospects Before Us." *Development* 52 (2009): 302-7.

Yehoue, Etienne B. "Emerging Economy Responses to the Global Financial Crisis of 2007-09: An Empirical Analysis of the Liquidity Easing Measures." IMF Working Paper no. 09/265, December 2009. Online at http://www.imf.org/external/pubs/ft/wp/2009/wp09265.pdf.

Zandi, Mark. *Financial Shock: A 360° Look at the Subprime Mortgage Implosion, and How to Avoid the Next Financial Crisis*. Upper Saddle River, N.J.: Financial Times Press, 2008.

Zimmermann, Klaus F. "Coordinating International Responses to the Crisis." A VoxEU.org Publication, October 9, 2008. Online at http://www.voxeu.org/index.php?q=node/2366.

國家圖書館出版品預行編目資料

末日博士危機經濟學／Nouriel Roubini,
Stephen Mihm著；陳儀譯. --
初版. -- 臺北市：大塊文化，2010.09
面；　公分. --（from ；67）
譯自：Crisis Economics:
a Crash Course in the Future of Finance
ISBN 978-986-213-196-1（平裝）

1. 金融危機　2. 景氣循環　3. 經濟學

561.78　　　　99014561

L O C U S

LOCUS

LOCUS

LOCUS